한국연구재단 학술명저번역총서 서양편 795

# 원시인의
# 사고와 감정

Franz Boas 지음

김동주 옮김

박영사

프란츠 보아스(1858-1942)

# 서 문

　『원시인의 사고와 감정』의 초판이 발행된 1911년 이래로, 이 책에서 다루는 문제에 대하여 여러 분야에서 새로운 접근을 시도하며 학문적으로 많은 발전이 이루어졌다. 특히 생물학 분야에서 유전에 관한 연구가 큰 도약을 보이면서, 인종이라는 개념을 더 엄밀하고 명확하게 밝혀내고 있다. 신체의 형태나 행동에 대하여 환경이 미치는 영향을 다루는 수많은 연구가 발표되었고, 소위 원시인이라고 불리는 부족민의 정신적 능력에 대해서도 새로운 시각에서 많은 연구가 이루어지고 있다. 이러한 연유로 이 책의 많은 부분이 전반적으로 수정되어야 했고, 순서도 재구성되어야만 했다.

　내가 이 책에 담은 내용과 결론들을 처음으로 공적인 자리에서 발표한 것은 1895년으로, 미국 과학진흥협회의 인류학 분과 부위원장 자격으로 기조 강연을 했을 때였다. 그때부터 지금까지 이 주제는 나의 관심사 중 가장 중요한 것이었다. 그리고 내가 그동안 수행했던 다양한 연구들이 여기에서 논했던 결론을 다시 확인시켜 주어, 더욱 확신과 자신감을 가지게 되었다. 원시인과 문명인의 사고방식에는 근본적인 차이가 없다. 인종과 인성 또는 성격이 긴밀하게 연관되어 함께 나타난다는 그 어떠한 증거도 발견된 적이 없다. 과학적인 연구에서조차도 일상적으로 사용되는 인종 또는 인종적 유형이라는 개념은 오해를 야기하며 허점이 많아서, 생물학적인 차원뿐만 아니라 논리적인 차원에서도 재고해야 하고 다시 정의하여야 한다. 미국에서 활동하는 다수의 생물학자, 심리학자, 인류학자들이 나의 이러한 시각에 동의하고 있기는 하지만, 대중적인 편견과 선입견은 여전히 과거의 잘못된 과학 지식 또는 대중적 전승에 젖어 있어서, 인종에 대한 선입견은 여전히 우리의 삶에서 큰 변수로 작용하고 있다.

더욱 안타까운 것은, 독재자가 통치하여 학문을 통제하는 일부 나라들에서 이러한 무지한 선입견을 바탕으로 과학 및 학문 연구의 방향과 내용이 정해지고 있다는 사실이다. 통제와 검열은 유난히 인종과 문화에 대해 다루고 있는 책들에 대하여 더 심하게 이루어지고 있다. 이렇듯 독재정권들의 무지와 선입견, 근거 없는 노선에 반하는 연구 결과가 출판될 수 없는 상황에서는 신뢰할 수 있는 과학이나 학문이 존재할 수 없다. 수많은 우수한 과학서적을 자랑스럽게 내놓던 출판사가 인종의 교배나 혼혈이 개인이나 사회에 해롭지 않음을 주장하는 책을 출판하려고 그 일정을 달력에 표시해 놓았다가, 독재정권이 들어서면서 그 책을 취소하는 상황이 말이나 되는 일인가? 오랜 역사적 전통을 가진 백과사전이 하루아침에 특정한 지침에 의해서 완전히 새롭게 수정되는 상황은 또 어떠한가? 정권의 정치적 노선에 반한다는 두려움, 또는 검열 때문에 과학자들이 자신의 연구를 출판하지 못하는 상황, 그리고 연구자가 아닌 사람들이 금전적인 이해관계나 비합리적인 감정에 눈이 멀어 주어진 방식대로만 움직이는 상황에서는 그 누구도 과학자들의 말을 믿을 수 없게 된다. 사상과 양심의 자유를 억압하는 것은 곧 과학의 종말이라고 해도 과언이 아닌 이유가 바로 여기에 있다.

프란츠 보아스
콜럼비아 대학, 뉴욕
1938년 1월

# 역자 머리말

이 책은 1938년에 출판된 보아스의 『원시인의 사고와 감정』수정 증보판을 번역한 것이다. 미국 인류학의 아버지로 알려진 보아스는 이 책에서 유럽과 미국의 19세기 진화 이론 및 인류학 연구가 과학적 근거도 없이 백인 중심적으로 전개되었음을 보여주었으며, 인종 개념 및 인종의 구분 자체가 과학적으로 정당화될 수 없음을 주장하였다. 또 당시까지의 연구를 바탕으로 발달하고 있었던 우생학이 범하고 있는 오류들을 나열하면서, 우생학의 논리가 과학적이지 못할 뿐만 아니라 지극히 정치적이라는 점을 지적하였다. 보아스는 이민 집단의 세대별 두개골 모양에 대한 연구를 통해, 체질적 유형도 환경에 따라 매우 큰 가소성(plasticity)을 보인다고 주장하였다.

이미 한 세기 전에 인종 개념이 생물학적 근거가 없다고 강조했던 보아스의 주장은 여전히 유효하다. 그러나 한 세기가 지나면서 유전자 구조의 발견과 함께 연관된 생물학적 지식은 비교할 수 없을 정도로 늘어났다. 법의인류학(forensic anthropology)에서는 치아나 뼈의 특성으로 인종을 분류하기도 하고, 의학에서는 인종 혹은 종족 집단에 따라 특정 질병의 발병률이 차이가 나는 이유에 대한 유전적인 설명을 제공하기도 한다. 이러한 측면에서는 보아스가 이 책에서 내세우는 모든 주장을 현재 우리가 살고 있는 시대에 그대로 적용할 수는 없다. 그러나, 어떤 질병이라도 유전적 요인 외에도 여전히 환경적 요인에 대한 규명이 필요하다는 점, 유전자형이 표현되는 과정에서 환경이 일정 정도 작용하는 방식을 연구하는 후성유전학(epigenetics)의 중요성이 이제야 대두되고 있다는 점에서 시대를 앞서 나간 보아스의 통찰력은 여전히 돋보인다.

보아스의 기여는 인류학이라는 학문 분야에 국한되지 않는다. 보아스가 살던 시기에는 진화와 사회이론이 여러 분야에서 다루어지던 주제였다. 제한된 증거만을 가지고 상상을 덧붙인 온갖 가설이 다양한 분야에 난무하던 19세기 진화 이론의 영역에서, 상상과 추정을 배제하고 검증 과정의 과학성을 확립한 것이 보아스의 가장 큰 기여일 것이다. 보아스에게는 이 작업이 학문적인 목표인 동시에, 유사과학인 우생학의 정치화와 정책화를 우려하는 지식인으로서 사회에 기여하는 바이기도 했을 것이다. 19세기 말의 독일 사회에서 반유태인 분위기를 경험했던 보아스는 미국에서 1910년대에 우생학에 근거한 강제 불임 정책이 시행되는 상황을 지켜보아야 했다. 1920년대에서 1930년대까지 미국의 록펠러재단이 지속적으로 독일의 우생학 연구를 지원했음을 감안한다면, 나치당이 인종주의 정책을 기조로 권력을 잡고 별다른 갈등 없이 오스트리아까지 합병한 해인 1938년을 경험해야 했던 보아스의 답답함은 충분히 헤아릴 수 있을 것이다.

한 세기가 지난 지금도 세계 곳곳에는 인종적인 편견과 사고가 강하게 남아 있으며, 신종 코로나 바이러스 전염 상황에서 인종주의적 시각과 태도가 일상적으로 아시아계 혹은 아프리카계 사람들을 향해 표출되고 있다. 하지만 인종주의는 다른 나라만의 문제가 아니다. "우월한 유전자"와 같은 표현이 아무렇지 않게 통용되는 사회에서는 유전에 대한 정확한 지식과 함께 인종주의가 가져오는 사회적 효과에 대한 보아스의 비판적인 시각이 더욱 절실하게 필요하다. 이 책의 번역이 우리 사회에서 이미 많이 높아진 상식의 품격을 한층 더 높이는 계기가 되었으면 한다.

# 목 차

# The Mind of Primitive Man

## 1장

## '원시적'이라는 관념

인종과 문화의 원시성에 대한 오해
이른바 '우월한' 인종, '열등한' 문화
문명의 기원에는 모든 인종이 기여했다
원시인의 정신적 능력은 인종이나 문화로 설명할 수 없다이 지구상을 살펴보면 외모가 다르고 언어와 문화생활이 서로 다른 매우 다양한 사람들이 각 대륙에 흩어져 사는 것을 관찰할 수 있다. 유럽인들, 그리고 다른 대륙으로 건너간 유럽인의 후손들은 신체 조건에서 비슷해 보이고, 그렇게 전파된 유럽 문명 덕분에 유럽인들은 다른 피부색이나 외모를 가진 사람들과 큰 대조를 이루는 것처럼 보일 수 있다. 중국인, 뉴질랜드 원주민, 아프리카 흑인, 그리고 아메리카 원주민들은 그들만의 신체적 특징을 보이며 제각각 독특한 생활양식을 가지고 있다. 모든 인류 유형(human type)들은 그들이 독특하게 발명해 낸 물건들과 관습, 그리고 그들만의 습성이나 믿음을 가지고 있어서, 우리는 인종과 문화가 밀접한 연관을 가진다거나 심지어는 인종적 혈통이 문화생활을 결정한다고 흔히 생각한다.

인종과 문화가 연관되어 있을 것 같은 인상 때문에 "원시적"이라는 말은 이중적인 의미를 가진다. 즉, 같은 표현이 신체적 특징에 대해서도 사용되고 문화를 언급할 때에도 사용된다. 우리는 원시적 인종과 원시적 문화가 마치 직접적인 연관을 가지고 있는 것처럼 말하는 것에 익숙해져 있다. 또한 인종과 문화가 긴밀한 연관을 가지고 있다고 믿을 뿐만 아니라, 우리 인종이 다른 인종들보다 우월하다고 쉽게 생각한다. 이런 태도는 우리의 일상적 경험에서 나오며, 일상을 통해 다시 강화된다. 또 우리는 겉으로 보이는 신체적인 형태가 미적인 가치를 가지고 있다고 생각하기도 한다. 어두운 피부색, 납작하고 넓은 코, 두꺼운 입술과 큰 입은 흑인의 특징이고, 비스듬한 눈과 두드러진 광대뼈는 동아시아인의 특징으로, 모두 우리가 익숙한 서유럽의 전통적인 미적 기준에서는 벗어난다.

다른 인종에 대한 이른바 "본능적인" 혐오감은 유럽이 인종적으로 다른 지역과 분리된다는 시각 때문에, 그리고 아메리카의 사회적 인종차별 때문에 더욱 강화되고 있다. 이런 혐오감은 백인 인종이 형태적으로 근본적인 차이를 보인다는 그릇된 인식에 근거하고 있다. 이는 비정상으로 보이거나 아름답지 않게 보이는 사람들에 대해서, 또는 바른 예의범절에 어긋나는 습관을 대했을 때 발동하는 "본능적인" 혐오감과 비슷한 그런 느낌이다. 더군다나 우리에게 낯선 외모의 사람들은 우리 사회의 일원일 경우에도 대부분 낮은 지위를 가지고 있고, 우리 인종과 잘 뒤섞이거나 어울려 지내지 않는다. 그들의 출신지에서는 문화생활의 지적인 수준이 우리 사회만큼 높지 않다. 따라서 우리는 신체적인 다름과 낮은 지능이 연결되어 비례한다고 미루어 짐작하게 된다. 이렇게 서술했을 때에는 한 편으로 우리의 태도가 이해는 되지만, 다른 한편으로는 이 태도가 과학적인 근거가 아니라 단순히 우리의 감정적인 반응과 사회적 조건에 근거하고 있음도 함께 드러난다. 우리가 가지고 있는 편견과 혐오감은 합리적 사고의 결과로 나타나는 것이 결코 아니다.

그런데도 우리는 소위 열등한 인종에 대한 우리의 감정적인 태도를 합리화하려고 끊임없이 노력한다. 우리가 발명한 것들의 우월함, 우리가 가진 과학적 지식, 사회적 제도의 복잡성, 사회를 이루는 모든 구성원의 복지를 위한 노력과 같은 요소들 때문에 우리와 같은 문명화된 사회가 아직 정체 상태에 있는 다른 사회들보다 더 발전했다는 인상을 믿으려고 한다. 그리고 이러한 인상을 바탕으로 유럽 민족과 그 후손들이 선천적으로 우월하다는 생각을 여전히 강화하고 있다. 우리의 합리화 논리는 매우 분명해 보이는 근거를 바탕으로 펼쳐진다. 즉 문명이 발전할수록 문명을 이룰 재능이 뛰어난 것이고, 이러한 재능은 신체와 정신의 작용이 더 높은 수준에 도달했음을 의미하며, 따라서 백인종이 가장 높은 수준의 인간 유형이라는 결론에 도달한다. 여기에서 암묵적인 전제는 성취한 업적이 오직, 혹은 무엇보다도 선천적인 인종의 능력에 달려 있다는 것이다. 백인종의 지적인 발달이 가장 앞서기 때문에 지적 능력이 우월하며 백인종의 정신이 가장 정교한 형태로 조직되어 있다는 논리이다.

유럽의 민족들이 가장 높은 수준의 문명 발달 재능을 보인다는 확신은 유럽 인종과 다른 대륙의 인종이 보이는 차이, 그리고 유럽 안에서 존재하는 다른 유형들의 차이가 주는 인상을 뒷받침한다. 우리가 의식하지 못하는 사이에 우리는 같은 논리를 더 확장시킨다 ― 유럽인들의 적성이 가장 뛰어나기 때문에, 유럽인의 신체적·정신적 유형도 가장 뛰어나며, 백인종의 기준에서 벗어나는 그 어떤 다른 특성도 열등하거나 낮은 것이다.

증명되지 않은 이러한 전제가 인종을 판단할 때 적용되어, 다른 조건이 동등하다면 특정한 인종이 유럽인과 근본적으로 다르면 다를수록 더 낮은 수준의 유형이라고 흔히 생각한다. 유인원에게서 발견되는 것과 유사한 해부학적인 특이함이 소위 원시인들에게서 발견되면 이를 뒤떨어진 정신력의 증거라고 생각하기도 하고, 그러한 "뒤떨어진" 특성이 원시인에게서는 발견되지 않고 유럽인에게서 관찰되면 불편해한다.

백인종에게서 가장 뛰어난 인간형을 찾을 수 있기를 기대하는 마음이 학자들의 사고 안에 이미 들어있다는 것은 위와 같은 주제에 대한 모든 범위의 논의에서 관찰할 수 있다.

사회적 조건들 역시도 흔히 동일한 시각에서 다루어진다. 우리는 개인의 자유, 우리가 가진 윤리, 우리의 자유로운 기예를 매우 중요하게 여겨서, 다른 인종이 범접할 수 없는 수준의 진보를 이루었다고 생각한다.

한 집단의 지적 능력의 상태도 그들의 사회적 지위와 우리의 사회적 지위가 보이는 격차를 가지고 판단하여, 그들의 지적·감정적·도덕적 처리 방식이 우리와 큰 차이를 보이면 보일수록 가차 없이 낮게 평가한다. 한 가지 예외는 있다. 타키투스처럼 당대의 퇴보를 한탄하면서 부족 사회의 조상들에게서 미덕을 찾을 때에만 낯선 부족을 시민들이 따라야 할 모범적인 표상으로 떠받든다. 하지만 이 당시에도 로마제국의 시민들은 고대의 이상을 좇는 몽상가에게 연민의 미소 이상으로 주의를 기울이지는 않았을 것이다.

인종과 문명의 관계를 명확하게 이해하기 위해서는 앞서 언급한 두 가지 ― 신체적 특성과 지적 능력에 대한 ― 증명되지 않은 전제들을 면밀히 살펴보고 분석해 보아야 한다. 타고난 특별한 재능 때문에 뛰어난 업적을 이루었다는 전제에 대해서도, 유럽인 ― 더욱 극단적으로 표현하자면 북서 유럽인 – 유형이 인류의 가장 발달된 형태라는 전제에 대해서도 얼마만큼의 과학적 정당성이 있는지 엄밀한 검토가 필요하다. 문화와 인종의 관계, 그리고 문화의 형태와 성장을 상세하기 살펴보기 전에, 대중적으로 널리 퍼져 있는 위의 믿음 자체에 대해서 살펴보는 것이 필요하겠다.

현재까지 이룬 업적이 반드시 재능의 척도는 아니라고 하더라도, 업적을 가지고 재능을 가늠하는 것이 가능하다는 반론도 가능하다. 대부분의 인종이 똑같은 발전의 기회를 가지고 있지 않았는가? 그렇다면 왜 백인종이 유일하게 전 세계를 휩쓸고 있는 문명을 발전시켰는가? 유럽의 문명에 비한다면 다른 문명들은 유아적인 초기 단계에서 성장이 멈추거나 쇠퇴하거나 굳어진 것처럼 보이지 않는가? 백번 양보하여, 적어도 가장 높은 수준의 문명에 도달한 인종이 가장 뛰어났고, 발달 정도의 척도에서 바닥을 헤어나지 못한 인종들은 더 높은 수준으로 나아가지 못했다는 서술이 가능한 것이 아닌가?

문명의 역사가 진행된 양상을 짧게 살펴보면 위의 질문들에 대한 답이 가능할 것이다. 수천 년 전으로 거슬러 올라가서 동아시아와 서아시아의 문명들이 태동하던 시기를 상상해 보자. 진보의 첫 걸음들이 나타나기 시작한다. 문자가 발명되었고, 시간이 지남에 따라 여기저기에서 문명이 꽃피기 시작한다. 한때 가장 높은 수준의 문화를 가졌다고 여겨지던 민족이 기억 속에서 사라지기도 하고, 다른 민족이 그 자리를 차지하기도 한다. 역사 시대의 초창기에는 문명이 한 지역에서 발달하면서 그곳을 차지한 민족이 바뀌기도 한다. 이 시기의 수많은 갈등과 전쟁으로 인해 문명이 앞선 민족들이 사라지기도 한다. 이곳을 정복한 사람들은 정복당한 사람들로부터 생활양식을 배워 그들의 업적을 이어나가기도 한다. 이렇듯 문명의 중심은 일정한 지역에서 흥하기도 하고 망하기도 하면서 전체적으로 진보가 중단되었다가 이어지기를 반복하며 점진적으로 이루어진다. 오늘날 우리가 가장 높은 수준으로 문명화되었다고 판단하는 인종들의 조상들은 이 당시의 문명 지역에 현재 살고 있는 "원시인"보다 결코 우월하지 않았다. 현대 문명과 접촉이 전혀 없는 같은 지역들의 "원시인"과 비교해도 마찬가지이다.

그렇다면 고대의 문명을 이룩한 사람들이 다른 인종보다 우월한 천재성을 가지고 있다고 우리가 그들을 대신하여 주장할 수 있는가?

우선, 위에서 말한 고대의 문명들이 단일한 하나의 민족이 가진 천재성으로 이룩된 것은 아니라는 점을 염두에 두어야 한다. 어떤 민족으로부터 시작된 생각이나 발명이 다른 민족에게 전달되었고, 정보의 소통과 교환이 느린 속도로 진행되기는 했지만 각각의 집단들은 고대 시기의 발전에 참여함으로써 광범위한 진보에 기여하였다. 서로 다른 집단들이 접촉하고 통교하면서 자연스럽게 뛰어난 사유와 아이디어가 지속적으로 교환되고 유통되었음을 보여주는 증거는 무궁무진하다. 인종이나 언어의 경계가 새로운 개념이나 생각의 확산을 제한하지는 않았다. 적대관계나 이웃 집단을 소심하게 배제하는 상황이 있더라도 부족에서 부족으로 전달되는 정보의 흐름을 막지는 못했으며, 수천 마일을 넘는 먼 거리도 쉽게 극복하면서 확산되기도 하였다. 이렇듯 고대의 문명을 발전시키는 과정에 수많은 인종들이 함께 참여했기 때문에, 우리는 그들이 인류의 어떤 집단에 속하든 간에 북아프리카인, 서아시아인, 유럽인, 동인도인, 동아시아인 모두에게 경의를 표해야 할 것이다.

그렇다면 동등한 정도의 가치와 수준을 보이는 문화를 발전시킨 다른 인종은 없는가? 고대 페루나 중앙아메리카의 문명들은 구대륙의 고대 문명과 비교가 가능할 수도 있을 것이다. 두 가지 사례에서 공통적으로 정치 체계, 분업, 그리고 세밀한 종교적 위계를 상당한 수준으로 발달시켰음을 찾아볼 수 있다. 많은 사람들의 협동이 요구되는 대규모의 경이로운 건축물이 만들어지기도 했다. 야생식물이 작물로 경작되었고, 동물을 가축화하였으며, 문자를 발명하여 사용했다. 구대륙 사람들의 발명과 지식이 보여주는 범위가 더 넓고 그 숫자가 많다는 점이 있기는 하지만, 신대륙 사람들이 이룩한 발명이나 지식으로 보았을 때 그들 문명의 수준이 구대륙보다 더 낮다고 할 수는 없다.[1] 우리의 논의에는 이 정도의 비교가 충분할 것이다.

그러면 구대륙과 신대륙 문명의 차이는 어디에 있는가? 본질적으로 다른 점은 시기상의 차이이다. 구대륙의 문명이 신대륙 문명보다 3천~4천 년 일찍 일정한 수준에 도달한 것으로 보인다.

구대륙의 인종들이 훨씬 더 빠른 속도로 발전했다는 것이 많이 강조되는 경향이 있기는 하지만, 이것이 반드시 특별한 능력을 보여주는 결정적인 증거는 아니다. 우연의 법칙이 작용한다고 볼 수도 있기 때문이다. 두 개의 물체가 같은 경로를 따라 서로 다른 속력으로 때로는 빠르게, 때로는 느리게 이동한다고 상정하면, 두 물체의 상대적인 위치는 경로가 충분히 길기만 하다면 우연한 차이를 보일 수도 있다. 문화적 발전의 속력처럼 두 물체의 속력이 꾸준히 증가한다면, 두 물체 사이의 거리는 속력이 동일할 때와 비교했을 때 단지 우연에 의해 여전히 더 멀어진다. 수개월 된 영아 두 집단을 비교해 보면 신체적·심리적인 발달의 측면에서 비슷하지만, 같은 나이의 십대 청소년들은 분포에서 더 많은 차이를 보이며, 노인들의 경우에는 이 차이가 더 커져서 한 집단만이 신체적·정신적 능력을 유지하고 있고 다른 집단은 이미 기력이 쇠퇴함을 관찰할 수 있다. 이 차이는 상당 부분 신체 발달의 가속과 감속 때문이지만, 그렇다고 하여 이것이 타고난 신체 구조 때문은 아니며 각자의 생활양식 때문에 나타나는 차이이다. 또한, 발달의 시기가 보이는 차이를 가지고 발달이 늦은 사람들의 유전적 구조가 다른 사람들보다 열등하다고 할 수도 없다.

같은 사고를 인류의 역사에 적용한다면, 수천 년의 차이가 인류의 긴 역사 안에서는 그다지 큰 것은 아니라고 말할 수 있다. 현재 살고 있는

---

1) [원주] 이를 전체적으로 보여주는 자료에 대해서는 Buschan(1922)과 MacCurdy (1924)를 참조하라.

인종이 형성되기까지 얼마나 긴 시간이 필요했는지는 정확하게 알 수 없고 추정할 수밖에 없지만, 수만 년이 넘는 긴 시간이 걸렸다는 점은 분명하다. 지구의 동반구(유라시아와 오스트레일리아)에 사람이 살았던 이른 시기는 지질학적인 척도로 측정해야 한다는 것은 이미 알려져 있다. 또한, 아메리카로 이주한 시기도 현재의 지질학적 시대 구분에서 현재를 포함하는 홀로세(Holocene)의 초기 또는 그 직전이었다. 이런 사실들을 바탕으로, 인류 전체의 나이는 일만 년보다 큰 단위로 측정하고 있다(Penck 1908 참조). 문화적 발달이 시작된 지점도 인류의 흔적이 나타나는 가장 이른 시점으로 생각하는 것이 옳다. 이 모든 것을 종합해 보면, 인류 중한 집단이 십만 년이 지나서 문화적 발달의 일정한 수준에 도달한 것은 다른 집단이 십만 4천 년이 지나서 동일한 수준에 도달하는 것과 얼마나 차이가 있는 것인가? 이 정도의 지연이라면 그 집단 사람들의 생활사와 역사의 우여곡절로 충분히 설명되지 않을까? 이를 사회발전에 적합한 능력에 차이가 있다는 식의 전제로 환원시켜야만 할까? 이렇게 뒤처지는 현상을 일반화하려면, 한 인종의 역사를 통틀어 이것이 지속적으로, 그리고 규칙적으로 반복되는 반면 다른 인종들은 훨씬 빠른 속도로 발전하는 것이 규칙이라는 것을 증명해야만 한다.

한 집단이 성취한 것을 가지고 그들의 선천적 능력을 재고자 한다면, 우리 시대뿐만 아니라 모든 시기와 조건에 일관성 있는, 타고난 능력에 대한 평가 방법을 적용해야 한다. 기원전 2000~3000년의 고대 이집트 사람들의 눈에는 석기를 사용하고 건축과 농경을 제대로 시작하지도 못한 당시의 북서 유럽 사람들이 원시적으로 보여졌을 수도 있는 것이다. 유럽인들은 다른 수많은 이른바 원시인 집단 중 하나의 "후진 집단"에 불과했을 것이다. 바로 이 유럽인들이 우리의 조상들이었고, 현재의 기준으로는 고대 이집트인들의 평가가 뒤집어져야 할 것이다. 똑같은 논리로, 백 년 전 일본 사람들에게 내려졌던 평가는 그들이 서구의 경제, 산업, 과학을 수용하고 난 지금에 와서는 뒤집어져야 한다. 이렇듯, 선천적 능력과 성취가 직결되어 있다는 주장은 설득력을 가지지 못하며, 그런 주장을 할 수 있는지에 대한 충분한 검토가 이루어져야 한다.

현재 백인종의 경우, 모든 구성원이 빠짐없이 발전과 진보에 어떤 방식으로든 기여하고 있는데, 역사를 통틀어 다른 인종들이 이룩했던 문명들은 모든 구성원이나 모든 부족들을 포용하거나 참여시키지는 않았다. 물론, 그렇다고 해서 백인종의 모든 구성원들이 문명의 싹을 똑같이 빠른 속도로 발전시킬 수 있는 능력을 가지고 있었다는 뜻은 아니다. 문명은 백인 인종의 몇몇 구성원들로부터 기원하여 이웃 부족들에게 자극을 주는 방식으로 시작되고 확산되었다. 그런 자극과 도움이 없었다면 다른 이웃 부족들은 현재의 수준에 도달하기까지 훨씬 더 많은 시간이 걸렸을 것이다. 이 과정에서 우리는 다른 인종에서 찾아보기 어려울 정도로 명확하게 동화(assimilation) 작용의 위력을 관찰할 수 있다.

결국, 우리의 질문은 고대 유럽의 부족들이 왜 문명을 쉽게 받아들이고 동화되었는지, 그리고 현재 우리가 볼 수 있는 소위 원시적 집단들의 경우에는 왜 문명을 접하고도 자극을 받아 나아가지 못하고 도리어 약해지면서 사라지기 시작하는지의 문제로 귀결된다. 이 원인을 찾아낸다면 유럽에 사는 집단들의 우월한 결속력이 증명되지 않겠는가?

나는 현재 세계에서 원시적 문화가 빠른 속도로 없어지고 있는 이유가 멀지 않은 곳에 있다고 믿으며, 그 이유가 꼭 유럽이나 아시아에 사는 인종의 더 뛰어난 능력 때문은 아니라고 확신한다. 첫째로, 외모의 측면에서 고대의 원시 집단들은 당시의 문명화된 사람들과 크게 다르지 않았을 것이다. 이와 비교하면, 훗날 아프리카, 오스트레일리아, 그리고 아메리카의 인종들과 유럽인 침입자들은 훨씬 큰 차이를 보였다. 전자의 상황에서는 한 개인이 어떤 문화에 동화되었다면, 그 개인은 빠르게 그 집단에 녹아들어갔을 것이고, 그 자손은 몇 대를 가지 않아 이방인 혈통을 잊었을 것이다. 현재의 상황은 완전히 다르다. 다른 외부 인종의 구성원은 어떤 상황에서든 순전히 외모를 이유로 항상 외부자로 남게 된다. 흑인의 경우, 문명의 가장 훌륭한 점들을 완전하게 받아들이고 익혔다 할지라도 열등한 인종의 구성원으로 멸시받는 경우를 흔하게 찾아볼 수 있다. 육체적인 외모의 물리적인 대비는 소위 원시적 집단들이 다시금 발전하는 것에도 근본적인 어려움을 안겨주고 있다. 고대 유럽에서는 식민지가 원주민을 받아들여서 집단이 성장하는 것이 가능했다. 라틴 아메리카의 곳곳에서도 그러한 경우가 오늘날까지도 자주 발견된다.

게다가 백인들이 새로이 개척하고 있다고 주장하는 영토의 원주민들을 강타하는 전염성 질병들이 옛날에는 그 정도로 엄혹하지 않았다. 구세계, 즉 유라시아의 인구 집단들은 항상 접촉하고 있어서 지속적으로 같은 종류의 전염병에 노출되어 있었다. 그러나 아메리카와 폴리네시아를 침입한 과정에는 그곳의 원주민들에게 전달된 새로운 질병들이 큰 역할을 했다. 새로운 땅을 발견하고 개척하는 과정에 따랐던 질병에 의한 고통과 황폐화는 잘 알려져 있어서 여기에서 자세하게 묘사하지는 않겠다. 인구가 많지 않던 지역에서 대부분의 사람들이 죽고 나면, 경제생활뿐만 아니라 사회구조 자체도 완전히 파괴되는 결과를 가져왔고, 이에 따라 침입에 저항할 기력도 의지도 남지 않게 되었다.

지중해 문명이 중요한 발전을 거듭하면서, 북유럽의 부족들은 남쪽의 발전 덕분에 많은 분야에서 혜택을 입었다. 부족들은 널리 퍼져 살기는 했지만, 아메리카나 오스트레일리아, 또는 폴리네시아의 작은 섬들에 흩어져 살던 작은 군집들보다는 큰 단위로 함께 살고 있었다. 사실 인구가 많고 넓은 지역을 점유하고 있는 공동체일수록 유럽의 식민지 개척을 견디어낼 수 있었다는 사실을 관찰할 수 있다. 이를 단적으로 보여주는 곳이 멕시코와 안데스 고원이며, 이곳의 원주민 인구는 유럽으로부터 유입된 이민의 영향을 극복하고 기존 인구를 회복하였다. 흑인들 역시 아메리카에 도착했을 때 이민 초기의 어려움을 생존한 경험이 있다. 반면 북아메리카의 작은 부족들과 남아메리카의 동부에 살았던 부족들은 그 어려운 시기를 넘기지 못하고 사라졌다.

더군다나, 근대적 발명과 원주민 산업의 격차와 갈등으로 인해 발생하는 경제적 압력은 옛날과 비교가 되지 않는다. 고대의 경우에는 문명과 부족의 산업이 접촉하는 정도에 그쳤을 것이다. 우리가 현재 가지고 있는 생산의 방식은 짧은 시간 안에 완벽한 수준으로 발달하여, 싼 가격과 대량 공급을 앞세운 백인 무역상들은 쉽게 원주민들의 산업을 파괴한다. 옛날에는 기술자와 기술자의 경쟁이 이루어졌다면, 현재 원주민 기술자는 우리가 가진 기계의 생산성을 앞설 수 없게 되었다. 효율적인 도구와 실을 무역상으로부터 얻는 데는 하루 분량의 노동으로 충분한 반면, 같은 도구나 재료를 원주민이 직접 만드는 데에 몇 주가 걸린다고 한다면 시간이 오래 걸리고 노동과 노력이 많이 들어가는 쪽을 그만두는 것이 자연스러울 것이다. 아메리카나 시베리아의 일부 지역에서는 원주민 부족들보다 훨씬 더 많은 수의 외부자들이 이주하여 원주민들에게 점진적으로 동화할 기회와 시간도 주지 않은 채 축출하는 경우도 있다. 옛날이라면 그 정도의 규모로 대이주가 일어나서 수적인 면에서 일방적으로 우세한, 현재 많은 곳에서 벌어지고 있는 불균형적인 상황과 같은 경우는 없었을 것이다.

위와 같은 점들을 고려했을 때, 고대 유럽에서는 원시적인 부족들이 경제, 산업, 그리고 지적 성취가 있는 부족들에 동화되는 과정이 비교적 쉬웠을 것이라고 결론지을 수 있다. 이와는 정반대로 현재의 원시부족들은 그들의 생활 조건과 우리 문명의 엄청난 격차 때문에 발생하는 극복 불가능한 어려움을 겪고 있다. 따라서 이러한 관찰들을 바탕으로, 최근까지 문명의 영향을 접하지 않았던 인종들과 비교하여 고대 유럽인들이 더 나은 능력을 가지고 있었다고 추정하는 것도 옳지 않다(Gerland 1868; Ratzel 1891 참조).[2]

---

2) [역주] 보아스는 원시부족과 문명을 기술의 수준과 사회구조의 복잡성을 기준으로 구분하는 시각을 가지면서도 모든 인종과 부족이 문명 발달에 기여했다고 보고 있으며, 방법론적으로는 특정한 문화 현상 혹은 문화의 변동을 그 문

이 결론을 뒷받침하는 다른 사실들도 있다. 중세 시기의 아랍과 아랍화된 베르베르족의 문명이 도달한 단계는 많은 유럽 민족이 머물고 있던 단계보다 훨씬 높았다. 두 문명 모두 같은 기원을 가지고 있었고, 한 나무에 난 두 개의 가지로 생각할 수 있다. 수단 지역에서 아랍 문명을 가지고 있었던 집단의 경우, 유럽인들과 같은 혈통은 아니지만 그들의 높은 수준을 부정할 사람은 없을 것이다. 그들이 어떤 방식으로 아프리카의 흑인 부족들에 영향을 주었는지도 고찰해 보아야 할 것이다. 8세기 후반부터 11세기 사이의 매우 이른 시기에 북아프리카는 햄족에 속하는 부족들의 침입을 받았고, 이슬람교가 사하라 사막을 통과하여 빠른 속도로 서수단에까지 전파되었다. 이 시기부터 대규모의 제국들이 생겨났고, 이웃 국가들과의 투쟁의 과정에서 사라지기도 했으며, 상당히 높은 수준의 문화가 융성했음을 알 수 있다. 침입자들은 원주민들과 혼인을 맺었고, 이를 통해 많은 경우 흑인으로 태어난 혼혈 인종은 다른 아프리카 흑인보다 높은 지위를 차지하였다. 보르누(Bornu)의 역사가 대표적으로 이런 경우를 보여주고 있다. 북아메리카의 다사다난했던 역사에서 중요한 역할을 차지했던 보르누 국가의 역사는 바르트와 나흐티갈에 의해 처음으로 소개되었다(Barth 1857; Nachtigal 1879).

그러면 왜 무슬림들은 이 부족들에게 큰 영향을 주었고, 어떻게 해서 자신들이 달성했던 수준까지 이 부족들을 끌어올릴 수 있었을까? 아프리카의 다른 많은 지역을 보면, 백인들은 흑인을 같은 정도로 동화시킬 수 없었는데도 말이다. 문화가 도입되고 소개되는 방식 자체가 명백히 달랐다는 데서 차이를 설명할 수 있다. 무슬림과 원주민의 관계는 오히려 유럽의 고대인과 부족민의 관계와 비슷했다. 반면, 백인들은 공장에서 생산된 상품과 몇몇의 대표자만 흑인들이 사는 곳으로 보냈다. 교육을 많이 받은 백인과 흑인들 사이의 진정한 교류와 융합은 한 번도 이루어진 적이 없다. 이와는 대조적으로, 무슬림과 흑인의 융합은 중혼(polygamy) 제

---

화의 맥락 안에서 설명하고 이해해야 한다는 문화상대주의 원칙을 확립하였다.

도를 통해 수월하게 이루어졌다. 정복자인 무슬림들은 원주민 아내를 얻었고, 그들의 아이들을 가족의 일원으로 받아들였던 것이다.

동아시아에서 중국 문명이 전파된 현상도 유럽의 고대 문명과 유사한 방식으로 이루어졌다고 할 수 있다. 식민지화와 인접 부족의 융합, 그리고 때로는 저항하는 세력의 제거하는 식민지화를 통해 상당히 넓은 지역에서 놀라울 정도의 문화적 동질성이 발견된다.

끝으로, 흑인이 현대 문명과 가장 가깝게 접촉하며 살고 있는 미국에서 흑인이 점하고 있는 낮은 위치를 고찰해 본다면, 인종들 사이의 갈등이 역사상 가장 치열하게 일어나고 있는 와중에 흑인이 열등하다는 의견이 종교의 가르침처럼 무비판적으로 받아들여지고 있다는 것을 잊어서는 안 된다(Ovington 1911). 학교와 대학이 흑인에게 열려 있음에도 불구하고, 이러한 사회적 제반 조건과 편견은 흑인의 발전과 진보에 상당한 제약이 되고 있다. 오히려 불리한 조건과 확률이 적용됨에도 불구하고 짧은 시간 동안 흑인들이 이룩한 것이 얼마나 되는지 생각해 봐야 한다. 흑인들이 백인들과 절대적으로 같은 조건에서 생활하게 된다면 흑인들이 무엇을 이룰 수 있을지는 아무도 알 수 없고 예측할 수도 없다.

위에서 살펴본 것들을 종합하여 우리가 내릴 수 있는 결론은 다음과 같다. 우리 문명의 기원이 된 고대 문명과 비슷한 유형의 문명을 몇몇 인종들이 함께 발달시켰고, 몇 가지 좋은 조건들로 인해 이것이 유럽 전체에 빠른 속도로 전파되었다. 이 조건들 중 가장 큰 영향을 준 것은 비슷한 신체적 외모, 인구 분포 지역의 연속성, 생산 방식에 있어 크지 않은 차이와 같은 것이었다. 시간이 흘러 유럽인들이 다른 대륙으로 퍼지면서, 유럽인들과 접촉하게 되었던 인종들은 이와 비슷한 좋은 조건을 가지고 있지 못하였다. 인종적으로 큰 외모의 차이, 이전의 고립 상태 때문에 신대륙 원주민 지역을 황폐화시킨 전염병, 그리고 기술의 격차로 인해 동화는 점점 어려워지게 되었다. 유럽인들이 빠르게 전 세계로 퍼져나가면서 많은 지역에서 자라나고 있던 문명들은 파괴되었다. 그리하여 동아시아를 제외하고는 어떤 다른 인종도 독립적으로 발전할 기회를 가지지 못하였다. 유럽 인종의 전파 때문에 세계 곳곳에서 자라나던 싹들이 더 이상 성장하지 못하고 잘려나갔는데, 이는 그 싹이 자라던 집단의 정신적 능력과는 아무런 관계가 없다.

다른 한편으로, 구대륙에서 먼저 일어난 문명의 이른 시기가 크게 의미를 가지지 않으며, 우연적 요소로 충분히 설명할 수 있다는 점도 살펴보았다. 요약하자면, 인종들이 가진 타고난 능력보다는 역사적 사건들로 인해 만들어진 조건들이 인종들로 하여금 문명으로 나아가게 했으며, 인종들의 성취만을 가지고 다른 증거 없이 한 인종이 다른 인종보다 능력을 타고났다거나 우월하다고 할 수는 없다.

우리의 첫 번째 문제에 대한 답을 찾았다면, 두 번째 문제로 넘어가자. 다른 인종들이 지닌, 백인과 다른 해부학적 특성들이 열등함을 의미한다는 전제는 얼마나 정당한 것일까? 한 가지 측면에서 이 질문에 대한 답은 앞의 질문에 대한 답보다 쉽고 단순하다. 성취 한 가지만을 가지고 백인종의 우월한 정신적 능력을 보여주는 증거라고 할 수는 없다고 이미 밝혔다. 그렇다면, 백인종과 다른 인종 사이의 해부학적 차이들이 백인종의 우월함과 다른 인종의 열등함을 의미하기 위해서는 해부학적 형태와 정신력 사이에 모종의 관계가 있어야만 한다.

인종의 정신적 특성이나 정신력을 다루는 수많은 연구들이 다음과 같은 논리적 오류를 범하고 있다. 그들은 유럽인들이 가장 높은 수준의 인종적 유형이라고 전제하고 나서, 그 다음에 유럽인 유형에서 벗어나는 모든 특성을 비정상적인 것으로, 그리고 낮은 정신 수준의 증거라고 해석한다. 턱의 모양과 신경계통의 기능이 생물학적으로 연결되어 있다는 증거도 없이 흑인들의 턱이 가진 형태를 가지고 그런 종류의 판단을 내린다면, 어떤 중국인이 유럽인들을 털난 괴물로 묘사하면서 숱이 많은 특성을 열등한 것으로 판단하는 것만큼이나 큰 오류를 범하게 되는 것이다. 이런 해석은 과학적 사고가 아니라 감정에 의한 사고이다.

정말 고찰해야 하는 질문은 이것이다 — 해부학적 특질이 어느 정도로 정신적 활동을 결정하는가? 비유와 유추의 기제를 통해 우리는 흔히 낮은 수준의 정신적 특질을 괴물이나 짐승의 형상과 비슷한 거친 선이나 형태와 연결시킨다. 우리의 단순한 일상적 표현에 의하면 짐승처럼 보이는 특질은 폭력적이거나 잔인한 이미지와 긴밀하게 연결되어 있다. 그러나 여기에서 우리는 일단 해부학적 특성과 생활 습관으로 인해 얼굴, 상체, 사지에 일어날 수 있는 근육 발달을 구분해야 한다. 이를테면, 손의 개별 근육이 발달하지 않아서 거칠고 둔한 경우, 인지적으로 복합적이거나 정교한 움직임을 필요로 하는 활동에 거의 사용되지 않았을 것이라는 것은 섣부른 추측이다. 얼굴의 경우에는, 깊은 사고와 정교한 정서를 동반하는 신경분포를 반영하지 못한 근육 때문에 개인성과 표현성이 떨어질 것이라는 것도 마찬가지이다. 또 무거운 짐을 지지하기만 하고 다양하고 정교한 머리와 몸통의 자세의 변화에 대응하지 못한 목은 부피만 크고 둔할 것이라는 것도 같은 방식의 유추이다. 이러한 골상학적, 관상학적 차이 때문에 우리의 해석을 잘못된 방향으로 끌어가면 안 된다. 우리는 흔히 들어간 이마, 무게감이 느껴지는 큰 턱, 크고 무거운 치아, 심지어는 보통보다 긴 팔의 길이나 특이할 정도로 털이 많은 것도 정신력과 연결시켜 판단하기도 한다. 이러한 특성이 정신적 능력과 가진 연관성이 증명되기 전까지는 한 가지씩 조심스럽게 따져 보아야 한다.

어떤 인종의 정신적 능력을 평가할 때에 그 어떤 문화적 성취도, 겉으로 보이는 외모도 충분하고 합리적인 근거를 제공해주지는 못한다. 여기에는 소위 원시적인 인종과 문화에 대한 세부적인 고찰 없이, 우리가 속한 인종 유형과 우리 자신의 문명에 대한 일방적인 평가까지 들어가 있다.

이 책에서 수행하는 고찰의 목적은 이러한 질문들이 포함하고 있는 인종의 문제와 문화의 문제를 해명하는 것이다. 지구상에는 많은 인종들이 살고 있으며, 매우 다양한 문화적 형태들이 존재한다. "원시적"이라는 용어가 신체적 특성과 문화가 마치 불가피하게 연결된다는 식의 전제하에

무분별하게 사용되어서는 안 된다. 특정한 인종의 문화적 특성이 신체적 특성으로부터 결정되는지는 근본적인 문제 중 하나이다. 이 질문에 답하기 전에 인종이라는 용어 자체도 명확하게 이해되고 규정되어야 한다. 인종과 문화 사이에 깊은 연관이 있다는 것이 밝혀진다면, 각각의 인종을 따로 고찰하여 신체적 구조와 정신적 생활, 사회적 생활의 상호작용을 규명해야 할 것이다. 인종과 문화 사이에 관계가 없다면, 인류를 하나의 전체적인 범주로 다루고 인종과 관계없이 문화적 유형을 분석하는 것이 정당화될 수 있을 것이다.

그러므로 우리는 소위 원시성을 두 가지 시각에서 고찰해야 한다. 첫 번째로 우리는 어떤 인종이 특정한 신체적 특성으로 인해 영구히 정신적, 사회적 열등한 지위에 머무를 운명인지 검토해야 한다. 이 점을 밝히고 설명한 후, 소위 원시적 인구 집단의 정신적·사회적 생활의 특성을 문화적인 시각에서 분석하고, 이 원시적인 특성이 문명화된 민족들과 일상생활에서 어떤 차이를 보이며 인종 집단들의 구분과 과연 일치하는지를 살펴볼 것이다.

# 2장

# 인종 연구의 역사

인종 특성과 능력 불변의 관념
과학성이 결여된 과거의 인종 구분과 가설들
생물학의 영향과 위계적 문화 개념의 분리
원시인과 문명인의 구분

인종과 문화의 관계가 어떤 것인지에 대한 의문은 많은 학자들의 관심을 받아왔다. 그중에서도 소수만이 이 문제를 중립적으로, 그리고 비판적으로 다루었고, 훨씬 더 많은 경우에는 인종적·민족적·계급적 편견이나 선입견에 의해 평가가 내려졌다.

인종적인 혈통이 한 집단 또는 사회적 계급의 성격과 능력을 결정한다는 이론은 상당히 오랜 역사를 가졌다. 생물 분류학의 아버지로 불리는 생물학자 린네(Linné)는 일찍이 인종적 유형을 묘사하면서 각각의 유형에 정신적인 특성을 추가하였다. 특권을 가진 귀족이라는 개념도 귀한 혈통 계보와 개인적인 뛰어남이 상관성이 있다는 전제에 바탕을 둔 것이었다. 18세기가 끝날 때까지 유럽 사회의 조직 원리는 이러한 혈통과 문화의 깊은 상관성에 대한 전제를 뿌리 깊게 선호하였다. 프랑스 역사학자 불랭빌리예(Boulainvilliers)는 1727년에 프랑스의 정치사를 연구하면서 프랑스 귀족이 프랑크족의 혈통을 이어받았고, 나머지 프랑스 인구의 대부분이 켈트족의 후손이라고 결론지었다. 또한, 이로부터 그는 프랑크족이 더 우월한 정신적 자질을 가졌을 것이라고 추론하였다. 최근에도 영국의 민족학자 베드도우가 스코틀랜드와 잉글랜드의 다양한 유형이 가진 정신적 특성을 언급하였고(Beddoe 1885), 독일의 우생학자 플뢰츠도 여러 인종들이 특정한 정신적 자질을 가지고 있다고 서술하였다(Ploetz 1923).

프랑스 귀족이며 작가인 고비노는 위와 같은 생각의 단초들을 종합하고 발전시켜, 인종별로 신체적 형태와 정신적 기능이 영원히 변하지 않는다고 주장하였다. 그는 자신의 시각을 다음과 같이 요약하였다.

1. 현존하는 야생 부족은 항상 이러한 상태로 존재했으며, 그 어떠한 높은 수준의 문화적 형태와 접촉하더라도 그들은 앞으로도 영원히 현재의 상태로 존재할 것이다.
2. 야생의 부족들은 오직 동일한 인종의 더 고귀한 갈래의 사람들이 이룩한 문명적 생활양식이 있을 경우에만 그것을 받아들여

문명화된 상태로 존재할 수 있다.

3. 두 개의 문명이 서로에게 강한 영향을 주고받거나, 서로의 문
   명으로부터 차용하거나, 자신들의 문명 요소를 재조합하여 새
   로운 문명을 창조하거나 할 때에도 마찬가지의 조건이 적용되
   며, 두 개의 문명은 절대로 융합되어 합쳐질 수 없다.

4. 완전히 다른 두 개의 인종이 이룩한 문명은 표면적인 접촉으로
   만 융합할 뿐, 근본적인 수준으로 완전히 융합하여 서로에게 배
   어들 수는 없으며, 영원히 서로 배타적인 관계로 남을 것이다.

고비노는 위와 같은 시각으로 역사적인 자료와 인종적인 자료를 사용
하여 북서유럽인이 절대적으로 우월하다는 결론에 도달한다(Gobineau
1853). 그의 저작은 이러한 사고를 처음으로 체계적으로 제시했으며, 매
우 강한 영향력을 가지고 있다.

인류 전체를 활동적인 또는 "남성"적인 절반과 수동적인 혹은 "여성"
적인 절반으로 나눈 클렘의 구분은 문화에 초점을 둔 것이었다(Klemm
1843). 그는 유럽인들의 활동을 활동적인 절반이 하는 것으로 묘사하면
서, 강한 의지력과 지배, 독립성, 자유에 대한 강력한 욕망을 그들의 정
신적 특질이라고 주장하였다. 또한, 차분하지 못하고 활동적이며, 여행과
확장을 원하고, 모든 방향으로 진보를 추구하면서 본능적인 탐구욕과 완
강한 저항, 그리고 의심하는 성향도 그러한 정신적 특질부터 나온다고
서술하였다(I, p.197). 그는 페르시아인, 아랍인, 그리스인, 로마인, 게르
만 부족들, 그리고 투르크인, 타타르인, 체르케스인, 페루의 잉카인, 폴리
네시아인이 이 그룹에 속한다고 보았다(IV, p.451). 반면, 그가 묘사한 인
류의 수동적인 절반이 가진 신체적 형태는 몽골인들의 외모에 대한 일반
적인 인상을 종합한 것이다(I, p.198). 그는 몽골인, 흑인, 파푸아인, 말레
이인과 아메리카 원주민 사이에는 차이가 있음을 인정하면서도, 어두운
피부색, 두개골의 모양, 그리고 가장 중요하게는 "마음의 수동성"이 공통

적으로 나타난다고 주장하였다. 그의 이론에 따르자면 인류의 수동적인 절반은 인류사의 초기에 지구 전체로 퍼져 나갔고, 유럽 인구의 뒤떨어진 집단들이 이 과정의 증거로 남아 있다고 한다. 인류의 활동적인 절반은 히말라야 지역에서 발달하여 점진적으로 전 세계로 퍼져 나갔으며, 가는 곳마다 지배적인 인종이 되었다는 것이 그의 시각이다. 또한, 그는 수동적인 인종들이 가장 중요한 발명들 중 많은 것을 주도하였으나, 특정한 지점 이상으로 발전하지는 못했다고 보고 있다. 인류사에서 활동적인 인종들과 수동적인 인종들을 통합하려는 투쟁이 가장 중요한 기제이고, 이런 통합 과정을 통해 인류를 완전하게 대표하려는 시도가 바로 문명이라고 주장한다. 부트케는 클렘의 이런 시각을 전적으로 받아들였다 (Wuttke 1852).

칼 구스타브 카루스(Carus)는 클렘의 구분이 본질적으로 문화적인 것이라고 받아들였다. 카루스는 자신의 시각을 『생리학의 체계』(1838)에서 처음 표명했는데, 여기에서 펼쳐지는 시각은 추측에만 의존하고 있다. 그는 우리 행성의 조건이 모든 살아있는 생명체에 반영되어 있다고 믿었다. 지구라는 행성이 낮과 밤, 새벽과 황혼이 있기 때문에 어떤 동물과 식물들은 낮에 활동적이고 개화하며, 이와 반대로 어떤 동식물은 밤에 활동하며, 또한 다른 것들은 새벽과 황혼에 활동적이라는 것이다. 따라서 같은 조건이 인간에게도 적용되어 오직 네 가지의 인종이 가능하다고 한다. 낮의 인종, 밤의 인종, 새벽의 인종, 그리고 황혼의 인종이 그것이다. 이 구분을 따르면, 유럽인과 서아시아인이 낮의 인종이고, 흑인들이 밤의 인종이며, 몽골인종이 새벽, 그리고 아메리카 원주민이 황혼의 인종이다. 이렇게 네 가지 집단을 구분하고 나서 카루스는 모튼(Morton 1839)을 따라 낮의 인종이 가진 뇌의 크기가 크고, 밤의 인종은 뇌 크기가 작으며, 새벽과 황혼의 인종들은 그 중간이라고 주장한다. 그는 또한 흑인의 얼굴 형태가 동물과 유사하다고 해석한다. 최종적으로 그는 당시의 문화적 조건을 가지고 인류의 인종 구분에 대한 주장을 제시한다. 모든 인종 가운데에서 힌두인은 진리의 창조자, 이집트인은 아름다움의 창조자, 유태인은 인간적 사랑의 창조자로 해석하여 선지자적인 위치를 부여한다. 끝으로, 인류가 가진 의무는 각자의 인종 안에서 타고난 특성을 최대한 발달시키고 꽃피우는 것이라고 카루스는 밝히고 있다.

미국에서 나온 초기 저작 중에서 새뮤얼 모튼(Samuel G. Morton)의 책은 각 인종 유형에 대한 조심스러운 고찰을 바탕으로 자신의 결론을 내리고 있다(Morton 1839). 그는 당대의 다원주의 시각과 일원주의 시각에 대한 관심과 논쟁의 영향을 크게 받았던 것 같다. 그는 인류의 인종들이 제각각 다른 기원을 가지고 있었을 것이라고 결론지으면서, 인종을 구분하는 특성들이 신체적인 구조와 깊은 연관이 있다고 주장하였다. 그는 다음과 같이 서술하였다 — "[코카서스 인종은] 가장 높은 수준의 지적인 발달을 이룬 신체기관이 가장 특징적이다… 몽골 인종의 경우에는 매우 영리하며, 모방에 능하고, 교육에 상당히 영향을 많이 받는 성향을 보인다… 말레이 인종은 활동적이고 영리하며, 항해하는 집단에 걸맞게 이주와 포식의 습관을 가지고 있다… 아메리카인들은 정신적인 특성의 측면에서 교육을 회피하고, 몸놀림이 느리면서도 잔인하고 복수심이 많으며, 호전적이면서도 항해에는 전혀 관심이 없다… 흑인의 성향은 즐겁고 유연하면서도 나태함이 있으나, 흑인 인종을 구성하는 많은 집단들은 큰 다양성을 보이기도 한다. 그런데 이 중에서 가장 극단적인 집단이 아마도 인류 전체에서 가장 수준이 낮은 종족일 것이다."

개별적인 집단에 대하여 그는 이렇게 정리한다 — "이누이트의 정신적 능력은 유아기부터 노년기에 이르기까지 일관성 있게 지속되는 아동기와 비슷한 양상을 보인다. 정해진 한계에 도달했을 때 그들은 더 이상의 정신적 성장을 보이지 않는다." 오스트레일리아인에 대해서도 비슷한 판정을 내린다 — "이 집단 사람들은 하나의 단위로서 현재 가지고 있는 아주 얕은 정도의 문명 이외에는 그 어떤 것도 이룰 능력이 없어 보인다." 그의 시각은 이 대목에 보태진 각주에서 더 명확하게 드러난다 — "이와 비슷한 서글픈 인상을 받았다는 기술은 오스트레일리아 원주민을 관찰한 대부분의 사람들에게서 찾아볼 수 있다. 독자들은 도슨(Dawson)의 『오스트레일리아』에서 이와는 다른 시각을 발견할 수 있겠지만, 그것들은 진정성이 있으면서도 그들을 감정적으로 불쌍히 여기는 감정적 선입견을 담고 있는 것으로 보인다." 모튼 저작의 부록에서는 골상학자인 조오지 콤브(George Combe)가 머리 모양과 개성의 관계를 논의하고 있다. 특히, 유럽인의 뇌가 가장 크고 흑인들의 뇌가 가장 작다는 점을 지적하면서, 이 차이가 지적 능력과 지위의 차이와 정확하게 일치한다고 주장한다. 그러나 이 주장과 모튼의 저작 안에서 제시된 자료가 서로 모순을 보인다는 점에 대한 언급은 전혀 없다. 모튼의 자료는 아메리카의 앞선 집단들이 더 원시적인 부족들보다 머리가 작다는 것을 보여주고 있어, 콤브의 주장과 반대의 해석을 가능하게 만드는 내용이다.

모튼 이후로 이 주제에 대하여 연구한 저자들은 노예제도를 방어하거나 정당화하려는 의도를 가지고 있었고, 이것이 그들의 시각에서 드러난다. 이들에게 다원주의와 일원주의의 문제는 특별한 중요성을 가지고 있었는데, 흑인들이 완전히 다른 기원을 가지고 있고 흑인 유형이 변화하지 않고 유지된다는 것은 그들에게 노예제를 정당화할 중요한 근거를 제공했기 때문이다. 이러한 저자들 중에서 노트(J.C. Nott)와 글리던(George R. Gliddon)이 가장 중요한 저작을 남겼다. 노트는 『인류의 유형』(Nott and Gliddon 1854)의 서문에서 다음과 같이 서술한다 – "모든 독자들의 입장에서 가장 중요하고 흥미로운 질문은 인종들의 공통 기원에 대한 질문일 것이다. 공통된 기원이라는 개념은 종교적 가르침의 문제가 걸려 있기도 하지만, 더 실용적인 문제인 평등과 인종의 완성 가능성도 걸려 있기 때문이다. 여기에서 '더 실용적인 문제'라고 표현하는 이유는 인종이 제각각 다른 기원을 가지고 있음에 대한 전능하신 분의 책임은 없고, 전능하신 분으로부터 받은 여러 인종의 능력이 서로에게 어떻게 사용되는지에 대한 책임은 각각의 인종에게 있기 때문이다."

노트의 서술은 다음과 같이 이어진다 – "최초의 기원이 인종별로 다르다는 것을 인정하느냐의 여부와는 별도로, 오늘날의 고고학자나 자연학자라면 누구나 현존하는 신체적 인종 유형의 항구성과 불변성에 대해서는 이의를 제기하지 못할 것이다. 같은 방식으로, 그 어떤 능력 있는 학자도 이에 호응하여 각 인종이 도덕적 또는 지적 특성을 항구적으로 가지고 있다는 사실도 부정하지 못할 것이다. 인간의 지적 측면과 인간의 신체적 측면은 분리할 수 없으며, 한쪽의 본성이 다른 쪽의 변화 없이는 변형될 수도 없다." 다른 대목에서 그는 다음과 같이 덧붙인다 – "아메리카 원주민들과 살아본 사람에게 그들의 문명화 가능성에 대해 이야기하는 것은 덧없는 일이다. 그보다는 차라리 들소의 본성을 바꾸는 것이 더 쉬운 일일 것이다."

고비노와 유사한 방식으로 주장을 펼친 사람이 영국의 인종주의 철학자 휴스턴 스튜어트 챔벌린(Houston Stewart Chamberlain)이다. 그의 큰 영향력은 과학적인 엄밀함이나 명확한 논리에 근거하기보다는 현재 대중적으로 퍼진 시각들을 매력적인 형태로 제시했기 때문일 것이다. 그는 자신의 저서에서 다음과 같이 말한다 – "인종의 다양성이나 인종적 혈통이 가치가 있는지, 또는 인종의 가치가 어떻게 가능한지 등등에 대한 장황한 과학적 연구를 굳이 할 필요가 있겠는가? 규칙을 완전히 뒤집어 생각해 보자 – 인종적인 차이가 있다는 것은 명백하며, 우리의 즉각적인 경험에 의하면 인종의 계보학이 다른 어떤 것보다도 중요하다는 것은 사실이다. 우리에게 남아 있는 숙제는 이러한 차이들이 어떻게 생성되었고 왜 그 차이들이 존재하는지를 규명하는 것이다. 당신의 무식함을 보호하기 위해 사실을 부정해서는 안 된다… 칼레에서 도버까지 도버 해협의 짧은 거리를 여행해 본 사람은 아마 한 행성에서 다른 행성으로 간 것과 같은 낯선 느낌을 받을 것이다. 그럴 정도로 프랑스인들과 영국인들은 수많은 공통점을 가지고 있음에도 불구하고 명백한 차이를 보인다. 동시에, 관찰하는 사람의 입장에서는 이것이 더 순수한 동계교배의 가치를 보여주는 사례일 것이다. 영국은 섬나라로서 고립되어 있기 때문에, 현재 이 순간 유럽에서 가장 강력한 인종을 키워낼 수 있었던 것이다." 그리고 나서 그는 다음과 같이 자신의 원칙들을 요약하고 있다 – "위대한 문명의 발달을 위해서는 일차적으로 우수한 혈통이 필요하다는 것이 근본적인 법칙이다. 그런 바탕에서 둘째 요소로 선별적인 동계교배가 필요하다. 세 번째이자 마지막 요소는 예로부터 우수함을 보였던 같은 계통의 다른 혈통을 혼합하여 일정한 고립의 기간을 거치는 것이다."[1] 챔벌린은 동물 교배의 경험을 바탕으로 같은 원리를 인간 사회에 적용하여 이러한 결론을 내렸던 것이다. 그는 자신의 구미에 맞는 역사적인 사례를 가지고 자신의 접근이 가진 타당성을 증명하려 노력했다. 그는 특히 인종적인 차원에서 일어나는 퇴보가 균질적이지 않은 외부적 요소의 유입과 혼합으로 인해 일어난다고 보았다.

위에서 인용한 챔벌린의 저술이 과학성을 가지지 못한다는 사실은 챔벌린 자신이 코지마 바그너(Cosima Wagner)에게 보낸 편지에서 이미 인정한 바 있다. 그 편지에서 챔벌린은 자신의 주장을 효율적으로 펼치기 위해 "외교적 술수"를 사용했다는 표현을 사용했다.[2]

고비노와 챔벌린의 영향과 더불어 현재 널리 받아들여지는 인종에 대한 선입견은 매디슨 그랜트(Madison Grant)의 저술에도 잘 나타나 있다 (1916).

그랜트의 책은 감정적으로, 그리고 열정적으로 금발과 파란 눈을 가진 긴 두상의 백인과 백인의 성취를 찬양하면서, 흑인을 비롯한 어두운 눈 색깔을 가진 인종이 인류 전체를 부패시키고 쇠락하게 할 것이라는 예언을 담고 있다. 그의 주장은 책 전체를 통틀어 문화적으로 두드러진 성과를 낸 집단은 어느 지역이라도 북유럽 혈통이 어떤 방식으로든 조금이라도 유입되었다는 전제에 근거하고 있다. 이를 단적으로 드러내는 대목을

---

1) [원주] Chamberlain 1901.
2) [원주] 1899년 5월 22일자 편지, Chamberlain 1934.

옮기자면 다음과 같다 - "북유럽 인종이 로마 문명과 혈통에 얼마나 녹아들었는지는 어렵지 않게 알 수 있다. 영원한 도시의 전통, 법의 성립, 군사적 효율성뿐만 아니라 로마의 이상이었던 가족 중심주의, 충성, 진리와 같은 가치들은 명백하게 지중해 지역이 아니라 북유럽에서 기원했을 것이다." 이와 유사한 많은 대목에서 그랜트는 자신의 명제가 이미 증명된 것처럼 서술하며, 이 명제를 다시 여러 문화 현상을 설명하는 과정에 사용하고, 생물학적 사실들은 자신의 구미에 맞게 재구성한다. 어떤 곳에서는 두상의 모양을 가장 중요한 것으로 묘사하며, 다른 곳에서는 두상이 관련 없다는 식으로 서술하기도 한다. 사람의 큰 키는 우성 유전의 가장 중요한 특성으로 강조되다가도, 나중에는 이것이 혼혈의 경우에는 가장 먼저 없어지는 특질이라고 정반대로 기술하고 있다. 환경적 영향의 중요성은 거의 인정하지 않으면서도, 아메리카 원주민 인구가 19세기 중반에 이르러서 그들만의 신체적 특수성을 발전시키는 시점에 도달하여 빠른 속도로 별개의 유형이 되고 있다고 주장하기도 한다.

불행히도 자신의 분야에서 정당한 명성을 가진 생물학자들은 위와 같은 무비판적인 인종주의 저술가들의 선동을 그대로 따라가고만 있다. 한 유명한 고생물학자는 다음과 같은 입장을 1924년 4월 8일자 뉴욕타임스지에서 밝혔다.

"인류학자들에게 잘 알려져 있다시피 북유럽 인종들은 아시아의 서쪽 고원에서 정주하다가 기원전 12,000년경 이후에 북유럽으로 이주했던 모든 민족들을 통틀어 일컫는 말이다. 그들이 살던 곳의 생활조건은 매우 거칠어서 생존을 위한 투쟁이 험난했으며, 이로 인해 그들의 주요한 미덕뿐만 아니라 호전성과 음주와 같은 단점들도 생겨났다. 자신들이 살던 지역이 더 이상 그들을 지탱할 수 없을 정도로 인구가 증가하자, 그들은 남쪽의 나라들을 침범하여 단순히 정복자로서가 아니라 퇴폐적인 문명들에게 강력한 도덕적·지적 요소를 전달하는 기여자의 역할을 하였다. 이탈리아에 북유럽 인종이 흘러들어오면서 라파엘, 레오나르도 다빈치, 갈

릴레오, 티티안 등의 조상 혈통이 성립하였다… 콜럼버스의 초상화나 흉상을 보게 되면, <u>그것이 진품이든 모조품이든,</u> 북유럽 혈통을 이어받은 것이 명백하다."

미국 우생학자 로스롭 스토더드(Lothrop Stoddard)는 다음과 같이 서술한다 ― "각각의 인종은 길고 긴 시간을 거친 발달의 과정에서 그 인종만이 가진 전문화된 능력을 발달시키기도 하고, 창조적 성취를 할 능력을 가지게 되기도 한다. 이러한(우월한 인종에서 특히 두드러지며 상대적으로 최근에 발달한) 전문화된 능력은 매우 불안정하다. 이 전문화된 능력들은 생물학자들의 용어를 사용하자면 '열성'의 유전 특질을 가진다. 따라서, 고도로 전문화된 혈통이 다른 혈통과 교배를 하게 되면 새롭지만 불안정한 특질은 없어지며, 인류의 진보에 어떤 잠재적인 가치가 있었을지 알 수 없는 그 변이는 돌이킬 수 없이 사라지게 된다. 이러한 현상은 완전히 다른 두 개의 우월한 혈통이 교배될 때에도 일어난다. 두 혈통 모두의 전문화된 귀한 특질이 서로를 소거하는 결과가 일어나서 교배된 자손은 일반적인 평범함으로 돌아가게 된다." 더 나아가 스토더드는 "문명이 신체라면 인종은 영혼"이라고 기술하면서 문명이 "우월한 생식세포의 생식질(germ plasma)이 가지는 창조적 욕구의 결과"라고 표현한다(Stoddard 1920). 이러한 서술은 생물학적 용어와 문화적 용어를 가지고 장난을 치는 것일뿐, 과학이 될 수 없다.

독일 인류학자 에곤 폰 아이크슈테트(E. von Eickstedt)는 인종 심리학의 기초를 확립하려고 시도하였다(1936). 엄격한 논리로 자신의 사고를 증명하려 했다고 그는 주장했지만, 그의 시도는 다른 모든 사람들과 동일한 오류를 범하고 있다. 그는 현대의 형태심리학(Gestalt psychology)의 영향을 받아, "인종심리학적 요소가 존재한다는 명백한 사실을 관찰할 수 있다"고 주장하면서 그런 요소가 구조를 가지고 있다는 점과, 인종들의 신체적 특성과 정신적 행동이 한 단위로 취급되어야 함을 강조하였다. 미적인, 회화적인 시각에서 지구 전체 지평을 바라본다면 지형이 있고,

식물과 동물이 분포하고, 인간의 문화가 배치되어 있다는 점에서는 일견 타당한 듯 보이지만, 여기에 구조적인 단일성이나 인과적 관계에 기반한 통일성을 부여할 근거는 없다. 토양과 기후가 특정한 형태의 생명체를 선호할 수는 있지만, 그렇다고 어떤 식물, 동물, 그리고 문화의 형태가 생성될 것인지 결정할 수는 없다. 어떤 현상의 총체성에 대한 과학적 연구는 인과성을 간과하거나 빼고는 이루어질 수 없다. 한 그림 안에서 여러 특질이 존재한다는 것이 반드시 그 특질들의 인과적 관계 때문은 아니다. 상관관계는 인과적이 아니라 우연적일 수도 있다. 그런 상황에서 인과적 관계를 증명하는 근거는 꼭 필요하다. 인종들의 정신적 특질이 차이를 보인다면, 그 차이가 생물학적인지의 여부는 증명해야 하며, 외부 영향이 있다고 한다면 이 역시도 증명해야 하는 대상이지 단순하게 전제하고 들어갈 수는 없다. 개인의 행동이 신체적 형태에 달려 있다는, 그리고 개인 차원에서 적용 가능한 가설이 인종 집단 수준에서도 적용된다는 명확한 증거가 제시되어야만, 그리고 개인 또는 인종의 행동이 유전과 환경에 의하여 어느 정도로 중요하게 작용하는지 여부가 명확하게 밝혀져야만 단순히 미적인, 감정적인 시각이 아니라 진정으로 과학적인 시각에서 지구상의 모든 요소를 하나의 단일한 총체로 볼 수 있다. 폰 아이크슈테트는 "유전으로 전달된 경향성의 비상한 가소성"을 잘 알고 있지만, 정작 자신의 논지를 펼치는 과정에서는 이것을 완전히 무시하고 있다.

인종 혈통이 개인의 정신적·문화적 특성을 결정한다고 주장하는 여러 현대 이론들의 역사적 발달 과정을 여기에서 더 상세하게 다루지는 않겠다. 그러나 이러한 이론들이 성장하게 된 배경과 조건은 고려해 보아야 한다. 현재 인종이 정신적 작용이나 과정, 그리고 정신문화를 결정한다는 믿음은 강력하게 감정에 호소하면서 그 감정을 토대로 확산되고 있다. 인종 개념은 개인들을 통합하는 연결고리로서, 그리고 인종에 대한 충성심을 역설하는 구호가 되었다. 이전 시기에 민족이라는 범주가 중세의 군주에 대한 충성이나 크리스트교라는 종교적 울타리(이슬람의 경우 아직도 유효한)를 대체한 것처럼, 인종이라는 이 새로운 집단 개념이 민족성을 대체해 나가고 있거나 민족성에 덧붙여지고 있다. 인종 개념의 정서적인 효과는 현대 공산주의자의 계급의식에 비유할 수 있으며, 같은 차원에서 귀족들의 육체적·정신적 우월성을 아직도 믿고 있는 귀족에 비유할 수 있다. 이러한 종류의 집단 구분은 언제나 존재하였다. 생물학적 집단 구분이 가진 문제점은 그것이 왜 지금 그런 중요성을 가지게 되었는지, 그리고 과연 그것을 정당화할 수 있는 근거가 있는지 하는 것이다.3)

현대의 교역과 여행의 발달로, 이전 시기에는 개인적으로 인간의 유형에 대한 경험이나 지식이 없었던 사람들에게 낯선 인종들의 존재가 널리 알려진 것은 사실이다. 유럽인들은 위대한 발명으로 우월한 권력을 가지게 되어 다른 집단들, 때로는 높은 수준의 문화를 가진 다른 민족을 지배하고 착취할 수 있는 입장이 되었기 때문에 유럽인들이 인종적 우월감을 가지게 된 것이다. 독일에서 정책적으로 유태인을 배척하고 폴란드와 러시아에서 전통적으로 이어져 온 반유태인 감정을 공식적으로 되살리기 전까지는, 다른 인종과 가장 접촉이 많았던 영국에서 인종주의가 가장 강했던 사실을 상기시켜 볼 필요가 있다. 대규모의 흑인 인구가 존재하여 인종적인 차이에 대한 의식이 장기간 유지되었던 아메리카에서도 초기부터 인종주의가 발달하였다. 그러나 스페인, 포르투갈, 프랑스의 사례에서는 인종주의가 없지는 않으나 그 정도로 발달하지는 않았음을 감안했을 때, 단순한 접촉 이상으로 다른 원인들이 대중적인 인종주의 감정 형성에 기여했을 것으로 보인다. 현대의 프랑스에서 모든 인종의 평등이

---

3) [원주] 떼오필 시마르(Theophile Simar)는 자신의 저서 『인종 이론의 기반에 대한 비판적 연구』(Simar 1922)에서 인종 이론에 대한 역사적 개관을 제공하고 있다. 그러나 그의 역사적 개관은 책 전체를 관통하는 카톨릭적, 반독일적인 시각으로 인해 상당 수준 설득력을 잃고 있다. 시마르는 "문화 재능"의 차이에 대하여 논의했던 모든 다른 저자들이 유전적인 결정론을 방어하고 있다고 잘못 해석하였다. 이러한 측면은 특히 헤르더(Herder)를 비롯한 낭만주의 학파 전체에 대한 그의 비판적 논의에서 두드러진다. 자크 바르전(Jacques Barzun)의 『인종, 현대적 미신에 대한 연구』(Barzun 1937)도 참조하라.

강조되는 것은 인종적 차이에 대한 감정이 없어서라기보다는 군대의 필요 등에 의한 정치적 이유가 작용하기 때문일 것이다. 파리 시민들의 태도가 프랑스 식민지 행정의 태도와 다른 것은 이 차이로 설명할 수 있다.

우리의 사고에 생물학적 시각이 철저하게 스며들었다는 점이 아마도 문화가 혈통에 의해 결정된다는 인종주의 이론의 발달에 더 중요한 요소인 것으로 보인다.

정신적 작용의 유기체적인 결정요인들을 다루는 생리심리학의 발달, 그리고 그것이 현대 심리학에 미친 영향으로 인해 개인의 경험이 행동에 미치는 영향을 상대적으로 무시하는 결과를 가져왔다. 최근에는 행동주의와 프로이드 학파가 이러한 일방적인 태도와 시각으로부터 거리를 두기 시작했고, 다른 학파의 많은 심리학자들이 더 비판적인 시각을 가지게 되었다. 그럼에도 불구하고, 상당히 많은 학자들이 여전히 모든 심리 검사가 유기체적으로 결정된 정신을 성공적으로 규명하고 있다는 대중적인 시각을 그대로 고수하고 있다. 그래서 심리 검사를 통해 타고난 지능, 감정적 개성, 그리고 욕망을 객관적으로 측정할 수 있다고 많은 사람들이 믿고 있다. 이것은 근본적으로 생물학적 지향을 가진 심리학이다.

생물학이 사용하는 최신의 방법론도 인종주의적인 시각에 힘을 보태고 있다. 현재 과학자들과 일반 대중의 가장 많은 관심을 받는 것은 유전 현상이다. 한 개인의 신체적 형태가 조상과 혈통에 의해 얼마나 철저하게 결정되는지를 증명하는 상당한 규모의 자료가 축적되었다. 식물과 동물을 교배하여 특정한 주문 사항에 맞게 변이를 만들어내는 사람들의 성공 사례들을 통해, 비슷한 방식으로 민족적인 신체 특질과 정신력이 개선될 수 있으며 열등한 혈통은 제거하고 우월한 혈통은 수를 늘리는 것이 가능할 것이라는 점이 강조된다. 유전의 중요성은 "양생이 아니라 본성"이라는 하나의 공식으로 표현되고 있다. 인간이 무엇이건 간에, 그리고 무엇을 하든지 간에, 그것은 자라난 과정 때문이 아니라 유전에 의해 결정된다는 뜻이다. 프랜시스 골턴(Francis Galton 1869, 1889b)과 그를 따르는 학자들의 영향으로 과학자들과 대중은 이 문제를 널리 알게 되었다. 신체의 일반적인 구조나 병리학적인 상태가 유전될 수 있다는 연구도 여기에 더해져서 영향을 주었다.

생리심리학과 생물학이 조합되어 큰 영향력을 가지면서, 개인의 정신적·문화적 기능이 유전에 의해 결정되고, 환경적 조건은 무시해도 될 정도로 미미하다는 시각이 강화되었다.

체질적으로 정신 또는 정신력이 결정되는 것이 사실로 간주되어 어떤 특정한 유형의 사람은 자신의 신체적 형태에 걸맞은 방식으로 행동할 것이고, 따라서 한 인구 집단의 구성은 그 집단의 정신적 작용을 결정할 것이라고 그들은 믿는다. 여기에, 정신적 특질의 유전적인 성격이 증명되었다고, 또는 모든 유전이 멘델의 법칙4)을 따르기 때문에 정신적 특질도 그 법칙을 따를 것이라고 믿는 성향도 더해진다. 멘델의 법칙은 인구 집단에 존재하는 특질들의 영속성도 포함하기 때문에, 같은 종류의 정신적 특질들이 항상 다시 나타날 것이라고 생각해야 한다. 그런 전제를 가지고 있어야만 오이겐 피셔(Eugen Fischer)처럼, 많은 관찰을 통해 인류의 인종들과 인종들 사이의 혼혈들이 서로 다른 유전적인 정신 특질들을 가지고 있음이 증명되었다고 주장할 수 있다(Fischer 1913a). "그러나 이것은 더 완전한 또는 더 제한된 발달, 또는 모든 인간 집단(동물 집단과 구별하여)에 공통적으로 나타나는 정신적 특성이 어느 정도로 집적화하여 나타나는지의 문제일 뿐이다. 이러한 형태들의 기원에 대한 명확한 이해는 한 집단의 역사(즉 환경적 조건)의 영향으로 인해 더욱 어렵다. 한 집단의 역사는 개인의 경우에서와 마찬가지로 아주 넓은 범위의 타고난 성질들을 발달시킬 가능성을 항상 지니고 있다." 또 다른 대목에서는 다음과 같이 말한다 ─ "다양한 사회적 집단의 정신적 생활의 형태는 상당한 정도로 환경에 의해 결정된다. 역사적 사건이나 자연의 조건들은 타고난 특성들의 발달을 도와줄 수도 있지만 방해하기도 한다. 그럼에도 불구하고,

---

4) [원주] 이 책의 4장 앞부분 참조.

인종적으로 구분되는 유전적 차이가 존재함을 주장할 수는 있다. 몽골인, 흑인, 멜라네시아인, 그리고 다른 인종의 정신적인 특질 중 특정한 것들은 우리와 완전히 다르며 그들 사이에서도 차이가 있다."[5]

이 방향으로 수행된 가장 진지한 연구들은 개인의 신체적 구조와 정신 생활의 상호관계를 논의할 뿐, 인종들이 가진 정신적 특질의 유전적 성격을 다루지는 않는다.

문화 생활에서 나타나는 차이들 역시도 완전히 다른 시각으로 접근되기도 하였다. 여기에서 루소처럼 행복하고 단순하며 자연스러운 삶이 있다고 믿었던 18세기 합리주의자들의 시각을 다룰 필요는 없을 것이다. 문화에 대한 논의 중에서 우려스러운 것은 문화 생활의 각 유형이 개별성을 가지고 있다고 관찰하고 인식한 사람들 중에서, 이 개별성을 타고난 내적 정신적 특성의 표현으로 해석하지 않고 다양한 외부적인 조건들이 일반적인 인간 특성에 작용한 결과로 해석했던 사람들이다. 이런 해석을 내린 학자들은 대체로 낯설고 다른 문화들의 특성을 규정함에 있어 지나친 확신을 가지고 있다. 낯선 외국의 사유 형태를 그 입장으로 들어가서 이해하는 능력이 있었던, 그리고 세계 곳곳의 다른 집단들이 가지고 있는 다양한 사고와 감정의 가치를 인정했던 헤르더(Herder)조차도 자연 환경이라는 원인 때문에 현존하는 생물학적·문화적 분화가 일어났다고 믿었다. 인간의 삶에 환경이 끼치는 영향을 연구했던 칼 리터(Karl Ritter)는 이러한 지리학적 시각을 강조하였다. 그는 대륙의 지역이나 위치조차도 주민들에게 지리적인 개성을 부여한다고 믿었다.

이 학자 집단이 가진 핵심적인 시각을 독일의 인류학자이자 심리학자인 테오도어 바이츠(Theodor Waitz)는 다음과 같이 정리하였다. "우리가 내세우려 하는 것은 일반적인 이론과는 정반대로, 한 집단 또는 개인이 가진 문명의 정도는 전적으로 그가 가진 정신적 능력의 생산물이라는 것이다. 또한, 그가 수행할 수 있는 최고치를 가리키는 능력 역시도 그가

---

5) [원주] Fischer 1914: 512.

도달한 문명의 정도에 달려 있다는 것이다."6)

　이 시기로부터 문화를 연구하는 민족학자들은 문화적 지위의 차이에 집중적으로 주목하면서 인종적인 요소는 전혀 고려하지 않았다. 전 세계적으로 근본적인 관습과 믿음이 가지는 유사성은 인종과 환경을 막론하고 일반적으로 나타나기 때문에 인종은 관련이 없는 것처럼 보일 수 있었다. 허버트 스펜서(Herbert Spencer), 타일러(E. B. Tylor), 바스티안(Adolf Bastian), 모건(Lewis Morgan), 프레이저(Sir James George Frazer), 그리고 더 최근에는 대표적으로 뒤르켐(Durkheim)이나 레비−브륄(Lévy−Bruhl)과 같은 사람들이 각각의 시각에서는 차이를 보이지만 모두 공통적으로 이러한 태도를 보이고 있다. 이 학자들의 저술에서는 인종적인 차이에 대한 어떤 언급도 찾을 수 없다. 인종주의와는 반대로, 이들에게는 문화적으로 원시적인 사람과 문명적인 사람의 차이만 중요하다. 문화적 특질들의 심리학적 기반은 모든 인종들에서 동일하며, 모든 인종들에서 비슷한 형태의 문화가 발달한다. 남아프리카 지역의 흑인이나 오스트레일리아 원주민의 관습은 아메리카 원주민의 그것과 유사점이 있고 비교 가능하며, 유럽인들의 조상이 가졌던 관습은 여러 다양한 집단에서 유사한 형태로 찾아볼 수 있다. 문화의 발달이라는 문제 전체가 인류 전체를 포괄하는 공통의 심리적·사회적 조건의 연구로 환원되었고, 역사적인 과정의 영향이나 자연적·문화적 환경의 영향에 초점이 맞춰지게 되었다. 인종의 구분을 간과하는 이러한 경향은 분트(Wundt)의 광범위한 『민속심리학』(Wundt 1900)이나 섬너(Sumner)의 『사회의 과학』(Sumner and Keller 1927)을 비롯한 대부분의 현대 사회학 논의에서 찾아볼 수 있다. 유기체의 진화와 비견할 수 있는 문화의 진화를 추적하려는 사람은 그 문화를 가진 사람들의 신체적 형태가 어떻든 간에, 문화의 다양한 형태들에 따라 문화들을 질서정연한 순서로 정리할 수 있다. 문화의 발달에 관한 유효한 법칙을 규명하려는 사회학자는 문화의 표현들이 전 세계를

---

6) [역주] Waitz 1863: 324.

통틀어 동일한 것이라고 전제한다. 심리학자는 비슷한 수준의 문화를 가진 모든 인종들에서 동일한 형태의 사고와 감정을 발견한다.

민족학자들의 경우, 신체적 구조와 문화적 형태의 관계에 대한 질문이 그다지 흥미롭지 않은 것일 수도 있다. 왜냐하면 그들의 초점은 전 세계의 문화들이 가진 공통점들에 있으며, 인종의 구분과 관계없이 인간의 정신은 근본적으로 동일하다는 전제를 확인하고 정당화하는 것이 주된 목표이기 때문이다. 그렇다고 하여, 일반적인 유사성 때문에 잘 보이지 않는 더 정교하고 세세한 차이들이 존재하지 않는다는 뜻은 아니다.

인종 집단의 신체적 구조와 문화생활 사이에 관계가 있는지, 있다면 어느 정도로 깊은 연관이 있는지는 아직 밝혀져야 할 숙제로 남는다.

# 3장

# 인류의 인종 다양성 및 분포

해부학적 유형과 주관적 인상에 근거한 분류
이른바 '순수한' 유형과 다양성의 의미
다양한 변이의 분포 및 다양성의 측정
유형 사이의 차이 혹은 비유사성에 대한 설명

인종과 문화의 관계에 대한 분석을 본격적으로 시도하기에 앞서, 우리가 인종과 문화라고 말할 때 무엇을 의미하는지 개념들을 명확하게 규정할 필요가 있다.

인간 신체의 형태를 연구하는 해부학자는 일차적으로 인류 전체가 공통으로 가지고 있는 특징에 주목하며, 이에 기반한 해부학적 묘사는 일반적인 수준에서 마치 개인적인 차이가 없는 듯 가정하고 신체의 기관과 부분들에 접근하여 분석한다. 하지만, 현실에서는 어느 두 개인도 같은 형태를 보이지 않기 때문에, 이러한 접근은 오로지 편의상의 일반화라는 점은 모두 알고 있다.

더욱 상세한 연구들은 특정한 인류의 집단들이 집단 안에서는 상당한 유사성을 보이기도 한다는 점, 그러면서 동시에 다른 집단과는 정도의 차가 있기는 하지만 상당한 차이가 있음을 보여주기도 한다. 때때로 이러한 차이들은 매우 두드러져서 외양의 특성만을 가지고도 쉽게 알아보고 인정할 수 있다. 유럽인은 곧거나 곱슬한 머리칼을 가지고 있고, 피부가 약간의 색을 보이며, 좁은 얼굴, 얇은 입술, 그리고 좁고 높은 코를 가진다. 흑인의 경우, 매우 곱슬한 머리칼, 짙은 피부색, 진갈색의 눈, 두꺼운 입술과 넓고 평평한 코를 가지고 있다. 이 두 집단의 차이들은 매우 크고 명확하게 드러나기 때문에 두 집단을 비교할 때에는 유럽인들 안에서의 다양한 집단들 또는 흑인들 안에서의 다양한 집단들을 세부적으로 구분하는 특수성을 감안할 필요가 없다. 중앙 아프리카를 방문하는 유럽인이라면 누구나 흑인들을 구별하는 특징들을 쉽게 알 수 있다.

차이가 크지 않고 명확하지 않더라도 비슷한 인상을 받는 경우도 있다. 율리우스 카이사르(Ceasar)의 로마 군단들이 아리오비스투스(Ariovistus) 지휘하의 게르만족과 전투를 벌일 때에, 게르만족의 파란 눈과 금발과 같이 로마인들에게서는 흔히 볼 수 없는 특징들이 로마인들의 눈에 띄었다는 기록이 남아 있다. 로마인들이 이러한 외모를 접해보지 않은 것은 아님에도 불구하고 그런 특징들이 인상적이었던 것 같다. 두 집단 사이의 이러한 대조적 모습이 인종을 구분하는 기준이 될 정도로 강한 인상을 남긴 것이다.

어두운 색의 눈과 검은 머리를 가진 사람을 거의 볼 기회가 없는 스웨덴 내륙 사람이 처음으로 그런 사람을 만났을 때 그 특징들이 인상에 깊이 남게 되는 것은 낯섦 때문이다. 낯섦과 낯익음은 같은 논리의 양면 같은 것이어서, 일상적으로 검은 머리와 어두운 색의 눈에 익숙한 스코틀랜드 사람은 그것이 누구를 특별하게 구별하는 기준이 된다고는 생각하지 않을 것이다. 더군다나 파란 눈과 금발, 큰 키와 긴 머리에 익숙해진 스웨덴 사람들에게는 북독일 지역의 사람들이 스웨덴 유형과 부분적으로는 비슷하고 부분적으로는 다르다고 인식될 것이다. 반면, 북독일 사람은 스웨덴의 개인들이 보이는 형태의 분포가 자신의 고향과는 다르게 나타난다고 인식할 것이다. 외양적으로 키가 크고 피부색이 밝으며 금발인 사람들을 독일에서도 흔히 볼 수는 있지만, 스웨덴에서는 독일에서보다 훨씬 많은 사람들이 그런 특성을 보이기 때문이다.

다양한 지역에서 찾아볼 수 있는 신체적 형태에 대한 우리의 익숙함을 바탕으로, 우리는 신체적 특성들의 묶음을 확정적인 개념으로 만들고, 이에 따라 여러 인간 유형을 분류하려는 성향을 가지고 있다. 우리의 일반적인 경험을 분류할 때에도 똑같은 과정을 적용하는데, 여기에는 객관적인 특성보다는 우리가 이전에 받았던 인상의 강도와 성격이 더 많이 작용한다. 이러한 방식으로 이루어지는 인간 유형의 순진한 분류는 생물학적 원칙에 의한 분류가 아니라 주관적인 태도로 이루어지는 분류이다.

그럼에도 불구하고, 주관적인 경험이나 합리적이지 못한 방식으로 도출한 분류에 우리는 생물학적 실체가 있는 것처럼 생각하는 경향이 있다. 그래서 우리가 개념적으로 생각하기에 구분 가능한 여러 유형을 동시에 포함하고 있는 집단에 대해서는 혼합혈통으로 이루어졌다는 식으로 주장하는 경우가 생긴다. 그런 경우가 있기는 하다. 예를 들어 노르웨이의 남동지역에는 갈색 머리칼을 가진 사람이 보통 이상으로 많이 살고 있다.

같은 논리로 푸에블로 원주민 인구가 푸에블로, 나바호, 그리고 유트 유형의 혼합이라고 주장하는 사람들이 있다. 이 사례들에서는 혼합혈통의 가능성이 있기는 하지만, 다른 지역에서 관찰된 유형을 종합하여 개개인들에 적용해 보았을 때 만족스러울 정도로 들어맞지 않기 때문에 증명되었다고는 할 수 없다.

우리가 개념화한 여러 유형들의 혼합체일 것이라는 인상을 받는다 하더라도 같은 혈통을 공유하는 경우도 있고, 동일한 유형에 속한다고 보이는 사람들이 사실은 다른 기원을 가진 상이한 집단으로부터 나온 유형들을 포함할 수도 있다.

인종이라는 개념은 주관적으로 도출한 유형이 아니라, 공통의 조상으로부터 기원하여 혈통을 통해 명확하게 파악할 수 있는 생물학적 특질들을 가진 생물학적 단위로 파악되어야 한다. 이렇게 구분된 인종은 다양한 외부적인 영향과 변수들로 인해 상당한 정도의 불안정성을 보일 것이다. 달라지는 삶의 조건에 따라 신체적 변화가 표현되는 방식으로 혈통 집단의 생물학적 개성이 드러나기 때문이다.

인종들을 규정할 때 특히 어려운 점은 지역적 형태들이 큰 다양성을 보인다는 점이다. 연결되어 있는 지역들에 사는 사람들에게서 찾아볼 수 있는 형태의 유사성 때문에, 인종적인 특질들을 논하거나 인종들 사이의 차이를 논할 때 더 명확한 규정이 필요한 것이다.

이 문제는 동물과 식물을 연구할 때와 마찬가지로 인류를 연구할 때에도 큰 장애물이고 도전이다. 사자와 쥐를 구분하는 것이 무엇인지 묘사하는 것은 어렵지 않다. 스웨덴 사람의 유형이 중앙 아프리카 흑인 유형과 어떻게 차이가 나는지 만족스럽게 묘사하는 것만큼이나 수월하다. 그러나 스웨덴 사람과 북독일 사람을 비교했을 때 그 차이를 만족스럽게 서술하는 것이 훨씬 어려우며, 또한 북아프리카의 사자와 로데시아[1]의

---

1) [역주] 짐바브웨 독립(1980) 이전의 나라 이름으로서, 19세기 말 남아프리카 사업가 정치인 세실 로우즈(Cecil Rhodes, 1853－1902)의 이름을 딴 식민지

사자가 보이는 차이를 구분하는 것도 어렵다. 그 이유는 명백하다. 모든 스웨덴 사람이 비슷하게 생긴 것은 아니고 북독일 사람과 구분해 낼 수 없는 경우도 있다. 다른 지역에 서식하고 있는 사자의 경우도 마찬가지이다. 각 집단 내부의 다양성은 매우 크기 때문에, 스웨덴인이 무엇인지 알기 위해서는 소위 "순수한" 스웨덴인 집단의 자손이 가질 수 있는 모든 종류의 형태를 알아내야만 한다.

현재 이 시대에 살고 있는 스웨덴인을 살펴보면 어떤 사람들은 키가 크고, 어떤 사람들은 작다. 머리칼은 금발이거나 어두운 색이며, 곧은 경우도 있고 굽이치는 경우도 있다. 눈의 색깔은 갈색으로부터 파란색에 이르기까지 다양하다. 피부색은 밝은 색이거나 어두운 색이다. 얼굴은 다양한 정도로 섬세하고 곱다. 흑인의 경우도 마찬가지이다. 피부색이 어두운 정도, 치아의 돌출 정도, 코의 납작함, 모발이 곱슬거리는 정도 – 이 모든 것이 상당한 범위의 다양성을 보여준다. 이 두 가지 다른 유형을 비교할 때에는 내부적인 다양성에도 불구하고 근본적인 차이가 있음을 알 수 있다. 이처럼 특정한 인간 유형은 다른 유형으로부터 명확하게 구분되기도 한다. 흑인의 강한 곱슬머리는 몽골인의 강한 직모와 명확하게 구분되며, 아르메니아인의 좁은 코는 흑인의 넓은 코와 구분되고, 오스트레일리아 원주민의 짙은 피부색은 분홍에 가까운 스칸디나비아인의 피부색과 명확히 구분된다. 반대로, 스웨덴인과 북독일인, 또는 카메룬의 흑인과 콩고 상류의 흑인과 같이 인접해 있는 집단들을 비교하게 되면, 본질적으로 동일한 범위 안에서 다양한 개인의 형태를 찾아볼 수 있고, 지역에 따라 약간의 빈도 또는 분포 차이만이 있을 뿐이다. 한 구역에서 빈번한 형태가 다른 구역에서는 더 희귀하게 보일 수도 있는 것이다.

같은 조상으로부터 이어져 왔다고 해서 모두 똑같은 형태를 가지지 않

---

회사의 남로데시아 식민지를 말한다. 1923년 이후에는 책임정부 자치의 형태로 영연방에 합병되었으며, 1965년에 독립을 선언하여 오랜 기간 내전을 겪다가 1980년에 헌법을 선포하면서 짐바브웨로 독립하였다.

는 것이 살아있는 모든 존재가 가진 하나의 특성이다. 자손들은 외적인 형태뿐만 아니라 구조의 세부적인 부분이나 화학적 특성 등의 측면에서 다양한 정도로 제각각 차이를 가지고 있다. 형제와 자매라고 하여 신체적으로 비슷하지는 않으며, 혈액의 화학적 구성도 상당히 다를 수 있다.

덴마크의 유전학자 요한센(W. Johannsen)은 강낭콩을 자가 수분하여 교배한 자손 세대를 연구하였다. 모든 자손이 동일한 조상을 가지고 있기 때문에 모든 개체가 똑같이 생겼을 것이라고 예상할 수 있다. 그가 측정한 강낭콩은 1900년에 재배된 하나의 콩으로부터 나온 자손으로, 1903년에 재배된 3세대 자손 개체들이었다. 이 강낭콩들의 길이는 10밀리미터에서 17밀리미터에 이르기까지 다양했다.[2] 콩의 크기가 보인 분포는 빈도를 백분율(퍼센트)로 환산했을 때 다음과 같은 흥미로운 결과로 나타났다(<표 1> 참조).

| 길이 (밀리미터) | 10−11 | 11−12 | 12−13 | 13−14 | 14−15 | 15−16 | 16−17 |
|---|---|---|---|---|---|---|---|
| 빈도 (백분율) | 0.4 | 1.4 | 4.7 | 21.3 | 45.2 | 25.2 | 1.8 |

표 1. 강낭콩 크기의 빈도 분포

이러한 변이들이 나타나게 되는 이유는 쉽게 설명할 수 있다. 생명체의 발달에 영향을 주는 통제 불가능한 조건들이 너무 많기 때문에, 동일한 조상을 가졌다 하더라도 자손들이 언제나 같은 모양과 크기를 가질 것이라고 기대할 수는 없다. 물론, 생식세포의 형성부터 수분 과정, 그리고 성장에 걸쳐 모든 조건들을 효과적으로 통제하여 모두 일률적으로 똑같도록 환경을 만들어낼 수 있다면, 매번 같은 결과를 얻을 것이라 기대할 수 있다.

---

2) [원주] Johanssen 1909: 174.

이 현상에서 우리가 다루고 있는 것은 항상적 현상과 변수가 작용하는 현상 사이에 존재하는 근본적인 차이인데, 우리가 "인종"이라는 개념의 의미를 정확하게 이해하기 위해서는 이 간극을 반드시 염두에 두어야 한다.

우리가 어떤 현상을 완벽하게 통제할 수 있는 위치에 있다면, 우리는 그것을 완벽하게 규정하고 정의할 수 있다. 예를 들어, 가장 높은 밀도로 1세제곱센티미터만큼의 순수한 물이 있다면, 이는 완벽하게 규정되었다고 생각할 수 있다. 크기와 구성, 그리고 밀도까지 알고 있고, 이만큼의 순수한 물을 가장 높은 밀도로 준비하는 과정에 방해가 되는 요인이 없다면, 이를 언제든지 다시 만들어낼 수도 있으며 이 물이 가진 특성에 대하여 어느 요소도 불확실하지 않기 때문에 언제나 같은 결과로 나올 것이라고 기대하고 확신할 수 있다. 최대 밀도를 가진 이만큼의 순수한 물이 가진 무게는 같은 장소에서 잰다고 가정했을 때 매번 똑같을 것이라고 기대할 수 있고, 똑같지 않다면 물을 준비하는 과정에서 크기, 순도, 밀도에서 오차가 있었을 것이라고 생각할 수 있다. 우리의 규정이 충분히 정확하지 못하고 단순히 1세제곱센티미터의 물이 가진 특성을 묻는다면, 통제되지 않은 온도와 순도의 조건이 남아 있어서 그 물은 항상 같은 방식으로 반응하지 않을 수 있다. 또한, 통제되지 않은 조건이 많으면 많을수록 샘플의 반응이 더 많은 변이를 보일 것이다. 그러나 그렇다고 하여 물이 수은이나 기름처럼 반응하지는 않을 것이며, 그렇기 때문에 일정한 한도 안에서는 순도의 차이는 있지만 근본적으로는 물이기 때문에 일정한 특성들을 도출해 낼 수 있을 것이다. 우리가 검토하는 샘플들이 서로 미세한 차이점을 보이기는 하지만, 일정하게 공통적인 특성을 보이기 때문에 모든 샘플이 특정한 등급의 물체에 속한다는 결론은 내릴 수 있다. 샘플들이 보이는 미세한 차이들은 통제되지 않은 조건들이 많을수록 더 큰 차이가 될 수도 있다.

위와 같은 조건들의 불확정성은 같은 방식으로 우리가 완전하게 규정하지 못한 모든 현상에 적용된다. 샘플들이 매번 다를 수 있다. 한 등급에 속하는 각각의 특수한 형태가 나타나는 빈도를 검토했을 때, 그 형태가 규칙적인 양상으로 등급의 특성에 맞게 분포하여 나타날 수 있다. 반면, 다른 형태나 특징을 골라 분포를 살펴보았을 때 그 분포가 다른 묶음의 조건을 반영하고 있어서 다른 등급에 속한다는 결론이 나올 수도 있다. 따라서, 변이가 생길 수 있는 현상에 대한 정확한 묘사는 한 등급에 속하는 개인들이 보이는 특성의 빈도 분포를 열거하여 제공하는 방법 외에는 없다.

한 가지 예를 들어보자. 뉴욕에서 일 년 중 한 날짜를 골라 정오에 측정한 기온이 그 이후로 같은 날에 매년 측정했을 때 똑같은 경우는 없다. 그럼에도 불구하고, 특정한 그 날의 기온을 매해 장기간 기록하게 되면 일정한 빈도로 같은 기온이 측정되는 경우가 생기고, 이 빈도의 분포가 우리가 선택한 그 날의 기온이 가진 특성이라 할 수 있다.

같은 논리가 동물의 형태에도 적용될 수 있다. 변이의 원인이 유전적 요소의 조합이 변한 것이든 다른 우연적 조건에 의한 것이든 우리가 믿는 바와는 관계없이, 매우 많은 수의 통제 불가능한 요소들이 동물의 발달에 영향을 주며, 한 범주나 등급의 동물이 가진 일반적인 특성은 모든 개체에서 조금씩은 변형되어 나타난다. 이 범주나 등급이 가진 특성을 서술하기 위해서는 각각의 형태가 나타나는 빈도를 기록하고 나열해야 하며, 그 집단을 구성하는 모든 개체들이 똑같은 형태를 가지고 있을 것이라고 기대하거나 짐작해서는 안 된다.

우리의 경험과 기억 안에서 오랫동안 인상을 남긴 두 가지 서로 다른 인간 형태를 상상하여, 하나는 키가 크며 두상이 길고, 다른 하나는 키가 작고 두상이 둥글다고 생각해 보자. 그 다음에, 이 두 가지 유형을 모두 보이는 변이가 일어난 개인들이 모인 유형을 알게 되었다고 해 보자. 이런 상황이라면 우리는 두 가지 인종으로 구성된 유형을 발견했다고 성급하게 주장하고 싶을 것이다. 어쩌면 우리가 마음에 담고 있던 두 가지 형태의 인상이 너무 강해서, 새로운 유형이 보이는 변이의 범위가 아주 넓을 수도 있다는 생각 자체를 할 수 없게 되는 것이다. 이 상황에서 실제로 두 개의 구분되는 유형이 나타난다고 결론내리기 전에, 두 가지 형태모두 하나의 균질적인 조상 계통으로부터 발달했을 가능성이 있을 정도로 조상들이 형태적인 변이를 보이지 않는다는 점을 증명해야 한다. 즉,인종적 특성에 대한 심도 있고 세밀한 연구를 위해서는 각 지역에서 우리가 보고 있는 모든 형태들에 대한 꼼꼼한 묘사부터 시작해야 한다는말이다. 또한 각각의 지역이나 사회적 단위에서 나타나는 다양한 형태들의 빈도를 알아내기 위해 충실하게 자료를 수집하고 묘사해야 한다. 이것이 이루어진 후에야, 집단 안에서 유기적인 조건의 변화에 의해 변이가 생겼는지, 또는 유전적으로 구분되는 유형이 합쳐진 혼합된 인구집단이 만들어진 것인지를 검토해 볼 수 있다. 몇몇의 사례에서는 측정한 자료의 상관성에 대한 조심스러운 분석을 통해 이 질문에 대한 답을 얻을수 있었다.[3]

분석 전에 이루어져야 하는 사전 작업, 즉 유형에 대한 상세하고 충실한 묘사는 구별되는 형태를 보이는 개인들의 빈도에 대한 꼼꼼한 열거작업이 되어야 한다.

인종의 분포에 대한 연구에서는 연구의 대상이 되는 집단들이 동일한부류로 묶일 수 있는지를 먼저 검토해야 한다. 위에서 언급했듯이, 두 개의 인종 집단이 형태의 측면에서 동일한 빈도 분포를 보이는 경우에만같은 인종이라고 주장할 수 있을 것이다. 같은 형태를 가지고 상대적 빈도가 두 집단의 자료에서 동일하게 나타나지 않는다면, 우리가 비교하고있는 두 개의 집단이 알 수 없는 일정한 요인들로 인해 분화된 것으로보아야 한다. 사르디니아에서 태어난 젊은 이탈리아인 6,687명 중에서3.9%의 키가 167센티미터이고, 우디네에서 태어난 같은 연령대의 이탈리아인 5,328명 중에서 같은 키를 가진 사람이 8.2%라면, 두 집단이 동일한 유형에 속한다고 결론지을 수 없다. 거꾸로, 두 개의 인구집단이 여

---

3) [원주] Boas 1899.

러 가지 형태적 특징의 측면에서 동일한 빈도 분포를 보인다면, 이 두 집단은 동일한 인종 유형에 속한다고 할 수 있다. 게다가, 동일하다는 결론을 내리는 경우에는 다르다는 결론을 내릴 때만큼의 확정성을 보장할 수 없다. 왜냐하면 두 개의 인구집단이 동일한 인종 유형에 속하지 않는다 하더라도 같은 분포를 보일 수도 있고, 감안되지 않은 다른 형태 특질의 측면에서는 분포가 차이를 보일 수도 있기 때문이다.

각 집단의 빈도 분포들이 완전히 다른 법칙성을 따라 나타나게 되면, 여기에서 서술하는 방식으로 인구집단을 정확하게 묘사하는 것이 매우 어려워질 수도 있다. 그러나 대부분의 사례에서는 빈도 분포의 패턴이 상당히 유사하게 나타난다는 점이 이미 증명되었다. 형태적 특징을 검토하는 개략적인 연구에서조차 극단적으로 범위를 벗어나는 유형은 매우 희귀하며, 대부분의 인구는 상당한 정도로 균질한 분포를 보인다. 어떤 인구에서든 극단적으로 키가 크거나 작은 사람들은 그 수가 많지 않으며, 평균적인 키가 훨씬 높은 빈도로 나타난다. 스코틀랜드의 예를 들자면 172센티미터 내외의 키가 가장 높은 빈도로 나타나서 171센티미터와 173센티미터 사이에 속하는 사람이 스코틀랜드 사람 전체의 20%를 차지한다. 159센티미터 이하는 1%, 그리고 187센티미터 이상도 1%에 불과하다. 시칠리아 섬에 사는 사람들의 경우, 164센티미터와 168센티미터 사이의 키를 보이는 사람이 28%이며, 152센티미터보다 작은 사람은 1.2%, 180센티미터보다 큰 사람은 5%이다.[4] 우리가 측정치를 가지고 연구하는 사례들 중에서 어떤 특정한 유형에 대해 강한 인상을 받게 되는 이유 중 하나는 바로 이렇게 중간 범위에 분포가 집중되어 있기 때문이다. 이른바 로마식 코 모양(매부리코)나 위로 들려진 코, 금발과 흑발, 파란 또는 갈색 눈동자와 같이 눈에 잘 띄는 형태를 따로 떼어내어 살펴보면, 이 형태들이 지배적인 것은 아니다. 그럼에도 불구하고 우리의 인상에 남았던 양극단의 모양이나 색깔을 가지고 우리는 그 중간의 더 흔하

---

4) [원주] Boas 1911a: 274–276, 356.

게 나타나는 형태와 색깔을 구분하는 경향을 가지고 있다.

수집된 자료로부터 쉽게 추출할 수 있는 수치만 가지고 있다면, 어떤 형태적 특징이라 하더라도 상당히 정확하게 빈도를 예측할 수 있으며, 이는 경험적인 연구를 통해 확인되었다.

<그림 1>은 일반적 패턴의 분포를 보여주고 있다. 수평 축은 키, 몸무게 등과 같이 관찰된 형태적 특징의 측정치를 나타내며, 수평선과 분포 곡선 사이의 수직적 거리들은 각각의 지점에서 관찰된 형태의 빈도를 측정치의 위치 바로 위에 나타낸다.

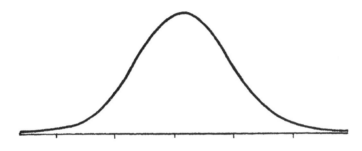

**그림 1.** 일반적 패턴의 빈도 분포

변수의 분포를 나타내는 곡선은 표본들이 균질적일수록 좌우로는 수축되고 중간 부분이 높은 형태로 나올 것이고, 반대로 변이가 많을수록 좌우로 펼쳐지고 중간 부분이 낮고 완만한 형태로 표현될 것이다. <그림 2>의 경우, 두 개의 분포 곡선이 각각의 현상이 겹쳐지는 모습을 보여주고 있다. 두 곡선이 겹쳐지는 영역은 관찰된 특질이 양쪽 집단 모두에서 발견된다는 것을 의미한다.

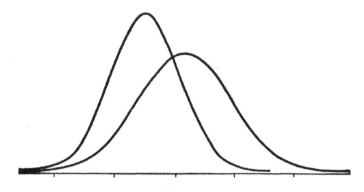

**그림 2.** 두 가지 변수의 빈도 분포

　중간 범위를 벗어나는 유형들이 많이 나타날수록, 변이의 정도가 높은 자료가 될 것이다. 따라서, 평균적인 유형과 변이를 보이는 형태의 범위를 단정할 수 있다면, 가장 빈도가 높은 유형과 변이가 일어나는 정도를 나타낼 수 있다. 예를 가지고 설명하면 이 점이 더 명확하게 드러날 것이다.

　다음 페이지에 제시된 표는 키의 빈도 분포를 나타내고 있으며, 6살 반 연령의 남아 3,975명과 14살 반 연령의 남아 2,518명을 표본으로 하여 측정한 수치이다.

　이 표가 보여주는 것은 주어진 인구 집단에서 연령 14살 반의 남아들이 6살 반의 남아들보다 키의 측면에서는 더 높은 정도의 변이를 보인다는 것이고, 우리는 이를 통계적 숫자로 표현할 수 있다. 모든 개인의 키를 더하고 이를 관찰된 표본 수로 나누어 각 집단의 평균을 계산하면 다음과 같다.

연령 6살 반 남아들의 키, 평균: 111.78
연령 14살 반 남아들의 키, 평균: 152.14

| 6.5세 남자 아이 | | 14.5세 남자 아이 | |
|---|---|---|---|
| 키(센티미터) | 빈도(퍼센트) | 키(센티미터) | 빈도(퍼센트) |
| 95 − 96.9 | 0.1 | 121 − 122.9 | 0.1 |
| 97 − 98.9 | 0.4 | 123 − 124.9 | 0.1 |
| 99 − 100.9 | 0.7 | 125 − 126.9 | 0.1 |
| | | 127 − 128.9 | 0.2 |
| | | 129 − 130.9 | 0.2 |
| 101 − 102.9 | 2.2 | 131 − 132.9 | 0.4 |
| 103 − 104.9 | 4.9 | 133 − 134.9 | 0.8 |
| 105 − 106.9 | 9.0 | 135 − 136.9 | 1.2 |
| 107 − 108.9 | 12.2 | 137 − 138.9 | 2.5 |
| 109 − 110.9 | 15.5 | 139 − 140.9 | 3.6 |
| 111 − 112.9 | 15.8 | 141 − 142.9 | 5.2 |
| 113 − 114.9 | 13.5 | 143 − 144.9 | 5.6 |
| 115 − 116.9 | 10.9 | 145 − 146.9 | 8.0 |
| 117 − 118.9 | 6.9 | 147 − 148.9 | 9.1 |
| 119 − 120.9 | 4.1 | 149 − 150.9 | 10.0 |
| 121 − 122.9 | 2.2 | 151 − 152.9 | 8.2 |
| 123 − 124.9 | 0.9 | 153 − 154.9 | 8.8 |
| 125 − 126.9 | 0.3 | 155 − 156.9 | 8.3 |
| 127 − 128.9 | 0.3 | 157 − 158.9 | 6.2 |
| 129 − 130.9 | 0.1 | 159 − 160.9 | 5.7 |
| | | 161 − 162.9 | 4.7 |
| | | 163 − 164.9 | 3.7 |
| | | 165 − 166.9 | 2.4 |
| | | 167 − 168.9 | 1.5 |
| | | 169 − 170.9 | 1.4 |
| | | 171 − 172.9 | 0.9 |
| | | 173 − 174.9 | 0.5 |
| | | 175 − 176.9 | 0.2 |
| | | 177 − 178.9 | 0.2 |
| | | 179 − 180.9 | 0.1 |

표 2. 남자 아이들의 키 빈도와 분포

그런 다음, 모든 개인들을 키 순서대로 나열하고 전체 표본의 반이 되는 중간 지점을 찾아 그 경계를 표시한다. 키가 큰 쪽 끝과 키가 작은 쪽 끝에서 각각 1/4을 잘라내면 나머지가 중간 부분이 절반이 되므로, 경계를 쉽게 찾을 수 있다. 6살 반 남아들의 경계는 각각 108.2와 115.0센티미터가 되고, 절반을 차지하는 중간 영역은 6.8센티미터의 범위를 가지게 된다. 연령 14살 반 남아들의 경우, 같은 방식으로 산정한 경계는 146.2와 158.0센티미터이고, 절반을 차지하는 중간 영역은 11.8센티미터의 범위를 가진다.

지금까지 이루어진 경험적 연구를 토대로 보면, 빈도의 분포는 대부분의 사례에서 평균치를 중심으로 하여 대체적으로 대칭을 이룬다. 즉, 표본 전체의 중간 영역을 차지하는 표본 수의 절반이 걸쳐 있는 거리의 반이 평균 위아래로 분포하는 편차를 나타낸다는 말이다. 따라서, 연령 6살 반 남아들의 키는 $111.8 \pm 3.4$센티미터, 그리고 14살 반 남아들의 키는 $152.1 \pm 5.9$센티미터로 나타낼 수 있다.

이런 방법을 적용한다고 했을 때, 관찰된 모든 개인의 평균적인 형태가 있고 방금 정의한 것처럼 편차, 혹은 변이 정도를 측정하는 것이 가능하다면, 어떤 사례에 대해서든 특정한 인종 유형을 적절하게 묘사할 수 있을 것이다. 물론, 이와 같은 방법이 적절하지 않은 사례들도 있기는 하지만, 대부분의 사례에서는 적용 가능할 것이라는 뜻이다.

두 개의 인종적 유형을 비교하려 할 때에는 평균과 변이 정도를 모두 비교해야 하며, 두 집단의 두 수치가 같지 않다면 두 집단이 같은 유형이라고 판단할 수 없다.

위에서 제시한 내용을 모두 반영하면, 현재 유행하는 방식으로 키가 크다거나, 금발이라거나, 두상이 길다거나 하는 말로 인구 집단을 특징짓는 것은 적절하지 못하며, 우세한 유형을 묘사하는 것과 함께 변이를 항상 함께 감안해야 함을 인정할 수밖에 없다.

다양한 신체적 특질에 대하여 서로 다른 인구 집단이 보이는 변이의 정도는 전혀 일률적으로 나타나지 않는다. 예를 들어, 대부분의 유럽인 유형은 매우 높은 정도의 변이성을 가지고 있으며, 폴리네시아인과 흑인 부족들도 그 정도로 높은 변이 정도를 보인다. 다른 한편으로, 유럽의 헤브루인(유태인)이나 북아메리카 원주민의 경우에는 상대적으로 더 큰 일률성을 특징적으로 보인다. 어떤 신체적인 특성을 가지고 살펴보느냐에 따라 변이의 정도도 큰 차이를 보인다. 예를 들어, 북유럽인의 머리칼 색과 모양은 중국인의 머리칼 색과 모양에 비하여 훨씬 큰 변이를 보이는 것이 명백하다. 유럽인의 경우에는 색깔이 금발에서 흑발까지 다양하게 나타나고 붉은 색을 가진 사람들도 상당수 있으며, 모양의 측면에서도 직모에서 심한 곱슬까지 찾아볼 수 있다. 반면 중국인의 경우 금발이나 굽이치는 곱슬은 없기 때문에, 유럽인과 같은 정도로 흑발의 변이가 발견되지는 않는다. 키의 측면이나 머리의 모양, 그리고 다른 측정 가능한 신체적인 특성에 대해서도 변이의 차이는 있다는 비슷한 관찰이 가능하다.

우리의 사고 안에서 인종 유형(type)이라는 개념이 생겨나는 이유는 우리가 받는 일반적인 인상 때문이다. 한 집단에서 대부분의 사람들이 키가 크고 두상이 길며, 피부색이 밝고 얼굴이 좁으면서 코가 오똑한 경우, 우리는 이 특성들의 조합을 유형으로 만들어낸다. 해당 인구집단의 절반이 가진 가장 높은 빈도, 또는 가장 높은 빈도에 가까운 특질들을 가리켜 우리는 전형적(typical)이라고 표현할 수는 있다. 감안되고 있는 형태적 특성들이 서로 독립적으로 나타난다고 가정하면, 한 집단의 절반은 그 전형적인 특질을 가지고 있을 것이고 나머지 절반의 반, 즉 1/4은 두 가지를 조합한 특질을 가지고 있을 것이며, 다시 나머지의 반, 즉 1/8은 세 가지 전형적인 특질을 조합해 가지고 있게 된다. 만약 10개의 특질을 나열하여 그 조합을 환산한다면, 1,024명의 사람들 중에서 오직 한 명만이 모든 10개의 특질을 조합하여 가지고 있을 것이라는 계산이 나온다. 따라서, 유형이라는 것은 개개인이 가지고 있는 구체적인 형태적 특질이 아니라 추상적인 개념에 불과하다.

지금까지는 하나의 인종 유형을 분석할 때에 관하여 서술하였다. 이제 부터 서로 다른 지역적 유형을 비교하려는 경우에 어떤 과정을 거쳐야 하는지 살펴보겠다.

서로 구분 가능한 인종 유형이라고 하더라도 서로 다른 집단에 속하면 서도 똑같이 생긴 사람을 흔히 찾아볼 수 있다. 예를 들어, 독일인 한 사 람을 무작위로 골라냈을 때 스웨덴에서 태어나 자란 사람과 외양적으로 는 같을 수 있다. 유럽뿐만 아니라 아프리카, 아시아, 또는 아메리카처럼 대륙이 이어져 있는 대부분 지역에서는 이러한 것이 가능하다. 만일 중 앙 아프리카인과 스웨덴인을 비교하는 경우처럼 한 가지의 외양적인 특 질도 겹치지 않을 정도로 차이가 크다면, 문제는 간단하게 정리될 수 있 다. 차이가 명백하기에 정확하게 그 차이를 묘사할 수 있을 것이다. 가장 빈도가 높은 형태의 차이를 측정하여 수치로 그 차이를 표현할 수 있기 때문이다. 예를 들어, 스웨덴인과 흑인이 가진 피부색의 일반적 평균을 양적으로 표현하게 되면, 스웨덴 안에서와 아프리카 안에서 각각 발견되 는 차이는 무시할 수 있을 정도로 미미하여, 따라서 큰 어려움 없이 두 집단의 차이를 충분히 측정할 수 있다. 그러나 비교하는 두 집단의 변이 가 몇 가지 형태의 측면에서 공통점을 가지고 있다면 당장 어려움이 생 긴다. 두 집단의 표본이 보이는 차이를 어떤 방식으로 표현할 수 있을까? 한 집단 표본에 속한 각각의 개인을 다른 집단의 개인과 일대일로 대응 시킬 수 있다면, 두 집단의 표본은 동일하다는 결론을 내릴 수밖에 없다.

이런 방식으로 일대일 대응시킬 수 있는 개인들의 수가 늘어날수록 두 표본 집단의 유사성은 높아진다. <그림 2>를 다시 들여다보면, 두 곡 선이 가지는 공통의 영역 안에서는 두 집단이 같은 특성을 가진 개인들 을 포함하고 있다. 공통된 구간에 속하는 개인의 수가 적으면 적을수록 두 집단은 더욱 서로 상이한 집단이 될 것이다.

위와 같은 점을 고려하면, 평균적인 수치 한 가지만을 가지고 인간 유 형을 구분하는 것은 타당성을 잃는다. 그럼에도 불구하고, 지금까지 유럽인 유형을 분류하려는 대부분의 시도들은 그런 방법을 사용했다. 주관적으로 깊은 인상을 남기는 특정한 형태들을 선별하여 비교하면서 인종 유형이라고 주장했고, 복잡한 변이를 광범위하게 보이는 여러 집단에 단순화된 이름을 붙인 결과로 근거가 모호한 명명체계가 만들어지기도 하였다. 시간이 흐르면서 이렇게 붙여진 이름들은 마치 의미 있는 생물학적 유형인 것처럼 받아들여지고 사용되었다. 특히 두상, 즉 머리 모양에 이러한 방식이 적용되었다. 머리의 너비가 가장 큰 부분의 길이를 머리의 위아래 길이로 나누고 100을 곱하여 백분율로 나타낸 수치를 두상지수(머리지수)[5]라고 한다. 이 지수를 가지고 75보다 작은 경우 장두형(dolichocephalic)이라고 하고, 75−80 사이의 범위에 속하면 중두형(mesocephalic)이라고 하며, 지수가 80을 넘으면 단두형(brachycephalic) 또는 둥글다는 의미로 원두형(round−headed)이라고 한다. 경우에 따라서는 이 구간을 다르게 나누기도 하기 때문에, 우리가 "장두형 인종"이라는 표현을 사용하면 지역 집단을 자의적으로 구분하게 되는 꼴이다. 구간의 자의성을 의식하면서 조심스럽게 접근한다면, 평균적인 유형이 장두형 구간에 들어갈 경우에 그 집단이 장두형의 경향을 가지고 있다는 정도로 표현할 수 있다. 그러나 이 집단의 유형 자체에 변이가 존재하기 때문에 많은 구성원들이 다른 구간에 들어갈 것이라는 점을 잊어서는 안 된다. 같은 이유로, 한 집단의 평균이 장두형 구간에 속하고 다른 한 집단의 평균이 장두형 구간을 벗어나 있다고 하여 이 두 집단이 인종적으로 다르다고 주장할 수도 없다. 대부분의 분류는 평균적인 형태를 근거로 지역 집단을 분리하여 이루어진다. 두상, 키, 피부색, 머리칼의 모양, 그리고 얼굴의 모양이나 코의 모양 역시도 분류에 이용되는 특성들이다. 이러한 특질들이 형태학적으로 중요하다는 근거는 없으며, 이를 증명하려고 시도한 사람도 없다. 게다가 다양한 집단들이 가진 특성의 구간이나 경계는 자의적으로 정해진다. 물론, 분류 자체는 특성이 존재함을 묘

---

5) 두장폭지수(cephalic index)

사하고는 있지만, 생물학적 중요성에 대한 근거는 어디에서도 찾을 수 없는 형편이다.

미국 인류학자 롤랜드 딕슨(Roland B. Dixon)은 두상, 얼굴 모양, 그리고 코 모양을 측정한 수치를 가지고 지역 집단을 구성하는 개인들을 분류하는데, 그는 이 세 가지 요소의 구간을 각각 조합하여 근본적인 유형을 도출할 수 있다고 주장한다(Dixon 1923). 이 경우에도 마찬가지로 자의적으로 나눈 구간의 경계를 조금이라도 바꿔놓으면 완전히 다른 종류의 근본적 인종 집단이 나오게 된다. 이러한 접근 방식의 인위적인 성격은 명백하다. 이런 기준으로 선별된 집단이 현실을 제대로 반영하고 있다는 그 어떤 증거도 제시되지 않았으며, 그러한 증거는 찾을 수 없다. 예를 들어, 장두형이며 얼굴이 길고 코가 좁은 집단이 순수한 인종 계통이라고 주장할 근거는 어디에도 없다.

현재 많은 학자들과 대중이 그러듯이, 장두형의 금발을 가진 유럽인들을 자의적으로 완전히 분리된 인종 집단으로 취급하는 것은 이와 똑같은 종류의 오류를 범하고 있는 것이다.

인간을 체질적인 유형으로 분류하려는 시도들도 같은 오류를 보이고 있어 동일한 비판의 대상이 된다. 체질적인 분류는 대체적으로 의학 분야의 학자들이 시도하고 발전시켰다. 그들은 자신들의 경험상 신체적 형태와 병리적 현상은 상당한 정도로 상호의존적이라는 점을 인지하였고, 신체 형태가 진단의 과정에서 중요할 수도 있다는 점을 강조한다. 이러한 판단 역시 인상에 근거한 것으로, 지역적 유형을 개념화하는 것과 동일한 방식으로 체질적 형태를 개념화했기 때문이다. 체질 분류의 궁극적인 근거는 병리학적 증상이 신체적 형태에 따라 일정 정도 차이가 난다는 점이다. 이를 정확한 측정된 수치로 표현했을 경우, 체질적 유형들은 앞에서 언급한 편차의 범위와 유사한 구분이 된다.[6]

변이의 분포 사이에 있는 차이라는 개념이 모호하기 때문에 우리는 분

---

6) [원주] Kretschmer 1921.

석의 측면에서 많은 어려움을 겪고 있다. 우리는 위에서 단순한 평균들의 차이가 두 집단 표본의 차이를 표현하지는 않는다는 점을 확인했다. 우리가 다름 또는 차이를 판단하는 근거는 오히려 두 집단 표본이 겹치는 구간에 속하는 개인들의 수에 달려 있으며, 또한 비교되고 있는 표본이 포함하는 형태들의 빈도를 나타내는 곡선이 얼마나 겹치느냐에 달려 있다.

현재까지의 분석이 가진 문제점은 사실 우리가 차이(difference)라는 개념 대신에 비유사성(dissimilarity)이라는 용어를 사용한다면 해결될 수도 있다. 비교하고 있는 다양한 유형들에 공통적으로 속하는 개인들의 수를 유사성의 정도 또는 비유사성의 정도라는 식으로 표현하는 것이 가장 타당할 수도 있다.

인종 분류의 통계적인 문제를 풀 수 있는 이상적인 해결책은 형태상으로 다른 집단과 전혀 겹쳐지지 않아서 절대적인 확실성을 가지고 구분할 수 있는 극단적 지역 집단들을 따로 떼어내어 기준으로 삼는 것이다. 유럽인, 아프리카의 흑인, 멜라네시아인, 산(San)족, 북몽골인, 말레이 집단들, 오스트레일리아 원주민, 남아시아의 오스트랄인 유형들, 그리고 아메리카 원주민 중 일부 집단들이 이런 인종 유형에 속할 것이다. 그러고 나서, 이들 극단적 집단들과의 유사성을 근거로 하여 다른 중간적인 집단들이 상대적으로 어떻게 위치되는지 분석할 수 있다. 예를 들어, 북아프리카 사람들은 유럽인과 흑인 유형과 비교해야 할 것이고, 인도 사람들은 유럽인, 남몽골인, 북몽골인, 오스트레일리아 원주민 유형과 비교해야 할 것이다. 그러나 그렇다고 해서 통계적인 분류를 가지고 우리가 처음에 분리해 낸 극단적 집단들이 가장 오래되고 순수한 유형이며, 다른 집단들은 모두 이들의 혼합으로 만들어졌다고 근거 없이 전제하는 것은 큰 오류이다. 극단적 집단들 역시 오랜 기간 지속적인 고립과 우연한 유전적 변이로 형성된 새로운 변이 집단일 수도 있기 때문이다.

순수하게 통계적인 접근만으로는 인종들의 생물학적 관계를 묻는 질문에 대한 답을 구할 수 없다. 그러나 생물학적 접근을 시도하는 경우에는 반드시 통계적인 접근을 깊이 이해하고 그 의미를 제대로 감안해야 한다.

# 4장

# 인종이 보이는 유전적 특성

유전과 인종 안의 공통된 형태적 특징
같은 형태로 보이는 특징들의 유전적 차이
유전의 법칙, 직계와 방계, 그리고 유전적 가변성
이른바 "순수한 형태" — 인종과 가축 품종의 차이

이 장에서는 인종을 구성하는 개인들의 특성을 생물학적 시각에서 재검토해 보려고 한다.

　인종의 특성은 일차적으로 유전에 의해서 결정된다. 엄밀한 과학의 용어가 아닌 일상적인 언어로 표현하자면, 유전이란 자손이 그 어버이의 형태를 큰 변화 없이 유지한 채, 일련의 세대에 걸쳐 그 형태적 특성을 반복하여 물려준다는 것을 의미한다. 이렇게 정의한 내용이 과학의 시각에서 보자면 엄밀하지 않다는 것은 명백하다. 한 쌍의 개체가 재생산하는 자손이 어버이와는 당연히 다르고, 자손들끼리 비교하더라도 형태적으로 같지는 않을 것이기 때문이다. 한 인종 집단을 전체로 고려하는 경우에도 조건이 변화하지 않는다는 전제하에서는, 반복되는 여러 세대에 걸쳐 같은 빈도 분포를 보이면서 유전이 이루어질 것이라고 우리는 전제한다. 앞에서 논의한 용어를 사용하자면, 한 등급이나 범주는 평균의 측면에서, 그리고 변이성의 측면에서 같은 정도를 지속적으로 유지할 것이다. 이와 같은 생각은 인종 유형의 분포를 언급할 때 분명히 우리의 사고 안에 포함되어 있다. 우리는 이러한 지속이 항시적이라고 가정하며, 세대와 세대를 거듭하더라도 인구 전체가 어떤 큰 변화를 겪거나 외부적인 조건의 변화가 신체적 형태의 변화를 야기하지 않는 한, 같은 방식으로 이어질 것이라고 믿는다.

　어떤 인종적 특질이 그 인종의 모든 구성원에게 공통적으로 나타날 정도로 분명하게 드러나면, 위에서 나열한 의미로 "인종적 유전"이라는 말을 사용할 수 있다. 앞에서 언급한 예를 그대로 사용하자면, 금발이나 밝은 피부색, 푸른 또는 밝은 색의 눈은 스웨덴 인종의 유전적 특질이라 할 수 있으며, 검고 곱슬대는 머리칼, 어두운 피부색, 어두운 색의 눈은 아프리카인에게서 보이는 유전적 특질이다. 스웨덴인 한 쌍이 낳은 아이가 아프리카인일 수는 없다. 그러나 스웨덴 사람을 북독일인이나 더 나아가 이탈리아인과 비교했을 때에는, 인종적 특질이 겹쳐지는 사례를 적지 않게 찾아볼 수 있어서 이 사이의 차이를 명백하게 구별하기 쉽지 않다. 스웨덴인 한 쌍의 아이는 북독일인의 외모를 가질 수도 있고, 이탈리아인의 외모를 가질 수도 있다. 따라서, "인종적 유전"이라는 용어를 한 인종의 모든 개인이 가진 신체적 형태를 결정하는 의미로는 사용할 수가 없다.

신체적 특질 중에는 멀리 떨어져 살고 있는 인종이라 하더라도 너무도 유사하여 구별되지 않는 특질을 가지고 있는 경우를 많이 찾아볼 수 있다. 뇌의 크기, 키, 내장 기관의 무게와 크기와 형태 등이 이런 성격을 가진 특질이다. 이와 같은 특질을 비교하게 되면, 그 어떤 것도 인종적 유전의 측면에서 결정되는 특질이라고 규정할 수 없으며, 이런 기준들을 사용하여 한 개인이 특정한 인종에 속하는지 또는 속하지 않는지를 결정할 수는 없다.

중요한 것은, 그런 유사한 특질들이 있다고 했을 때, 어떤 집단에 속하면서 특정한 형태를 가진 사람이 생물학적으로, 또는 유전적으로, 다른 집단에 속하면서 같은 특징을 보이는 다른 사람과 동일한 것은 아니라는 것이다.

한 가지 예를 들어보자. 시칠리아 섬에 사는 가족 구성원이 가진 신체적 형태에 관한 연구를 살펴보면, 부모 모두 두상지수(머리지수)가 79.5와 82.5 사이에 있고 두상지수 평균이 80.6인 경우에, 그 자식들은 79.3의 평균을 보이는데 이는 1.3이 낮아진 수치이다. 보헤미아의 경우, 부모의 구간은 같고 평균이 81.0이면서, 그 자식들은 부모보다 2.0이나 높은 83.0의 평균을 보였다. 이 두 가지 사례를 비교하여 감안했을 때, 같은 두상지수를 가진 개인들이라 할지라도 다른 집단에 속해 있다면 유전이라는 시각에서 볼 때 그 두 사람은 동일하지 않다.

다른 신체적인 특징에 대해서도 비슷한 조건이 적용된다. 즉, 같은 신체적 형태를 가지고 있는 개인들이라 할지라도, 서로 다른 두 인구 집단에 속해 있다면 그 둘은 유전적으로 동일하지 않다. 생물학자들도 역시 같은 결론에 도달했다. 네덜란드의 식물학자인 로트시(Lotsy)[1]는 "종

---

1) [역주] 보아스는 책 전체에서 줄곧 Lotry로 표기하고 있으나, 보아스가 인용한

(species)" 개념을 면밀하게 검토하고, 겉으로 보이는 전반적인 형태학적 동일성보다는 구성적인 동일성의 중요성을 강조하였다(1916). 구성적인 동일성은 오직 동계교배 혹은 동종 안에서 교차교배를 통해 나타나며 발견된다. 반대로, 외적인 형태가 유사하더라도 실제로 교배는 다른 방식으로 이루어지는 경우가 많다. 이와 같은 관찰에 따르면 개별 집단 안에서 특정한 신체적 외모를 가진 그룹을 자의적으로 분리해서는 안 되며, 개별 집단을 하나의 전체로 탐구해야 한다는 결론에 다다르게 된다. 같은 신체적 외양을 가졌다고 하여 서로 다른 인구 집단에 속하는 개인들을 동일한 인종으로 분류하는 일은 세밀한 연구자들조차도 흔히 범하는 오류이다.

지난 25년 동안 쏟아진 수많은 유전(heredity), 혹은 요즈음 용어로 하자면 유전학(genetics) 연구들이 확인한 것을 정리하면 다음과 같다. 한 쌍의 개체가 낳은 자손의 수가 무한하게 많다면, 그 자손들에게서 나타나는 형태들의 빈도 분포는 당연히 부모의 생물학적인 특성을 따라 결정될 것이다. 외적인 조건에 의해서 어떤 방해나 영향을 받지 않는다면 말이다. 일반적으로 빈도 분포 곡선의 모양은 매우 다양하게 나타나겠지만, 신체적 형태에 영향을 주는 외적인 조건이 같다면 각각의 쌍에 대해서만은 절대적으로 고정된 빈도 분포가 나타날 것이라는 의미이다. 멘델의 유전 법칙을 가장 넓게 일반화시켜 표현한 것이 바로 이 내용이다. 인간의 경우 또는 자손의 수가 적은 동물의 경우에는 이를 보여주는 명확한 증거를 찾기가 쉽지 않다. 그러나 진화 단계가 낮은 동물과 식물에서 관찰되는 조건들을 가지고 비교해 보았을 때, 인간에게서 관찰되는 조건들 역시 일치하기 때문에 이의의 여지는 없다. 어떤 개인이 구체적으로 어떤 특성을 가지게 될지를 예측할 수는 없으나, 전체 집단은 언제나 같은

---

원전의 저자를 확인한 결과, 독일과 미국, 그리고 자바에서 활동했던 네덜란드 식물학자 로트시(Jan Paulus Lotsy, 1867-1931)의 이름이 저술 혹은 인쇄 과정에서 오기된 것으로 확인된다.

경향성을 보일 것이다.

위의 관찰들로부터 출발한다면, 엄격하게 생물학적인 연구에서는 특정 인종을 구성하는 유전적 계통들을 명확하게 밝혀야만 그 인종 전체의 개성에 대해 고찰할 수 있을 것이다.

고등 동물에서 자손은 언제나 두 개체의 만남과 합일의 결과이다. 인간 또는 동물의 경우에 이렇게 만나는 암컷과 수컷, 혹은 여자와 남자가 동일한 계통에서 나오는 집단은 한 개도 찾아볼 수 없다. 한 배에서 난 형제나 자매들이 교배하는 동물의 경우라 할지라도 생식세포의 구조가 같지는 않다.[2] 모든 인구 집단의 가족 계보는 아무리 균일한 계통을 공유한다 하더라도 동일하지는 않다.

집단 안의 계통을 구분하는 고찰이 가지는 중요성은 아래에서 인구 집단의 구성을 더욱 세부적으로 살펴볼 때 좀 더 명확해질 것이다.

현대 유럽이나 아메리카처럼, 주거지 분포가 안정적이지 않고 유동성이 큰 인구 집단에서는 한 사람이 가진 조상의 숫자가 매우 빠르게 증가한다. 부모는 2명이고 조부모는 4명이며, 증조부모는 8명이다. 20세대를 거슬러 올라가면 이론적으로 조상의 숫자는 백만을 넘어서서 정확하게는 1,048,576명이 된다. 20세대가 지속되는 시간은 현대의 수명과 인구 증가율로 계산하면 약 700년, 과거의 수명과 증가율로 생각하더라도 최소한 400년은 된다. 물론 이 지속시간은 장자, 즉 당대에 처음 태어난 남자(아들)를 기준으로 세대를 계산한 것이다. 당대에 처음 태어난 여자(딸)를 기준으로 한다면 20세대의 지속시간이 500년과 350년 정도로 환산될 수 있다.[3] 그러나 둘째 이후로 태어난 개인들까지 모두 포함하여 가족이나 집안의 계보를 실제로 살펴보면, 유럽에서 20세대에 해당하는 지속시간은 800에서 900년이라는 점을 알 수 있다. 소위 원시인들 사이에서도 이

---

2) [역주] 유전자형이 같지 않다는 의미인 것으로 보인다.
3) [역주] 생물학적 재생산의 측면에서 남성과 여성이 성숙하는 시기의 차이, 그리고 혼인이 이루어지는 시기의 사회적·문화적 차이를 모두 고려한 것으로 보인다.

기간은 크게 차이가 나지 않는데, 이는 세대가 교체되는 속도가 과거에는 유럽인과 원시인들 사이에서 크게 다르지 않았기 때문이다. 이렇듯 세대의 실제 지속시간을 감안한다면, 앞에서 이론적으로 계산했던 조상의 숫자는 허구에 불과하다는 것이 명백해진다. 현재 세대의 개개인이 태어나기까지 기여한 조상의 숫자가 이론적으로 계산한 큰 수에 가까울 수 없기 때문이다. 그 이유는 매우 단순하다. 혼인이 이루어졌던 가족이나 집안 사이에서 또 혼인이 이루어지는 일이 많아서, 많은 수의 조상이 서로 다른 부계와 모계에서 반복되기 때문이다. 각 개인의 실제 계보와 조상의 숫자는 순수하게 이론적인 연산으로 산정할 수 있는 것보다 훨씬 복잡한 셈이다. 독일의 황제 집안의 조상 숫자를 나열하고 계산한 표는 좋은 사례이다. 로렌츠(O. Lorenz)에 의하면, 전(前) 황제의 조상 수는 세대를 거슬러 올라가면서 다음 표처럼 나타난다(<표 3> 참조).

| 세대 | 이론상 조상의 수 | 실제 조상의 수 |
|---|---|---|
| I | 2 | 2 |
| II | 4 | 4 |
| III | 8 | 8 |
| IV | 16 | 14 |
| V | 32 | 24 |
| VI | 64 | 44 |
| VII | 128 | 74 |
| VIII | 256 | 116* |
| IX | 512 | 177* |
| X | 1024 | 256* |
| XI | 2048 | 342* |
| XII | 4096 | 533* |

**표 3.** 독일 황제 집안의 세대별 조상 수
(*이 세대들에 대해서는 정확하게 파악하기 어렵다. 여기에 제시된 숫자는 그렇게 파악할 수 없는 개인들의 경우, 겹치는 조상이 없다고 ["조상 손실"이 일어나지 않음을] 전제하고 제시할 수 있는 최대 숫자이다; Lorenz 1898)

모두 40개의 왕가를 같은 방식으로 조사하여 평균을 냈더니 다음과 같은 결과가 나왔다(<표 4> 참조).

| 세대 | 평균 조상의 수 |
|---|---|
| I | 2.00 |
| II | 4.00 |
| III | 7.75 |
| IV | 13.88 |
| V | 23.70 |
| VI | 40.53 |

표 4. 40개 왕가의 세대별 평균 조상의 수(Lorenz 1898)

이러한 상황과 조건이 인구 집단의 추이 자체가 불안정하며 인구밀도가 매우 높은 지역의 현대 유럽과 아메리카에서 관찰되었음을 감안하면서 부족 사회와 비교해야 한다. 그렇게 비교해서 보면, 작은 규모의 공동체에서 사는 개개인이 가지는 조상의 수는 방금 언급한 현대 국가에서 나타나는 것보다 훨씬 적을 수밖에 없다는 점이 명백해진다. 그린란드의 북부 스미스만에 사는 이누이트의 경우가 이를 단적으로 보여주는 사례이다. 모든 자료를 종합해 보았을 때, 단 몇백 명으로 구성된 이 공동체가 이 이상으로 더 컸을 수는 없을 것이라고 판단된다. 더군다나 이누이트 공동체의 독특한 생활양식을 감안한다면 처음에는 몇 개의 집안으로만 구성되었던 것으로 보인다. 반복적으로 매우 긴 기간들을 외부로부터 고립되어 지낼 수밖에 없었던 이 공동체에는 외부인이 접근할 기회가 한 세기에 몇 번 정도는 있었겠지만, 전반적으로는 고립된 상태로 여전히 남아 있다. 따라서 이 인구집단은 이론상의 숫자였던 백만 명이 넘는 조상을 가졌을 수도 없고, 실제로 모든 개인이 가까운 조상이나 먼 조상을 통해 서로 친인척 관계에 있을 수밖에 없다.

전체 구성원이 200명 정도를 넘었던 적이 없는 이런 종류의 공동체에서는 모든 개개인의 조상이 8세대 이상으로 거슬러 올라가게 되면 조합만 다를 뿐 대체적으로 같은 조상을 공유한다고 볼 수 있다. 8번째 세대까지 가면 이론적으로 256명의 조상이 있어야 하지만 이는 이미 공동체 구성원의 숫자, 즉 전체 공동체의 규모를 넘어서기 때문이다. 따라서, 공동체의 다른 구성원들과 가깝거나 먼 조상들을 상당수 공유하지 않은 개인이 존재한다는 것은 불가능하지는 않더라도 개연성이 매우 떨어지는 일이다.

이러한 조상의 손실 현상을 남아프리카의 보어인과 코이산족의 혼혈족인 바스터 부족 사례에 적용하여 검토해 보았다. 오이겐 피셔(Eugen Fischer)의 계보학적 자료를 사용하여 정리해 보면 다음과 같다(<표 5> 참조).

| 세대 | 각 집안 계보상 조상의 수 | | |
|---|---|---|---|
| | 집안 I | 집안 II | 집안 III |
| I | 2 | 2 | 2 |
| II | 4 | 4 | 4 |
| III | 8 | 8 | 8 |
| IV | 14.1 | 14.3 | 16 |
| V | 20.1 | 19.7 | 32 |
| VI | 32.0 | — | — |

표 5. 보어인과 바스터 부족 집안 계보상 조상의 수(Fischer 1913)

이 숫자들, 즉 조상의 수는 유럽의 왕실 계보에서 나타나는 것과 매우 유사하게 나타난다.

조상의 숫자를 시작점으로 하여 따져보면 더욱 명확한 그림이 그려진다. 모든 개인을 제각각 같은 항렬(fraternity)의 구성원으로 보고, 이들이 특정한 수의 자녀를 가지며 이 자녀가 다시 똑같은 비율로 재생산된다고 상상해 보자. 규모가 크고 유동이 많은 역동적인 인구 집단에 대해서는 후속 세대들에서 동일 항렬의 배우자들이 서로, 그리고 현재 따지는 계보에 속하는 그 누구와도 친인척 관계가 없다고 가정하자. 이와 같은 조건에서는 어떤 개인을 놓고 보더라도, 조상의 총 수를 해당 세대의 구성원 숫자로 나누어 분수로 표현한 것이 그 개인의 조상 수가 된다. 예를 들어, 한 쌍의 남녀가 아이 둘을 낳으면 자식 한 명당 평균 조상 수는 1이 된다. 이 아이들이 혼인하여 각각 2명의 아이를 가지게 되면 첫 세대의 조상이 되는 사람은 모두 6명이 된다. 우리가 처음에 고려했던 남녀한 쌍의 아이들이 같은 부모를 가졌기 때문이다. 따라서, 처음의 그 남녀한 쌍이 보게 될 4명의 손자녀는 6명의 조부모를 가지게 되며, 손자녀한 명당 1.5명의 조상을 가지게 되는 것이다. 이러한 방식으로 계속 추적하여 조상 세대들을 연속되는 직계로 검토하면 다음과 같은 결과가 나온다(<표 6> 참조).

| 세대 | 가족의 자녀 수에 따른 조상의 수 | | | |
|------|------|------|------|------|
| | 2 자녀 | 3 자녀 | 4 자녀 | 5 자녀 |
| I | 1 | 0.67 | 0.50 | 0.40 |
| II | 1.50 | 0.89 | 0.62 | 0.48 |
| III | 2.75 | 1.63 | 1.16 | 0.90 |
| IV | 5.38 | 3.21 | 2.29 | 1.78 |
| V | 10.69 | 6.40 | 4.57 | 3.55 |
| VI | 21.34 | 12.80 | 9.14 | 7.11 |
| VII | 42.67 | 25.60 | 18.29 | 14.22 |
| VIII | 85.34 | 51.20 | 36.57 | 28.44 |
| IX | 170.64 | 102.40 | 73.14 | 56.88 |
| X | 341.33 | 204.80 | 146.28 | 113.78 |

**표 6.** 자녀 수에 따른 조상의 수(Jankowsky, W. 1934. *Die Blutsverwandschaft im Volk und in der Familie*, pp. 119 ff. Stuttgart).

개인당 조상의 수를 분수로 나타냈을 때 보이는 표면적인 모순─4명의 손자녀와 6명의 조부모를 가지는─은 이 중에서 2명의 손자녀가 동시에 다른 집안의 직계 자손이라는 점 때문에 발생한다. 방계 친척 관계는 매우 급속도로 확대되기 마련이다. 얀콥스키(Jankowsky)는 이를 분석하여 대략적인 수치까지 제시한 바 있다(1934). 한 가지 기억해야 할 것은,

실제의 조건들이 인구집단의 유동성에 따라 많이 달라질 수 있다는 점이다. 인구집단이 정주한 집단이고 상대적으로 작은 그룹들이 지속적으로 접촉하는 상황이라면 근친교배(inbreeding)와 함께 지역 그룹의 분리가 나타날 것이고, 자유로운 이동이 많은 큰 인구집단에서는 근친교배가 나타나는 속도가 훨씬 느릴 것이다.

근친교배와 혼합교배(intermixture) 두 가지 모두 오랜 기간에 걸쳐 이루어지면 모든 집안 계보가 매우 비슷해질 것이고, 반면 혼합된 혈통으로 이루어진 인구집단이나 근친교배가 일어나지 않을 경우에는 집안 계보가 상당히 뚜렷하게 분간될 것이다. 따라서, 두 개의 서로 다른 인구집단이 보이는 신체적 형태들이 동일한 방식으로 분포되어 있을 수 있다 하더라도, 개개인을 고려했을 때 두 집단의 생물학적 구성은 매우 다를 수도 있다. 이를테면 한 인구집단에서는 매우 이질적인 특성을 가진 집안 계보이지만 같은 집안의 형제자매들은 매우 유사한 경우를 발견할 수 있고, 다른 인구집단에서는 집안 계보들은 모두 비슷하지만 형제자매들이 서로 많이 달라 보이는 집안 계보를 찾아볼 수도 있을 것이다.

근친교배의 영향은 동물 실험을 통해서 규명되었다. 킹(King)은 쥐를 이용한 실험을 통해, 형제와 자매를 연속으로 25세대 동안 교배하여 형제간 변이성이 점진적으로 줄어든다는 것을 보여주었다. 이 결과는 집안 계보에서 변이성이 줄어드는 것과 동시에 형제 사이에서의 변이성이 줄어든다는 함의도 가지지만, 현존하는 실험 데이터만으로는 이 두 가지를 구분해내기는 어렵다.

현재까지 이처럼 유전학의 시각에서 이루어진 연구들은 매우 적은 수의 인구집단과 몇 가지의 특질에 대해서만 제한적으로 이루어졌다. 지금까지 축적된 자료에 의하면, 한 인구집단을 구성하는 집안 계보들 사이의 상이함이 적으면 적을수록 인구집단이 안정된 것으로, 오랫동안 근친교배가 이루어졌다고 잠정적으로 결론지을 수 있다. 이 계보들의 원래 조상이 서로 다른 신체적 특질을 가졌었다면 그 집안 형제자매는 매우 달라 보이게 된다. 반면, 원래 조상이 형태적으로 매우 유사했다면 집안 계보들과 항렬(fraternity, 개별 집안의 형제자매)을 모두 통틀어 비슷한 외모가 나타날 것이다.

아래에서 제시하는 자료는 두개골의 형태와 그 변이성에 대한 것으로, 여러 지역 집단의 측정치를 모은 것이다. 표에서 제시하는 수치는 두개골의 측면 너비를 두개골 앞뒤 길이의 백분율로 표시한 값, 즉 머리지수의 변이성(가변성)을 숫자로 나타낸 것이다(<표 7> 참조).[4]

| | I 집단 전체 | II 항렬 | III 집안 계보 | II와 III의 비율 |
|---|---|---|---|---|
| 아르메니아인 | 3.88 | 3.20 | 2.20 | 1.46 |
| 치푸와 인디언 | 3.76 | 3.32 | 1.77 | 1.88 |
| 중부 이탈리아인 | 3.62 | 2.72 | 2.39 | 1.14 |
| 뉴욕 흑인-백인 혼혈 | 3.51 | 2.93 | 1.85 | 1.58 |
| 보헤미아인 | 3.53 | 2.61 | 2.37 | 1.10 |
| 스코틀랜드인 | 3.43 | 2.66 | 2.17 | 1.21 |
| 미시소가(캐나다) | 3.43 | 3.10 | 1.47 | 2.11 |
| 동유럽 유태인 | 3.40 | 2.52 | 2.29 | 1.10 |
| 우스터 (매사추세츠) | 3.34 | 2.36 | 2.36 | 1.00 |

---

4) [원주] 변이성은 앞에서 묘사한 것처럼 형태적 특질이 분포상 흩어진 정도를 나타내는 척도이다. 상세하게 설명할 수 없는 기술적인 이유로, 여기에서는 변이성을 다음과 같이 표준편차로 표현하였다. 측정치에서 평균을 뺀 값을 제곱하여 모두 합하고, 그 합에서 평균을 구한 다음 그 평균의 제곱근을 계산하였다. 이렇게 구한 값을 평균치 양쪽으로 적용했을 때, 모든 표본의 약 68%가 분포하게 된다. 이 값의 두 배를 평균치 양쪽으로 적용했을 때에는 약 95%가 분포하게 된다. 이렇게 구한 평균 제곱 편차를 표준편차라고 한다. 46쪽에서 묘사한 확률적 변이성 혹은 평균편차는 표준편차의 0.67 정도에 해당한다. [역주: 보아스가 기본 자료로 사용하는 수치는 해부학에서 두개(頭蓋)계수 혹은 두장폭(頭長幅) 시수로 번역된 머리지수(Cephalic Index)로서, 우생학 및 초기 인류학에서 인종을 구분하는 척도로 각광받았다. 보아스의 반론으로 그 실효성이 반증되었다는 시각도 있으나 최근에 다시 논쟁의 시발점이 되었다. 해제 참조.]

| | | | | |
|---|---|---|---|---|
| 네덜란드인 | 3.05 | 2.33 | 1.95 | 1.20 |
| 남아프리카 혼혈 바스터족 | 2.82 | 2.52 | 1.26 | 2.00 |
| 블루리지마운틴 백인 | 2.80 | 2.09 | 1.85 | 1.13 |

**표 7.** 머리지수의 표준편차(변이성)

위의 표에 나타난 자료의 의미를 설명해 보겠다. 머리지수의 평균이 85.6인 아르메니아인들 중에서 68%의 집안들은 83.4와 87.8 사이의 지수를 보이며, 나머지 32%는 그 범위를 넘어서는 지수를 보인다는 뜻이다. 또한 68%의 같은 항렬 형제자매가 집안 평균보다 3.20단위 위와 3.20단위 아래 구간 사이의 지수를 가졌다는 뜻이며, 나머지는 그 구간 밖에 위치한다는 의미이다. 다른 집단들의 편차에 대해서도 같은 방식으로 해석하면 된다.

남아프리카 혼혈 바스터(Baster)족의 수치가 흥미롭게 눈에 띈다. 바스터족은 코이산(Khoisan) 원주민과 네덜란드 정착민들 사이에서 태어난 집단으로, 한 세기 동안 대개는 같은 집단 안에서 혼인을 한 것으로 알려져 있다. 집단 전체로는 혼합된 계보임에도 불구하고 집안계보들은 상당한 유사성을 보이는 반면, 같은 항렬의 형제자매들 사이에서는 상당한 차이가 발견된다. 캐나다에 사는 치푸와 인디언과 특히 치푸와 인디언의 작은 지역 집단인 미시소가 부족에서도 비슷한 경향성이 발견된다. 이들은 상당히 오래 전부터 원주민, 프랑스인, 아일랜드인 계통이 혼합된 인구집단이다. 미국의 흑인들 사이에서도 집안 계보들 간에 큰 균질성이 나타난다. 이들도 상당히 옛날부터 백인과 흑인의 혼종집단이었기 때문이다.

표에서 보는 수치들의 의미를 더욱 완벽하게 이해하기 위해서는 다음과 같은 점을 염두에 두어야 한다. 미시소가 부족의 집안들 중에서 16%는 평균보다 1.47 단위 아래(미만)에 분포하는 머리지수를 가졌고, 또 다른 16%는 평균보다 1.47 단위 위(초과)에 분포하는 지수를 가졌다.

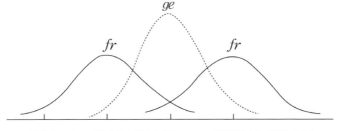

**그림 3.** *fr* = 형제의 변이 분포; *ge* = 집안계보의 변이 분포

같은 항렬 형제자매의 변이성이 ±3.10이기 때문에, 혹은 집안계보 편차의 두 배 이상을 보이기 때문에 위쪽과 아래쪽 끝에 위치하는 두 집단은 상당 부분 서로 겹쳐질 수밖에 없다(그림 3). 통계 상수로 인해 약 32%의 낮은 쪽 끝 집단은 전체 표본의 평균을 넘는 지수를 가진다는 뜻이며, 높은 쪽 끝 집단도 32% 정도가 전체 표본의 평균보다 작은 지수를 가진다는 의미이다. 결과적으로 16%의 양쪽 끝 집단에서 각각 32%씩, 혹은 두 집단 합하여 말단부에 속하는 약 10%의 사람들은 같은 형태를 보인다는 말이 된다. 반면, 매사추세츠에 있는 우스터 사람들의 경우 양쪽 끝 집단의 16%만이 서로 겹치기 때문에, 두 집단 합하여 5% 정도만이 극단의 두 집단들이 포개지는 구간을 형성한다.

양극단의 두 집단이 평균으로부터 멀면 멀수록 이와 같은 현상은 명확하게 드러난다. 미시소가의 사례에서 평균으로부터 2.2 단위 이상 떨어져 양극단을 형성하는 집단을 상정해 보자. 즉, 아래 극단의 6.7%와 위 극단의 6.7%가 그 두 집단에 속하게 된다. 통계상수에 의하면 이 두 집단에서 각각 24%, 다른 말로 전체 인구의 3.2%가 양극단 집단 사이에서 겹쳐진다. 우스터의 경우, 양극단 각 집단의 6.7%만이 겹쳐지기 때문에 전체 인구의 1%만이 두 집단 사이에서 겹쳐지는 구간을 형성한다.[5]

특히 렌츠(Fritz Lenz)와 같은 학자는 인종 집단 안에서 유전적 차이가 가지는 중요성을 과소평가하려는 경향을 보이기 때문에(Baur and Lenz 1931), 위의 논의는 매우 중요하게 고려되어야 한다.

다만 이와 같은 접근은 단일한 한 가지의 특질에만 적용될 수 있다는 점도 기억해야 할 것이다. 분석하려는 특질의 수가 더 많은 경우에는 집안계보의 이질성이 더욱 명확하게 드러나야 제대로 된 분석이 가능하기 때문이다.

위에서 살펴본 바를 통해, 대부분의 인구집단에서 집안계보들은 이질적이며 서로 많이 다르기 때문에 구분되는 계보나 혈통은 항상 찾아낼 수 있다고 결론내릴 수 있다. 하지만 대조적으로 이와 같은, 혹은 유사한 방식으로는 연결되어 있거나 인접한 지역에 위치하는 서로 다른 인구집단들을 확실하게 구별해 낼 수는 없다.

따라서, 인종 개념에 대한 엄밀한 생물학적 정의를 제공할 수는 없지만, 유전학적으로 집안계보는 훨씬 엄밀하게 규정할 근거가 있기 때문에 인종 개념은 집안계보들의 복합체로 규정할 수밖에 없다. 집안계보의 기원과 특성이 바로 인종의 특성을 결정하는 것이다.

지금까지 우리가 검토한 내용은 동물이나 식물의 종이 어떻게 구성되는지를 탐구한 최근 연구들의 시각과 일치한다. 요한센(Johanssen)이 주장하는 종의 소멸, 혹은 표현형이 일련의 유전자형으로 분해된다는 시각은 우리의 인종 분석과 궤를 같이한다. 요한센의 연구는 일차적으로 자가수분한 콩에 대하여 이루어졌다(1909). 이런 연구 조건에서는 자가수분이 불가능하고 계통 간의 혼종교배가 끊임없이 일어나는 사례들보다 당연히 명확한 결과가 나온다. 여기에서 피력한 나의 시각은 쿡(O. F. Cook)의 시각과 일치한다. 쿡도 한 종에서 개체와 개체의 후손만을 인정하고, 종이 구별 가능한 계통 혹은 계보들의 복합이라고 보고 있다(Cook 1906).

---

5) [원주] 실제로 따져 보면, 이 수치들이 너무 높기는 하다. 평균으로부터 너무 멀리 떨어진 수치들은 실제로 겹치는 구간이 매우 작아지기 때문이다.

지역 유형들 사이에서 나타나는 전이의 추이가 점진적이고 완만할수록 이 점을 더욱 명확하게 명심해야 할 것이다.

하나의 집안계보가 전체 인구집단을 대표할 수는 없기 때문에, 서로 구분되는 집안계보를 다수 가지는 어떤 한 인구집단을 이질적이라고 표현할 수 있다. 하지만 집안계보들 사이의 변이성이 작으면 작을수록 임의의 집안계보가 전체 인구집단을 나타내는 대표성을 가질 수도 있다. 또한 집안계보들의 수준에서 낮은 변이성을 가진 인구집단이 균질적이라고도 말할 수 있을 것이다. 그런 사례라고 하더라도 네덜란드인과 코이산족의 후손인 남아프리카 바스터족처럼 조상의 구성은 상당히 다양했을 수도 있다. 바스터족은 그럼에도 불구하고 집안계보들의 차원에서는 매우 유사하여 어느 집안을 골라도 전체 인구집단을 대표할 수 있는 사례이다.

유전 법칙의 결과로 절대적으로 균질적이라고 할 수 있는 집단은 결코 찾을 수 없으며, 아무리 오랫동안 근친교배가 이루어졌다 하더라도 이는 가능하지 않을 것이다. 이 문제에 대해서 더 깊고 광범위한 연구가 이루어질 때까지는 한 인구집단에서 균질성의 한계가 어디까지인지 규정할 수는 없을 것 같다.

심층적이고 상세한 정보가 없어도 쉽게 확인할 수 있는 것은 이질성의 정도가 매우 다양하게 나타난다는 사실이다. 수 세기 동안 같은 집안에서 토지를 소유해 온 유럽의 안정적인 작은 마을은 균질성이 높게 나타날 것으로 예상할 수 있다. 작은 규모의 고립된 부족들도 마찬가지이다.

대도시들은 정반대의 조건과 사례를 보여준다. 서로 다른 조상을 가진 사람들이 모인 곳이기 때문에 집안계보들 역시도 매우 다양하게 나타난다. 항렬들이 가진 특성과 집안계보들의 변이성은 인구의 통합이 이루어지는 과정에서 끊임없이 변화를 겪을 것이며, 외부로부터 유입되는 계보가 추가되지 않는 조건이 만들어진다면 새롭게 안정을 찾을 것이다. 물론, 이런 조건이 도시 생활에서 충족될 리는 없다.

인종 집단이 구성되는 방식은 또 다른 각도에서 이해할 수 있다. 충분히 서로 달라서 구분 가능한 두 가지 유형을 비교하게 되면, 각 유형의 모든 개인들은 모두 비슷해 보이며 비교되는 다른 유형의 개인들과 달라 보인다. 반면에 두 유형이 겹친다면, 개인들 사이의 차이들이 더욱 명확하게 드러나 보일 것이며 각 유형 안에서 그 구성원들 사이에 나타나는 유사한 정도가 그다지 뚜렷하게 나타나지 않을 것이다. 예를 들어, 한 흑인 집안과 한 백인 집안을 비교한다면, 각 집안의 구성원들 즉 형제자매들 사이에서 보이는 사소한 차이들은 미미하게 보여서 그다지 의미를 가지지 않을 것이다. 그러나 상당히 유사한 두 집안을 비교할 때에는 개인들 사이의 차이가 확연히 중요하게 드러날 것이고, 따라서 집안 안에서 형제자매들이 보이는 유사성이 조금은 보이게 된다. 다른 집안과 비교하지 않고 하나의 집안만 놓고 보면, 형제자매들은 당연히 매우 달라 보인다. 이들은 개인적으로 다른 정도의 유사성을 보일 것이다. 더 나아가, 몇 개의 유사한 집안을 놓고 본다면 모든 개인들이 서로 다를 것이고 집안의 유사성은 보이지 않을 것이다. 이것이 다시 항렬 안에서의 변이성이 집안 안에서 크게 또는 작게 나타날 수 있다는 사실을 바꾸지는 않는다.

위의 단순한 고찰은 같은 항렬 안에서의 유사성이 전적으로 인구집단의 구성에 의존한다는 사실을 보여준다. 비균질적인 정도가 큰 인구집단에서는 항렬의 유사성이 매우 큰 정도로 나타나며 관찰된다. 균질적인 집단에서는 그러한 유사성이 작게 나타날 것이다. 부모와 자녀 사이의 유사성에 대해서도 동일한 관찰이 가능하다. 인구집단의 비균질적인 정도가 클수록 부모 자녀 간의 유사성은 크게 나타날 것이고, 비교적 균질적인 인구집단에서는 모든 집안에서 동일한 유형이 관찰되기 때문에 실질적으로 그런 유사성이 사라질 것이다. 프랜시스 골턴(Galton 1889)은 이 현상을 분석할 때 형제자매 사이와 부모 자녀 사이에 나타나는 유사성의 정도를 강조하여 이른바 상관계수로 표현하였다. 그가 상관계수를 도출한 방식은 다음과 같다. 한 주어진 인구집단 안에서 부모가 그 인구

집단의 평균으로부터 특정한 정도로 차이를 보인다면, 그 자녀들은 집단 평균으로부터 그 특정한 정도보다 특정한 작은 비율로 다를 것이고, 한 개인이 인구집단의 평균으로부터 특정한 정도로 다르다면 그 개인의 형제자매들은 인구집단의 평균으로부터 그 특정한 정도보다 작은 비율로 평균적인 차이를 보일 것이다.

위에서(<표 7> 참조) 언급했던 인구집단을 가지고 형제자매가 보이는 머리지수의 평균편차를 가지고 그 특정한 작은 비율을 구하면 다음과 같은 결과가 나온다(<표 8>).

| 인구집단 | 머리지수 평균편차의 형제자매 차이율 |
|---|---|
| 우스터(매사추세츠) | 0.50 |
| 보헤미아인 | 0.45 |
| 동유럽 유태인 | 0.45 |
| 블루리지 백인 | 0.44 |
| 중부 이탈리아인 | 0.44 |
| 네덜란드인 | 0.41 |
| 스코틀랜드인 | 0.40 |
| 아르메니아인 | 0.30 |
| 뉴욕 흑인-백인 혼혈 | 0.28 |
| 치푸와 인디언 | 0.21 |
| 남아프리카 혼혈 바스터 부족 | 0.20 |
| 미시소가(캐나다) | 0.18 |

표 8. 형제자매(항렬) 집단의 머리지수 차이율

예를 들어 매사추세츠의 우스터에 사는 한 개인의 머리지수가 평균보다 4 단위 높다면, 그 개인의 형제자매는 평균적으로 4×0.5, 즉 전체 평균보다 2 단위 높은 수준을 보일 것이다. 대조적으로 미시소가 사람들의 경우에는 형제자매가 평균적으로 보이는 머리지수의 분포가 4×0.18, 즉 전체 평균보다 0.72 높은 수준을 보일 것이라 예상할 수 있다.

이처럼 집단마다 다른 수치가 나타나는 이유는 인구집단의 비균질적인 정도가 다르기 때문이다. 균질적인 집단일수록 낮은 상관계수가 나오기 때문에 가장 균질적인 집단이 가장 낮은 수치를 보인다. 집안계보의 변이성을 기준으로(I), 그리고 집안계보와 항렬 변이성의 비율을 기준으로 (II) 상관계수를 정리해보면 다음과 같다(<표 9>).

| I | | II | |
|---|---|---|---|
| 바스터 부족 | ±1.26 | 미시소가 | 2.11 |
| 미시소가 | ±1.47 | 바스터 부족 | 2.00 |
| 치푸와 | ±1.77 | 치푸와 | 1.88 |
| 뉴욕 혼혈 | ±1.85 | 뉴욕 혼혈 | 1.58 |
| 블루리지 백인 | ±1.85 | 아르메니아인 | 1.46 |
| 네덜란드인 | ±1.95 | 스코틀랜드인 | 1.21 |
| 스코틀랜드인 | ±2.17 | 네덜란드인 | 1.20 |
| 아르메니아인 | ±2.20 | 블루리지 백인 | 1.13 |
| 동유럽 유태인 | ±2.29 | 중부 이탈리아인 | 1.14 |
| 우스터(매사추세츠) | ±2.36 | 동유럽 유태인 | 1.10 |
| 보헤미아인 | ±2.37 | 보헤미아인 | 1.10 |
| 중부 이탈리아인 | ±2.39 | 우스터(매사추세츠) | 1.00 |

표 9. 집안계보의 변이성 지수(I)와 집안계보와 항렬 변이성의 비율(II)


위의 표에서 두 계열의 순위가 상당 부분 일치한다는 것이 의미하는 바는, 집안계보가 균질적일수록 항렬의 변이성이 집안계보의 변이성에 대하여 보이는 비율이 크다는 것이다.

이 지점에서 우리는 다시 한번 집안계보에 대해 고찰해 보아야 한다.

앞선 논의에서 우리는 한 인구집단에서 모든 집안들이 같은 정도의 항렬 변이성을 가질 것이라고 전제하였다. 집안계보의 혈통이 실제로는 균질적이지 않기 때문에 이 전제는 현실에 부합하지 않으며, 앞서 제시된 수치는 실제 상황을 그대로 보여준다기보다는 근사치라고 보아야 할 것이다.

같은 인구집단 안에서 부모들 사이의 차이가 클수록 항렬의 변이성이 증가한다는 것은 충분히 관찰 가능하다. 충분히 많은 수의 집안들을 대상으로 조사해 보면, 한 인구집단에서 항렬 내(형제자매 간) 머리지수의 변이성은 부모의 머리지수 차이가 크면 클수록 증가한다(<표 10>, Boas 1933b).

| 부모 머리지수의 차이 | 항렬 내 변이성, 뉴욕 | 사례 수 | 항렬 내 변이성, 네덜란드 | 사례 수 |
|---|---|---|---|---|
| 0 - 2.9 단위 | 6.8 | 1,102 | 5.3 | 627 |
| 3 - 5.9 | 6.7 | 736 | 5.9 | 473 |
| 6 - 8.9 | 8.3 | 317 | 5.4 | 182 |
| 9 이상 | 13.0 | 108 | 8.5 | 66 |

표 10. 부모 머리지수의 차이와 항렬 내 변이성

루샨에 의하면, 소아시아(아나톨리아) 남부의 혼합 인구집단에서도 유사한 현상이 발견된다(Luschan 1891). 이 지역에서는 소아시아 중부의 둥근 머리형 사람들이 수천 년 동안 시리아 연안의 긴 머리형 사람들과 함께 통혼하며 지냈다. 그 결과, 이 혼합된 인구집단에서도 다른 균질적인 집단의 변이성과 비교했을 때 훨씬 높은 정도의 변이성을 관찰할 수 있다.

이탈리아에서 머리형이 분포된 양상도 이러한 점을 뒷받침해 준다. 둥근 머리형의 북부 이탈리아인과 긴 머리형의 남부 이탈리아인이 오랫동안 통혼하며 지낸 중부 이탈리아에서 머리형의 변이성은 매우 높게 나타난다.

위의 현상들은 우리가 앞서 살펴보았던 멘델 유전 법칙의 다양한 양상을 보여주는 사례들이다. 즉, 혼합된 혈통의 개인들이 여러 가지 신체적 특성의 측면에서, 특정한 수적 비율로 원래의 조상 유형으로 돌아가는 경향성을 보여 주고 있다.

인간의 종류, 즉 인종을 흔히들 현대의 가축 품종과 비견하여 이해하려는 시도들이 있다. 그러나 인간 인종과 가축 품종에는 매우 근본적인 차이가 있다. 가축의 품종은 꼼꼼하게 선별하여 선택이 이루어지기 때문에 우성을 보이고, 우성을 재생산할 수 있는 개체들만이 재생산되어 멘델 유전에서 말하는 분리의 법칙이 인위적으로 제한된다. 따라서, 가축의 품종이 보이는 변이성은 매우 낮으며 잡종을 꼼꼼하게 배제하면 배제할수록 그 변이성은 더욱 낮아진다. 이와 같은 교배 방식으로 매우 차별화된 품종이 개발될 수 있었던 것이다. 이러한 일은 결단코 인간들 사이에서는 일어나지 않았다. 오히려 정반대로, 서로 다른 혈통의 통혼을 금지하려는 시도가 있었을 때에도 결국 통혼을 성공적으로 막은 경우는 없었다. 사회적인 장벽이 있었던 경우에도 두 유형의 인구집단은 시간의 흐름에 따라 뒤섞이게 되었다. 이는 매우 견고한 카스트 제도가 존재하는 인도의 사례에서조차 확인되는 사실이다. 고대 로마의 귀족과 평민 사이에서도 그랬다. 현재 독일에서 통혼을 금지하는 강제 조치가 아무리 급증한다 하더라도, 인류의 역사를 통틀어 일어났던 이 현상이 사라질 리는 만무하다.

정도의 크기와 관계없이, 특화된 지역 유형은 오로지 적은 수의 독특한 특성을 지닌 조상이 작은 인구집단으로 고립되었을 경우에만 나타난다. 조상 집단이 작으면 작을수록 지역 집단이 원래의 인구집단과 구분될 정도로 다르게 발달할 확률이 크다. 예를 들어 우리가 북아메리카에서 매우 독특한 유형을 대륙의 북쪽 끝 극지방 해안에서, 또 다른 독특한 유형을 맥켄지강의 분지에서, 그리고 또 다른 독특한 유형들을 태평양 연안, 미시시피강 분지, 그리고 리오그란데 강을 따라 남동 지역에서, 그리고 멕시코에서 찾아볼 수 있다면 그 유형들의 기원을 여기저기에서 증가한 소규모의 고립된 인구집단들로 추정할 수 있다. 지역 공동체에서 관찰되는 다른 독특한 신체적 형태들에 대해서도 이러한 설명이 가능하다. 페루 지역과 푸에블로 부족에서 관찰되는 잉카뼈(os Incae; 뒤통수뼈를 횡단하는 봉합선으로 나눠진 머리뼈 구조)라든지, 라프족을 비롯하여 발트해 동쪽 해안을 따라 높은 빈도로 나타나는 입천장뼈 융기(torus palatinus; 입천장뼈, 즉 구개골에 뼈가 튀어나온 골융기)가 그러한 사례들이다(Matthews 1893; Lissauer 1892).

제대로 연구가 되지 않아서 앞으로 더 많은 꼼꼼한 분석이 있어야 하지만, 이 대목에서 언급하고 넘어가야 할 현상이 하나 더 있다. 넓은 지역에 낮은 인구 밀도로 정착한 안정된 공동체에서는 같은 집단에 속하는 구성원들 사이의 관계가 친밀하고, 이러한 관계는 반드시 유형과 변이성에 영향을 준다는 점은 이미 살펴보았다. 이 상태로 시간이 지나면서 서로 다른 두 지역에서 발달한 인구집단들이 접촉을 하게 될 경우 통혼이 많이 이루어질 수도 있다. 두 유형 사이의 차이가 확연하지 않다 하더라도, 당장 명확한 것은 조상이 다른 많은 수의 개인들이 합쳐지기 때문에 표현되는 유전의 형태는 광범위하게 교란될 것이라는 사실이다. 이를 잘 보여주는 사례는 남부 이탈리아인과 스페인인으로서, 이 두 유형은 외양적인 특성으로는 비슷해 보이지만 수 세기 동안 분리되어 발달해 왔다. 이탈리아의 작은 촌락 공동체들, 그리고 스페인의 촌락 공동체들은 오랜 시간 동안 족내혼이 이루어졌다는 특성을 공유한다. 아르헨티나에서는 이 두 유형이 접촉할 수 있는 기회가 있었고, 자주 통혼이 이루어졌다. 이렇게 통혼이 이루어진 경우 신체적 특질이 어떤 결과로 나타나는지에 대한 관찰 결과는 없지만, 남아와 여아의 출산 비율이 양쪽 부모 모두 스페인 사람이거나 이탈리아 사람인 집안과는 현격한 차이를 보인다는 점이 확인되었다(Pearl 1908). 이 사례를 통해, 유럽의 농촌 인구와 비교했을 때 도시 인구에서 일어나는 변화를 설명할 수 있는 하나의 기제가 유사하게 작용했던 것이 아닌가 하는 관찰이 가능하다. 또 같은 기제가 아메리카로 이주한 유럽인 이민자들에게서 발견되는 유형의 변화에도 중요한 역할을 했으리라 유추할 수 있다.

혼합된 조상 내력을 가진 인구집단의 구성 요소를 모두 재구성하려는 모든 노력은 실패로 돌아갈 수밖에 없다. 이를테면, 백인 인종과 흑인 인종에 대해 모르는 상태에서 뮬라토(흑인-백인 혼혈)만 있다고 전제한다면, 그 혼혈 인구집단을 가지고 백인종과 흑인종을 재구성해 낼 수 있을까? 만약 우리가 모든 개별적인 특질과 형질의 유전 법칙을 알고, 이 많은 특질들이 서로 어떻게 영향을 주고받으며, 혼합되었을 때 어떤 변화를 보이는지 알며, 또 환경이나 선택의 영향을 모두 파악할 수 있다고 했을 때에만 재구성이 가능할 것이다. 그러나 실제로 우리는 이 복잡한 기제들이나 과정을 완벽하게 알지 못한다. 이는 마치 수많은 미지수가 포함된 하나의 방정식을, 그 미지수가 어느 정도의 범위에 있을 수 있는지 또는 원래 방정식의 조건에 대한 정보가 하나도 없이 풀어내려고 시도하는 것과 같다.

유럽이나 근동 서남아시아 지역에 분포하는 유형에 대해서는 더욱 그러하다. 이들이 가진 신체적 특성은 구분하기 매우 까다롭기 때문에 개인 하나하나를 확실하게 특정한 집단으로 구분해 내는 것조차 어렵기 때문이다. 우리가 알고 있는 단 한가지는 각각의 인구집단이 서로 다른 수많은 집안계보로 이루어져 있다는 것이다. 현재 존재하는 인구집단이 유래하는 태초의 "순수한" 집안계보를 재구성하는 것은 불가능하다. 정확한 수치를 포함하지 않는 통계적인 모델을 만들어낼 수는 있어도, 이를 생물학적으로 해석해 내기 위해서는 구분되는 집안계보들의 혼합이 이루어졌던 조건과 효과에 대한 철저한 지식이 전제되어야 한다.

게다가, 우리는 두 인종의 혼합이 가져올 수 있는 결과를 개인의 차원에서는커녕 통계적으로도 절대로 예측할 수 없다. 혼합의 과정을 되돌리거나 특정한 인구집단이 어떤 유형으로부터 연원하는지 규명하는 것은 더더욱 가능하지 않다.

지금까지 우리는 성인에게서 관찰되는 인종 유형에 대해 논의하였다.

사실 우리는 유전적인 특질이 개인의 발달 과정에서 어떻게 표현되는지도 고려해야 한다. 특정한 인종적 특성, 즉 서로 다른 인종 사이의 차이보다 작은 개인들 사이에 나타나는 변이들은 일반적으로 생애에서 매우 이른 시기에 확정된다. 슐츠는 백인과 흑인의 특징적인 신체적 형태가 이미 태아 단계에서 관찰 가능하다는 점을 보여주었다(Schultz 1923). 두 유형 사이의 차이가 크면 클수록, 더 이른 시기에 그 차이가 확립된다는 것이다. 이 시기 동안에 인종 유형의 차별화는 개인들 사이의 차이보다 훨씬 눈에 띈다. 이후로 성장하는 과정에서 인종적·개인적 특성 모두 점진적으로 강조되며 이 과정은 생애 전체를 통해서 계속된다. 이러한 연유로 지역적 유형의 특성은 여성보다는 더 길고 집중적인 발달 과정을 겪게 되는 성인 남성에게서 더 잘 관찰되며, 어린이들에게서는 잘 관찰되지 않는다. 결국, 가장 일반적인 수준에서 인종 유형은 어린이들 사이에서 쉽게 발견되며, 가장 특성화된 유형은 성인 남성에게서 발견된다. 아메리카 원주민, 중국인, 그리고 백인 어린이의 코 형태를 분석해 보면, 성인들을 비교했을 때보다 더 큰 유사성을 가진다는 점이 이를 잘 보여준다. 코허리(콧잔등)가 낮게 위치하고 얼굴 정면의 평면보다 많이 올라오지 않으며, 눈꺼풀은 안쪽으로 겹이 있어 눈이 쳐지게 보인다. 이러한 특성은 특히 몽골 계통 사람들과 아메리카 원주민에게서 많이 발견되지만, 백인 어린이들에게서도 흔히 볼 수 있다. 백인 어린이의 경우, 이 특성은 자라는 과정에서 코허리가 얼굴 정면 평면보다 점차적으로 드러나 높아지면서 사라진다. 몸통과 사지의 비율도 이들 세 인종의 어린이들에게서는 큰 차이를 보이지 않는다.

유형들의 분화와 차별화와 더불어, 개인적인 특성의 분화도 함께 이루어진다. 특정한 나이가 되면 개인적 분화 정도가 인종적 분화 정도를 넘어서게 되며, 이 시기까지 확립되지 않은 인종적인 특성은 그 이후로도 더 발달하지 않는다. 개인적 특성의 확립이 관찰될 수 있을 정도로 일어나는 시기, 즉 연령은 어떤 특성을 관찰하느냐에 따라 모두 다르게 나타난다. 피부색은 출생 직후에 확립되며, 머리형은 한 살이나 두 살 정도의 시기에 완성된다. 코의 발달은 가장 특징적으로 사춘기와 십대 때에 집중적으로 이루어진다.

이 논의를 우리는 다른 방식으로 표현할 수 있을 것이다. 즉, 가장 일반화된 유형들은 가장 어린 개인들에게서 발견된다고 말이다. 특성화의 과정은 어린 시절에 일어나고, 가장 큰 정도의 완성된 특성화는 성인 남성에게서 발견된다. 먼 친척관계에 있는 인종 유형의 유사성은 따라서 태아와 어린이들을 비교했을 때 가장 쉽게 찾을 수 있을 것 같다. 하지만 현재까지 이루어진 연구만으로는 본격적인 분석과 결론을 얻기 불가능하다. 오스트레일리아 원주민이나 산(San)족, 태평양 제도의 원주민, 그리고 아메리카 원주민 어린이들이 가진 해부학적 특성이나 형태에 대한 자료가 적고 파편적이기 때문이다. 그리고 이 인구집단들은 우리가 아직 그 연원을 알지 못하는 중요한 집단들에 속하기 때문에, 앞으로 더 많은 연구가 필요하다.

여러 인구집단은 제각각 다양한 신체적 특질에 대하여 저마다의 특징적인 발달 속도가 있는 것으로 보인다. 이러한 사례들의 경우 환경적인 조건이 중요한 역할을 하는지, 또는 전적으로 유전적인 형질만이 관여하는지는 확실하지 않다. 서로 다른 학교에 다니는 유태인과 비유태인 어린이들을 비교했을 때, 유태인 어린이들은 처음에는 비유태인 어린이들보다 빠른 성장 속도를 보이지만 나중에는 성장 속도가 역전되는 현상을 찾아볼 수 있다. 반면 평등한 사회적 조건에서는 그러한 차이가 관찰되지 않았다. 남아프리카 흑인과 아메리카 백인 어린이들을 비교해 보면, 영구치가 나는 순서가 같지 않다. 하지만 이 두 집단들 사이에서 관찰된 차이는 집안계보들에서 나타나는 차이보다 훨씬 작다. 그리고 후자의 경우 크기나 발달 속도의 측면에서 유전적 경향성이 중요한 역할을 한다는 명확한 증거들이 있다.

# 5장

# 인간 유형의 불안정성

인간의 형태적 발달 – 가축화 모델
환경이 유기체에 미치는 영향
다양한 환경 조건과 형태의 변화
성장 환경과 자연선택의 영향

신체적 형태가 절대적으로 안정되어 있고 변화하지 않는다고 가정한다면 우리는 인류의 다양한 인종이 발달한 과정을 제대로 이해할 수 없다. 이를 염두에 두고 인류의 여러 유형이 어디에서 어떻게 기원하는지 살펴보아야 한다.

여기에서 인류를 구성하는 모든 인종의 발달 과정을 세세하게 묘사하거나 논의하는 것이 목적은 아니지만, 몇 가지 일반적인 사항은 빠뜨릴 수 없어서 짚고 넘어가겠다.

지구의 지질 시대 제3기(6,500만 년 전부터 200만 년 전) 말엽의 포유류 동물군은 현재와는 매우 다르게 구성되어 있었다. 그 시기에 살았다고 추정되는 형태들 중에서 비버나 마르모트와 같은 몇몇 종만이 현재까지 살아남아 있다. 그 시기부터 지금에 이르기까지 거의 모든 동물 속은 대대적인 형태의 변화를 겪었다. 특히 고등 포유류에서 일어난 형태적 변화를 보면 당시에 인간이 존재하지는 않았을 것이라고 추정되며, 인간이 살고 있었다고 반증하는 증거는 현재까지 발견되지 않았다. 오히려 인간과 유사해 보이는 몇 되지 않는 화석들은 모두 제4기(259만 년 전부터 현재) 초반의 것으로, 현재 살고 있는 인간과 상당한 차이를 보인다. 자바에서 발견된 피테칸트로푸스 에렉투스(Pithecanthropus erectus) 뼈대 화석이나 하이델베르크 인근에서 발견된 아래턱뼈 화석을 보면 현존 인류와의 차이가 분명하게 드러난다. 제4기의 후반부에 들어서야 진정한 인류라고 분류할 수 있는 네안데르탈인과 같은 유형들이 발견된다. 이 유형에 속하는 뼈대가 처음 발견된 독일 네안데르 골짜기의 이름을 딴 네안데르탈인 역시도 현존하는 인류 인종들과는 명백히 다른 특징을 가진다. 현재의 인간들 중에 네안데르탈인의 특성 중 한 가지를 지닌 어떤 개인을 찾아볼 수 있고, 특정한 인종에서는 그 특성이 더 빈번하게 관찰될 수도 있지만, 그렇다고 하여 네안데르탈인의 인종이나 유형이 생존해 남아 있는 것은 아니다.[1]

---

1) [원주] 마르슬랑 불르(Marcellin Boule, 1861–1942; 프랑스의 고생물학자)는

인류가 생겨나기 시작한 가장 이른 이 시기에도 인간들은 균질적으로 똑같은 형태였던 것은 아닌 것으로 보인다. 잉글랜드의 필트다운이나 이탈리아 멘토네 지역 그리말디 동굴에서 발견된 형태들만 보아도 매우 다른 특성이 존재한다는 점을 알 수 있다.[2)]

현재 지구상에 살고 있는 현대인과 직접적으로 연관된 형태들이 나타나는 시기는 네안데르탈인이 자취를 감춘 직후이다. 파편적이기는 하지만 현재 확보 가능한 고생물학 자료들은 가장 오래된 인간 이전의 상태로부터 현재의 인간에 이르기까지 형태적 변화가 있었음을 보여준다. 자료가 불완전하기 때문에 현존 유형들이 어떻게 발달했는지 고생물학 증거로 증명할 수는 없지만, 가장 오래된 유형들이 현존하는 유형들과는 매우 달랐으며 중간에 사라졌다는 점은 보여주고 있다.

현존하는 인류의 형태적 특성과 관련해서도 인간 유형에서 점진적인 변화가 있었다는 점을 미루어 짐작할 수 있다. 비더스하임의 말을 빌어 표현하자면 다음과 같다.

"인간의 신체는 계통발생론적 발달 과정에서 몇 단계의 변화를 겪었고, 이 변화들은 개체발생에서 여전히 표현되고 있다. 신체적인 조직과 구조에서 이와 같은 변화들이 아직도 일어나고 있다는 징표들이 있어서, 미래의 인간은 오늘날의 인간과 다를 것이라는 예측도 가능하다(Wiedersheim 1895)." 이와 같은 변화들을 가장 잘 보여주는 것은 몇몇 기관의 형태가 축소되고 있는 현상이다. 예를 들어, 현재의 인간이 가진 새끼발가락은 많은 경우에 두 개의 관절을 가지는데, 이 현상은 그 발가락의 기능적 사용이 사라지고 있다는 것을 의미한다.[3)] 치아 역시도 점진적인 축소와 쇠

---

이에 동의하지 않는다(Boule 1923).

2) [역주] 필트다운 화석 혹은 필트다운인은 1912년에 영국 필트다운(Piltdown)에서 발견된 두개골 화석으로, 발견자는 이것이 유인원과 인간의 중간 형태(이른바 "사라진 연결고리(missing link)")라고 주장했으나 학계에서는 공개된 순간부터 진위 여부가 논란이 되었다. 1940년대에 불소검사로 연대측정을 하여 최종적으로 조작된 화석이라는 결론이 내려졌다.

퇴를 보여주는데, 이는 어금니나 위 앞니가 보이는 다양한 크기 범위 즉 변이성을 통해 관찰할 수 있다. 흉부의 아랫부분 명치와 갈비뼈 발달에 있어 다양한 양상이 발견되는 것도 유사한 축소 경향을 보여준다.

위에서 나열한 현상들이 공통적으로 가지는 함의는, 진화의 과정에서 구분되는 서로 다른 인종들 사이에서 다른 빈도로 비정상적인 현상이 많이 일어난다 하더라도, 시간이 지나면서 이것이 정상으로 자리 잡게 되면 새로운 발달 방향의 시작이 될 수 있다는 점이다. 이 과정을 통해 인간과 다른 동물들 사이의 구분이 더욱 명확해지고 강화될 것이라고 예상하는 것 역시 가능하다. 어떤 신체적 특징이 점진적으로 빈도가 높아지고, 영구히 지속되는 특성으로 자리 잡는 기제를 보여주는 증거는 아직 발견되지 않았지만, 이론적으로 볼 때 이 모델은 상당한 개연성을 가진다.

인간의 여러 유형에서 진화가 진행되고 있다는 위의 추론은 기능을 잃어버린 기관들이 생겼다는 사실, 그리고 개체발생의 과정에서 사라진 특성들이 일시적으로 나타나기도 한다는 사실에 의해서도 뒷받침된다.

이와 같은 진보적인 변이들과 더불어, 고등 포유류들 사이에서 예전 형태들이 다시 나타나는 경우도 있는데, 진화의 측면에서는 이러한 것들을 진보적이지 않은, 즉 퇴보적인 형태들로 칭할 수 있다. 인간의 경우에는 신체적인 특징이 비교적 안정적으로 자리를 잡아서, 예전의 형태들이 나타나는 경우는 매우 드물다. 뼈대와 근육 체계와 연관된 대부분의 특성이 이처럼 안정된 상태에 도달해 있다. 이들 특성은 빈도의 차이가 있다 하더라도, 인류의 모든 인종에게서 발견된다. 어떤 특성들은 생리적 원인에 의해 결정되기 때문에 고착된 유전적 특성이라고 단정할 수는 없지만, 순수하게 형태학적인 시각에서 보자면 이러한 특성들을 인류의 유형이 발달한 계보를 암시하는 지표로 해석할 여지가 충분하다.

인종 유형이 가지는 함의를 제대로 이해하기 위해서 반드시 필요한 또

---

3) [역주] 선천적으로 새끼발가락 관절이 두 개인 지절유합증(symphalangism)을 말하는 것이다.

하나의 시각이 있다. 인간은 야생의 형태가 아니라 오히려 가축과 같은 상태라는 점이다. 즉, 인간은 스스로 가축화된 존재이다.

이미 수십 년 전, 프리츠는 남아프리카에 대한 인류학적 연구에서 산(San)족과 코이산(Khoisan)족이 유럽인과 비교하여 신체의 형태에 독특한 차이가 있다는 점을 지적하였다(Fritsch 1872). 즉, 전자는 뼈대가 날렵하면서도 뼈 자체는 구조적으로 매우 견고하지만, 유럽인들의 뼈대는 더 무거워 보여도 구조적으로는 느슨하게 열려 있다는 것이다. 야생 동물과 가축화된 동물의 뼈대를 비교해 보면 유사한 차이가 관찰되기 때문에, 프리츠는 이를 토대로 산(San)족이 그들의 물리적인 환경과 습성이라는 측면에서 일정 정도 야생 동물에 비견될 수 있으며, 유럽인들은 신체 구조상 가축화된 동물을 닮았다고 결론지었다.

이와 같은 프리츠의 시각은 매우 중요하다고 개인적으로 생각한다. 즉, 인간의 인종 중에서도 문명화된 형태들은 야생동물의 형태가 아니라 가축화된 형태의 동물들과 비교되어야 한다는 시각이 중요하다. 그리고 다양한 인종들에 대한 더 상세한 연구가 이루어지면서, 현재 전 세계 곳곳에서, 우리가 가장 원시적이라고 분류하는 인간 유형에서도 가축화에 따른 우연한 변화들이 나타나고 있음이 명확해지고 있다.

가축화의 결과로 나타나는 변화 중에서 세 가지 종류의 변화는 서로 명백하게 구분되어야 한다. 첫째로, 영양 섭취의 변화와 신체의 사용으로 인해 가축화된 동물의 신체는 상당히 많은 정도로 변화하는 과정을 거쳤다. 두 번째는 선택으로 인해 일어나는 변화이다. 세 번째로, 가축화된 동물의 유형, 즉 품종이 발달하는 과정에서는 교배가 아주 중요한 역할을 하였다.

첫 번째 범주에 속하는 몇몇 변화는 풍부한 영양 섭취가 규칙적으로 이루어짐에 따라 일어난 경우가 많다. 여기에는 사람이 개입하여 새로운 섭식을 제공한 경우와 근육 체계 및 신경 체계가 새로운 방식으로 사용된 변화들도 감안해야 한다. 물론, 이러한 변화들을 고찰할 때에는 육식

동물과 초식동물 사이에 차이가 있었음을 고려해야 할 것이다. 예를 들어 개와 고양이의 경우를 보면, 가축화된 상태에서는 상당히 규칙적으로 먹이를 먹게 되지만 야생 개와 야생 고양이와는 질적으로 다른 먹이를 먹게 된다. 심지어 개나 고양이를 기르는 사람들의 식생활에 따른 차이도 생긴다. 육식을 주로 하는 사람들 사이에서는 개들에게 일반적으로 익힌 고기, 또는 사람이 먹지 않는 영양분이 적은 부위를 익혀서 먹인다. 반면, 채소를 위주로 하는 음식을 더 많이 먹는 부족 사람들의 경우, 개에게 채소가 많이 포함된 개죽을 먹인다. 고양이도 마찬가지여서 전적으로 고기만을 먹이는 경우는 많지 않다. 육식동물이 야생 상태에서 먹이를 구하는 노력은 가축화된 형태들에 비해서 비교할 수 없을 정도로 큰 비중을 차지하는데, 바로 그러한 이유 때문에 근육 구조나 중앙 신경체계에 큰 변화가 일어났을 것이라 추정할 수 있다.

초식동물의 경우, 목초지에서 먹이를 먹는 상황에서는 근육 사용의 양상이 근본적으로 달라진 것은 아니다. 가축화된 소와 양이 보이는 풀을 뜯는 습성은 유사한 야생 동물들이 풀을 먹는 습성과 크게 다르지 않아 보인다. 그러나 포식자로부터 떼를 보호하기 위해서 필요한 경계 행동이나 재빠른 움직임과 같은 습성은 완전히 사라졌다 해도 과언이 아니다. 더군다나 마구간과 같이 실내에 사는 동물들은 매우 인위적인 조건에서 살게 되며 그런 상황에서는 먹이 역시도 근본적으로 변하게 된다.

위와 같은 여러 요인들 때문에 일어난 변화는 가장 오래된 가축화된 동물들 사이에서 관찰할 수 있다. 유럽의 신석기 촌락에서는 원래 유럽에 살았던 야생 동물 종들이 가축화된 상태로 발견되었다(Keller 1906; Studer 1901). 여러 대륙에서 살아가는 개들의 경우에도 조상이 되는 야생종들과는 다르게 변화한 모습을 찾아볼 수 있다. 심지어 회색 늑대로부터 기원하고 여전히 늑대와 교배가 이루어지는 이누이트 개의 경우에도 신체적 형태가 야생종과는 다르다(Beckmann 1894). 완전히 가축화되지 않은 동물들에서도 변화는 쉽게 포착된다. 베링해 연안의 축치 부족이 키우는 순록은 같은 지역에 사는 야생 순록과 다른 유형을 보인다.[4] 이누이트나 축치 부족의 가축화 방식에 대하여 우리가 현재 가진 지식을 참조했을 때, 이처럼 원시적으로 가축화된 동물들에서 나타나는 변형에는 인위적인 선택이나 교배가 큰 역할을 하지는 못했을 것으로 판단한다. 그럼에도 이 가축화된 유형들은 고른 균질성을 보이고 야생 형태들과 교배가 꾸준히 이루어지고 있음에도 불구하고, 그 특성들은 야생종들과 현저하게 다른 모습을 보인다. 축치 부족은 야생 순록과의 교배를 바람직하고 좋은 것으로 간주하고 선호하기까지 한다.

가축화의 초기 방식에서는 교배가 이루어지는 것을 방지하거나 장려하는 방법으로, 또는 어린 동물들이 성장할 때 개입하는 방법으로 특정한 종류의 선택이 일어날 수 있다. 중성화를 행하는 곳, 또는 어린 동물을 도살하거나 어미로부터 떼어놓고 다른 동물들 사이에서 키우는 곳, 그리고 어미의 젖을 인간이 사용하는 곳에서는 어린 동물들이 지극히 인위적인 조건과 환경에 처하게 된다. 물론 이러한 관행들이 의식적으로 형태를 선택·선별하려는 목적으로 실행되는 것은 아니지만, 동물 떼나 군집의 자연적인 구성과는 다른 환경을 만들어내고 결국에는 이것이 신체적 변화로 이어질 수 있다는 말이다.

가축화된 동물 형태가 훨씬 더 구분되는 분화 현상은 인간이 의도와 목적의식을 가지고 특정한 품종을 선택·선별하여 격리시키는 작업이 시작되면서 일어났다. 가축화된 역사가 오래된 동물 종일수록 그러한 격리 작업이 일어날 수 있는 기회가 자연스럽게 많았을 것이다. 그 결과로, 가축화된 기간이 긴 동물일수록 오늘날 우리가 그 안에서 구분할 수 있는 품종의 수가 많아졌다.

가축화된 종 안에서 변이된 종 혹은 품종의 수는 서로 다른 종을 의도 없이 혹은 의도적으로 교배하며 늘어나기도 했다. 이와 같은 경우에 생겨

---

4) [원주] 보고라스 참조(Bogoras 1903: 73쪽 이후). 알렌(Allen 1903)의 서술과 비교하여 참조할 것.

나는 품종들은 그 조상을 추정하거나 재구성해 내기가 매우 어려워진다.

인류의 인종들이 발달하는 과정에서는 변화하는 생활 습성과 교배 방식이 가장 강력한 영향을 주었다. 전 세계에 널리 퍼져 사는 인간 부족들의 생활 조건을 살펴보면, 야생 동물의 영양 섭취 방식과 유사하다고 할 수 있는 경우는 하나도 없으며 초기 인류의 문화를 살펴보았을 때, 이러한 상황은 매우 긴 시간 동안 유지된 조건이라는 점이 밝혀졌다. 인간이 농업을 행하며 식용으로 사용되는 가축화된 동물 떼를 소유한 경우에, 식량 공급은 규칙적으로 이루어졌으며 이를 위하여 매우 특화된 방식으로 인간의 근육 체계가 사용되었다. 중앙아프리카의 흑인들을 예로 들자면, 이들의 밭은 마을 근처에 위치해 있어서 밭을 경작하는 것은 기본적으로 여성의 일이고 남성들은 여러 가지 특화된 수공이나 공작에 전념한다. 야생동물이 적이나 포식자로부터 보호하는 방식으로 몸을 사용하는 방식은 이 지역 부족들에서 찾아볼 수 없다. 전투 상황에서 신체적인 근육의 힘만이 결정적이지도 않고, 무기와 전략의 중요성이 힘과 유연성만큼이나 중요하다. 아메리카의 미시시피 계곡이나 남아메리카 원시림 지역에서 농경을 위주로 하는 원주민에게서도 비슷한 조건과 양상이 발견된다.

목축에 의존하여 영양 섭취의 규칙성이 확립된 부족의 사례로는 시베리아에서 순록을 목축하는 부족과 아프리카에서 소를 목축하는 부족을 들 수 있다.

물론, 지금까지 예로 들었던 부족들 사이에서 농작물을 망치거나 전염병 때문에 가축이 전멸하여 기근과 기아 상태가 발생하기도 한다는 점은 분명하다. 그러나 이는 예외적인 상황으로서, 일반적으로는 규칙적이고 풍부한 식량 공급이 이루어진다.

어업을 위주로 하는 부족들 사이에서도 조건은 크게 다르지 않다. 식량을 장기적으로 보관하는 방법의 발달과 한 철 동안의 식량 공급이 한 해의 나머지 기간을 버틸 만큼 풍부한 덕분에 이들의 영양 섭취도 상당히 규칙적이다. 여기에서도 역시 식량을 구하는 데 필요한 근육 사용의 방식과 종류는 특화되어 있어서, 단순히 사냥감을 쫓는 것과는 다른 종류의 근육 사용이 이루어진다.

여러 가지 구별 가능한 생업이라는 상이한 조건들과 함께, 부족들이 자신들만의 고유한 방식으로 식량을 선택하는 경향도 생활 습성이나 인종의 발달에 연관되어 있다. 이를테면 어떤 부족들은 이누이트의 경우처럼 전적으로 고기만을 섭취하며, 또 다른 부족들은 남아시아 지역의 경우처럼 전적으로 채식을 한다. 이렇게 완전히 다른 섭식 습관도 해당 지역의 인종 발달 과정에 깊은 영향을 주었을 확률이 높을 것으로 추정한다.

식량을 불로 익혀 먹는 변화가 가져온 영향과 함의에 비하면, 위에서 언급한 모든 차이들이 가지는 중요성은 사실 매우 사소한 것에 불과하다. 음식을 익히는 기술은 보편적이다. 음식을 익히는 기술을 통해 식량의 특성이 근본적으로 변하며, 동시에 소화기관에 요구되는 기능도 완전히 바뀌었다. 불의 발명은 매우 이른 시기로 거슬러 올라간다.[5] 화덕(불자리)의 흔적이 구석기에 해당되는 지층에서 발견되었는데, 아주 소극적 또는 회의적으로 연대측정을 하더라도 최소한 5만 년 전의 것으로 추정된다. 불의 사용과 침출 방식의 발달은 인간이 그대로 먹을 경우 해로울 수 있는 식물을 이용하고 섭취할 수 있게 했다고 밝혀졌다(Ida Hahn 1919). 감자나 캘리포니아 도토리, 카사바, 오스트레일리아의 소철 열매, 그리고 야생 귀리와 같은 식물이 그러한 예이다.

지금까지의 증거를 가지고 우리가 확실하게 말할 수 있는 것은 바로 이것이다 – 음식 준비에 불이 사용되기 시작되면서 가축화의 가장 근본적인 조건 중 하나가 충족되었다는 것이다.

가축화의 과정에서 중요했던 세 번째 요소인 교배는 인류 인종의 발달에도 매우 중요한 역할을 하였다. 서로 구분되는 다른 유형들 사이에서

---

5) [역주] 보아스는 불의 조절과 사용 방식을 염두에 두고 의도적으로 발견(discovery)이 아니라 발명(invention)이라고 서술한 것 같다.

일어나는 교배는 원시인들의 역사를 살펴보아도 언제나 공통적으로 발견 되는 현상이다. 야생 동물의 경우에는 그런 교배가 지극히 드물게 나타 난다는 사실을 감안하면, 인간을 가축화된 동물에 비유하는 것이 얼마나 정확한 시각인지 분명해진다. 야생의 고등동물들 사이에서 잡종(hybrid) 형태가 나타나는 사례는 매우 드문 반면, 가축화된 동물들은 교배하고 또 거듭하여 끝없이 재교배한 과정의 결과물이다. 극단적으로 서로 다른 인간 유형들 사이에서 교배가 이루어지는 경우도 상당히 빈번하다. 예를 들자면 사하라 지역의 함 계열 부족들과 수단 지역의 흑인 부족들 사이 에서 일어나는 통혼(Nachtigal 1881), 그리고 말레이 반도에서 흔하게 볼 수 있는 네그리토 계통 원주민과 말레이인들 사이에서 일어나는 통혼을 들 수 있다(Martin 1905: 1011 − 12). 후자의 경우 말레이 반도 뿐만 아니 라 말레이 지역의 섬 지역을 광범위하게 포함하는 오스트로네시아 지역 에서 찾아볼 수 있는 다양한 유형들의 독특한 분포를 가능하게 하였다. 또 피지(Fiji)에서 이루어진 통혼, 일본 북부 지방의 아이누와 일본인의 통혼, 동유럽 지역에서 일어난 유럽인과 몽골인의 통혼, 그리고 근래에 유럽인이 점진적으로 다른 대륙까지 퍼지면서 일어난 유럽인과 다른 인 종의 통혼까지도 이러한 사례들에 포함된다.

　인류의 여러 인종을 구분하는 특질들은 많은 경우에 가축화된 동물들 을 구분하는 특질들에 비유할 수 있다.6) 멜라니즘, 즉 멜라닌 색소의 급

---

6) [원주] 요하네스 랑케(Johannes Ranke) 역시도 인류의 인종들을 가축화된 형태 로 간주하는 것의 중요성을 강조하였다(1894). 그는 가축화된 동물들과 인간의 피부색을 비교하였다. 에두아르트 하안(Eduard Hahn)은 가축화된 동물들과 인 간이 처해 있는 생활 조건이 유사하다는 점을 관찰하고 인정하였다(1896). 이러 한 맥락에서 필자도 1910년에 문화적 · 해부학적 조건에 주목할 것을 주장한 바 있다. 같은 문제의식을 가지고 클라트는 머리형의 변화를 지적한 바 있으며 (B. Klatt 1912), 프리덴탈(Friedenthal)은 모발과 피부의 상태를 연구했고 (1908), 하우실트(Hauschild)는 눈의 색상을 조사하고 연구하였다(1909). 인간 신체의 다양한 형태들이 가축화의 표현이라고 보는 입장과 시각에 대해서는 오이겐 피 셔(Eugen Fischer)의 종합적인 논의를 참조하라(Fischer 1914).

격한 증가로 나타나는 흑색증(melanism)과, 반대로 색소의 상실로 인해 나타나는 백변종(leucism)을 예로 들 수 있다. 흑곰, 흑표범, 그리고 두더지는 검은 색의 가죽 또는 외피 색깔을 가지지만, 야생동물들 중에서 검은 털을 가진 경우는 일반적으로 널리 찾아볼 수는 없다. 물론, 많은 종의 경우 검은 털을 가진 개체들이 있기는 하다. 검은 쥐, 토끼, 수사슴, 기린, 호랑이, 족제비는 관찰된 바가 있다.

이에 비하여 금발처럼 색소가 희박하여 피부색이 밝거나 눈동자가 푸른 경우는 더욱 드물게 나타나는 현상이다. 그러나 이러한 색소의 손실은 가축화된 계통들, 특히 돼지와 말의 경우에서는 쉽게, 그리고 자주 찾아볼 수 있는 특질이다. 얼굴의 크기에서 찾아볼 수 있는 광범위한 변이성도 같은 범주로 분류할 수 있는 특질이다. 양, 돼지, 말, 그리고 개의 몇몇 품종에서 얼굴의 길이가 짧아지거나 길어진 변이는 사람의 경우와 유사함을 보인다. 백인의 경우와 흑인의 경우를 모두 극단적으로 반대 특성이라고 생각하면 그렇다. 곱슬거리는 털은 야생동물의 특성이 아니지만, 가축화된 동물의 경우에는 그와 유사한 특질을 찾아볼 수 있다. 푸들 품종의 개가 가지는 곱슬거리는 털은 형태상으로는 흑인의 모발과 비슷한 특성을 가진다. 인간이 머리에만 지나치게 긴 머리털을 유지하는 것도 가축화의 조건 때문에 발달한 것이라고 추정할 수 있다. 야생동물 중에서 그렇게 긴 머리 길이를 가지는 경우는 아직까지 알려지지 않았다. 하지만 가축화된 말은 더 긴 갈기를 가지며, 고양이와 개의 경우에도 털이 긴 경우가 있다. 키의 측면에서도 가축화된 동물들 사이에서 더 많은 변이가 나타나는 것이 야생동물과 보이는 큰 차이 중 하나이다.

중요한 기능적인 변화가 발견된다는 점도 인간과 가축화된 동물이 가지는 공통점이다. 인간의 경우, 성적인 기능이 특정한 기간을 두고 변화하는 주기성을 잃었다. 가축화된 동물 중 몇몇 종류도 같은 변화를 보인다. 야생동물의 경우 주기적으로 젖을 생산하고 분비하는 유선도 일부 가축화된 동물과 인간의 경우에는 항상적인 특질로 변화하였다. 성적 행동 중에서 비정상적인 것으로 간주되는 동성애도 가축화된 동물들과 모든 인종의 인간에게서 공통적으로 나타나는 특성이다.

인간의 가축화 과정은 그 결과로만 연구할 수 있다. 환경의 직접적인 영향은 실험적으로, 또는 통계적으로 규명할 수 있는 가능성이 아직 존재한다.

유기체, 즉 식물과 동물을 광범위하게 검토해 보면, 많은 경우에 유기체의 형태는 환경의 영향에 따라 변이를 보인다. 이는 특히 식물의 경우에 명백하게 드러난다. 원래 평원에서 자라는 식물들을 고산지대에 옮겨 놓으면 그 식물들은 산악 식물의 형태로 발달한다. 매우 극단적인 고립과 야간의 낮은 기온 때문에 식물들의 잎은 작아지고 줄기는 짧아진다. 반대로, 산악 지역의 식물들을 평원으로 옮겨 심으면 더 큰 잎이 자라고 줄기는 길어진다(Haberlandt 1917). 물에서 자라는 미나리아재비의 경우 잎의 크기가 매우 작은 반면, 공기 중에 노출되어 있는 부분들은 이어진 표면을 가진다. 건조한 토양에서 자라는 식물들은 매우 두껍고 투과하지 않는 겉껍질을 가지며, 밀랍과 같은 물질은 분비하고 기공은 그 안에 깊이 위치한다. 식물을 습한 조건에서 재배했을 때에는 이러한 특질들이 사라진다.

쿡(O. F. Cook)은 동물에서도 비슷한 현상을 관찰하고 다음과 같이 보고하였다(1906). "동물학자들은 밴쿠버 딱따구리를 애리조나로 데려오면 애리조나 딱따구리로 번식을 계속할 것인지, 또는 몇 세대 안에 애리조나 딱따구리의 특질을 가지게 될 것인지와 같은 질문을 가지고 계속 토론해 왔다. 서식지가 바뀌었을 때 딱따구리가 어떻게 변화할지는 그 유기체의 가소성·가변성이 어느 정도 되는지에 달려 있지만, 굳이 실험을 할 필요는 없다. 왜냐하면 식물들의 경우에서 다양한 조건에 즉각적으로 적응하는 잠재성이 얼마나 발달해 있는지 이미 볼 수 있기 때문이다. 애리조나에서 알을 부화하는 것조차도 필요하지 않을 수도 있다. 이미 살펴보았듯이, 다수의 식물들이 어느 발달 단계에서든 그런 변화에 스스로 적응할 수 있고, 그런 상황에 노출되어 익숙해져 있다. 식물들은 말하자면 물 속과 지상에서 동시에 적응할 수 있는 능력을 가지고 있다. 물에서는 수중 식물 종의 형태·구조·기능을 가지게 되고, 지상에서도 똑같이 지상 식물 종처럼 서식할 준비가 되어 있다."

위에서 나열한 모든 증거들이 함의하는 바는, 특정한 종을 규정하려면 종 안에서 나타나는 변이 개체들이 다양한 환경에서 서식하는 범위를 모두 고려해야 한다는 점이다. 즉, 같은 종에 속하는 변이들의 형태는 환경적인 요인에 의해 결정된다. 종의 개념을 생각할 때, 특정한 종이 절대적으로 안정적이어서 변이들은 우연히 나타난다고 볼 수 없고, 반드시 삶의 조건에 의해 특정한 방식으로 영향을 받아 형성된다는 말이다.

고등 포유류에서는 이런 변이의 다양성이 매우 적게 나타나기 때문에 무시할 수 있을 정도라는 시각이 일반적이다. 여기에는 특히 인간의 경우 같은 혈통에 속하는 계보들이 안정적이며 변화하지 않는다는 시각도 포함되어 있다. 그럼에도 불구하고, 신체적 형태가 외부 조건에 따라 달라질 수 있다는 관찰이 많이 이루어지고 있다. 프치브람(Hans Przibram)은 체온이 쥐의 꼬리 길이와 어떤 상관성을 가지고 어떤 영향을 주는지 연구하여, 쥐를 인공적으로 조성한 추운 기후 조건에서 따뜻한 기후 조건으로 옮겨 체온이 올라가도록 할 경우, 따뜻한 조건에서 태어나고 자란 쥐들의 꼬리가 몸길이와 대비하여 길어진다는 결과를 얻었다(Przibram 1927).

같은 인종에 속하는 구성원들도 매우 다른 기후 조건과 사회적 조건에서 살아간다. 유럽인은 세계 곳곳에 퍼져 분포한다. 극지방에서부터 열대까지, 그리고 사막과 습한 지역, 고산지대와 저지대 평원에 걸쳐 산다. 생활양식의 측면에서 우리는 직장인, 정착민, 노동자, 비행가, 광부 등과 같은 직업군을 구별할 수 있다. 어떤 유럽인들은 부족 사회에서 사는 사람들과 크게 다르지 않은 방식으로 살아가기도 해서, 콜롬버스가 아메리카에 당도했을 당시의 북아메리카 농경 원주민 부족 혹은 흑인 농경 부족 사회의 생활양식과 비교했을 때 영양 섭취나 직업의 측면에서 큰 차이를 보이지 않는다. 유럽 해안가에 사는 어민들의 경우에도 아메리카나 아시아의 어민들과 유사한 생활양식을 보이는 경우들이 있다. 더 직접적인 비교는 동아시아에 사는 인구집단들 사이에서 가능하다. 이른바 문화[7] 중국인과 아무르강 지역의 원시 부족들, 북일본인과 아이누 부족, 말레이인과 필리핀 또는 수마트라 고산 지대에 사는 부족 사이에서 비슷한 대조점들이 있다. 흑인 인종의 경우에도, 아메리카의 교육받은 소수의 흑인과 아프리카의 부족민을 보면 비슷한 대조가 가능하다. 아메리카에서도 교육받은 원주민, 특히 스페인어권 이베로 아메리카 출신의 교육받은 원주민과 원시림이나 평원에 사는 부족들이 대조적이다.

위에서 나열한 모든 대조적 사례들에서, 우리는 같은 혈통에 속하는 집단을 비교하고 있지만, 이들이 모두 지리적·경제적·사회적으로 또는 다른 환경적 측면에서 명확하게 구분되는 조건에서 살아간다는 것은 자명하다. 혈통을 공유하는 이들 집단들 사이에서 우리가 차이를 발견한다면, 그 차이들은 직접적으로나 간접적으로 환경의 영향에 의해 생겨났을 수밖에 없다. 결국 이러한 접근은 가장 근본적인 질문으로 연결된다. 인간의 유형들은 얼마나 안정적으로 유지되며, 환경의 영향을 받을 경우 어느 정도로 가변적인가?

같은 인종에 속하는 원시적인 유형과 문명적인 유형을 직접 비교하여 이 근본적인 질문들에 대한 답을 구하는 연구를 수행하기는 매우 어렵다. 이는 연관된 자료를 구하기 어렵기 때문인데, 특히나 특정한 인종이 유전적으로 동질이며 균질적이라고 확신할 수 없다는 점이 가장 문제이다. 그럼에도 불구하고 서로 다른 종류의 환경이 인간 유형의 변이성에 미치는 영향에 대한 연구는 우리가 위에서 인간의 신체 형태가 가지는 안정

---

7) [역주] 문화 중국인이라는 표현은 "the cultured Chinese"의 번역으로, 이 문맥 안에서는 문화라는 표현이 문명적인 교육을 받았다는 의미를 가진다. 즉, 원시 부족사회가 아닌, 교육의 중요성이 가치를 가지는 문명 안에서 사는 중국인이라는 뜻이다.

성과 가변성에 대하여 제기한 질문에 대한 핵심적인 단서를 제공할 수 있다. 사실 본격적인 논의는 구체적인 연구들이 진행되어야만 이루어질 수 있을 것 같다.

인류학 연구의 일반적인 경향을 보면 현존하는, 즉 초기 신석기 이후의 유럽 인종을 기준으로, 모든 인종들의 해부학적 특성이 영구적이고 불변한다는 전제에서 시작한다. 이와 같은 이론을 가장 구체적으로 대변하는 콜만의 경우, 유럽의 신석기층에서 발견되는 인간의 형태가 변화하지 않고 유럽 대륙의 현대 문명화된 인구 집단에서 그대로 나타난다고 주장하였다(Kollmann 1903). 그는 신석기 선사 시대의 모든 변이를 현재 살고 있는 유형들과 연결하려고 시도하였다.

머리형(두형)의 분포를 비롯하여 인체 측정을 통해 조사할 수 있는 특질에 대한 모든 연구들은 상당히 긴 기간 동안, 그리고 광범위하게 연속적인 지역에 걸쳐 균질성이 나타남을 알려준다. 이를 근거로 하면, 신체적 형태들은 유전에 의해서만 결정되고 따라서 안정적이며 변화하지 않는다는 추론이 자연스럽게 가능하다(Deniker 1900).

그러나 인간의 신체 특징을 모두 똑같이 안정적으로 지속된다고 볼 수는 없다. 만일 머리형을 비롯한 몇몇의 비율적인 수치들이 전적으로 유전에 의해 결정된다 하더라도, 몸무게의 경우에는 영양 섭취의 조건이 얼마나 좋거나 나쁜지에 따라 달라질 수 있다는 것은 쉽게 알 수 있다. 더군다나 몸의 전체적인 부피는 부분적으로나마 성장 기간 동안의 조건에 따라서 결정되는 특성이다.

유럽에서 지난 세기 중반부터 관찰된 평균 키(신장)의 일반적 증가 경향이 이를 잘 보여주고 있다. 하버드 대학생들의 키를 측정하여 같은 대학에 다녔던 아버지들의 키와 비교하여 분석한 조사도 동일한 현상을 매우 명확하게 증명해 주었다. 즉, 이 연구에서 성장이 끝났다고 판단되는 젊은 세대의 키는 아버지 세대에 비하여 4센티미터나 증가하는 차이를 보였다(Bowles 1932). 뉴욕시에 사는 태생적 유태인들의 경우, 1909년에 측정한 키의 수치가 1937년에 측정한 것보다 일관성 있게 작았다(Boas 미출간 자료). 그리고 이 차이는 어른과 아이들 모두 동년배들 사이에서 비교했을 때 분명하게 나타났다. 다음 표는 1909년의 측정치를 기준으로 평균 증가율을 백분율로 환산한 결과이다(<표 11>).

|  | 남성 | 여성 |
|---|---|---|
| 키 | 6.5 | 2.6 |
| 머리 길이 | 2.3 | 1.6 |
| 머리 너비 | 1.3 | 1.2 |
| 얼굴 너비 | 3.8 | 2.4 |

**표 11.** 1909년 대비 평균 증가치(단위: %)

몸의 길이, 즉 키의 증가율은 머리를 잰 수치가 보이는 증가율보다 크지만, 이 연구와 하버드 연구의 몸통과 팔다리 측정 수치 자료를 종합하여 판단하면 전체 길이나 부피의 증가 때문에 간접적으로 나타나는 영향과 관련 없이 모든 측정치에서 증가 경향을 발견할 수 있다. 이와 같은 현상은 환경의 변화에 따라 신체가 여러 가지 방식으로 반응한다는 점을 보여준다고 할 수 있다.

중부 유럽에서 1차 세계대전 중 대륙 봉쇄로 인해 야기되었던 기아 상태, 그리고 전후 협상이라는 정당하지 않은 평계로 이 기아 상태를 전쟁 후까지도 지속시켰던 기간 때문에 나타났던 영양실조 현상도 신체의 발달에 그대로 반영되었다. 비엔나에 사는 도제들의 키와 몸무게를 각각 1919년과 1921년에 측정한 결과를 다음 표에 정리해 보았다(<표 12>, Lebzelter 1921).

| 나이 | 키 | | 몸무게 | |
|---|---|---|---|---|
| | 1919 | 1921 | 1919 | 1921 |
| 14–15 | 151.8 | 154.6 | 40.9 | 44.3 |
| 15–16 | 155.3 | 158.7 | 42.7 | 45.5 |
| 16–17 | 160.5 | 162.6 | 47.5 | 50.1 |
| 17–18 | 165.3 | 163.3 | 51.3 | 53.6 |

**표 12.** 영양 결핍과 신체 발달(비엔나, 1919와 1921) [단위: 키 cm, 몸무게 kg]

 부유한 사람들과 가난한 사람들 간의 차이도 매우 크다. 몸의 크기가 부모의 경제적 상황에 따라 달라질 수 있다는 관찰은 이미 많이 이루어졌다. 보우디치(Bowditch 1877)가 보스턴에서 학교를 다니는 아이들을 대상으로 성장 경향을 분석한 연구가 대표적이며 많은 유사한 연구가 축적되었다. 뉴욕시의 경우, 사립학교를 다니는 유태인 어린이들의 키는 고아원에 사는 어린이들보다 6에서 7센티미터나 더 크며(Boas 1932a, 1933a), 흑인 어린이들의 경우에도 공립학교를 다니는 아이들의 키가 고아원에 사는 흑인 어린이들보다 비슷한 정도의 차이를 보였다(Boas 미출간 자료). 미국 남북전쟁 시기에 굴드(Gould)가 백만 명 이상의 군인들을 대상으로 측정한 자료를 보면, 동부에서 입대한 군인들보다 서부에서 입대한 군인들의 키가 컸다는 것이 확실하게 드러난다(Gould 1869).
 몸의 크기가 변화하면 자연스럽게 신체의 다른 비율도 연관된 변화를 보인다. 태아의 단계에서 진행되는 성장을 제외하더라도, 태어날 때에 신체의 어떤 부분들은 거의 완전히 발달되어 있어서 최종적인 상태와 큰 차이를 보이지 않는 반면, 전혀 발달하지 않은 부분들도 있다. 이를테면 두개골은 출생 시에 상대적으로 큰 상태지만 단기간에 매우 빠른 속도로 발달하고 나면 곧 최종적인 크기에 가깝게 되어 그 이후로는 굉장히 천천히 큰다. 반면, 팔다리의 경우 여러 해에 걸쳐 빠른 속도로 자란다. 어떤 기관의 경우에는 몇 년이 지나서야 빠른 속도로 성장하기도 한다. 그러므로 성장의 어떤 시기에 신체의 성장에 빠른 방향 혹은 느린 방향으로 어떤 영향이 작용하느냐에 따라 전적으로 다른 결과들이 나타날 수 있다. 머리가 거의 성장을 마친 시점이라 하더라도 성장을 저해하는 요인들이 팔다리의 길이에 영향을 줄 수도 있다. 뇌를 담는 두개골보다 긴 기간에 걸쳐 빠르게 성장하는 얼굴의 경우, 더 늦은 시점에서 영향을 받을 수 있다. 요컨대 환경의 영향은 성장을 마치지 않은 신체 부분이나 기관에 작용할 때 더 명확하게 구분되어 나타난다.

최종적으로 성장을 마친 신체 형태는 직업 때문에 변화를 보이기도 한다. 부치나와 렙첼터가 다양한 직업을 가진 사람들의 손 형태를 연구한 바에 따르면 손의 길이에 대한 너비의 비율이 직업군에 따라 다르게 나타났다(Buzina and Lebzelter 1923). 다음 표는 그 결과를 요약한 것이다 (<표 13>).

| | |
|---|---|
| 대장간 장인 | 46.9 |
| 자물쇠 장인 | 46.3 |
| 벽돌 장인 | 46.4 |
| 조판 장인(식자공) | 43.3 |
| 우체국 직원 | 43.8 |

**표 13.** 직업별 손길이 대비 너비 비율(백분율)

이 비율이 감소하는 경향은 대체적으로 손의 너비가 감소했기 때문에 일어난 현상이다.

지금까지 제시한 성장에 대한 연구들은 모두 성장이 이루어지는 속도의 영향이 중요하며, 이에 따라 최종적인 신체의 형태가 영향을 받는다는 점을 시사한다. 초기 유년기의 질병, 영양실조, 햇볕 또는 깨끗한 공기의 부족, 신체 활동의 부족 등과 같이 성장을 저해하는 요인은 무수히 많다. 그 결과로, 아직 성장하고 있는 특정한 연령의 개인이 동년배의 건강하고 영양 섭취가 충분한, 그리고 야외 활동과 신체 활동이 활발한 다른 개인보다 생리적으로 미성숙한 경우들이 발생한다. 성장 저하와 성장 가속은 다시 그 뒤에 일어날 성장 단계를 바꾸거나 수정하는 요인이 될 수도 있어서, 성장을 저하시키는 요인이 적을수록 최종적인 단계의 성장도 긍정적인 방향으로 진행될 수 있다.

흔히 논의되는 이른바 초기 성장 부진이라는 현상을 제대로 해석하기 위해서는 지금까지 위에서 언급한 성장과 관련된 사실들이 근본이 되기 때문에 이를 매우 중요하게 감안해야 한다. 같은 인종에 속하는 구성원들 사이에서 좋지 못한 환경 속에서 성장 기간이 지연되는 현상은 긍정적이지 못한 종류의 발달과 직결되어 있다. 이와는 반대로, 좋은 환경 조건 때문에 성장 기간이 짧아지는 경우는 모든 신체적인 측정치가 증가하는 결과로 이어진다. 이를 종합해 보면, 성장이 저해되는 생리적 함의를 평가할 때, 단순히 한 인종에서 성장이 다른 인종에 비해 일찍 끝난다고 하여 그 자체로 중요한 차이라고 할 수는 없다. 발달 혹은 성장의 속도를 결정하는 조건들을 관찰하고 감안해야 그 차이를 제대로 판단할 수 있기 때문이다.

인류의 유형에서 발달 속도의 증가 또는 감소로 설명할 수 없는 변화에 정확하게 어떤 것들이 있는지는 지금까지의 연구와 관찰만으로는 명확하지 않으며, 앞으로 규명되어야 할 숙제로 남아 있다.

리거(Rieger)는 머리형(두형)의 차이를 생리적이고 기계역학적인 조건의 결과로 설명하려는 시도를 하였고(1882), 엥겔(Engel)은 머리형에 영향을 주는 근육 압박의 효과를 강조한다(1851). 발켜(Walcher 1904)와 니스트룀(Nyström 1902)은 머리형이 여러 가지로 차이가 나는 현상을 신생아 또는 영아를 요람에 눕히는 방식과 위치를 고려하여 설명한다. 즉, 등을 대고 눕는 자세는 둥근 머리형을, 옆으로 눕는 자세는 긴 머리형을 형성한다는 것이다. 이러한 접근이 가지는 문제점은, 유럽과 같이 광범위한 지역에서 상당히 비슷한 방식으로 영아들을 돌보는 경우에도 다양한 머리형이 나타나는 이유를 설명하지 못한다는 것이다.

도시와 농촌의 유형이 확연히 다르게 나타난다는 관찰은 여러 차례 이루어졌다. 처음으로 그런 관찰을 했던 암몬(Ammon)은 독일 바덴(Baden)시의 도시 인구집단이 머리형, 키, 그리고 피부색에서 주변 농촌 인구와는 다른 특성을 보인다는 점을 서술하였다(1899). 그는 이런 차이가 선별적 이주 때문에 생기며, 도시 생활에 끌리는 성향과 머리형 사이에 상관관계가 있다고 해석하였다. 암몬의 관찰은 리비(Livi)가 이탈리아의 도시들에서 관찰한 주변 농촌과의 차이들을 서술한 것과 일치한다(1896).[8]

리비(Livi)는 도시와 농촌 인구집단 사이에서 나타나는 차이에 대한 적절한 설명을 제공해 주고 있다. 그는 머리형이나 피부색이 꼭 주거지역의 선택, 사망률과 출산율과 같은 변수와 상관성이 있어서 자연선택과 유사한 효과가 발생할 것이라고 미리 전제하지 않는다. 리비가 관찰한 도시의 유형이 보이는 변화 양상은 해당 도시보다 확대된 넓은 범위의 평균 유형과 닮는 방향으로 진행된다. 해당 지역의 농촌 인구가 대부분 짧은 머리형이고, 도시 유형이 포함된 확대된 지역의 일반적인 머리형이 긴 머리형이라면, 도시 인구는 긴 머리형이 더 많이 나타나는 경향을 보이며, 그 역도 마찬가지라는 것이다.

도시 인구집단을 좀 더 꼼꼼하게 살펴보면 위와 같은 설명이 적절하지 않다는 점을 알 수 있다. 멀리 떨어진 농촌 지역에서 도시로 향하는 이동이 유형을 변화시키는 원인이 되려면, 도시에 사는 사람들이 농촌 인구보다 훨씬 더 비균질적이어야 한다. 실제로는 그렇지 않은 경우가 많으며, 도시와 농촌이 각각 보이는 변이성의 차이는 그렇게 크지 않다. 이를 보여주는 훌륭한 사례가 로마의 인구이다. 수천 년 동안 지중해 연안과 남부 유럽 각지에서 로마로 모여들었던 사람들이 모두 그 조상들의 신체 형태를 간직하고 있다고 전제하고, 그 후손들이 현재까지 살고 있다고 한다면 매우 높은 정도의 변이성을 기대할 수 있다. 실제로는 로마 인구

---

8) [원주] Livi 1896: 87.

의 변이성은 주변 지역과 크게 다르지 않고 거의 비슷한 수준이다.

아주 최근까지도 유형이 실제로 변화한다는 증거는, 암몬과 리비의 관찰을 제외하고는 거의 없었다. 방금 위에서 언급한 도시와 농촌 인구의 신체적 특징에 대한 암몬과 리비의 연구를 제외하면, 해발고도가 신체 형태에 미치는 영향에 대한 연구 정도가 있을 뿐이었다.

환경이 직접적으로 인간의 신체 형태에 영향을 준 것으로 보고된 사례로는 유럽 출신 이민자들의 미국 태생 후손들의 사례와,[9] 하와이에서 태어난 일본계 사람들의 사례가 있다(Shapiro 1937). 이 연구는 이민자들 후손들의 특징 중 머리치수, 키, 몸무게, 머리색 등의 자료를 수집하였다. 이 중에서 키와 몸무게만이 성장률과 긴밀하게 연관되어 있고, 머리치수와 머리색은 성장 속도에 거의 영향받지 않는다고 할 수 있다. 즉, 머리색과 머리형 발달에서 보이는 차이는 성장 시기 동안의 생리적 조건에 의하여 그 최종적인 수치가 영향을 받지 않는 측정치이다. 현재까지 우리가 파악한 바로는, 이들 측정치는 일차적으로 유전에 의해 결정된다.

이민자의 자녀로 미국에서 태어난 후손들은 우선 부모들과 머리형이 다르다. 초기 유아기에 그러한 차이가 발달하여 일생 내내 유지되는 것이다. 다른 곳에서 태어나서 이곳에 오는 사람들의 머리지수는 몇 살에 이민 왔는지와 상관없이 사실상 변화하지 않는다. 이미 성인이었거나 성인에 가까운 경우에는 이것이 당연하지만, 어린이의 경우에도 한 살 이상의 나이에 이주를 한 경우에는 외지에서 태어난 사람들의 머리지수 특성대로 발달하는 양상을 보인다. 유태인들의 경우 머리지수가 83 내외인데, 미국에서 태어난 사람들의 경우에는 급작스러운 변화를 보인다. 부모가 이주해 온 직후에 태어난 어린이들의 경우에는 82 정도로 감소하고, 두 번째 세대 즉 미국에서 태어난 어린이들의 자녀 세대에서는 79까지 내려간다. 태어나서 미국 환경의 영향을 곧바로 받고, 그 이후 점진적으로 그 영향이 늘어나며, 부모의 이주와 자녀의 출생 사이의 시간이 길어

---

9) [원주] Boas 1911a; Guthe 1918; Hirsch 1927.

지면서 더욱 영향을 많이 받게 되는 것이다. 1909년과 1937년에 측정한 자료들은 동일한 결과를 보여준다.

시칠리아 출신과 나폴리 출신들 사이에서 보이는 조건들은 유태인들에 대한 관찰에서 나타난 것과 유사하다. 출신지에서 태어나 이주한 경우, 머리지수는 같은 수준으로 유지된다. 부모가 미국에 도착한 지 얼마 되지 않아서 태어난 자녀들은 머리지수에서 약간의 증가세를 보인다.

이탈리아로부터의 이민은 상당히 최근의 현상이기 때문에 부모가 미국에 도착하고 나서 몇 년이 지나서 태어난 자녀들이 많지 않은 상태이며, 그 자녀인 두 번째 세대에 대한 자료는 아직 수집되지 않았다. 그런 이유로, 부모의 이주와 자녀의 출생 사이의 기간이 벌어지면서 머리지수의 증가 추세가 지속될지는 시간을 두고 더 관찰해야 하는 상태이다.

푸에르토리코인의 머리형 역시 형태의 불안정성 혹은 변화 가능성을 머리지수로부터 읽어낼 수 있다. 부모 중 한쪽이 스페인에서 태어났을 때 그 자녀인 성인 남성은 평균적으로 79.7 정도의 수치가 측정되었다. 흑인 계통이 섞이지 않았으면서 푸에르토리코에서 태어난 사람들은 82.8, 흑인 계통이 섞인 경우에는 80.8 정도의 평균 머리지수를 보였다. 미국의 흑인이 평균 76.9 내외, 뮬래토 혼혈이 77.2 내외의 분포를 보이는 것에 비추어 보면, 푸에르토리코 자체의 지역적 원인 때문에 증가된 양상이 관찰된다. 북아메리카 원주민의 계통이 남아 있어서 머리형이 짧아질 가능성은 매우 낮은 것으로 판단되기 때문에, 이 사례에서도 역시 환경적인 요인이 작용하고 있을 개연성이 상당히 높다. 쿠바의 하바나에서 관찰되고 수집된 자료는 푸에르토리코에서 수집된 자료와는 또 다르게 나타난다(Boas 1920). 조르주 루마(Rouma)가 제시한 자료를 보면, 백인 어린이들은 78.6, 뮬래토는 77.5, 그리고 흑인은 76.6 정도가 된다(1920). 백인들의 지수가 낮게 나타나는 이유는 아마도 스페인 태생의 계통 요소가 여전히 많이 남아 있기 때문인 것으로 추정할 수 있다.

그렇다고 하여 혼합이 이루어지지 않는 상태에서 유럽 유형이 아메리카로 건너오면, 단지 새로운 환경에 의해서만 모두 동일한 유형으로 변하는 것은 아니다. 우리가 보유한 자료는 현재 몇몇 도시에만 국한되어 있기 때문에 보편적으로 동일한 유형으로 되어간다고 주장하는 것은 오류이다. 북아메리카에서 영국 유형, 동인도 제도에서 네덜란드 유형, 남아메리카에서 스페인 유형의 역사를 살펴보면, 가변성 혹은 변화의 범위가 엄격하게 제한되어 있음을 알 수 있다. 예측할 수 있는 범위를 넘어서는 가변적인 유형이 실제로 발견되기 전까지는, 이러한 조심스러운 바탕 위에서 논의를 진행해야 한다.

환경이 신체 형태에 미치는 영향 및 효과를 확실하게 구분해 내는 방법은 동일한 유전형을 가지면서도 서로 다른 종류의 환경에서 살고 있는 개인들의 신체 형태를 관찰하는 접근이다. 일란성 쌍둥이의 경우가 이러한 기회를 제공하며, 가장 이상적인 연구 대상이 된다. 불행히도 일란성 쌍둥이가 서로 다른 종류의 환경에서 자라면서, 그 사례를 우리가 알게 되는 경우는 지극히 드물다. 일반적으로 쌍둥이의 경우 외모의 유사함으로부터 구분되는 정체성이 나오고, 그들의 유사성은 동일한 유전적 정체성의 결과이기도 하다. 이러한 접근법을 사용했을 때, 대부분의 쌍둥이를 찾아내고 관찰할 수는 있겠지만, 선별의 논리에 문제가 있기 때문에 그 결과들은 근사값 정도로 이해해야 할 것이다.

폰 페르쉬어(von Verschuer)는 일란성 쌍둥이가 초기 아동기나 성인 시기와 비교하여 십대 사춘기 때에는 서로 매우 달라 보일 수 있음을 관찰하였다(1931). 이런 현상은 외부적 요인 때문에 성장의 속도가 서로 달라져서 일어나는, 성장 과정을 연구하는 경우 흔히 관찰되는 변이성의 표현이다. 노르웨이에서 달베리(Dahlberg 1926)가 수집한 쌍둥이 머리지수 자료를 보면, 외모의 유사함 때문에 일란성이라고 추정하게 되는 쌍둥이는 ±1.5 정도의 변이성을 보이는 반면, 이란성 쌍둥이의 경우에는 ±2.3 정도의 변이성을 가진다.[10] 일란성 쌍둥이의 경우에도 상당한 정

---

10) [원주] 이 변이성의 수치들을 환산하는 과정에는 4장의 끝부분에서 제시한 것

도의 변이성이 측정되는 이유는 부분적으로 환경적 원인, 그리고 또 부분적으로는 일란성 쌍둥이가 아닌 쌍이 자료에 포함되었을 가능성 때문이다. 외부적인 병리학 요인들이 성장 발달에 얼마나 큰 영향을 주는지에 대한 단서는 다음과 같은 사례를 통해 얻을 수 있다. 간혹 일란성 쌍둥이 중에서 한 명이 자궁 안에서의 위치 때문에 제대로 발달하지 못하는 상황이 관찰되기도 한다. 결국 외부 조건이 다르다고 한다면, 일란성 쌍둥이 둘 사이에 변이성이 크지 않을 것이라고 예단하여 가정할 이유는 없다. 서로 다른 곳에서 자란 일란성 쌍둥이의 신체적·정신적 발달 양상을 상세하게 연구한 뉴먼의 연구는, 쌍둥이 두 명의 생리적·심리적 기능이 각각 환경의 영향을 많이 받는다는 점을 잘 보여주고 있다(Newman et al. 1937).

한 인구집단에서 유형이 변화하게 되는 원인 중에는 생물학적 선택(selection)도 고려해야 한다. 타즈마니아 부족이나 캘리포니아 원주민 부족이 멸종하여 사라진 경위는 새로운 정착민에 의한 무자비한 박해 때문에 지나치게 높아진 사망률과 현저하게 낮아진 출산율 때문이다. 그렇다고 하여 살아남은 집단이 직접적으로 그 영향을 계속 받는 것은 아니다. 한 집단 안에서 출산율, 질병에 걸리는 비율, 교배와 분리 등이 신체적 형태와 상관성이 있는 경우에는 언제라도 유형의 변화가 예측될 수 있다. 이러한 상관성은 사회적으로 분화되어 있는 모든 비균질적인 인구집단에 존재한다. 가족 계보가 항구적으로 동일하게 이어지는 것은 아니다. 가족 계보들이 사회적으로 분화되는 경우에는 출산율, 사망률, 이주 등 사회적으로 결정되는 계기에 의해 일반적 유형이 변화를 겪을 수 있다. 그러한 분화를 보여주는 사례들은 무수히 많다. 미국과 같이 서로 다른 지역 출

___

과 동일한 방법을 사용하였다. 이 변이성 수치들은 일란성 쌍둥이인 두 명 사이의 변이성이 아니라, 한 가족 안에서 동일해 보이는 형제자매의 수가 무한한 경우를 표현하는 수치들이다. 달베리의 자료에서 일란성 쌍둥이의 상관 계수를 사용하여 변이성을 수치로 환산하였다(Dahlberg 1926).

신의 다양한 비균질적인 이주민들이 모이는 나라의 경우에는, 이민자들의 사회적 지위와 정착 지역이 상당 부분 출신 지역이나 나라에 의해 결정되며, 이 과정에서 선택적 변화가 이루어질 수밖에 없다.

비균질적인 인구집단에서도 선택이 효과를 발휘하기 위해서는, 사회 계층 구분의 비균질성이 유전 때문에 나타나는 것이어야만 한다. 만약 사회집단들이 유전적으로 전달되는 조건이 아니라, 섭식이나 생업의 차이와 같은 생리적 원인에 의해서만 분화된다면 선택에 의해 유형이 변화하는 일은 일어나지 않을 것이다. 많은 사례에서 이 중요한 점이 고려되지 않기 때문에, 흔히 사실이라고 내세워지는 것들이 그다지 중요하지 않은 경우도 많다.

선택은 일차적으로는 사회적 분화를 통해 그 효과를 발휘한다. 선택이 즉각적으로 신체적 형태에 의해 발생하는 것도 아니다. 선택의 효과를 제대로 구분하여 알아내기 위해서는 사회적으로 균질적인 각각의 계층에서 살아남은 유형을 면밀하게 조사하여 죽은 사람들의 유형과 비교해야 한다. 그리고 이 과정에서 재생산력과 이주의 경향이 신체 형태와 어떤 연관을 가지는지 분석할 필요가 있다.

어떤 방식으로든 이론의 여지가 없이 직접적으로 선택의 영향을 관찰할 수 있었던 사례는 지금까지 찾아볼 수 없었다. 즉 질병율, 출산율, 이주, 선별적 교배와 같은 요인들이 전적으로 건강한 신체 형태에 의해서만 변화하거나 결정되는 것을 보여주는 사례는 없다는 말이다. 물론, 여기에서 특정한 사회 계층이 일반 인구 전체와 다른 유전적 빈도 분포를 보이는 유형을 가졌다는 이유로 박해를 받는 경우는 제외된다.

선택과 신체 형태의 연관이라는 맥락에서, 피부색이 덜 어두운 개인들이 피부색이 어두운 개인들보다 말라리아에 잘 걸린다고 주장하는 사람들이 있다. 폰 루샨은 이를 바탕으로 메소포타미아 평원으로 이주하는 금발의 쿠르드족이 점차 사라질 것이라고 예측하기도 했다(Luschan 1891).

열대지역의 강한 일조량이 피부색이 밝은 유럽인들에게 불리하며, 피부색이 어두운 인종들은 상대적으로 그에 비해 덜 불리하다. 이러한 종류의 조건들은, 장기적으로 그 조건에 노출될 경우, 인구집단의 유형에 점진적인 변화를 가져올 수 있다.

이외에도 신체적 형태와 특정 질병의 발병 사이에 연관이 있다는 다른 증거들이 존재하며, 이는 인구집단의 구성에 어느 정도 영향을 줄 수는 있다. 현대에 들어서 체질을 다루는 연구들이 모두 이러한 지점과 관련된 접근을 하고 있으며, 향후에 그런 요인들이 어느 정도로 큰 영향과 효과를 가지는지 밝혀지리라 예상한다.

# 6장

# 다양한 인종의 형태학적 지위

평행 발달과 소위 "우월한" 또는 "열등한" 특질의 분포
인종들의 뇌 크기와 구조
유럽인, 오스트레일리아 원주민, 피그미 유형
몽골인과 유럽인의 관계

지금까지 우리는 인구집단의 구성 방식, 유전의 효과와 결과, 그리고 인간 유형의 불안정성을 차례로 살펴보았다. 이를 바탕으로 이제 우리는 근본적으로 다른 유형들의 구분과 그것이 가지는 의미와 중요성을 이 장에서 고찰할 것이다.

비슷한 신체 형태가 언제나 유전적으로 연결되어 있는지, 혹은 비슷한 양상의 발달이 여기저기에서 유전적인 연결 없이 평행적(평행진화)으로 이루어졌는지 등의 구체적 질문 안에는 더 큰 궁극적인 질문, 즉 인종들 사이의 관계가 어떤 것인지 묻는 질문이 이미 들어 있다. 앞장에서 우리는 인간이 가축화된 형태라는 점을 증명해 보이려고 하였다. 가축화라는 과정에서 신체적인 형태의 변화가 생긴다는 점은 모든 종류의 동물들 사이에서 관찰된다. 그런 신체적 변화는 가축화가 유기체에 미치는 영향에 의해 생리적 차원에서 결정되며, 다양한 모든 종들이 비슷한 방식으로 반응을 보인다. 따라서, 인간의 신체가 가진 특질들 중에서 가축화에 의해 결정된 것들은 전 세계 각 지역에서 독립적으로 발달했을 것이라고 가정해야만 한다. 피부의 색소가 사라지는 현상(백변종)[1]이나 피부색이 어두워지는 현상(흑색증), 곱슬한 머리칼, 큰 키와 작은 키, 얼굴의 축소와 같은 특질은 멀리 떨어진 지역에서 일어났을 때에는 공통의 기원이 반드시 있을 것이라는 증거가 될 수 없다. 오이겐 피셔(Fischer)도 이 시각을 대변한다(Fischer 1914).

현재 가축화된 형태들이 분포하는 양상을 바탕으로 추론할 수 있는 것은, 인간의 조상들이 아마도 누런색에 가까운 피부, 약간의 유형을 가진 머리칼, 적당히 긴 머리형, 유럽인보다 약간 넓고 길지 않은 얼굴, 낮은 코, 작은 키, 그리고 큰 뇌를 가졌을 것이라는 점이다.

살아 있는 생물의 세계에서 환경적인 요인들에 대해 유사한 반응을 보

---

1) [역주] 보아스는 피부 이외의 기관에서도 멜라닌 색소를 잃는 백색증(albino)이 아니라, 눈은 제외하고 피부에서만 모든 색소를 잃는 백변종(leucism)을 언급하고 있다.

이는 현상은 널리 찾아볼 수 있다. 식물의 경우, 사막 지역의 독특한 환경에 적응하며 사는 식물들이 모두 같은 분류 과(科, family)에 속하는 것은 아니다. 아메리카에 분포하는 선인장과(科) 식물과 아프리카에 분포하는 대극과(大戟科) 식물은 그 외양이 매우 유사하다.[2]

동물의 세계에서 볼 수 있는 평행진화의 사례에 대해서는 아서 윌리(Arthur W. Willey)의 서술을 인용하여 설명하겠다. "진화의 세 가지 원리인 발산(혹은 분기), 수렴, 평행진화를 동시에 보여주는 가장 극단적인 사례가 포유류 중에서 유대류 혹은 후수하강(後獸下綱, Metatheria)[3]에 속하는 동물과 다른 한편으로 일반적인 태반 포유류 혹은 진수하강(眞獸下綱, Eutheria)에 속하는 동물들이다 … 식충목과 설치류를 비교했을 때에도 [유사한 평행진화 현상이 발견되며], 고슴도치의 뾰족한 가시털과 호저의 가시, 나무 위에서 사는 나무두더지류에 속하는 청서번티기와 다람쥐, 땅에서 살지만 야생성이고 반가축화된 습성을 가진 땃쥐류와 들쥐나 시궁쥐의 습성을 비교했을 때에도 그 현상을 볼 수 있다. 땃쥐류와 집쥐, 들쥐에서는 물에서 사는 습성이나 낙하산 비행과 같은 습성도 양 목(order)에서 모두 나타난다. 사향땃쥐는 시궁쥐와 비슷한 행동을 보이지만, 눈이 더 작고 식충목과 유사한 치열을 가지고 있다(Willey 1911: 79 이하)."

"평행 진화 현상이 수렴을 동반하는 경우, 둘 이상의 동물들이 서로 다른 분류에 속하면서도 유비적인 형태, 즉 상사(相似)성이 표현된 것이다. 즉 서로 다른 계보와 혈통을 독립적으로 가졌으면서도 외양 혹은 내적인 조직에서 비슷한 분화 양상을 보이는 현상인데, 이들은 서로 비슷해 보

---

2) [역주] 보아스는 아프리카 사막 지역의 대극과 식물을 언급하면서 "Euphoriaceae"로 표기하고 있는데, 이는 대극과 식물의 명칭인 "Euphorbiaceae"의 오기인 것으로 보인다.

3) [역주] 후수하강(Metatheria)은 포유강 중 수아강의 하위분류인 하강이며, 유대류와 유대류의 조상을 포함한다. 이와 대별되는 진수하강(Eutheria)은 태반류와 태반류의 조상을 포함한다.

이는 지점에 대해 유전적으로는 인척관계나 연관의 근거가 없고, 심지어는 생물유기체적인 연관도 가지지 않는다."

인종 형태를 순수하게 형태학적인 시각에서 보자면, 인간이 동물로부터 가장 현저하게 분화된 특질들이 한 인종에서만 모두 동시에 나타나는 것은 아니다. 즉 모든 개별 인종에서 다른 방식으로, 시각에 따라 인간적인 형태가 특징적으로 나타난다. 이 모든 특질들을 종합해 보았을 때 인간과 동물의 격차는 실로 매우 크며, 인종들 사이에서 관찰되는 차이는 그와 비교했을 때에는 사소한 것이다. 이에 따라, 우리는 두개골의 크기에 비하여 흑인의 얼굴이 아메리카 원주민의 얼굴보다 크지만, 후자의 얼굴은 다시 백인들의 얼굴보다는 큰 편이라는 점을 관찰할 수 있다. 흑인들의 얼굴에서 아래 부분은 크기가 큰 편이며, 치조골이 앞으로 나와 있어서 외양적으로 고등 유인원들과 유사성을 가지는 것처럼 보인다. 이 특성이 흑인종에서 일반적으로 찾아볼 수 있는 특질이라는 것은 부정할 수 없으며, 유럽인 유형보다는 약간 유인원에 가까운 유형이라고 말하는 근거가 된다. 똑같은 논리가 흑인 유형과 일부 몽골 유형의 넓고 납작한 코에도 적용될 수 있다.

오스트레일리아 원주민이 가장 오래되고 가장 일반적인 인간 유형이라는 클라아치(Klaatsch 1908), 슈트라츠(Stratz 1904), 그리고 슈외텐사크(Schoetensack 1901)의 일반 이론을 받아들인다면, 척추의 날씬함이나 컨닝햄(Cunningham 1886)이 처음 지적했던 특징인 덜 발달된 척추뼈의 곡률과 같은 특성에도 주의를 기울여야 한다. 인간의 발이 가진 특질도 중요한데, 이는 나무 위에서 사는 동물들이 나무 위에 오르고 나뭇가지 사이에서 이동하는 것에 필요한 특성이었다.

이와 같은 관찰들을 해석할 때에 힘주어 강조되어야 하는 점은, 우리가 흔히 고등 인종이라고 칭하는 인종들이 어떤 의미에서든 또는 어떤 측면에서든 동물로부터 가장 멀어진 상태가 아니라는 것이다. 유럽인과 몽골인들은 가장 큰 뇌를 가지고 있으며, 유럽인은 또한 작은 얼굴과 높은 코를 특징으로 한다. 이 모든 특질들은 인간의 동물 조상이 가졌을 것으로 추정되는 외모로부터, 다른 인종이 보이는 외모에 비해 백인들이 멀어졌다고 흔히 판단되는 것들이다. 다른 한편으로 유럽인들은 오스트레일리아 원주민과 분류학상 낮다고 판단되는 특징, 즉 가장 강한 정도로 몸에 털이 많이 난다는 점을 공유한다. 반면 가장 인간적인 발달 특징이라고 하는 붉은 입술은 흑인의 경우에 가장 특징적이다. 흑인들이 보이는 팔다리의 비율도 고등 유인원들의 비율과 매우 현격하게 다르며, 이는 유럽인들이 유인원과 보이는 차이보다도 더 크게 차이가 난다.

현대 생물학의 개념으로 이 자료들을 해석한다면, 독특하게 인간적인 특성들은 다양한 인종에서 상이하게 다른 정도로 나타나며, 동물 조상으로부터의 발산진화(divergence evolution)가 다양한 방향으로 일어났다고 할 수 있다. 앞서 나열한 구조적인 차이를 바탕으로, 지금까지 많은 연구자들은 인종들이 분류적으로 낮은 특징을 가지면 정신적으로도 열등할 것이라고 추론해 왔다. 이러한 추론은 범죄자 혹은 사회적 부적응 계급에게 낮은 형태상 특질이 있을 것이라는 추론과도 비견할 수 있다. 사실 후자의 추론은 해당 집단을 비범죄자 혹은 사회적으로 탈 없이 적응하여 사는 형제자매들과 조심스럽게 비교한 근거가 없이 이루어졌다는 문제가 있다. 사실 형태적 열등함에 대한 그들의 주장을 증명하기 위해서는 그것이 유일한 방법이었을 것인데, 그런 연구가 실제로 이루어진 일은 없다.

엄밀하게 과학적인 시각에서는 이 모든 추론들은 근거가 희박하여, 매우 심각하게 의심해 볼 필요가 있다. 현재까지 형태학적 특징과 열등함의 관련성에 대한 몇몇 소수의 연구만이 이루어진 상태인데, 모두 일괄적으로 부정적인 결론을 내리고 있다. 그 중에서 가장 중요한 연구가 칼 피어슨(Pearson)의 정교한 접근으로, 머리형과 크기가 지능과 어떤 연관을 맺는지에 대한 조사이다. 그가 내리는 결론은 매우 중요하여 여기에서 직접 인용하겠다. "다른 방식으로 측정하거나 더 세밀한 심리학적 관찰이 더 명확한 결과를 도출할 것이라고 증명해야 하는 수고로운 짐은,

그런 연관이 가능하고 존재할 것이라고 선험적으로 믿는 사람들에게 지워져야 할 것 같다. 개인적인 차원에서 나는 이 연구의 결과로, 외부적인 신체적 특성과 심리적·정신적 개성은 별다른 관계가 없다는 것을 확신하게 되었다(Pearson 1906: 136 이하)." 나의 판단으로도 지금까지 수행된 연구들을 종합해 보면, 뼈나 근육, 내장기관이나 순환기관 체계 등의 특성은 인간의 정신적 능력과는 아무런 직접적인 연관이 없다고 가정할 수밖에 없다(Manouvrier 1890).

지금부터는 아주 중요한 주제이면서, 우리가 답을 구하는 질문에 대하여 유일하게 직접 관련이 있는 해부학적인 특성인 뇌의 크기에 대해 살펴보겠다. 중추신경계가 크면 클수록 해당 인종이 더 고등한 능력을 가지며, 더 많은 정신적 성취를 이룰 재능을 가질 것이라는 논리는 상당히 개연성이 있는 것처럼 보인다. 현재까지 알려진 사실들을 종합하여 검토해 보자. 중추신경계의 크기를 정확하게 측정하는 방법에는 두 가지가 있다. 뇌의 무게를 측정하는 방법과 두개골의 내부 용량을 측정하는 방법이 그것이다. 둘 중에서 앞의 방법이 가장 정확한 결과를 도출하는 방법일 것이다. 자연히 우리가 가진 자료 중에서 뇌의 무게를 측정할 수 있었던 유럽인들의 수가 다른 인종에 속한 개인들보다 훨씬 더 많다. 그러나 그럼에도 불구하고 의심의 여지없이 백인들의 뇌 무게가 다른 대부분 인종들의 뇌무게보다 무겁다는 자료가 있고, 특히 흑인들보다 많이 무겁다는 분석이 나왔다. 두개골 용량을 측정한 결과도 이와 동일한 결론을 내리고 있다. 토피나르(Topinard 1885)에 의하면, 신석기 시기의 남성 두개골이 보이는 용량은 유럽인의 경우 1,560cc(표본 44개) 정도이며 현대 유럽인(347개)도 이와 같다. 몽골인들의 경우 1,510cc(68개), 아프리카 흑인은 1,405cc(83개),[4] 그리고 태평양 지역의 흑인은 1,460cc(46개) 정

---

4) [원주] 아프리카 흑인에 대한 측정치는 이 연구에서 매우 작다. 토피나르가 언급하는 다른 표본들이 있는데(Topinard 1885: 622), 각 집단에 대하여 100개씩의 표본을 측정하여 다음과 같은 평균치가 나왔다: 프랑스 파리 주민

도로 측정되었다. 따라서 이 연구의 결과를 보았을 때에는 분명한 차이로 백인종이 뇌가 더 크다는 결론에 이르게 된다.

이 사실들을 해석하면서, 우리는 뇌 크기의 증가로 실제 능력도 증가하는지 스스로 질문을 해야 한다. 표면적으로는 상당히 그럴 가능성이 높아 보이고, 이 가정을 증명할 수 있는 물증도 있는 것처럼 보인다. 이를 뒷받침할 수 있는 첫 번째 증거는 고등동물 사이에서 상대적으로 뇌의 크기가 큰 경향이 있다는 사실이며, 그중에서도 사람은 더 큰 뇌 크기를 가지고 있다. 더군다나 마누브리에(Manouvrier 1866)는 35명의 저명하고 뛰어난 인사들의 두개골을 측정하여, 평균 용량이 1,665cc에 이른다는 결과를 얻었는데 이는 110명에게서 측정한 일반적 평균 수치인 1,560cc와 대조되는 결과였다. 다른 한편으로, 그가 측정한 45명의 살인자의 두개골 용량은 1,580cc로서 이 또한 일반인 평균보다 높았다. 저명한 인사들의 뇌 무게를 측정하여 분석한 것에서도 동일한 결론이 나왔다. 34명의 뇌 무게를 측정하여 평균을 냈더니 일반적인 평균 뇌 무게인 1,357그램보다 93그램이 더 무거웠다는 결과가 나온 것이다. 더 큰 뇌가 더 높은 능력을 가진다는 이 이론을 뒷받침할 수 있는 또 다른 사실은, 영국에서 학업에 뛰어난 학생들이 일반 학생 평균보다 머리가 더 크다는 것이다(Galton 1869). 그러나 이러한 일련의 증거와 관찰들이 적절히 뒷받침하는 것처럼 보이는 주장들을 과대평가해서는 안 된다.

첫째로, 저명하고 뛰어난 사람이라고 하여 모든 이가 보통 이상으로 큰 뇌를 가진 것은 아니다. 오히려 정반대로, 자료를 꼼꼼히 살펴보면 저명한 사람 중에서 특이하게 작은 뇌를 가진 사람들도 있다. 더군다나 자료에 포함된, 일반인으로 분류된 대부분의 뇌 무게 측정치는 해부학 연구소에서 제공된 것으로, 이곳에 표본으로 제공되는 개인들은 영양실조

---

1,551cc, 프랑스 중부 오베르뉴 지역 주민 1,585cc, 아프리카 흑인 1,477cc, 남서 태평양의 뉴칼레도니아인 1,488cc(토피나르의 책이 출판되는 과정에서 1,588cc로 잘못 표기되었음).

나 다른 불리한 조건에서 생활하여 발달 및 유지가 제대로 되지 않은 경우가 많다. 이는 저명한 사람들이 영양공급이 잘 되는 환경에서 지냈던 것과는 큰 대비를 이룬다. 열악한 영양섭취가 이루어지면 몸 전체의 무게와 크기가 줄어들고, 이에 따라 뇌의 크기와 무게가 줄어드는 것은 당연하다. 따라서 관찰된 차이가 온전히 저명한 사람들의 뛰어난 능력 때문이라고 확실하게 단정하기는 어렵다. 비숙련 노동자에 비하여 전문직 계급 사람들의 뇌가 더 큰 이유도 같은 맥락에서 설명할 수 있을 것이다(Ferraira 1903).

이와 같은 제한에도 불구하고, 고등동물에서 뇌의 크기가 증가한다는 점, 특이하게 머리가 작은 개인들에서 발달이 저조하다는 점은 매우 근본적인 사실들로서, 증가된 뇌 크기가 더 많은 능력과 연관된다는 점을 뒷받침한다. 물론, 이것이 흔히 생각하는 것처럼 즉각적인 관계는 아니다.

뇌의 무게와 정신적 능력이 밀접한 상관관계를 가지지 않는 이유는 굳이 멀리서 찾을 필요가 없다. 뇌의 기능은 신경세포와 신경섬유에 달려 있는데, 이 조직들이 뇌 전체 덩어리를 통째로 구성하고 있는 것은 아니다. 신경세포가 많고 이들 세포 사이의 연결이 복잡한 뇌는 어쩌면 더 단순한 신경 구조를 가진 뇌보다 연결조직 자체가 더 적을 수도 있다. 즉 형태와 능력 사이에 밀접한 관련이 있다고 한다면, 우리는 오히려 뇌의 크기가 아니라 뇌가 가지는 형태학적 특질을 더 면밀하게 고려해야 한다. 뇌의 크기와 세포 및 섬유의 숫자 사이에는 상관성이 존재하기는 하지만, 그 상관성은 매우 약하다(Donaldson 1895; Pearl 1905). 레빈이 현재까지 우리가 가진 지식을 요약한 다음의 서술은 방금 위에서 서술한 내용과 일치한다 ― "이른바 열등함을 나타낸다고 하는 징표들은 그렇게 받아들일 정당한 근거가 없다(Levin 1937: 376)." 실제로 열등함을 나타낸다고 생각되는 그런 징표는 모든 인종의 뇌에서, 그리고 뛰어난 개인이나 일반인에게서 모두 공통적으로 발견된다. 더군다나 똑같은 뇌가 기능하기 위해서는 혈액이 제대로 공급되어야 한다. 혈액이 적절하게 공급되지 않으면 뇌는 올바르게 기능할 수 없다.

다양한 인종들의 뇌 구조에서 차이를 찾아내어 그 차이를 직접적으로 심리학적인 용어나 개념으로 해석하려는 시도가 현재까지 무수히 많았지만, 그 어떤 종류의 확정적인 결과도 얻지 못하였다. 프랭클린 몰(Franklin P. Mall)은 우리가 현재까지 모은 지식의 상태를 훌륭하게 요약하였다(1909). 그의 서술에 의하면, 각 인종을 구성하는 개인들이 가지는 큰 변이성으로 인해, 인종적인 차이를 구분해 내는 것은 불가능에 가까울 정도로 어려우며, 현재까지 장기간 비판을 견뎌낼 수 있을 정도로 과학적으로 탄탄하게 뒷받침된 인종적 차이가 발견된 적은 없다.

세계에 살고 있는 전체 인구 중에서 가장 숫자가 많은 유형은 몽골인, 유럽인, 그리고 흑인의 세 가지 유형이다. 그러나 역사를 살펴보면 이러한 현재의 상태가 그렇게 오래된 것은 아니라는 점을 알 수 있다. 유럽에서 인구밀도가 이처럼 높아진 것은 최근 수천 년 동안의 발달 결과이다. 심지어 로마제국 카이사르 시기까지도 북유럽의 인구 규모는 매우 작았던 것 같다. 당시의 인구밀도를 재구성한 연구에 의하면, 갈리아 지역은 평방 마일당 450명, 게르만족 지역은 평방 마일당 250명 정도로(Hoops 1915), 그 이외의 지역은 인구밀도가 더 낮았을 것이라고 추정된다. 지중해 연안 지역에서 인구가 급증한 것은 더 이른 시기의 현상이지만, 전반적인 인구 증가의 추세가 시작된 시기가 수천 년보다 더 오래 전으로 거슬러 올라가지는 않을 것이다. 중국과 인도에도 같은 논리를 적용할 수 있다. 인구밀도가 높아진 것은 모든 곳에서 상당히 근래에 일어난 현상이다. 인구밀도의 증가를 위해서는 유리한 기후와 문화 조건에서 집중적 농업의 발명으로 충분한 식량이 공급되어야 한다. 이 조건들이 다시 불리해지면 북아프리카나 페르시아의 경우처럼 인구밀도는 다시 줄어들 수도 있다. 나중에 다시 살펴보겠지만, 인류의 역사에서 농업은 상당히 늦게 발달했으며, 그 이전까지 초기 인간은 식량을 채집하고 동물을 수렵하며 살았다. 수렵채집으로 식량을 구하는 상황에서는 한 인구집단이 확보해야 하는 서식지의 크기와 생산력에 의해 인구 밀도가 필연적으로 제한될 수밖에 없다. 비슷한 기후 조건이라면, 한정된 지역에서 나오는 식량을 가지고 살아갈 수 있는 사람의 최대 수는 같았을 것인데, 이 숫자는 채집량이 저조한 해의 식량 확보량에 의해 항상 제한을 받는 매우 작은 숫자였을 것이다. 따라서, 인류의 초기에 각 인종을 구성하는 개인의 숫자는 해당 인종의 서식지가 차지하는 면적에 대체로 비례했을 것이라고 결론지을 수 있다. 물론, 여기에서 예외적으로 생산성이 낮은 불모지와 같은 서식지 조건은 적절하게 감안해야 할 것이다.

유럽인들이 다른 대륙으로 이주한 것도 매우 늦은 시기에 시작되었다. 15세기까지도 유럽인은 아메리카, 오스트레일리아, 남아프리카에 도달하지 못했었다. 그들이 분포했던 곳들은 유럽, 북아프리카, 그리고 서아시아 일부를 포함한 지중해 연안 지역으로 국한되어 있었다. 이른 시기에 동쪽으로 가장 멀리 갔던 곳이 투르케스탄(Turkestan)이었다.5) 몽골 특징을 가진 사람들이 넓은 지역으로 본격적으로 퍼져 산 것도, 절대적 숫자만으로 따졌을 때에는, 근래 들어서 일어난 일이다. 몽골 인종이 지리적으로 널리 퍼진 양상은 특히 남동지역에서 두드러지는데, 말레이인들이 항해술을 발달시켜 인도양과 태평양의 여러 섬들에 정착한 것이 중요한 계기였다. 중앙아시아에서 이동한 몽골인들이 남아시아를 정복했었다는 증거도 찾아볼 수 있다.

이와는 달리, 흑인 인종이 살았던 지역은 뒤늦은 이주 현상에 의해 침입당하는 역사를 가졌다. 아메리카로 강제로 끌려온 흑인들을 제외한다면, 현재 흑인들은 사하라 이남의 아프리카 전체에 분포하고 있다. 그러나 아시아 대륙의 남쪽 경계를 따라 분포하는 고립된 곳곳에서도 흑인 인구집단을 찾아볼 수 있다. 가장 큰 집단은 뉴기니 섬과 뉴기니에서 동

---

5) [역주] 투르케스탄은 동쪽으로는 고비 사막과 서쪽으로는 카스피해 사이의 중앙아시아 지역을 가리킨다. 남쪽으로는 이란, 아프가니스탄, 티벳까지 이르며, 북쪽으로는 시베리아와 인접한다.

쪽 및 남동쪽으로 뻗어나가 연결된 일련의 제도들에 살고 있다. 그리고 다른 작은 집단들이 필리핀 제도와 말레이 반도 내륙, 그리고 벵골 만에 위치한 안다만 제도에 살고 있다. 서아시아와 중앙아시아의 인구집단들이 같은 지역으로 최근에 이주했다는 점을 감안하면, 한때 남아시아의 흑인 분포가 예전에는 더 넓었을 수도 있음을 미루어 짐작할 수 있다. 이 가설을 뒷받침하는 증거는 고고학적으로 확보되어야 하는데, 지금까지 발굴된 것은 없는 상태이다.

현재까지 살펴본 것을 종합했을 때, 시간의 흐름에 따라서 상대적인 인종의 인구수가 변했을 가능성이 매우 높다는 것과, 현재 시점에서는 규모로 따졌을 때 구성원의 수가 그다지 많지 않은 인종들이 더 이른 시기에는 인류라는 종 전체에서 더 큰 부분을 차지했을 수도 있다는 점을 알 수 있다.

생물학적으로 인종을 고찰할 때 사실 규모, 즉 그 인종을 구성하는 개인의 숫자가 중요한 것은 아니며 사실은 큰 상관이 없다. 유일하게 중요하다고 판단되는 문제는 형태학적 분화의 정도이다.

몽골인과 흑인 인종은 인류 종에서 가장 대조적인 두 가지 형태라고 볼 수 있다. 피부색, 머리칼 모양, 얼굴형과 코, 신체 비율 모두 상당히 다른 개성을 보이기 때문이다. 흑인의 피부는 검고 몽골인의 피부는 밝으며, 전자의 머리칼은 곱슬거리며 단면이 납작한 것에 반해 후자는 머리칼이 곧고 그 단면이 둥글다. 전자의 코는 납작하고 후자는 그에 비해 훨씬 높다. 흑인의 치아는 돌출되어 나와 있는 반면 몽골인의 치아는 수직으로 내려가는 형태이다. 물론, 이렇게 대조적인 특질들을 비교함에 있어서도, 어떤 특징에 대해서 자신의 집단과는 매우 다른 개성을 가진 개인들이 있음을 부정할 수는 없다. 그런 경우에 그 개인이 비교되는 상대 인종의 모든 특징에서 확연하게 대조되는 특징을 가진다고 말할 수는 없을 것이다. 그럼에도 불구하고, 두드러져 나타나는 형태를 고려했을 때 몽골인과 흑인은 확실히 뚜렷하게 대비를 이룬다. 흥미로운 점은 이 두 인종 유형의 지리적 분포가 매우 명확하게 두 지역을 대표한다는 것이다. 몽골인 유형은 앞에서 정의한 대로라면 동아시아와 남북 아메리카에서 찾아볼 수 있으며, 흑인 유형은 아프리카와 인도양의 북쪽과 북동쪽 해안의 고립된 지역 각지에 분포한다. 동아시아와 아메리카가 태평양의 경계지역이고, 아프리카가 인도양의 경계지역이라는 점을 감안하면, 그리고 흑인이 한때 남아시아 전체에 정착했었다고 가정한다면, 이 두 개의 큰 인종 집단은 한때 사람이 살 수 있는 땅의 대부분을 차지하고 거주했었다고 할 수 있다. 그 맥락에서 한 인종은 인도양, 다른 인종은 태평양의 인종 집단이었다고 규정할 수도 있을 것이다.

그러나 몇몇 주요 인종 유형은 위와 같은 단일 구도에 맞아 들어가지 않는다. 유럽인, 오스트레일리아인, 고대 인도인, 그리고 피그미 흑인과 같은 집단들이 그러하다. 피부색의 측면에서 유럽인들은 몽골인보다도 훨씬 더 흑인과 대비를 이루지만, 다른 특성들의 측면에서는 유럽인이 몽골인과 흑인의 중간적인 위치에 있다고 볼 수도 있다. 머리칼의 모양, 신체의 비율, 눈과 볼의 모양에서 유럽인은 몽골인과 확실히 대비되지만 흑인과는 그렇게 큰 차이가 나지 않는다. 다른 한편으로 오스트레일리아인은 몇 가지 이른바 원시적 특징을 가지고 있어서 다른 인종들과 대비되기 때문에, 아주 이른 시기에 분화되어 더 성공적으로 확장하는 인종들의 이주 때문에 세계에서 가장 먼 오지로 밀려난 유형을 대표한다는 식으로 우리가 믿도록 만든다.

피그미 흑인 유형은 남아프리카에 사는 산(San)족으로 대표되는데, 이들은 키가 매우 작고 밝은 누런 색의 피부를 가지며 극적으로 납작한 코와 얼굴, 그리고 매우 곱슬한 머리칼이 특징적이다. 그들의 일반적인 몸가짐과 행동 습성은 아프리카 흑인의 습성과 유사하다. 이들은 흑인인종과 연계되어 있으며, 그 중에서 분리된 분파라고 보는 것이 옳을 것 같다. 아프리카에서 피그미 부족들이 분포된 현황은 현재 매우 불규칙적이다. 최근까지도 상당한 규모의 피그미 인구가 남아프리카에 살고 있었다.

아프리카 곳곳에서 산발적으로 분포하기도 하지만, 그런 경우에는 흑인 유형에 더 가까운 특징을 가지며, 콩고 남부와 아프리카 서안에서 멀지 않은 콩고의 북서 지역, 그리고 백나일강이 발원하는 지역에도 분포한다.

안다만 제도, 말레이 반도, 그리고 필리핀 제도와 뉴기니 섬에서도 피그미 유형을 찾아볼 수 있다. 아프리카 대륙에서는 피그미 유형이 예전에는 더 넓은 범위에 분포했었다는 증거들이 존재한다. 현재 중앙아프리카 지역에서 사는 흑인 부족들이 전반적으로 남쪽으로 이동했던 시기가 있었고, 이러한 이동이 더 오래된 인구집단의 분산으로 이어졌을 가능성이 있다. 이 질문에 대한 최종적인 결론은 고고학 연구를 통해서만 내려질 수 있는데, 현재 키가 큰 흑인 유형이 분포하는 곳에서 쉽게 구분되는 남아프리카 유형이 발견되어야 그 결론이 유효하다. 사실 이 질문 자체가 명확하지 않은 이유도 있다. 남동 아시아의 피그미 부족들을 감안해야 하기 때문이며, 특히나 이들이 키가 큰 흑인 유형과 어떤 관계를 가지는지도 밝혀지지 않았다.

유럽인들은 우리가 아는 한, 항상 상대적으로 매우 작은 범위에 한정되어 분포하였다. 북유럽, 북서 아시아, 그리고 북서 아프리카 지역 밖에서는 금발과 파란 눈을 가진 유형이 하나의 전체 인구 집단, 혹은 하나의 인구집단 중 다수를 구성하여 분포한 적이 없다. 이 유형이 특별하게 원시적 특성을 보이는 것도 아니고, 상당히 특수화된 외모와 특징을 지니기 때문에 그 기원은 유럽 안에서 혹은 유럽 가까운 곳에서 찾아야 할 것 같다.

유럽인 유형의 위치를 이해하기 위해서는 몽골 인종 중에서 특별한 변이를 언급하지 않을 수 없다. 전형적인 몽골인이 검고 곧은 머리칼, 어두운 눈 색깔, 육중한 얼굴, 적당하게 넓지만 높지는 않은 코가 특징적이기는 하지만, 상당히 넓은 범위의 변이가 생기기도 한다. 지역에 따라 상당히 많은 곳에서 피부색이 상당히 밝아지는 경향도 있다. 일반적으로 원주민들은 그을린 피부색을 가진 경우가 많은데, 햇빛을 받지 않은 피부가 유럽인만큼이나 흰 경우도 상당수 있다. 캐나다 서해안의 브리티쉬 컬럼비아에 사는 하이다족 여성들 중에는 유럽인과 혼혈이 아니고 전형적인 원주민 외모를 가졌으면서도, 흰 피부와 밤색 붉은 머리칼, 그리고 밝은 밤색 눈동자를 가진 경우를 직접 본 일이 있다. 유럽인과 혼혈 계보가 있는지 없는지 절대적인 증거를 찾을 수는 없지만, 전통적으로 흰 피부와 밤색 머리칼에 부여하는 높은 가치를 감안하면 이러한 특질들이 원주민들에게 오랜 시간 동안 익숙한 것이었으리라고 짐작할 수 있다. 미시시피강 상류의 원주민 부족들 사이에서도 밝은 피부를 가진 사람들이 있다. 다른 한편으로 피부색이 더 어두운 사례들도 있는데, 남부 캘리포니아의 유마 부족 원주민들은 피부색이 약간 밝은 흑인 유형과 비슷해 보인다. 모든 지역적 변이와 다양성을 고려했을 때, 유럽인의 피부색은 몽골인 유형에서 특징적으로 나타나는 색소의 상대적 결핍이 보이는 극단적인 변이라고 할 수 있을 것이다.

머리칼의 색과 모양에서도 비슷한 상황이 나타난다. 몽골인 유형에 속하는 사람들 중에서 금발을 가진 사례에 대해서 들어본 적은 없으나, 붉은 밤색의 머리칼은 상당히 자주 볼 수 있다. 성인들 사이에서도 밤색 빛깔이 나는 머리칼은 지역에 따라 그다지 희귀하지 않으며, 물결모양의 머리칼도 지역에 따라 나타난다. 크고 높게 올라간 코가 발달하는 경향도 상당히 많은 집단에서 찾아볼 수 있다. 이누이트의 좁고 우아하게 뻗은 코나, 북아메리카 대평원 원주민의 무거운 매부리코는 북서해안 퓨짓만 지역에 사는 원주민의 낮고 매우 작은 코와 큰 대비를 이룬다. 높은 코는 남부 시베리아 부족들 사이에서도 드물지 않게 찾아볼 수 있다. 이 맥락에서 유럽인의 코는 몽골인 유형에서 볼 수 있는 코의 범위 안에 있는 변이라고 해도 무방하다. 얼굴의 너비에 대해서도 같은 원칙이 적용된다. 가장 전형적인 몽골 유형에서 얼굴은 크지만 광대뼈가 비스듬하게 뒤로 넘어가기 때문에 겉보기에 갸름한 얼굴로 보이는 경우들이 있다. 이와 함께 보이는 특징은 코가 높다는 것, 그리고 거의 모든 젊은 중국인이나 대부분의 일본인에게서 관찰할 수 있는 독특한 눈모양이다. 얼굴이 좁고 갸름한 특징은 현대의 북서 유럽인 유형이 가장 두드러지며, 코가 높은 것은 아르메니아인의 경우에 가장 두드러지지만, 이들 유형들은 단순히 어떤 특징의 경향성이 과장된 것으로 같은 경향성이 다른 지역에서도 간간이 관찰된다.

몽골 인종의 경향성은, 한편으로는 유럽인들에 의해 대표되는 유형들의 방향으로 변이가 나오기도 했지만, 다른 몇몇 예외적인 지역 유형에서도 그 특징이 발견된다. 동유럽인들과 일본의 북부 지역에 사는 아이누족이 보이는 유사성이 지적된 바가 있으며, 얼굴의 인상에서 보이는 유사성 때문에 인도네시아 유형과 유럽인 사이에 어떤 연관이 있다는 주장도 있었다.

흑인 유형의 지역 변이 중에서 유럽인 형태와 연관이 있을 것이라고 추론하는 그 어떤 접근도 없었다는 것은 상당한 시사점이 있다. 피부색, 머리칼, 코 모양, 그리고 얼굴이 상당히 다르기는 하지만, 유럽인 형태에 극적으로 가까운 변이일 가능성으로 보이는 순수한 흑인 인구집단을 찾는 것은 매우 어려울 것 같다. 동아프리카에서처럼 코의 높이가 증가한 경우에는 서아시아 계통의 유입이 있었을 것이라는 추정이 매우 설득력이 있다.

지금까지 살펴본 것을 종합해 보면, 유럽인들은 몽골 인종의 변이로서 아주 최근에 갈라진 근래의 특화된 형태라고 할 수 있다.

여기에서 잠시 한 번 더 일반적인 지리적 사항을 되새겨 볼 필요가 있다. 세계의 땅덩어리는 대서양과 북극해로 이어지는 넓은 골짜기로부터 시작되어 태평양과 인도양을 둘러싸면서 끊임없이 이어진다. 현대의 지질학적 시기에는 땅덩어리 전체가 태평양과 인도양의 경계지대를 형성하고 있고, 구대륙은 대서양에 이르러 신대륙을 등지며 위치하고 있는 것이다. 어떤 종류의 교통이나 소통이 존재했었다면 태평양 연안에서 이루어졌을 것이다. 유럽이나 아프리카의 대서양 연안과 아메리카 사이의 큰 간극을 넘어서거나 연결하는 방법은 없었다. 우리가 베게너(Wegener)의 대륙 이동설을 받아들여서 대륙들이 천천히 다른 방향으로 이동했다고 생각하더라도(1926), 그런 일이 인간이 존재했던 시기에 일어나지는 않았다.

지질학적 연대의 제3기[6] 때에는 이런 조건들이 달랐을 것이기 때문에, 만약 유럽에 인간이 그 시기에 존재했었다면 아이슬란드를 거쳐 아메리카와 유럽을 잇는 북쪽 다리를 건너 아메리카로 이주했을 수도 있다. 유럽에서 제3기에 해당하는 인류의 화석이 발견된 적은 없지만, 끝이 쪼개진 흑요석 유물 몇 점이 발견되어 그것을 증거로 당시에 최소한 인류의 조상 형태들이 제3기 유럽에 살았다고 추정하는 학자들도 있다. 아메리카 원주민 인종과 아시아의 몽골 인종이 근본적으로 매우 유사하고, 인류가 아메리카에서 기원했을 가능성은 매우 낮기 때문에 인간이 아메리카로 이주한 것은 아시아를 통해서이거나 제3기에 유럽에서 건너간 것으로 믿을 수밖에 없다. 물론, 몽골 인종의 조상이 유럽에 살면서 아메리카까지 닿았을 것이라고 추정하기는 매우 어려우며, 아직 가능성 이외에는 이 가설을 증명할 증거는 없다. 반대로, 아메리카와 아시아의 몽골 유형은 무척이나 유사하여, 그 둘 사이에 매우 밀접하면서도 최근까지 이어졌던 연관이 있었을 것이라는 점은 쉽게 부정하기 어렵다. 따라서 특화된 몽골 유형이 발달한 곳은 아시아의 특정한 어떤 곳이며, 그 인종이 아시아에서 아메리카에 이르는, 땅으로 연결된 다리를 통해 아메리카로 왔다는 가설이 가장 큰 개연성을 가진다. 이 가설이 사실이라면 아메리카에 사람이 널리 퍼져 살기 시작한 것은 상당히 늦은 시기가 된다. 마지막 간빙기 이전에 현대적 인간과 동일한 인종들이 살았다는 시각을 뒷받침할 증거는 없다. 그렇다면 인간이 아메리카에 온 것은 현대의 인종들이 구성된 이후의 일이며, 두 대륙 사이에 서로 오가는 것이 가능했을 때의

---

6) [역주] 6,600만 년 전에서 260만 년 전 사이의 지질학적 시대 구분인데, 이 시기의 마지막 구분인 플리오세(Pliocene)에는 포유류들이 번성했고 인간의 조상으로 잘 알려진 오스트랄로피테쿠스 화석도 이 시기의 것이다.

일이어야 한다. 빙하기 동안에는 아메리카의 북서 지역이 빙하로 뒤덮여 있었다. 결국 인간이 아메리카 대륙에 도착한 것은 마지막 간빙기 중 하나보다 더 늦은 시기일 수가 없는 것이다.

한 가지 가능성이 더 있기는 하다. 인간이 아메리카에 더 일찍 도달했을 수는 있는데, 그렇다고 한다면 몽골 유형의 발달이 아메리카에서 이루어졌다고 가정해야 한다. 그리고 현재 아시아에 사는 이 유형이 아시아로 간 것이 일반적인 이주 경로를 역행한 것이라고 해석해야 맞다. 고생물학이나 지질학적으로 보았을 때 이 가설이 완전히 불가능한 것은 아니지만, 어느 분야의 시각에서 보더라도 이를 확인된 사실에 맞게 재구성할 수 없는 상황이다. 이 문제는 북아시아와 아메리카에서 가장 이른 시기의 인간 형태에 대해 더 많은 구체적인 것들이 밝혀지고 나서야 풀릴 수 있을 것이다.

몽골 인종이 특화된 방식으로 발달한 지역은 태평양 근처의 어느 곳일 것으로 예상되는 것처럼, 흑인 유형의 발달은 인도양 근처에서 이루어졌을 것이라고 추정된다. 왜냐하면 흑인 유형의 모든 변이들이 그 지역에 분포하고 있으며 그리말디 화석을 제외하고는 그 밖의 다른 지역에서 흑인 특질을 보여주는 증거는 나타나지 않기 때문이다.

우리의 시각이 옳다면 유럽인들은 몽골 인종, 흑인 인종, 그리고 피그미 흑인 인종으로부터 분기되어 나온 특화된 형태를 나타낸다고 할 수 있겠다. 이 중에서 흑인과 피그미 흑인의 두 유형은 피부색이 밝은 피그미 유형이 키가 큰 흑인보다 더 연대가 오래된 유형일 것이라 추정된다.

오스트레일리아 원주민 인종의 위치에 대한 질문은 그 성격이 매우 다르다. 이 인종이 여러 가지 매우 오래된 특성을 지니지 않았다면, 유럽인이 몽골 유형과 가지는 관계처럼 흑인 유형과 연관이 있는 하나의 특화된 형태로 추정할 수 있을 것이다. 하지만, 두개골의 모양이나 척추뼈와 팔다리에서 상당히 고대적인 특성이 분명하다. 피부색, 코 모양, 그리고 뇌를 둘러싸는 뼈의 크기에서도 몽골 유형과는 두 집단(오스트레일리아 원주민과 흑인) 모두 현격한 차이를 보인다. 흑인 유형의 머리칼이 가진 극단적 곱슬거림도 오스트레일리아인이 가진 곱슬거림의 한 변이로 생각할 수 있다. 그럼에도 불구하고 오스트레일리아인의 특별한 개성은 매우 달라서, 매우 오래된 유형에 속했을 것이라고 판단되기 때문에 오스트레일리아인은 오래된 유형, 그리고 흑인이 새로운 유형을 대표한다고 파악해야 한다. 그리고 실제로 그랬다면, 남부 아시아에서 오스트레일리아인과 같은 형태가 광범위하게 분포해야 맞을 것 같다. 인도의 고대 원주민들과 오스트레일리아인 사이에는 유사성이 있기 때문에 이 가설은 충분한 개연성이 있으며, 이 문제 역시도 인도양 연안 전체 지역에서 선사 시기의 인종들이 남긴 화석이 자료로 더 확보되어야 풀릴 것으로 예상된다.

# 7장

# 인종의 생리적 · 심리적 기제

생리 기제와 발전 속도의 다양성
같은 환경에서 다른 인종, 또는 다른 환경에서 같은 인종 발전의 속도
심리와 인성의 연구와 인성과 관련된 민족학적 고찰
이른바 원시인의 심리 특질 ─ 유전과 문화, 그리고 문명화
여러 인종들에서 나타나는 심리적인 특성의 분포

책의 앞부분에서 우리는 인종들의 해부학적 특성들을 서술하고 살펴보았다. 이제 우리는 여러 인종들의 신체적 형태에 따라 결정되는 생리적 · 심리적 기제를 검토할 것이다.

생리적 기제는 신체 및 신체 기관의 구조와 화학적 구성에 의존하지만, 엄밀하게 신체에 의해서만 결정되는 것은 아니다. 오히려 반대로, 같은 신체가 시간이나 상황에 따라 다른 방식으로 기능하기도 한다. 우리의 맥박, 호흡, 소화기관의 작동, 그리고 신경과 근육이 움직이는 방식이 항상 똑같지는 않다. 근육은 지쳐 있을 때보다 휴식을 취하고 나서 더 많은 일을 할 수 있으며, 같은 양의 휴식을 취했다 하더라도 매번 똑같은 방식으로 반응하지 않을 수도 있다. 심장의 맥박은 조건에 따라 다르게 변화한다. 시각적이거나 다른 감각에 의한 반응도 언제나 같은 속도로 일어나지 않는다. 다른 기관도 마찬가지이다. 신체의 해부학적 특성이 대체로 장기적인 시간의 흐름 속에서 안정적이기는 하지만, 그 기능에는 변화의 폭이 있다.

신체의 어떤 해부학적 요소들이나 그들의 화학적 조성도 이와 같은 변화의 폭을 공유하기는 하는데, 주요한 형태적인 특질들은 생리적 기제에 비해서는 매우 안정적이라고 판단할 수 있다.

신체의 생리적 활동에 대하여 변화의 폭이 있다고 서술했지만, 정신적 기제에 대해서는 이것이 더 강하게 적용된다. 심지어 더 복합적인 정신 기제일수록 그 변화의 폭은 더욱 클 수도 있다. 감정적 행동, 지적인 활동, 의지의 힘은 모두 항시적으로 동요하는 성향을 가진다. 평소에 어떤 이유나 근거도 없이 우리의 능력 밖에 있다고 생각되는 과제도 우리는 가끔 어떤 때에는 해내기도 한다. 정서적인 감동을 느끼기도 하지만, 똑같은 감정이 다른 때에는 아무런 반향이나 느낌도 없는 경우도 있다. 어떤 경우에는 쉽게 행동에 옮기지만, 다른 경우에는 무엇을 행동으로 옮기는 것이 힘들게 느껴지기도 한다.

한 인종에서 해부학적 형태의 변이성이 단 두 가지의 연원, 즉 가족 계보와 같은 항렬의 형제자매가 있다면, 기제의 경우에는 여기에 한 가지 요소가 더 추가되어야 한다. 바로 개인의 변이성이다. 바로 이 이유 때문에 한 인종 집단에서 볼 수 있는 기제의 변이성이 해부학적 형태의 변이성보다 크며, 인구집단의 변이성에 대한 분석에서 이 세 가지 요소를 모두 구분하는 것이 반드시 요구된다. 즉 개인, 항렬, 그리고 가족계보의 변이성이 그 세 가지 요소이다.

물론 일생에 단 한 번만 일어나기 때문에 개인 수준에서 변이가 나타나지 않는 특정한 생리적 현상들이 있다. 이런 현상들은 개인의 생리적 발달 과정에서 일어나는 사건들의 표현으로 나타나는 것이며, 출생, 치아의 발생, 초경, 죽음과 같은 현상들이다. 이들에 대해서는 항렬 안에서의 변이성이나 가족 계보 안에서의 변이성을 따질 수는 있다.

위와 같은 사건들이 일어나는 연령의 변이성은 나이가 들어감에 따라 급속도로 증가한다. 일생에서 초기 단계에서는 개인들이 같은 나이일 경우 생리적 발달의 같은 단계에 있는 경우가 많다. 시간이 지남에 따라 어떤 개인들은 뒤처지기도 하고, 어떤 개인들은 더 빨리 발달을 하는 등 차이가 나기 시작하는 것이다. 앞서 이미 설명한 변이성을 표시하는 방법을 적용했을 때, 태아 시기의 변이성이 보이는 범위는 며칠 정도의 차이를 넘지 않으며, 치아 발생의 경우에는 두 달을 넘어서지 않고, 영구치 발생의 경우에는 일 년 이상 벌어지지 않는다. 성적으로 성숙하는 시기는 많게는 일 년 반까지도 차이가 날 수 있고, 나이가 들어서 자연사하는 시기는 10년 넘게 차이가 나기도 한다.

다음 쪽의 표는 생리학적 사건들의 변이성에 대한 자료를 정리한 것이다(<표 14>).

신체의 발달이 균등한 속도로 진행된다고 가정하는 것은 오류이다. 치아 발생, 사춘기 시작, 뼈대의 변화, 그리고 혈관계의 변화를 결정하는 조건들은 같을 수 없으며 모두 다르다.

특히 눈에 띄는 점은 치아의 발생이 따르는 법칙이 뼈의 길이를 통제

| | 연령과 변이성(단위: 년) | | |
|---|---|---|---|
| | 남성 | 남성과 여성 | 여성 |
| | 연령 | 연령 | 연령 |
| 태중 기간 (Boas and Wissler 1905) | | 0.0 ±0.04 | |
| 첫 앞니 발생 | | 0.6 ±0.21 | |
| 첫 어금니 발생 | | 1.6 ±0.31 | |
| 세 개 이상의 어금니 발생 (Boas 1932a: 441) | 7.0 ±0.9 | | 7.7 |
| 영구치 송곳니, 앞어금니 1과 2 발생 | 9.5 ±1.0 | | 9.8 ±1.1 |
| 둘째어금니 발생 | 11.5 ±1.1 | | 11.8 ±1.1 |
| 세 개 이상의 둘째어금니 발생 | 12.7 ±1.4 | | 12.9 ±1.3 |
| 손뼈의 골화 완성 (Hellman 1928) | | | 13.8 ±0.8 |
| 음모 생성 시작 (Crampton 1908) | 13.4 ±1.5 | | |
| 음모 발달 완성 (Boas 1911a: 509–525) | 14.6 ±1.7 | | |
| 음모 발달 완성 (Crampton 1908) | 14.5 ±1.3 | | |
| 사춘기(뉴욕시) | | | 13.3 ±1.6 |
| 폐경기 | | | 44.5 ±5.3 |
| 혈관계 질환에 의한 사망 | | 62.5 ±13.2 | |

표 14. 생리학적 현상이 나타나는 연령과 시기의 변이성

하는 법칙과 매우 다르다는 점이다. 후자인 뼈대의 경우에, 여자 어린이들이 항상 생리적으로 남자 어린이들보다 더 성숙하다. 반면 다른 부문은 몰라도 치아 발생의 측면에서는 유독 남자 어린이들이 여자 어린이들보다 더 빠르고 성숙하다. 다만, 지표들 사이에 어느 정도의 상관성이 발

견되기는 한다. 사회적으로 균질적이라고 볼 수 있는 집단의 어린이들에 서는 영구치가 빨리 나는 어린이들이 키도 더 큰 반면,[1] 영구치 발달이 늦은 어린이들은 키도 더 작은 경향이 있다. 더 빨리 발달하는 어린이들 은 발달이 늦은 어린이들보다 키도 더 크고 몸무게도 더 나간다.

생리적 발달의 속도는 신체 발달이 전체적으로 조직되는 과정에 의해 결정되며, 어린 시절 초기에 생리 발달이 앞섰던 어린이들이 이 전체 발 달 과정을 더 빠르게 거친다. 생리적 생애주기의 일반적인 박자나 템포 가 일생 전체에 걸쳐 지속되어 나이가 들어서도 이것이 적용되는지는 아 직 밝혀지지 않았으나, 그런 개연성은 있는 것으로 보인다. 늦은 시기에 노쇠나 노망의 신호를 보이는 사람들보다 상당히 이른 시기에 노화의 신 호를 경험하는 사람들이 고령과 관련된 질환으로 평균적으로 일찍 사망 하는 현상이 이를 뒷받침한다(Bernstein 1931).

더군다나, 생애주기의 박자는 형제나 자매 관계에서 비슷하게 나타나 는데, 이는 생애주기 박자가 유전에 의해 결정된다는 점을 보여준다. 한 고아원을 대상으로 같은 조건에서 자라는 형제와 자매를 조사한 연구에 서 이것이 증명된 적이 있어서, 개별 가족의 환경 조건에 의해 영향을 받 는 종류의 현상이 아니라는 점이 확인되었다(Boas 1935). 이는 또한 어떤 가족들은 그 구성원이 단명하는 경향이 있다거나, 반대로 유난히 오래 사는 구성원이 많은 가족이 존재한다는 관찰과도 일치한다(Bell 1918; Pearl 1922).

해부학적 형태에 대한 앞장의 논의에서 가족 계보가 보이는 변이성은 항렬 안에서의 변이성보다 대체적으로 작으며 아무리 높게 나타나더라도 항렬 내 변이성과 같아야 한다는 점을 설명하였다. 생리적 특질들에 대 해서도 환경이 균질적이라는 전제하에 이는 그대로 적용될 수 있다. 예 를 들어, 초경 연령의 변이성은 뉴욕시의 경우 ±1.2년이었다. 자매들 사 이에서 변이성은 ±0.93이며, 가족계보 안에서 변이성은 ±0.76이었다.

---

1) [원주] Hellman 1932; Spier 1918; Boas 1932a.

따라서, 자매들 사이의 변이성은 가족계보 안에서의 변이성의 1.2배이다.

지금까지 이루어진 관찰들은 동일한 환경에서 사는 집단들을 비교했을 때에만 유효하다. 생리적 기제는 유달리 외부조건의 영향을 많이 받기 때문에, 심지어는 서로 다른 인종 집단들도 같은 환경에 노출되었을 때 같은 방식으로 반응한다. 해발고도가 높은 고산지대에서 생활하는 경우가 그런 전형적인 변화들이 필요한 조건이다. 슈나이더(Schneider)는 그 변화들을 다음과 같이 요약하였다. "산소부족으로 인해 신체는 어려움을 겪게 되는데, 즉각적으로 이를 보상하려는 작용들이 일어나게 되고 고산지대에 계속 머물러 살면 궁극적으로 환경순응 또는 순화(acclimatization)가 일어나게 된다… 고산지대의 저산소증을 보상하는 능력은 개인마다 차이가 있으며, 같은 개인의 경우에도 적응의 속도는 매번 달라서 어떤 때는 더 빨리 이루어지기도 한다. 적응의 과정에서 구체적으로는 호흡[빈도]의 증가, 혈액의 화학적 조정 및 헤모글로빈 증가가 일어난다."

여자 어린이들의 성숙도에 대한 관찰들도 비슷한 결과를 보여준다. 뉴욕시에서 초경의 평균 나이와 그 변이성 정도는 북유럽인, 유태인, 그리고 흑인 여자 어린이들과 거의 같은데(Boas 미출간 자료), 도시와 농촌 사이에는 상당한 차이가 있다는 연구 보고가 있었다(Ploss 1927). 뉴욕시에서 관리가 잘 되는 고아원의 여자 어린이들은 잘 사는 집 어린이들이 다니는 학교의 여자 어린이들과 크게 다르지는 않았다.

발달의 템포는 지난 40여 년간 조금씩 빨라진 것으로 보인다. 뉴욕시에서는 고아원에서 자라는 여자 어린이들의 사춘기가 시작되는 나이가 평균적으로 10년마다 6개월 정도 빨라지는 경향이 있었다(Boas 미출간 자료). 볼크(Bolk)도 네덜란드에서 비슷하게 빨라지는 경향을 발견하였다(Bolk 1926).

치아의 발달에서도 사회 집단에 따라 차이가 있음이 발견되었다. 가난한 환경의 어린이들은 풍족한 환경의 어린이들보다 영구치 앞니가 더 늦게 발달하는 반면, 작은어금니는 더 일찍 발달한다(Hellman 1932). 이런 현상은 아마도 충치 때문에 유치를 일찍 잃는 바람에 영구치의 발달이 더 촉진되기 때문인 것으로 보인다.

맥박, 호흡, 혈압, 대사(metabolism) 등 개인의 상태에 따라 수시로 달라지는 생리적 기제를 비교하여 분석하기 위해서는 모든 조건이 안정적이고 동일하도록 모든 주의를 기울여야 한다. 실제로 비교가 가능하도록 기제를 측정하려는 경우, 일반적으로 기초 혹은 기준 측정치를 확인하는 방법을 사용한다. 기초 측정치는 측정이나 검사의 대상이 되는 개인이 완전히 휴식을 취하고 그 휴식 상태가 유지된 상황에서 항상적으로 안정된 측정치이다. 이 측정치가 안정적이라는 가정은 엄밀하게 말하자면 사실에 근거한 것은 아니지만, 최소한 다른 통제되지 않은 상황에서보다는 변동의 정도가 매우 작다는 것을 의미한다(Lewis 1936). 그렇기 때문에 개인, 항렬, 그리고 가족계보에서 나타나는 변이성을 구분할 수 있을 정도의 엄밀하고 상세한 자료는 아직도 없는 상태이다.

심리 자료에 대해서, 가장 단순한 생리심리 현상을 제외하고는 개인의 수준에서 논의할 수 없는 이유는 모든 심리 현상에서 다양한 문화적 환경이 매우 중요한 역할을 하고 영향을 주기 때문이다. 감각의 발달과 같은 부분에서도 환경 요소는 무시할 수 없다. 아기를 항상 강보에 싼 채로, 혹은 요람판(cradleboard)에 고정시켜 키우게 되면, 일 년이 넘도록 감각 경험이 여러 가지로 제한되게 되며, 영아기 일찍부터 마음대로 팔다리를 움직이거나 머리를 자유롭게 움직일 수 있는 아기와 똑같은 방식으로 지각이 발달할 수 없다. 가장 훌륭한 수준의 의료 지원이 있는 고아원이라 할지라도, 한 명의 유모가 같은 나이의 아기들과 영아들을 모두 책임져야 하는 바쁜 상황에서, 그런 영아들은 말소리를 들을 기회가 적어질 수밖에 없고 훗날 나이가 더 많은 어린이들과 어울릴 때까지는 제대로 말을 배우기 어렵다.

지능, 정서, 성격을 검사하는 일은 사실 내면적 특성과 대상자인 개인이 속하는 집단 안에서 쌓인 사회적 생활의 경험이라는 두 가지를 모두 측정하는 것이 된다. 이와 같은 검사의 성격은 클라인버그(Klineberg)가 미국의 몇몇 도시에서 흑인 어린이들의 지능을 검사한 결과에 반영되어 있다(1935). 농촌 지역에서 이주한 지 얼마 되지 않아서 도시 생활에 적응하지 못한 어린이들은 매우 낮은 점수를 받았다. 반면, 도시에서 이미 수년간 살았던 어린이들은 도시 생활의 요구와 시에서 실시하는 검사에 적응했다는 점을 보여주었다. 지능검사의 결과는 시간이 지남에 따라 꾸준히 향상되는 경향을 보인다. 도시에 이주한 후 더 많은 시간이 지날수록 그 집단의 결과는 좋아졌다. 검사상의 결과가 좋아지는 현상을 더 뛰어난 재원들이 수년 전에 도시로 유입되었다는 식의 선택 과정으로 설명하거나 해석할 수는 없다. 각각 다른 시기에 비슷한 검사를 실시하여도 동일한 현상이 관찰되기 때문이다. 1차 세계대전 중에 미국 남부 농촌의 흑인들을 대상으로 검사했던 결과는 도시 흑인에 대한 검사와 비슷한 결과를 보였었다. 미국에 와서 산 기간이 각각 5년, 10년, 그리고 15년 이상이 된 이탈리아인들을 대상으로 지능검사를 실시한 브리검(Brigham)은 미국에 오래 살았던 사람들의 결과가 더 좋다는 점을 관찰하였다(1930). 이 결과도 역시 시간이 흐름에 따라 더 잘 적응했다는 것을 의미한다. 특히 이 경우에는 미국에 막 도착했을 때 언어적인 적응의 어려움과 점진적으로 영어를 습득하는 과정이 추가적인 변수로 작용했을 것이다. 남부 흑인의 경우에도 방언과 제한적인 어휘 수 때문에 불리한 조건에서 검사를 받았겠지만, 이탈리아인들은 이보다 더 불리한 조건에서 검사를 받았던 것이다.

이외에도 클라인버그가 수행한 일련의 검사 중에서 흥미로운 것이 있다. 아메리카 원주민과 백인 여자 어린이들을 대상으로, 원주민 여성들이 만드는 구슬 자수 무늬를 기억하고 재현하는 능력을 비교하여 측정한 검사이다. 결과를 보면 명백히 그 대상에 대한 익숙함에 따라서 상이한 결과가 나왔는데, 원주민 공예 전통 자체가 그 집단에서는 이미 사라진 후에 실시된 검사였기 때문에 원주민 어린이들도 구체적인 자수 기술을 알지는 못하는 상태였다. 원주민 여자 어린이들이 백인 여자 어린이들보다 좋은 점수를 받았다.

지금까지 들었던 예들, 그리고 비슷한 예들을 관찰해 보면, 내면적인 지능―만일 우리가 복수의 다양한 의미를 내포하는 이 용어를 굳이 사용한다면―에 의해 나타나는 반응과 검사 결과는 대상이 되는 집단의 사회적 경험에 따라 무척이나 다르게 나온다. 그렇기 때문에 최소한 도시에 사는 흑인들의 사례에서는, 비슷한 사회 경험을 가진 백인들과 흑인들이 유사한 방식으로 행동하고 반응함을 보여주고 있고, 인종이 문화적 맥락과 상황에 전적으로 종속된 변수라는 점을 우리에게 시사한다.

클라인버그의 연구에 담겨 있는 관찰 중에서 중요한 관련성이 있는 부분이 또 있다. 지능 검사와 도시 생활은 두 가지 모두 속도를 중시하는 반면, 농촌 생활에서는 행동의 템포나 박자가 한층 느리다. 백인과 흑인, 그리고 원주민에게서 클라인버그가 공통적으로 관찰하여 확인한 점은, 검사 과정에서 도시민들은 더 빠르지만 정확하지 않고, 농촌 사람들은 속도가 느리지만 더 정확한 답을 했다고 한다.

다시 이 모든 관찰들을 종합해서 나오는 결론은 모든 심리적인 관찰들에서 유기체적인 영향과 함께 문화적인 영향이 나타난다는 사실이다. 유기체적인 요소에 대해서 이 관찰들로부터 어떤 식으로든 추론을 진행하려고 하면 문화적인 요소를 모두 제외해야 한다. 개인의 수준에서 반응의 변이성을 검사하거나 확인하기 위해서는 여러 가지 다른 조건에서 그 개인을 관찰하면 된다. 즉 개인을 휴식상태와 흥분상태, 기쁜 상태와 슬픈 상태, 깊은 충격을 받았을 때와 안정된 평형 상태, 건강할 때와 앓을 때에 모두 관찰하면 될 것이다.

인종이나 인구집단을 연구하는 경우에는, 상이한 조건과 환경에서 사는 같은 범주의 사람들 일부분을 관찰하고, 부모와 새로운 상황에서 자라나는 그 자녀들을 비교하면 의미 있는 자료를 확보할 수 있다.

몸을 움직이는 운동기제는 삶의 방식을 표현하는 여러 지표 중에서 단순한 편으로 비교적 용이하게 연구할 수 있다. 서로 다른 인구집단의 운동기제에 대한 자료나 연구가 아직은 많지 않으나, 지역적 변이들이 존재한다는 표지는 관찰로 거듭 확인된 바가 있다. 잠을 잘 때의 수면 자세도 변이가 나타나는 습성 중 하나이다. 중국인, 멜라네시아인, 그리고 일부 아프리카인들은 좁은 베개를 목 아래에 베고 자는데, 이는 우리로서는 견디기 힘든 자세일 것이다. 대부분의 원시 부족에서는 앉을 때 쪼그려 앉으며, 이누이트를 비롯한 많은 아메리카 원주민들이 발뒤꿈치를 땅에 대고 앉는다. 도구의 손잡이 부분이 생긴 모양은 그 도구를 사용할 때 어떤 다양한 움직임과 동작이 일어나는지를 보여주기도 한다. 아메리카 원주민은 칼질을 할 때 자신의 몸을 향해서 깎지만, 아메리카 백인들은 몸에서 먼 방향으로 칼을 움직이며 깎는다. 활을 쏠 때 화살을 놓아 발사하는 순간의 이시(離矢, release) 방식에 대한 매우 세부적이고 꼼꼼하게 이루어진 연구들은 아메리카 대륙 전체에서 다양한 방식들이 분포해 있음을 밝혔다(Morse 1885; Kroeber 1927).

프리쉬아이센-쾰러(Frischeisen-Köhler)는 모든 사람들이 제각각 자신의 귀에 가장 듣기 편한 안정된 리듬이 있다는 점을 증명하려고 하였다(1933). 이는 어느 정도 사실이기는 하겠지만, 존 포울리(John Foley, Jr.) 박사의 연구에 의하면 가장 듣기 편한 리듬과 가장 자연스러운 박자를 치는 방식은, 부분적으로는 우리를 둘러싼 외부 상황—시끄럽거나 조용한 환경—과 부분적으로는 직업적 습성에 달려 있다(1937). 이를테면 타이핑을 직업적으로 하는 타자수나 속기사들은 빠른 리듬을 가지며 더 느린 움직임에 익숙한 사람들은 느린 리듬감을 가진다. 포울리는 또 걷는 속도가 사회적 환경에 달려 있다는 점도 발견하였다. 농촌 사람들은 천천히 신중한 걸음걸이를 보이며, 대도시에서는 발걸음을 옮기는 속도가 더 빠르다. 멕시코의 농민들은 등에 짐을 지고 있을 때에는 종종걸음으로 걷고, 머리 위에 물동이를 이고 걷는 것에 익숙한 여성들은 몸을 꼿꼿이 세우고 흔들림 없이 가만 가만 걷는다.

동화되지 않은 이민자 집단 사람들이 몸을 추스르는 자세에는 출신 지역의 특성이 담겨 있다. 이탈리아인들은 몸을 똑바로 세우고 어깨를 높이 들어 약간 뒤로 젖힌 상태에서 걷는다. 유태인들은 약간 구부정한 자세로 무릎을 조금 굽히고, 어깨는 처진 상태에서 머리를 앞으로 약간 숙인 채로 선다. 이들 이민자들의 후손 중에서 미국에 동화된 사람들 사이에서는 이 자세들이 이미 변화하였다. 특히, 미국인들 사이에서 사는 사람들은 미국식으로 몸을 똑바로 세우는 자세를 받아들였다.

에프론(Efron)과 반비인(Van Veen)은 자세와 몸동작(제스처)을 세부적으로 검토하였다(미출간 자료). 미국인들은 일반적으로 생각하는 것보다 훨씬 많은 몸동작을 사용하며, 단호함을 표시하거나 무엇을 묘사할 때, 그리고 무엇을 가르치려 할 때 몸동작을 사용한다. 미국인들의 몸동작은 이탈리아 이민이나 유태인과는 다르다. 이 두 집단은 공통적으로 대부분 유럽의 출신지 인구집단과 같은 습관을 가진 가난한 사람들이다. 이탈리아인들은 정교하게 구분되며 명확한 의미를 가지는 상징적 몸동작들을 사용한다. 예를 들어, 입에 손가락을 모아서 갖다 대면 "먹는다"는 의미를 가진 몸동작이 되고, 오른 손을 펴서 몸통의 오른쪽 부분을 수평으로 문지르면 배가 고프다는 의미이다. 엄지와 검지를 모아서 치아에 대고 빠르게 아래로 움직이는 것은 화가 났음을 나타낸다. 검지와 중지를 모아서 나란히 보이면 "부부" 혹은 "[두 사람이] 함께함"을 의미하고, 양손의 손가락을 약간 오므린 채로 모았다가 떼는 것을 반복하면 "뭘 원하느냐"는 뜻이 된다. 검지와 새끼손가락을 편 채로 나머지 손가락을 구부리고 손을 아래 방향으로 내린 것은 "저주의 눈빛"을 표현하며, 자신의 넥타이를 흔드는 것은 "나는 바보가 아니야"라는 의미이다.

이와 같은 상징적인 몸동작은 무수히 많으며 이 중 많은 것들이 상당히 옛날, 혹은 고대까지로 거슬러 올라간다. 이에 비하여 유태인은 유난히 상징적 몸동작의 수가 적다. 유태인의 몸동작은 자신의 생각이 안쪽에서 밖으로, 혹은 오른쪽에서 왼쪽으로 움직이는 것을 표시한다. 손의 움직임은 또 머리와 어깨의 움직임과 함께한다. 이탈리아인과 유태인의 몸동작은 그 움직임의 모양도 다르다. 이탈리아인은 어깨로부터 팔을 넓게 벌리고 움직이며, 머리 위로 혹은 모든 방향으로 팔을 다양하게 뻗는 방식으로 이루어진다. 팔을 움직이는 모양도 완만하고 속도도 일정하다. 유태인의 경우에는 팔꿈치가 몸통 가까이에서 떨어지지 않고 주로 팔꿈치 아래 부분과 손가락으로만 손짓을 한다. 팔의 움직임은 갑작스럽고 급격하게 변화하며, 그 움직임의 선은 이탈리아인과 비교했을 때 훨씬 더 복잡하다. 뇌빌(Neuville 1933)이나 클라우스(Clauss 1926)와 같은 학자들은 이러한 자세와 움직임이 각 인종의 개성적인 특질에 속한다고 주장한다. 에프론의 연구는 이러한 시각을 반증하고 있는데, 그는 몸동작이나 손동작이 매우 쉽게 변화하기도 한다는 점을 강조한다(Efron and Foley 1937). 미국인들 중에서 일정 기간 멕시코에 살았던 사람이 멕시코인들의 손동작을 사용하는 모습은 흔히 관찰할 수 있는 현상이다. 에프론 박사의 관찰 사례 중에는 유태인 환경에서 자라서 유태인들의 손동작을 구사하는 스코틀랜드인 학생이 있었고, 이탈리아에서 자란 후 유태인 여자와 결혼한 영국인이 유태인과 이탈리아인의 손동작을 혼합하여 구사하는 사례가 있었다. 뉴욕시의 시장인 라과르디아(La Guardia) 시장은 미국인들에게 영어로 얘기할 때에는 미국식 몸동작을, 이탈리아인들에게 이탈리아어로 얘기할 때에는 이탈리아식 몸동작을 구사한다.2)

특히 이민자들의 후손에 대한 관찰 자료는 상당한 설득력을 가진다. 미국에서 태어난 사람들 사이에 살고 있는 이탈리아인과 유태인 집단들에 대한 연구에서, 이들 집단이 유럽에서 배워 온 몸동작이나 손동작 습관이 점차적으로 사라진다는 것과, 그리고 결국은 미국식 습관으로 완벽

---

2) [역주] 피오렐로 라과르디아(Fiorello La Guardia; 1882－1947)는 이탈리아계 이민 2세로 미국에서 태어난 공화당 및 진보당 정치인으로서, 1934년부터 1945년까지의 대공황 시기에 뉴욕의 99대 시장을 지냈다. 뉴욕의 퀸즈에 위치한 라과르디아 공항은 1953년에 그의 업적을 기려 명명되었다.

하게 동화된다는 것이 관찰되었다.

이로부터 어떤 인구집단의 운동기제는 문화적으로 결정되는 것이지, 유전적인 원인 때문이 아니라는 결론을 내릴 수 있다.

이 결론은 또한 예술에서 나타나는 증거로도 뒷받침된다. 모든 시대에는 가장 선호되는 몸의 자세가 있다. 한때 영웅적인 혹은 영웅이 취하는 전형적인 자세가 발을 넓게 벌리고 선 자세였다면, 후대에 다양한 방식으로 변화했던 것이 그런 예이다.

우리는 또한 다른 방법들도 사용하여 동화의 과정을 추적하고 연구하였다. 범죄가 발생하고 분포하는 양상은 각각의 나라에서 독특한 방식으로 나타난다. 이민자들 사이에서 나타나는 범죄 빈도가 그들의 출신 나라와 동일하지는 않지만, 미국에서 태어나 사는 사람들 사이에서 나타나는 분포와는 다르다. 유럽의 모든 나라에서는, 미국의 뉴욕 주 인구와 비교했을 때, 소유권 침해에 해당하는 범죄가 훨씬 적게 일어난다. 연령별 집단별로 범죄율은 상당한 차이를 보이기 때문에, 통계적 분석에서는 모든 범죄율을 연령의 표준 분포에 맞게 환산해야만 한다. 이러한 접근을 뉴욕 시의 인구를 대상으로 적용하여 연구한 엘리엇 스토플렛(Elliot Stofflet)은 2세대에서, 즉 이민자들의 후손 세대에서는 미국 태생의 인구와 비슷한 혹은 그보다 더 높은 범죄율이 나타난다는 결과를 얻었다(Stofflet 미출간 자료). 직업이나 직종에 따라 범죄율이 매우 상이하게 나타난다는 점은 오랫동안 알려져 있었기 때문에, 직업의 변화가 이런 빠른 변화에 분명히 작용하거나 기여했을 것이다. 세대별로 상당한 차이가 난다는 점은 이탈리아인, 독일인, 그리고 아일랜드인들의 경우에도 확인되었다.

정신질환의 경우에도 사회적 조건이 달라지는 것이 정신 건강에 상당한 영향을 준다는 점을 보여준다. 이 부분은 다른 주제에 비하여 연구 또는 조사하기 어려운 항목으로, 미국의 이민법에 정신질환이 있는 사람을 이민자로 받아들이지 않는다는 조항이 있기 때문이다. 그럼에도 불구하고 정신질환이 발생하는 사람들의 수는 상당히 많다. 브루노 클로퍼

(Bruno Klopfer) 박사가 이탈리아인, 독일인, 아일랜드인을 대상으로 수행한 연구에 의하면, 2세대 전체는 전반적으로 이민자 집단보다는 미국 태생의 미국인들과 비슷한 수준의 발병률을 보인다(Klopfer 미출간 자료). 이 경우에도 비교를 위해서 발병률을 인구 표준 분포에 맞게 환산하여 계산하였다.

언어는 복잡하면서도 시사점이 많은 사례로서, 개인들 사이에서 볼 수 있는 해부학적 차이들이 균질적인 문화적 조건의 압박 때문에 실제로 기능하는 과정에서 고른 수준으로 평준화됨을 보여준다. 그 어떤 공동체에서든 소리를 생성해 내는 기관들의 해부학적 형태는 매우 다양하게 나타난다. 입은 작거나 클 수 있고, 입술은 얇거나 두꺼울 수 있다. 입천장은 높거나 낮을 수 있고, 치아는 위치와 크기가 다르며, 혀의 모양도 제각각으로 다를 수 있다. 그럼에도 불구하고 한 인구집단 대부분의 구성원은 본질적으로 그 지역에서 통용되는 전통적인 발화의 형태를 따라 소리를 내어 발음한다. 이웃하는 지역에서도 역시 해부학적 형태의 다양성이 똑같이 다양하게 나타나겠지만, 다른 발화 방식을 발견하기가 쉽다. 개개인들의 음색은 서로 다르고 굳이 해부학적 차이 때문일 수도 있고 아닐 수도 있는 소소한 특수성도 있을 것이다. 그러나 이와 같은 다양성이 소리의 생성이 가지는 본질적인 특성을 결정하지는 않는다.

언어가 인종에 의해 결정되거나 인종에 종속되는 요소가 아니라는 점, 그리고 많은 나라의 문학에서 글쓰기의 대가들이 반드시 귀족 출신인 것은 아니라는—뒤마와 푸시킨이 좋은 예이다—점도 문화적 스타일과 언어가 독립적으로 존재한다는 것을 증명한다.

지금까지의 논의에 덧붙여 인성 혹은 성격이 사회적 조건에 의해 영향을 받는 정도를 검토한 연구의 결과를 소개하는 것이 필요하며 바람직할 것이다. 아쉽게도 성격을 연구하는 접근 방법들은 현재 만족스럽지 못한 수준에 머물고 있다. 이는 부분적으로, 어떤 특성들이 규명되어야 하는지부터가 명확하지 않기 때문이다. 레오폴드 마카리(Leopold Macari)가 수행한 연구는 미국으로 이주한 같은 마을 출신의 이탈리아인 이민자와 그 후손들의 두 세대 사이에 성격적으로 매우 큰 단절이 있음을 밝혀내었다(Macari 미출간 자료). 이 결과는 우리가 앞서 살펴본 범죄와 정신질환에 대한 연구 결과를 다시 뒷받침하기도 한다. 해리엣 피엘드(Harriet Fjeld) 박사는 서로 다른 종류의 학교에 다니는 어린이들의 성격을 연구하면서 해당 가족 사생활의 맥락을 감안하여 분석하였다(Fjeld 미출간 자료). 피엘드 박사의 관찰과 연구도 동일한 결론에 도달했다. 성격을 연구함에 있어서 가장 어려운 점은 성격을 반드시 그 표현과 징후로만 연구할 수 있다는 점이다. 사회적으로 완벽하게 균질적인 인구집단에서 서로 다른 유형의 개인들이 같은 상황이나 환경에 유형에 따른 다른 방식으로 반응한다는 것을 증명할 수 있다면 문제가 해결될지도 모른다. 그러나 이와 같은 조건을 실제의 현실에서 만족시키는 것이 가능할지는 매우 의심스럽다.

뉴먼(H. H. Newman)은 일란성 쌍둥이가 떨어져서 서로 다른 환경에서 자라는 사례들을 연구하였다(1937). 그는 환경의 차이가 그렇게 떨어져 자란 쌍둥이 각자의 정신적 발달에 결정적으로 영향을 준다는 점을 관찰하였다. 미레노바(A. N. Mirenova)는 여러 쌍의 쌍둥이를 대상으로 한 쪽만을 훈련시키고 다른 한 쪽은 그대로 두었을 경우, 그에 해당하는 검사를 실시했을 때 명확하게 결과가 다르다는 점을 다음과 같이 서술하였다(1934). "훈련된 쌍둥이 어린이들의 경우, 행동 전반에 눈에 띄는 변화가 있었고 일반적 발달에서도 상당한 변화가 이 연구 과정에서 관찰되었다. 이 어린이들은 더 활발해졌고, 자제력을 보였으며, 더 독립적인 모습을 가지게 되었다. 훈련된 쌍둥이 어린이들은 또한 아무 훈련을 받지 않은 어린이들에 비해 지적 수준도 높아졌다. 어떤 개성들은 훈련의 직접적인 영향으로 발달하여 나타난 것처럼 보였지만, 다른 어떤 특성들은 훈련 과정을 조직화하여 스스로 정리하면서 발달한 것으로 보인다(Mirenova 1934: 102−3)."

인간의 여러 유형들이 제각각 구분되는 성격을 가지고 있다는 시각은 민족학 자료로 뒷받침되지 않는다. 만약 그렇다고 한다면 초기에 자랑스럽고 호전적이었던 북아메리카 원주민들이, 부족 사회가 무너지고 뿔뿔이 흩어진 굴욕적인 상황에서 현재 보이는 모습으로 변한 사례를 볼 수 없었을 것이다. 생물학적으로 매우 가까운 집단들이 서로 매우 다른 문화적 행동 양상을 보이는 것도 마찬가지로 인종 유형에 따라 성격을 구분할 수 없다는 점을 뒷받침한다. 이를테면 뉴멕시코에서 정착 생활을 하는 푸에블로 부족과 유목 생활을 하는 나바호 부족, 그리고 멕시코 지역의 마을에서 스페인 문화에 동화되어 사는 원주민들은 같은 계통이지만 매우 상이한 문화를 가지고 다른 방식으로 생활한다. 역사 안에서도 동일하게 설득력 있는 사례들을 찾아볼 수 있다. 청동기 시기의 스칸디나비아인들은 의심의 여지없이 현대 스칸디나비아인들의 조상이지만, 그들에게서 관찰되는 문화적 행동의 차이는 매우 크다. 옛날 초창기 바이킹의 예술과 정복 활동과 현대의 지성적 발달과 성취는 성격 구조의 큰 변화를 보여준다고 하겠다. 활기가 넘치는 엘리자베스 여왕 시기의 영국과 고상한 척하는 빅토리아 시기 영국의 차이, 18세기 후반의 합리주의가 19세기에 들어 낭만주의로 이행한 것과 같은 변화들도 상당히 짧은 시간 안에 한 인구집단의 성격이 전반적으로 급격하게 변화한 사례라고 할 수 있다. 우리가 살고 있는 현재의 시기에 벌어지고 있는 급속도의 변화도 사실 말할 것도 없이 그런 사례일 것이다.

지금까지 살펴본 해부학적 형태, 그리고 정신적·사회적 활동 모두를 포함시킨 신체의 기제들에 대한 접근을 모두 종합해 보아도, 어떤 방식으로든 생활 습관이나 문화적 활동이 인종 혈통에 의해 상당 부분 결정된다는 시각을 뒷받침할 수 있는 그 어떠한 증거도 없었다. 가족들의 경우에는 부분적으로 유전에 의해, 부분적으로 문화적 조건에 의해 흔히 확연히 닮은 성격 특성을 공유하기도 하지만, 큰 인구집단의 경우에는 겉으로 보이는 유형이 얼마나 균질적인지와는 관계없이 단일한 내적 성격이 반영되지는 않는다. 성격 혹은 인성—문화의 인성을 논할 수 있다면

—은 사람들의 운명을 결정하는 외부적인 조건, 그리고 역사에 달려 있으며, 외부적인 영향에 의해 시대에 따라 나타나는 영향력이 큰 개인들에게 달려 있다.

한 인구집단을 본성과 신체형태를 포함하는 전체로 파악하겠다는 감정적인 동기, 그리고 함께 일어나는 현상을 구조적인 통일성 안에서 보고자 하는 현대적인 감각 때문에 우리는 상호관계의 종류와 정도에 대한 질문을 소홀히 하는 경우가 많다. 그런 질문을 소홀히 하거나 무시하는 경향과 함께, 개인에서뿐만 아니라, 그리고 유전적인 계보에서뿐만 아니라, 전체 인구집단에서까지도 신체적 형태와 구조가 문화적 인성을 결정한다는 증명되지 않은 의견까지 무비판적으로 수용하고 있다. 가장 균질적이라고 우리에게 알려져 있는 인구집단이라 하더라도 신체적 형태에 단일적인 통일성이 있다고 하는 주장은 당장 반증할 수 있으며, 특정한 "인종" 전체를 통째로 규정하는 문화적 인성이 존재한다는 주장은 아주 관대하게 봐준다 해도 듣기에 좋은 시적인 허구에 불과하다.

지난 십여 년간 다른 인종과 문화에 속하는 개인들의 생애사를 빠짐없이 기록하여 모으는 연구 활동이 진행되었다. 이 자료를 보면, 지금까지 추측에만 근거하여 연구했던 학자들이 일반화하려 했던 모든 주장들이 지켜낼 수 없는 것이라는 점이 명확해졌다. 물론, 원시적 인구집단의 심리에 대해서 아직도 널리 받아들여지고 있는 시각, 그리고 그에 근거하여 문화 수준에 따라 원시 부족과 문명인의 정신적 과정에 근본적인 차이가 있는지는 더 세부적으로 따져서 논의할 필요가 있다. 우리가 살고 있는 현대의 시기에 백인 인종에 속하는 원시 부족은 없기 때문에, 원시인과 문명인 사이에서 보이는 정신적 과정의 차이가 인종적으로 결정된다고 해석하려는 유혹은 있을 수 있다. 그러나 만약 우리가 원시인과 문명인의 정신적 과정이 동일하다는 것을 증명만 할 수 있다면, 현재 존재하는 인류의 인종들이 진화 단계에서 서로 다른 단계에 서 있으며 문명화된 인간이 원시인보다 정신 구조상 더 높은 자리에 올랐다고 보는 시각과 주장은 더 이상 내세울 수 없을 것이다.

소위 원시인의 정신적 특성 중에서 몇 가지—충동의 자제, 집중력, 논리적 사고, 그리고 창의성—만을 골라서 궁극적으로 주장하고자 하는 바를 보이려고 한다.

우선 원시인이 충동을 어느 정도로 자제할 수 있는지를 논의해 보자.[3]

많은 수의 여행자들이 기록하고 보고한 인상, 그리고 이곳 미국 땅에서 우리의 경험들을 바탕으로, 모든 인종의 원시인들이, 그리고 교육 수준이 낮은 백인 인종이 공통적으로 문명인 혹은 교육 수준이 높은 사람들에 비해 감정을 통제하는 능력이 없으며, 충동에 의해 우발적인 행동을 하는 경향이 있다고 흔히 여겨진다. 이러한 인상은 전반적으로 다양한 형태의 사회들이 충동에 대한 자제나 통제를 강조하는 때, 장소, 그리고 상황이 다를 수 있다는 점을 무시하고 일반화한 것이다.

이른바 충동을 자제하지 못하는 특성을 보여준다고 하는 대부분의 증거는 원시인이 변덕스럽다거나 기질이 명확하지 않음을 보여주는 것으로, 혹은 겉보기에 사소한 원인 때문에 매우 격렬한 감정이나 반응이 나타난다는 점을 강조한 것이다. 관찰자인 여행가나 학자들은 흔히 자신들이 스스로 인내할 수 없는 행동이나 목적에 부여하는 중요성을 기준으로 원주민들의 변덕스러움을 측정하거나 판단하며, 자신들의 표준을 가지고 감정이 격렬하게 폭발하는 자극이나 계기를 평가한다. 한 가지 예를 들어보자. 목적지에 최대한 빨리 도달하려는 여행가가 부족민이나 마을 원주민들의 도움을 받아 정해진 시간 안에 채비를 하고 떠나려고 한다고 생각해 보자. 그 여행가에게는 시간이 무척이나 귀할 것이다. 그러나 원시인의 입장에서 정해진 일을 정해진 시간 안에 끝내야 한다는 충동이나 강박을 느끼지 않는다면, 그에게 시간은 과연 무엇인가? 여행가는 일정이 미뤄지는 것에 대해 짜증을 내거나 노발대발할 수도 있겠지만, 그와 함께 가는 사람들은 즐겁고 명랑하게 떠들고 웃고 하면서 그들을 고용한

---

3) [원주] Spencer 1893: 55쪽 이하.

사람을 즐겁게 하기 위해서가 아니라면 서두를 이유가 전혀 없을 것이다. 그들의 눈에는 여행가들이 고작 시간이 약간 지체되었다고 하여 짜증을 내는 모습을 보고 충동적이며 자제력이 없다고 오히려 역으로 오명을 씌우는 것도 무리는 아닐 것 같다. 그럼에도 불구하고, 여행가는 자신이 중요하게 여기는 목적이나 가치에 원주민들이 관심을 가지지 않는 것을 두고, 원주민들이 변덕스럽다고 불평하면서 그들의 성격이나 본성으로 일반화한다.

부족민들과 백인들의 변덕스러움을 제대로 비교하기 위해서는 그들이 각자의 시각에서 중요하게 생각하는 활동을 하는 상황에서 비교해야 한다. 더 일반화하여 서술하자면, 원시인이 충동을 통제하는 능력을 제대로 측정하기 위해서는, 우리들 사이에서 특정한 상황에서 필요한 자제력을 동일한 상황에서 발휘되는 원시인의 자제력과 비교하면 안 된다는 말이다. 예를 들어 만일 우리의 사회에서 개인적인 불편함이나 긴장감을 표출하는 것이 예의가 아니라고 한다면, 그런 개인적 수준의 예의가 원시인들 사이에서는 조심해야 하는 사항이 아닐 수도 있다는 점을 기억해야 할 것이다. 그리고 원시인들의 관습에 따라 그러한 조심스러움이나 자제가 요구되는 상황에는 어떤 것이 있는지를 살펴보아야 한다. 이를테면 금기(taboo)가 적용되는 여러 사례가 그러한 상황들에 해당된다. 특정한 음식이 금지되어 있다든지 어떤 종류의 일을 수행하는 것이 금지되어 있어서, 상당한 수준의 자제력이나 자기통제가 필요한 때가 있다. 이누이트 공동체의 경우, 얼음 위에서 햇볕을 쬐는 바다표범을 잡는 것이 종교적 믿음 때문에 금지되어 있는데, 공동체 전체가 굶주림에 시달리는 기아 상황이 되었다고 상상해 보자. 자신의 굶주림을 해결하지 않으면서 관습의 요구를 따르는 이 사람들이 발휘해야 하는 자제력은 실로 엄청난 것이다. 또 다른 예를 들자면, 원시인이 도구나 무기를 만들 때에 보여주는 끈기와 인내, 자신이 원하는 바를 얻기 위해서 온갖 고난과 극기를 기꺼이 감내하는 모습도 자제력의 좋은 예이다. 북아메리카 원주민 청소년들이 산에 들어가서 단식을 하며 그의 수호 정령을 기다리거나, 혹은 자신이 속하는 부족에서 남자로 인정받기 위해 용감함과 지구력을 보여주기 위해 끈기 있게 노력하는 모습도 이에 해당한다. 또 적에게 인질로 잡혔을 때 혹독한 고문을 당하더라도 그것을 견뎌내는, 널리 알려진 이야기도 극도의 자제력과 자기통제를 보여주는 예가 될 것이다.

사소한 일로 격렬한 감정을 표출하는 모습도 원시인이 통제력이 부족하다는 증거로 많은 사람들이 흔히 내세운다. 이 경우에도 문명인과 원시인의 태도에서 얼핏 보이는 차이는 우리가 살아가는 사회적 조건과 그 중요성을 제대로 감안하여 비교한다면 그다지 큰 차이도 아니며 결국 처음에 보였던 차이는 사라지게 된다. 원시인의 열정도 우리의 열정만큼이나 통제되지만, 그 방향만 다르다는 점을 보여주는 예들이 무수히 많다. 이성 간의 관계를 규제하는 여러 관습과 규칙을 사례로 살펴보면 이 점이 명확해진다. 주어진 상황에서 충동 자체가 달리 나타나는 것은 그와 관련된 동기들이 서로 다른 무게로 작용하기 때문이라고 보면 완전하게 설명할 수 있다. 충동을 자제하고 통제할 것을 요구받는다는 점은 문명인이나 원시인이나 공통적이지만, 그렇게 해야 하는 상황은 서로 다르다. 만약 일상적으로 자주 자제나 통제가 요구되지 않는다면, 자제력이 그만큼 요구되지 않는 이유나 원인이 무엇인지를 사회구조에서 찾아보고 고찰해야 한다. 이를 살펴보지 않고 본성적으로 자제력을 발휘할 수 없다는 결론을 내리는 것은 제대로 된 설명이라고 할 수 없다.

스펜서(Spencer)는 원시인이 자기통제가 없음을 보여주는 사례로서 원시인의 선견지명이 없는 낭비벽을 언급하였다(1893). 이를 더 정확하고 적절하게 표현하자면, 낭비벽이나 낭비 성향이 아니라 낙관주의라고 해야 한다. "내가 내일 오늘만큼 성공하지 못하라는 법은 없지 않은가" 하는 정서가 원시인들에게는 밑바탕에 깔려 있는 것이다. 그렇다고 문명인이 이러한 정서가 없는 것도 아니며, 같은 정서를 동일한 수준으로 가지고 있다. 현재까지의 조건이 안정적으로 유지될 것이라는 믿음이 없다면 어떻게 사업을 계속하고 확장할 수 있겠는가? 가난한 사람들이 미리 준비된 것이 없는 상태에서도 망설이지 않고 가족을 꾸리는 이유는 무엇이 겠는가? 원시 부족 사람들에게 기아는 문명사회의 재정 위기와 똑같이 예외적인 상황이며, 그렇게 규칙적으로 찾아오는 어려운 시기를 위해 그들도 항상 준비한다. 우리 사회에서는 가장 기본적인 생활 필수품의 측면에서 대부분의 구성원들이 가지는 사회경제적 지위가 원시인의 상황보다는 안정적이다. 그렇기 때문에 우리 사회에서는 예외적인 상황이 그만큼 자주 발생하지는 않지만, 그렇다고 하여 대부분의 문명인들이 항상 비상 상황에 대한 대비가 잘 되어 있다고 말할 수는 없을 것이다. 1929년의 경제 공황과 그 직후의 몇 년을 돌아보면, 우리 사회 인구의 대부분이 사실상 그런 규모의 비상 상황에 전혀 대비되어 있지 않았음을 깨달을 수 있다. 사회의 형태에 따라 선견지명이나 대비하는 정도의 차이는 있겠지만, 이를 인간의 열등한 유형과 고등한 유형 사이의 분명하고 특정한 차이라고 볼 수는 없다.

　자제력의 결여와 관련된, 모든 인종의 원시인에게 있다고 흔히 가정되는 또 하나의 다른 특질은 지적으로 복잡한 능력이 요구될 때 주의력 혹은 집중력이 없다는 것이다. 이 가정이 안고 있는 오류는 다음 한 가지 사례로 명확해진다. 스프로우트(Sproat)는 밴쿠버 섬 서해안의 원주민을 묘사하면서 다음과 같이 서술하고 있다. "교육을 제대로 받은 사람의 시각에서, 원시인의 심성은 마치 잠을 자고 있는 것처럼 보인다 … 정신을 온전히 차리고 집중하면 답변도 재빠르게 하며 기발하고 독창적인 주장도 곧잘 할 수 있다. 그러나 짧은 대화는 지루하게 느끼는 것 같고, 특히 자신이 생각을 해야 하거나 기억을 해야 하는 등의 노력이 요구되면 쉽게 지루함을 느낀다. 따라서 야만인의 심성은 나약함에 잠겨 있다가가 잠시 나오는 요동을 반복하는 것처럼 보인다(Sproat 1868: 120)." 이 대목을 인용하는 스펜서(Spencer)는 몇 가지 다른 사례를 추가하여 같은 주장을 더 상세하게 기술하고 있다. 나는 우연히도 스프로우트가 거론하는 부족들을 개인적으로 만날 기회가 있었다. 원주민들의 입장에서는 여행가가 묻는 질문들은 매우 사소한 것들이어서 자신의 흥미를 끌지 못하는 내용이 오가는, 더구나 외국어로 진행되는 대화에서 당연히 쉽게 지루함을 느끼고 피로해진다. 사실 이 원주민들이 가장 관심을 가지는 것이 무엇인지 알면 주의를 끌기는 쉬워서, 나는 그들과의 대화에서 내가 먼저 지치는 경험을 자주 하였다. 게다가, 그들이 자신들의 정교한 교환 체계를 이해하고 관리하는 모습을 보면, 자신들이 이해가 걸려 있고 관심 있는 분야에서 정신적 둔감함이나 타성이라고는 찾아볼 수 없다. 기억을 보조하는 장치가 전혀 없는 상황에서 그들은 자신들의 지위와 부를 증가시킬 목적으로 소유물을 어떻게 체계적으로 분배할 것인지를 계획한다. 이런 계획은 훌륭한 선견지명과 지속적인 실천과 적용을 필요로 한다.

　최근에는 원시인과 문명인의 논리적 사고의 과정이 동일한지 아닌지에 대한 논의가 활발하게 이루어졌다. 레비-브륄(Lévy-Bruhl)은 문화적으로 원시적인 인간은 전(前)-논리적(pre-logical)으로 사고한다고 주장하면서, 원시인이 현상 자체를 분리하여 고려하지 못하고 주관적인 경험과 객관적인 경험이 뭉뚱그려진 전체에 "참여"하기 때문에, 논리적으로 관련성이 없는 주제나 대상들을 명확하게 구분하지 못하게 된다고 설명하였다(Lévy-Bruhl 1922). 이 결론은 개인의 행동에 대한 연구로부터 나온 것이 아니고 원시인들의 전통적인 믿음과 관습들로부터 도출한 것이다. 그리고 많은 이들이 이로써 사람과 동물의 동일시, 주술의 원칙, 그리고 의식이 효과가 있다는 믿음과 같은 현상을 설명할 수 있다고 믿고 있다. 만약 우리 사회에서도 똑같은 방식으로 개인의 사고 양상을 무시하고 현재 통용되고 있는 믿음들만 수집한다면, 우리에게서도 원시인과 똑같은 특성을 찾아볼 수 있다는 결론에 도달할 수밖에 없다. 오늘날에도 통용되는 미신을 모아 놓은 엄청난 양의 자료는 바로 이런 점을 뒷받침하고 있으며,4) 이런 미신에 대한 믿음이 교육을 받지 못한 사람들 사이에서만

---

4) [원주] Negelein 1931, 1935, 그리고 Bächtold-Stäubli, and Hoffmann-Krayer

발견된다고 생각하는 것은 심각한 오류이다. 미국 대학생들을 대상으로 하여 수행된 연구에서 수집된 자료(Tozzer 1925)를 보면, 가장 높은 수준의 지적인 교육을 받고 있는 대학생들 사이에서도 정서적 애착이 깃든 전통의 형태로 미신적인 믿음이 강하게 지속되고 있다. 그런 믿음이 존재한다고 하여 원시인들의 정신 작용이나 과정이 문명인과 다르다고 주장할 수는 없다.

특정한 인종들이 더 높은 단계의 문화를 발달시키지 못하는지에 대하여, 창의성 부족이나 결여로 설명하려는 경우들도 쉽게 찾아볼 수 있다. 이를테면 원시인의 보수성이 너무도 강하여 개인들이 전통적 관습과 믿음으로부터 절대 벗어날 수 없다고 하는 시각이 존재한다(Spencer 1893). 하지만 말리노프스키(Malinowski 1926)를 비롯한 많은 이들이 부족의 기준과 개인의 행동 사이에 갈등이 없지 않다는 점을 서술하고 강조하였다. 전통을 따르지 않거나 믿지 않는 사람은 실제 생활에도 존재하고, 대중적인 설화에도 흔히 등장한다.

이런 측면을 제외한다 하더라도, 원시인의 생활에서 창의성은 절대로 부족하거나 결여되어 있지 않다. 새롭게 개종한 부족에서도, 그리고 여전히 토속 신앙을 가진 부족에서도 예언자들이 등장하여 새로운 교의나 도그마를 소개하기도 한다. 이 현상은 이웃 부족에서 온 새로운 생각이나 발상의 영향으로 추적할 수는 있지만, 예언자의 개인적 특성에 의해 그 영향은 변형되며 그 집단 사람들이 그 시점에서 지니고 있는 믿음에 맞게 접붙여진다. 신화와 믿음이 전달되고 확산된다는 점은 널리 알려져 있고, 이 확산의 과정에서 변형되고 변화한다는 점도 여러 번 확인되었다(Boas 1896). 소수의 사제들만이 관장하는 비밀스러운 가르침인 비전(祕傳)이 갈수록 복잡해지는 현상을 감안하면, 이것이 개인들의 독립적이고 창의적인 사고에 의해서만 가능했을 것이라는 점을 알 수 있다. 이러한 독립적 사고가 중요한 역할을 했다는 것을 보여주는 사례로는 북아메

1927 참조.

리카 원주민의 고스트댄스 혹은 유령춤 운동의 역사(Mooney 1896), 그리고 환각작용이 있는 약초를 의례에 사용하는 페요테 의식(Wagner 1932; Petrullo 1934)을 들 수 있다. 고스트댄스 운동의 예언자들이 공표한 가르침은 새로운 것이었지만, 자신들이 속한 집단과 이웃 집단, 그리고 선교사들의 개념과 사고에 걸쳐 그 기반을 두고 있었다. 밴쿠버 섬의 원주민 부족에서 믿는 사후의 삶에 대한 관념이 바로 이렇게 변화했는데, 죽은 사람들이 살아 있는 자신들의 가족에서 다시 자녀로 태어나면서 이 세상에 돌아온다는 개념이 그것을 보여주고 있다. 16세기에 선교사였던 보바딜라(Bobadilla)가 원주민들에게 그들의 종교에 대한 질문을 했을 때에 내놓았다고 오비에도(Oviedo)가 기록한 답변들에서도 똑같이 원주민들의 독립적인 태도가 드러난다(Oviedo 1851).[5]

이렇듯 부족의 믿음을 발달시키는 개인들의 정신적 태도는 문명사회에서 철학자가 가지는 태도와 정확하게 똑같은 성격을 가진다. 철학의 역사를 살펴보았거나 연구하는 사람이라면 가장 위대한 천재들의 심성이 해당 시기에 유행하던 사고의 흐름에 의해 얼마나 영향을 강하게 받았는지를 잘 알 것이다. 한 독일 작가(Lehmann 1894)가 이를 매우 적절하게 다음과 같이 표현하였다. "어떤 철학적 체계의 특성은, 글로 쓰는 다른 저작들과 마찬가지로, 우선 일차적으로 그 저자의 성격에 의해서 결정된다. 모든 진정한 시(詩)가 시인의 삶을 반영하듯, 모든 진정한 철학은 그 철학자의 삶을 반영하고 있다. 둘째로, 철학적 체계에는 해당되는 시기의 전반적인 흔적이 남아 있어서, 그 철학이 공표하는 관념들이 강력하면 강력할수록 해당 시대를 풍미했던 생각의 조류들로 더 강하게 물들어 있다. 셋째로, 철학적 체계는 그 시기의 철학적 사고의 독특한 선호나 성향

---

5) [역주] 여기에서 언급되는 보바딜라(Fray Francisco de Bobadilla; 미상 −1537)는 니카라과 지역의 원주민을 개종시킨 수사 선교사로서, 크리스토퍼 콜럼버스를 이어 스페인의 아메리카 식민지 2대 총독을 지낸 보바딜라(Francisco de Bobadilla; 1450−1502)와는 다른 인물이다.

의 영향을 받는다."

만일 모든 시대의 가장 위대한 사상가들의 심성도 그랬다고 한다면, 원시 사회의 사상가가 자신이 살고 있는 시기의 사상 조류로부터 큰 영향을 받는 것이 어찌하여 특이한 일인가? 무의식적이거나 의식적인 모방은 원시사회에서뿐만 아니라 문명사회에서도 영향을 발휘하는 요인이라는 점을 가브리엘 타르드(Gabriel Tarde)가 밝힌 바가 있다. 그는 원시인뿐만 아니라 문명인도 동일하게, 실용적으로 유용한 행위처럼 논리적 원인이 있어서 따라 하는 행위도 있지만, 채택되거나 보존되는 논리적 이유를 명시할 수 없는 다른 행위들도 따라 한다는 것을 증명하였다(Tarde 1900).

지금까지 고찰한 것을 종합해 보면, 문명인과 원시인 사이의 차이는 대부분의 경우에 실존하는 것이 아니라 표면적인 것이고, 독특한 성격을 가진 사회적 조건 때문에 우리가 그런 인상을 받는 것에 불과하다는 것이 분명해졌다. 얼핏 보기에 원시인의 심성은 우리와 매우 다르게 행동하고 반응하는 것처럼 보이지만, 실제로 양쪽의 심성이 가지는 근본적인 특질들은 동일하다.

그렇다고 하여, 절대적으로 같은 조건에서 서로 다른 인구집단이 보이는 정신적 반응이 전혀 차이를 보이지 않는다는 의미는 아니다. 개인들은 신체적인 구성에 따라 반응이 다르게 나타나기 때문에, 그리고 가족계보의 구성원들은 이 신체적 구성이 유사하기 때문에 개인들 사이에 혹은 가족계보들 사이에 정신적 반응의 차이가 어느 정도는 존재한다고 보는 것이 타당하다. 그러나 큰 규모를 가진 개개의 인구집단은 구성이 서로 다른, 그리고 서로 구분되는 수많은 가족계보들로 이루어져 있다. 따라서 어떤 차이들이 나타난다고 해도, 그 차이들은 매우 희석되어 나타날 것이며, 성질의 빈도분포에서만 다른 양상으로 표현될 것이다. 게다가 정신적 반응은 문화적 조건에 의해 상당히 민감하기 때문에, 분석 과정에서 사회적 지위의 차이를 제거하고자 한다면 굉장히 조심스럽게 접근해야 할 것이다. 그런 차이들을 제대로 감안하지 않고 무시하는 오류를 범한 사례가 데이븐포트(Davenport)와 스테게르다(Steggerda)의 자메이카 유색 인구집단 연구였다(Davenport and Steggerda 1929). 포티어스 (Porteus)가 일본인, 중국인, 포르투갈인, 그리고 푸에르토리코인을 대상으로 관찰한 내용과, 오스트레일리아인과 아프리카인에 대해서 행한 비교 분석도 바로 이 오류 때문에 타당성을 가질 수 있을지 의심스럽다(Porteus 1937 참조). 만일 인위적인 검사에서 조작을 통해 타당성을 확보하듯이, 검사 대상이 되었던 사람들의 양육이나 사회적 배경, 그리고 그들의 관심과 거리낌 등을 제대로 평가하여 감안했다면 더 믿을 만한 결과가 나왔을 것이다. 오늘날 우리가 가지고 있는 증거만 가지고는 근본적인 정신적 특질의 측면에서 상당한 차이들이 있다고 주장하는 것은 불가능하다.

복잡한 심리 반응에 있어 문명인과 원시인이 보이는 이른바 명확한 차이는 지금까지 살펴보았듯이, 그 양상이 근본적으로 동일한 심리적 기제로 구성되어 있기 때문에 표면적으로 드러나는 차이일 뿐임을 충분히 설명할 수 있었다. 그리고 그렇다고 한다면, 백인 인종의 다양한 부류들에서 유전적으로 나타난다는 정신적 특질에 대한 논의는 별다른 의미가 없으며, 그 가설은 처음부터 기각할 수 있다. 유태인, 집시로 알려진 로마인, 프랑스인, 그리고 아일랜드인이 가지는 유전적인 특징에 대한 많은 논의가 있었다. 각 집단 안에서 존재하는 다양성을 무시하고 문화적 생활의 여러 측면에 대해 선별적이고 주관적으로 몇 가지를 강조하는 방식의 묘사가 적절하지 않음을 차치하고라도, 분석의 과정에서 이 집단의 구성원들의 기질을 빚어낸 외부적이고 사회적인 원인들이 만족스럽게 배제되었다고 볼 수도 없을뿐더러 그런 원인들을 분석 과정에서 실제로 배제할 수도 없다. 신체와 정신에 영향을 주는 기후, 영양섭취, 직업 등 외부적 요인들은 쉽게 여러 가지를 나열할 수 있다. 그러나 사회적 요인과 정신적 조건을 따지기 시작하면, 무엇이 원인이고 무엇이 효과인지 명확하게 구분하여 말하기는 불가능하다.

한 인구집단의 기질에 외부적 영향이 어떻게 작용하는지에 대해서는 베르니히(Wernich)가 일본인들의 기질을 연구하면서 얼핏 보기에 흥미로운 논의를 제공하였다(1878). 그는 일본인들의 독특함이 근육과 소화 체계에 충분한 활기가 없기 때문이라고 진단하면서, 이것이 다시 적절하지 못한 영양섭취 때문이라고 추론하였다. 다른 한편으로는, 심성에 영향을 주는 다른 생리적 특질들이 유전적이라고 판단하기도 했다. 그러나 일본이 보여주고 있는 현대적인 경제, 정치, 과학의 발달에 비추어 보았을 때 그의 결론은 그 어떤 것도 설명해주지 못한다. 특히나 일본이 서구 문명의 가장 훌륭한 특질과 가장 나쁜 특질을 최대한으로 채택했다는 것까지 감안한다면 말이다.

영양 부족이나 실조가 여러 세대에 걸쳐 지속되었을 경우, 그 영향이 산(San)족이나 라프족의 경우 정신생활에까지 영향을 주었을 것이라고 추론할 수는 있지만(Virchow 1875), 그럼에도 불구하고 방금 살펴본 일본에 대한 연구를 감안했을 때, 우리는 명확한 결론을 내리기에 앞서 회의적으로 망설일 수밖에 없는 상황이다.

정신 활동의 유기체적인 기반에 대하여 탐구할 때에 끝으로 한 가지 더 감안해야 하는 부분이 있다. 바로 인간의 능력이 가지는 유기체적인 기반이 문명에 의해 더 향상되었는지, 그리고 같은 방식으로 원시인 인종의 능력도 동일하게 향상될 수 있는가 하는 질문이다. 우리는 이 질문이 가지는 해부학적 측면과 심리학적인 측면을 모두 살펴보아야 한다. 앞서 우리는 동물의 가축화 과정에서 일어나는 것과 유사한 방식으로 문명이 사람에게 해부학적인 변화를 가져왔다는 점을 살펴보았다. 그런 해부학적 변화와 함께 정신적 기질이나 특성의 변화도 동반될 가능성은 충분히 있다. 그러나 관찰할 수 있는 해부학적 변화들은 그 범주 안에서만 유효한 변화들이다. 우리는 인간 유기체에서 진척이나 향상이라고 판단할 수 있는 그 어떠한 변화가 있었다고 증명할 수 없다. 또 문명의 축적 효과가 원인이 되어 중앙 신경체계의 구조에서 크기나 복잡성이 진전되었다고 믿을 만한 발견을 한 적도 없다.

정신적 자질이나 재능이 진보했다는 것을 증명하는 것은 훨씬 더 어렵다. 문명이 심성에 미치는 효과와 영향은 지금까지 과대평가되었다. 초기 가축화의 결과로 즉시 나타났던 심성이나 정신의 변화들은 상당했을 것이라고 추정된다. 그러나 이 시기를 제외하고는 진보적인 변화들이 있었는지, 그리고 이런 변화들이 유전적으로 전달되었는지는 의심스럽다. 서구 문명의 영향을 받았던 세대의 숫자 자체가 너무 작다. 유럽의 대부분 지역에서는 넉넉하게 어림잡아도 40에서 50세대 정도 세대 이상으로 추정할 수는 없다. 그리고 중세시기에 인구의 대부분이 매우 낮은 수준의 문명 단계에서 살고 있었음을 감안하면 이렇게 추산된 숫자 자체도 너무 크다.

이외에도 인류가 증가하는 최근의 경향을 보면, 가장 높은 수준으로 세련된 교양을 쌓은 가족들이 사라지면서, 이전까지는 가장 높은 수준의 교양이나 세련된 계급의 생활을 규제했던 영향을 비교적 덜 받은 다른 사람들이 그 자리를 이어받는 경향을 보이고 있다. 이러한 계급적인 상승이 유전적이라고 보기는 어려우며, 오히려 교육이라는 수단을 통해 가능해지고 전달 또는 이전되는 것이라고 봐야 한다.

문화 자료로부터 도출된 인간의 심성이 가지는 성질들은 추상적인 개념이어서, 문화 현상들 자체와는 구분되어야 하고, 우리는 그 둘 사이의 차이를 제대로 파악해야 한다. 전자는 문화현상에서 도출되기는 하지만, 문화의 영역 밖에 존재하는 절대적인 것이라고 이해했을 때에는 문화 안에서 전혀 의미를 가질 수 없다는 것도 정확하게 이해해야 한다. 한때 혹은 언제라도 인간의 정신적 특질이 진공상태로 존재했다는 가정은 불가능하다. 왜냐하면 인간의 지식 전체는 항상 주어진 문화적인 조건 속에서 일어나는 행동으로부터 나오기 때문이다. 개인이 가지는 신경의 상태에 따라 안정적이거나 불안정하기도 하고, 재빠르게 행동하거나 빠른 결정을 내릴 수도 있다고 말할 수는 있지만, 우리가 그렇게 추론할 수 있는 것은 오직 주어진 문화적 조건 안에서 그가 보이는 반응을 통해서만 가능하다. 이러한 특성들이 표출되는 방식 자체가 그 개인들이 살고 있는 문화에 의존하며 문화에 따라 다르게 나타난다.

삶의 조건과 절대적으로 독립하여 존재하는 심성이란 것은 없다. 실험 심리학은 그 초기 단계에서는 바로 절대적인 심성이라는 것이 존재한다는 이론을 바탕으로 전개되었기 때문에 생산적이지 못했다. 즉, 그 이론에는 절대적 심성이 생활하고 있는 환경적인 맥락의 영향을 받지 않는다는 전제도 들어가 있었기 때문이다.

형태학이 처한 상황도 비슷하다고 할 수 있다. 형태학적 유형의 정의가 매우 엄격하기 때문에 다양한 조건에서 어떤 유기체가 가질 수 있는 다양한 형태에 대한 명확한 서술이 있어야 한다. 환경적 조건들을 감안하지 않는 형태학적 유형은 존재하지 않고 생각할 수도 없기 때문이다. 고등 동물에 대해서는, 환경에 의해 나타나는 변이들이 본질적이고 안정적인 특성과 비교했을 때 미미하기 때문에 우리는 별다른 서술 없이도 형태학적 유형을 상정한다. 그러나 이와는 대조적으로 실제의 고등 동물, 특히 인간의 경우에는 생리적 특성과 심리적 특성이 매우 높은 정도로 변이성을 보이며, 이들 특성들은 물리적, 그리고 문화적 조건들을 포함하는 환경적 조건과의 관계 안에서만 제대로 서술할 수 있다. 인성 혹은 성격 특질이 바로 이러한 범주에 속하며, 개인이 다양한 유형의 환경에 보이는 반응으로 표현될 때에만 의미를 가진다. 그리고 환경의 유형 중에서는 그 개인이 살아가고 있는 기존 문화가 가장 중요하다.

전 세계에서 관찰되는 인간의 행동에서 도출된 추상적인 개념 중 몇 가지는 모든 형태의 문화에서 가장 기본적인 특성들이다. 가장 중요한 것은 인간의 지적 능력과, 가치평가를 내리는 경향성이라는 두 가지이다. 인간의 지적 능력은 전제로부터 결론을 이끌어내는 능력과 인과 관계를 도출하려는 욕망을 포함하며, 가치평가 경향은 사고와 행위를 선과 악,

아름다움과 추함, 개인적 자유와 사회적 종속 등의 기준으로 평가하려는 성향이다. 지적 능력의 증가나 경험을 평가하는 능력의 증가가 일어났다는 것을 증명하기는 어렵다. 가장 다양한 형태의 문화에서 찾을 수 있는 인간의 발명, 관찰, 평가를 모두 적나라하게 나열한다고 하여 어떤 능력이 증가 혹은 진보했다고 주장할 수 있는 근거를 제공할 수는 없다. 우리는 단지 이런 능력들이 적용된 표현 또는 결과를, 정도의 차이는 있으나 고도로 개별화된 문화들에서 찾을 수 있을 뿐이다.

세대를 거듭하여 이루어지는 전승을 통해 실현되는 문명의 축적된 효과를 증명하기 위해서, 원시적 인종 출신 중에서 문명 사회의 교육을 받은 개인들이 다시 원시 부족사회로 돌아가는 사례들을 강조하는 경우가 상당히 많다. 즉 이런 사례들은 소위 열등한 인종 출신 어린이가 아무리 좋은 특혜를 제공받는다 하더라도 높은 단계의 문명에 적응할 능력이 없음을 증명하는 것으로 해석된다. 그런 사례들이 있었고, 그 사례들의 숫자가 기록되어 있는 것도 사실이다. 이 사례들 중에는 다윈(Darwin)이 직접 푸에고 섬에서 데리고 왔다가, 영국에서 몇 년을 지내고 다시 푸에고 섬으로 돌아가서 원래의 부족 사람들 방식으로 산 소년도 있다. 백인 남성과 결혼했다가 갑작스럽게 남편을 죽이고 다시 미개간지로 돌아가서 다시 원주민들과 살았던 서오스트레일리아 출신의 소녀 사례도 잘 알려져 있다. 이들 사례 중에서 충분히 자세하게, 세부적인 사항까지 기록된 경우는 하나도 없다. 사례에 등장하는 개인의 사회적 · 정신적 조건이나 상태에 대한 탐색적인 분석이 이루어진 경우도 없다. 극단적인 사례라 할지라도, 비록 좋은 교육을 받기는 했지만 이들의 사회적 지위는 언제나 고립된 것이었고, 맺어진 혈족관계는 여전히 문명화되지 않은 형제와의 연결고리를 형성했던 것이라고 나는 판단한다. 사회가 우리를 붙잡고 있는, 그리고 그 한계로부터 나올 기회를 주지 않는 힘은 우리가 느끼는 것보다 그들에게 훨씬 더 강하게 작용했을 것이다.

우리 문명에서 수많은 흑인이 처한 상황은 위에서 부지런하게 기록된,

원시 상태로 되돌아간 몇몇 사례들만큼이나 중요한 무게감을 가진다. 나는 이들 두 가지 상황에 대한 묘사 바로 옆에 원주민 부족들과 함께 혼자 사는 백인 남성들을 배치하고자 한다. 그들은 잘 사는 가족들의 구성원이면서도, 말하자면 반야만적인 위치로 타락하여 사회의 제한이나 속박 없이 무한한 자유를 선호하고 야생으로 돌아가서 원시인보다 전혀 우월하거나 낫지 않은 삶을 살아간다.

유럽에서 교육받은, 다른 인종에 속하는 구성원들의 행동을 연구하면서, 우리는 사고의 습성, 초기 유아기에 습득했지만 기억은 전혀 남지 않은 정서와 행위가 주는 영향을 감안해야 할 것이다. 잊혀져 있었던 이러한 사건들은 평생에 걸쳐 영향을 주는 살아 있는 힘으로서, 이들의 중요성을 우리는 지그문트 프로이드(Sigmund Freud) 덕분에 이해하게 되었다. 사실 이런 잊혀진 사건들은 강한 영향과 힘을 가질수록 더 철저하게 잊혀진다. 사고의 습관이나 성격의 특질들은 지속적인 영향을 행사하기 때문에 유전적이라고 해석하기 쉬우나, 사실은 어린이가 생애의 첫 몇 년을 사는 동안 환경에 의해 영향을 받아 습득한 것들이다. 습관의 힘이나 습관을 변화시키는 것에 작용하는 저항의 강도에 대해 앞서 관찰하고 논의한 내용들이 이 이론을 뒷받침한다.

문명사회와 원시사회에서 인간이 보이는 정신 활동에 대한 간략한 고찰을 통해, 인간의 심성이 가지는 기제들은 모든 인류에게 공통적이라는 결론에 도달하였다. 생물학적 현상과 심리적 현상을 나누어 검토한 우리의 접근 방식에 의하면, 인간 심성의 기제들은 이전의 더 원시적인 조건들 속에서 발달했을 것이라고 가정해야 하며, 한때에는 여기에서 서술하는 특징들이 전혀 혹은 매우 적게 발달되었던 인종들과 부족들이 존재했을 것이라고 추정된다. 그러나 현재 존재하는 인간의 인종들 모두에서, 우리와 비교했을 때 얼마나 원시적으로 보이느냐와 관계없이, 이 능력들은 매우 고도로 발달되어 있다.

백인 인종의 평균적인 정신 능력은, 다른 인종들의 개인들 대부분과 같은 정도로 나타난다. 우리 인종과 비교했을 때 다른 인종들은 이른바 위대한 사람을 필적할 정도의 비율로 많이 배출하지는 않았을 수 있다. 그렇다고 하여, 이 인종들이 우리 인구집단의 대부분이 대표하는 수준의 문명에 도달하지 못할 것이라고 생각할 이유는 전혀 없다.

여기에서 논의된 특질들의 분포가 모든 인구집단에서 동일하게 나타나지는 않을 것이다. 특히 작은 규모의 집단 안에서 근친교배가 이루어진 경우, 특정한 특질들이 매우 눈에 띄게 나타날 수도 있다. 아테네 전성기의 엘리트 계급에서처럼, 한 인구집단이 특정 가족계보와 거의 일치하는 예외적인 사례들에서는 본성적이고 유전적인 차이가 중요할 수도 있다. 그러나 이 장에서 살펴보았듯이, 외부적인 문화적 조건은 비교할 수 없을 정도로 강력하고 중요하며, 큰 인구집단 사이에서 계량적으로 측정할 수 있는 인종적 차이는 상대적으로 미미하다. 그래서 서로 다른 인종들 사이에 실질적이고 명확한 차이들이 있다는 주장들 중에서 그 어떤 것도 과학적인 타당성을 가지지 않는다고 판단할 수 있다.

# 8장

# 인종, 언어, 그리고 문화

앞장까지 이루어진 논의에서 신체적 형태가 절대적으로 안정되어 변화하지 않는다는 시각은 잘못된 것이라는 점을 살펴보았다. 즉, 생리적, 정신적, 사회적 기제들이 매우 높은 정도로 변이성을 가지며 외부적인 조건들에 따라 달라질 수 있으므로, 인종과 문화 사이에 친밀하고 밀접한 관계가 있다는 시각이 타당하지 않음을 강조하였다.

이 장에서는 이 문제를 다른 각도에서 탐구해 보려고 한다. 즉 유형과 언어, 그리고 문화가 밀접하게 연결되어 있는지를 살펴보고, 인간의 개별 인종들이 각각의 특정한 신체적 유형, 언어, 그리고 문화의 조합으로 연결되고 규정될 수 있는지를 검토해 보겠다.

만약 이러한 유형, 언어, 문화의 조합이 엄격한 의미에서 존재한다면, 인류를 그 세 가지 시각 중 어느 하나를 기준으로 하여 분류하여도 반드시 똑같은 결과가 나와야 한다는 점은 명백하다. 다른 말로 표현하자면, 각각의 시각을 독립적으로 적용하거나 혹은 다른 시각과 조합하여도 인류를 구성하는 서로 다른 집단들의 관계를 밝히는 작업에 사용하는 것이 무방하다는 뜻이 된다. 실제로 이러한 시도들이 많이 이루어졌다. 인류의 인종들을 구분하는 많은 분류 방식이 전적으로 해부학적 특징에 근거하고 있으면서, 동시에 지리적인 요인과 조합되기도 한다. 어떤 분류들은 특정 집단들에게 특징적이라고 판단되는 해부학적 특질과 문화적 특질을 조합하여 고안되었고, 또 다른 분류들은 특정한 해부학적 유형을 나타낸다고 판단되는 사람들이 사용하는 언어에 대한 연구를 일차적으로 고려하여 만들어졌다.

위와 같은 방식으로 이루어진 시도들은 완전히 다른 결과로 귀결되었다.[1] 인류를 분류하려고 시도했던 과학자 중 한 사람이었던 블루멘바흐(Blumenbach)는 코카시아인, 몽골인, 에티오피아인, 아메리카인, 그리고 말레이인의 다섯 인종을 구분하였다. 각 인종에 대한 서술은 일차적으로

---

1) [원주] 이러한 시도들의 역사에 대해서는 토피나르의 책(Topinard 1885: 1－147)을 참조.

해부학적인 내용이었음에도 불구하고, 이 분류가 해부학적인 고려만큼이나 지리학적인 바탕을 가지고 있었음은 명확하게 드러난다. 퀴비에(Cuvier)는 백인, 황인, 그리고 흑인의 세 가지 인종을 구분하였다. 헉슬리(Huxley)는 엄격하게 생물학적인 고려를 중시하여, 블루멘바흐가 구분했던 몽골과 아메리카 인종 일부를 하나의 범주로 묶고, 남부 아시아 집단 중 일부를 오스트레일리아 유형에 포함하였으며, 유럽 인종은 피부색이나 머리카락 색이 어둡고 밝은 두 부류로 다시 나눴다. 다양한 모습의 유럽인을 단일한 유형으로 분류할 수 없어서, 유럽 인종의 경우에만 다시 세부적인 구분을 추가하여 금발 백인종과 검은 백인종을 나눈 것이다. 사실 다른 인종들에서도 비슷하거나 동일한 수준에서 하위분류를 만들어내기는 쉽다. 다른 한편으로, 헉슬리의 분류가 인종을 구분할 때 문화를 고려하는 접근의 영향을 받았다는 점도 특징적이다. 클렘(Klemm)과 같은 학자가 좋은 예인데, 그는 인류의 다양한 유형을 문화적 성취에 따라 능동적인 인종과 수동적인 인종으로 구분하였다(1843).

해부학적인 측면과 언어적 측면을 함께 고려하여 인류를 분류하고자 했던 가장 전형적인 시도는 프리드리히 뮐러(Friedrich Müller)의 접근에서 찾아볼 수 있다(1879). 그는 일차적으로 머리칼의 모양을 가지고 대분류를 만들어낸 후, 언어에 대한 고려와 구분에 따라 그에 맞는 소분류를 구성하였다.

위에서 나열한 분류 방식들을 포함하여 제기되었던 수많은 분류들은 매우 혼란스러운 양상을 보여주고 그 안에서도 서로 모순적인 경우가 많았다. 이들을 꼼꼼히 살펴보고 나서 도달할 수 있는 결론은 결국 유형, 언어, 그리고 문화의 유형은 밀접하게 혹은 영구불변하게 연관되거나 연결되어 있지 않다는 것밖에 없다.

역사적인 자료와 민족지 자료를 감안한다면 이 결론과 시각이 왜 옳은지를 증명할 수 있다.

우리가 살고 있는 현대 시기에, 우리는 언어와 문화가 완전히 변화하면서도 신체적인 유형에는 변화가 일어나지 않는 수많은 사례들을 관찰할 수 있다. 예를 들어 북아메리카의 흑인 유형은 아프리카에서 연원하는 혈통계보를 가지고 있으면서도 문화와 언어의 측면에서는 본질적으로 유럽적 특성을 보인다. 아프리카 문화나 언어의 잔존하는 흔적이 북아메리카 흑인들 사이에서 여전히 남아 있는 것은 사실이지만, 대다수 흑인의 문화는 본질적으로 그들이 속한 사회의 교육 수준이 낮은 하층민 집단의 문화이며, 그들의 언어는 영어, 프랑스어, 스페인어, 포르투갈어 등으로 대륙의 해당 지역에 따라 함께 사는 이웃들이 사용하는 언어와 모두 동일하다. 물론, 아프리카 인종의 이동이 인위적인 이동이었기 때문에, 그리고 그 이전 시기에는 이와 같은 대규모의 원거리 이주와 이식이 일어나지 않았기 때문에 이 사례가 적합하지 않으며 유효하지 않다고 반박하는 사람이 있을지도 모르겠다.

그러나 중세 유럽의 역사를 보면 언어와 문화의 측면에서 광범위한 변화가 있었음에도 불구하고 인종 유형에서는 그에 상응하는 변화가 없었던 사례가 실제로 많았다.

유럽의 신체 유형에 대한 최근의 연구를 살펴보면, 유형의 분포가 매우 오랜 시간 동안 동일하게 유지되었다는 점이 분명하게 밝혀졌다. 여기에서 세부적인 사항을 나열하지 않고 간략하게 표현하자면, 알프스 유형의 경우 한쪽으로는 쉽게 북유럽 유형으로부터 구별할 수 있으며 다른 한쪽으로는 남유럽 유형과도 구별된다(Ripley 1899; Deniker 1900). 알프스 유형은 매우 광범위한 영역에서 어떤 언어를 사용하는지, 혹은 그 지역에 어떤 민족 문화가 번성하고 있는지와 관계없이 신체 특성의 측면에서는 균질적으로 단일한 형태를 보인다. 중부 유럽의 프랑스인, 독일인, 이탈리아인, 그리고 슬라브인들은 언어적 차이가 큰 와중에도 신체 형태의 측면에서는 매우 유사하여 동일한 유형에 속하며, 혈통의 측면에서 분명히 긴밀한 관계가 있을 것이라는 추론이 가능하다.

혈통이 유지되면서 언어와 문화에서는 지대한 변화가 있었던 비슷한 사례는 세계의 모든 지역 곳곳에서 찾아낼 수 있다. 이를테면 실론섬의 베다족은 이웃하는 싱할라인들과는 근본적으로 다른 유형의 인구집단이지만 싱할라인들의 언어를 수용했고 여러 문화적 특질도 차용하여 자신들의 생활양식으로 받아들였다(Sarasin 1892; Seligmann 1911). 또 다른 예로는 일본 북부에 사는 일본인들로서, 상당 부분 아이누인의 혈통과 혼합된 경우이며(Bälz 1901; Ten Kate 1902), 시베리아의 유카기르인은 혈통의 측면에서는 여전히 폐쇄적이고 자신들의 혈통을 유지하고 있지만 언어와 문화의 측면에서는 이웃하는 퉁구스인에게 완전히 동화되었다(Jochelson 1910).

어떤 인구집단이 신체 유형의 측면에서 혼합 등을 통해 큰 변화를 겪지 않고서도 언어와 문화를 통째로 바꾼 사례가 무수히 많다는 것은 이제 분명해졌다. 그런데 다른 한편으로는 한 인구집단이 언어를 유지했으면서도 매우 광범위하게 혈통이나 문화, 혹은 두 가지 모두를 바꾼 사례들도 존재한다. 이러한 사례로는 유럽의 마자르(헝가리)인을 들 수 있는데, 그들은 그들의 언어를 그대로 유지하면서도 인도-유럽어족의 언어를 사용하는 사람들과 지속적으로 혈통의 측면에서는 혼합되었고, 사실상 모든 측면에서 유럽 문화를 수용하였다.

비슷한 조건들이 북아메리카에서 가장 큰 어족 중 하나인 아다바스카어를 사용하는 인구집단의 경우에도 작용했을 것으로 판단된다. 이 어족에 속하는 언어를 사용하는 큰 인구집단은 아메리카의 알래스카와 허드슨 만 사이의 북서 지역에 주로 살며, 캘리포니아에는 다른 방언들을 사용하는 작은 부족들이 분포하고, 애리조나와 뉴멕시코에 또 다른 방언들을 사용하는 또 하나의 큰 집단으로 나뉜다.[2] 이들 방언들은 상당히 유사하며 서로 밀접한 관계가 있어서 모든 방언이 하나의 큰 언어로부터

---

2) [원주] Handbook of American Indians (1907) 1부에 수록된 지도 참조. [역주] 호지(Frederick Webb Hodge)가 1907년에 펴낸 Handbook of American Indians North of Mexico를 말하는 것으로 보인다.

갈라진 가지처럼 보이기 때문에, 이들이 한때는 쭉 이어지는 연속적인 지역에서 사용되었던 단일 언어였을 것이라고 추정된다. 현재의 시점에서 이 언어들을 사용하는 인구집단들은 신체 유형의 측면에서 근본적으로 다른데, 맥켄지 강 유역의 주민들은 캘리포니아 부족 사람들과 많이 다르고, 이들은 다시 뉴멕시코 지역의 부족 사람들과 또 다른 유형에 속한다(Boas 1895a, 1901). 이들 지역들에서 보이는 문화의 형태도 서로 상당히 다르다. 캘리포니아 아다바스카인의 문화는 인근 캘리포니아 다른 부족들과 비슷하지만, 뉴멕시코와 애리조나의 아다바스카인은 그 지역에 사는 다른 집단들의 영향을 많이 받았다.3) 이 혈통의 가지들은 아마도 큰 지역 한 곳에서 다른 큰 지역으로 이주하면서 이웃 부족들과 혼합되었을 것이고, 그 과정에서 신체적 특징이 달라지면서 언어는 유지했을 것이라는 추정이 가능하다. 물론, 역사적 증거가 없이는 이 과정을 구체적으로 증명할 길이 없다.

이 두 가지 현상, 즉 언어의 변화를 동반한 유형의 존속 혹은 유형의 변화를 동반한 언어의 존속은 표면적으로 보았을 때 서로 반대의 현상인 것 같지만, 사실은 동시에 일어나기도 한다. 이를 보여주는 사례가 아프리카 북쪽 연안에서 볼 수 있는 아랍인들의 분포이다. 전체적으로 아랍인들은 자신들의 언어를 유지하였지만, 동시에 현지 원주민 인종과의 통혼이 성행함으로써 아랍인의 후손들은 그들의 옛날 말을 그대로 유지하면서 신체적 유형이 바뀌었다. 다른 한편으로, 현지 원주민은 자신들의 언어를 포기하기는 했지만 서로 통혼하면서 그들의 신체적 유형을 유지하였다. 이런 종류의 그 어떤 변화도 통혼이나 혼합과 연결되어 있는 한, 언어와 유형의 두 가지 변화가 항상 동시에 일어날 수밖에 없으며, 유형의 변화 또는 언어의 변화를 한데 묶어서 생각해야 한다. 이런 변화에 참여하는 한 인구집단이나 그 상대가 되는 다른 인구집단을 살펴볼 때에도 그렇지만, 한쪽의 변화가 다른 변화보다 더 현저한 경우에도 그렇다. 통

---

3) [원주] Goddard 1903; Reichard 1928; Morice 1906-09; Matthews 1897.

혼이나 혼합이 없는 상태에서 통째로 동화만 일어나는 경우가 전혀 없지는 않더라도 지극히 희귀하다는 것은 분명하다.

유형과 언어가 존속하면서 문화가 바뀌는 사례는 더욱 더 많이 찾아볼 수 있다. 사실은 선사시대 이후 유럽의 역사적 발달 과정 전체가 이런 사례들이 끊임없이 연결된 과정이라고 할 수 있다. 문화적인 동화는 사실 혼합이 없이도 모방의 효과를 통해 어디서나 훨씬 더 쉽게 이루어지기 때문이다. 문화 요소가 확산되었다는 증거는 어디서나 찾아볼 수 있다. 인종의 차이나 언어의 차이 때문에 확산이 효과적으로 차단되는 경우는 별로 없다. 북아메리카의 경우, 캘리포니아가 이를 보여주는 좋은 사례이다. 캘리포니아에서는 다양한 언어를 사용하고 일정 정도의 유형 분화가 존재하는데, 그럼에도 불구하고 동시에 문화는 상당히 균질적으로 단일하게 나타난다(Kroeber 1904, 1925). 또 다른 사례로는 뉴기니 섬의 해안 지역을 들 수 있는데, 소지역 분화가 강하게 이루어졌음에도 불구하고 상당히 특징적인 공통의 문화가 분포하면서도 언어의 측면에서는 매우 이질적으로 구별되는 언어들로 분화되어 있다. 문명화가 된 인구집단의 경우, 중국 문화가 지배적으로 나타나는 전 지역을 사례로 들 수 있다.

아프리카 문화의 사례를 보면 인종적인 차이가 문화의 확산을 막는 장애물이 되지 않는다는 점을 알 수 있다. 아시아에서 전해진 목축은 아프리카 전역에서 문화적 생활양식을 바꾸어놓았다. 흑인들이 가진 정치적, 법적 형태들은 상당 부분 유럽 봉건제와 유사하다고 할 수 있다. 아프리카의 제도를 제대로 이해하기 위해서는 이웃하는 대륙들과 이들이 가지는 긴밀한 연관을 감안하지 않으면 안 된다. 아프리카의 가장 남쪽 지역에 사는 산(San)족과 반투족은 유형도 다르고 언어도 다른 두 인구집단이다. 그럼에도 불구하고 남부 반투족의 언어가 사용될 때 나는 말소리는 아프리카의 어떤 다른 곳에서도 찾아볼 수 없는 산(San)족 언어의 말소리와 매우 유사하다. 산(San)족 언어에는 숨을 내쉬며 소리를 내는 것이 아닌, 힘주어 강제로 숨을 들이마시면서 소리를 내는 발음이 존재한다. 이렇게 내는 약한 소리는 아프리카 대륙의 다른 곳에서도 찾아볼 수 있어서 한때 넓은 지역에서 존재했던 고대의 발화 습관을 암시하는 것이라고 생각된다. 그러나 남부 반투인들 사이에서 이 독특한 발음이 존재하는 현상은 최근에 동화된 결과일 것이라고밖에 생각할 수 없다.

이상의 고찰을 통해 최소한 현재의 시점에서 해부학적 유형, 언어, 그리고 문화가 반드시 운명을 같이해야 하는 것은 아니라는 것이 명확해졌다. 즉, 어떤 인구집단은 유형과 언어가 지속되면서도 문화가 바뀔 수 있고, 어떤 경우에는 유형이 보존되지만 언어가 바뀔 수도 있고, 또는 언어가 지속되면서도 유형과 문화가 바뀌는 경우도 있다. 따라서, 현재의 유형, 언어, 문화의 분포에 근거하여 인류를 분류하려는 시도들은 어느 요소를 기준으로 삼는 시각을 채택하느냐에 따라 다른 결과로 이어질 수밖에 없다. 일차적으로 유형만을 고려하여 분류하게 되면 일정 정도로 혈통 관계의 측면을 정확하게 반영하는 분류 체계를 만들 수는 있겠지만, 이 체계가 집단들의 문화적 관계를 충실하게 반영하지는 않을 것이다. 같은 논리로 언어와 문화에 근거를 둔 분류 체계는 생물학적 분류와 일치하리라는 법은 없다.

이것이 사실이라면, 이른바 아리아인을 둘러싼 질문은 사실 질문으로 존재할 수 없고 문제가 되지도 않을 것이다. 왜냐하면 아리아인 문제는 아리아계 언어들의 역사와 관련이 있다. 흔히 언급되는 전제 두 가지—특정한 인구집단이 혈통적으로도 규정되어 역사적 시간 전체를 통해 그 언어를 사용하였다는 전제와, 아리아계 언어를 사용한 인구집단이 특정한 문화 유형을 가졌을 것이라는 전제—는 모두 관찰된 사실에 근거하지 않는 자의적으로 만들어진 전제들이다.

그럼에도 불구하고, 인류 유형, 언어, 문화의 역사를 이론적으로 탐구하면서 초기의 조건들이 어떠했는지에 대해서는 일련의 전제들이 있을 수밖에 없음은 인정할 수 있다. 그러한 초기 조건에서는 현재와는 달리 각각의 유형이 인류의 다른 집단들과 떨어져 고립되어 존재했을 것이다.

그런 연유로 하나의 유형이 가졌던 문화와 언어는 현재의 우리가 관찰할 수 있는 차이보다 훨씬 더 명확하고 단적으로 다른 집단의 문화와 언어로부터 구별되고 분리되어 있었을 것이다. 그런 조건들을 현재 직접 관찰할 수는 없지만, 우리가 현재까지 파악한 역사적 과정에 대한 지식을 바탕으로 인류가 발달하기 시작했던 매우 이른 시기에는 그러한 조건들이 존재했을 것이라고 추정하는 것이다. 이것이 사실이라면 이른 시기의 고립된 집단이 반드시 단일한 유형, 단일한 언어, 그리고 단일한 문화를 특징적으로 가지고 있었는지, 아니면 그런 집단에서 서로 다른 유형, 다른 언어, 그리고 다른 문화들이 공존했었을 수도 있는지를 물어야 할 것이다.

만약 원시 공동체들에서 유형, 언어, 문화의 세 가지 현상이 한데 묶여 운명을 같이했을 것이라는 우리의 믿음이 정당하다면, 인류가 역사를 통해 발달해 온 과정은 매우 단순하고 명확하게 그려질 수 있다. 그러나 그 전제를 증명하는 그 어떤 증거도 존재하지 않는다. 오히려 정반대로 현재의 언어 분포와 유형의 분포만 비교해 보아도, 가장 이른 시기에도 한 생물학적 단위 집단에서 하나 이상의 언어와 하나 이상의 문화가 공존했을 것이라는 시각이 더 개연성이 높다. 사소한 지역적 변이를 무시한다면, 전 세계를 통틀어 생물학적 단위가 언어적 단위보다 훨씬 거대하다고 의심의 여지없이 말할 수 있다. 즉 어떤 집단을 두고 신체 외모의 측면에서 매우 밀접한 유사성이 보이기 때문에 우리가 그들을 같은 종류의 변이에 속한다고 판단했을 때, 이런 집단이 서로 가까운 언어들의 어족으로 묶이게 되는 집단의 구성원 수보다 훨씬 더 많은 수의 개인들을 포함한다는 뜻이다. 이를 보여주는 예는 세계의 곳곳에서 찾을 수 있다. 유럽 인종—여기에는 우리가 흔한 말로 백인이라고 별다른 주저 없이 대충 분류하는 모든 개인을 포함하여—은 인도유럽어, 바스크어, 셈어, 그리고 우랄−알타이어에 속하는 언어를 사용하는 인구집단들이 모두 포함된다.4) 서아프리카의 흑인이라고 하면 특정한 흑인 유형의 개인을 이르지

---

4) [역주] 우랄 어족은 우랄산맥 서쪽으로 분포하는 핀란드어와 헝가리어 계통의

만 매우 넓은 범위의 다양한 언어를 구사할 것이다. 같은 논리가 아시아 유형에 속하는 시베리아인, 아메리카 유형인 캘리포니아 원주민들에게도 적용될 수 있다.

우리에게 주어진 역사적 증거를 모두 고려했을 때, 언어의 형태와 내용을 근거로 그 이전의 공통적인 조상 언어로 추적할 수 없는 언어들의 현재 숫자가 과거의 그 어느 시점에서는 그 수가 더 적었을 것이라고 생각할 근거는 전혀 없다. 오히려 우리가 수집한 모든 증거들은 겉보기에 상호 관련성이 탐색될 수 없을 것처럼 보이는 언어들의 수가 과거에 훨씬 더 많았을 것이라고 암시한다. 그 어떤 관계도 없이 구분되는 언어들이 더 이른 시기의 특정한 조건에서 어떤 방식으로든 연관되어 있었는지 그 여부를 알아낼 수 있는 방법은 없다. 반면, 멸종되었다고 믿어지는 유형의 수는 적기 때문에 과거의 어느 시점에서도 언어적 유형과 해부학적 유형의 숫자가 일치하거나 더 비슷했을 것이라는 추론은 전혀 근거가 없어서 불가능하다. 결국, 매우 이른 시기에 비슷한 유형을 가진 작은 고립된 집단들이 존재했었고, 그 작은 집단들은 제각각 나름의 언어와 문화를 가졌을 것이라는 결론을 내릴 수밖에 없다.

부수적으로 여기에 덧붙일 것은, 이 시각을 적용할 때 멀리 떨어져 고립된 산간 지역에서 찾아볼 수 있는 언어의 다양성을, 부족들이 소규모로 잔존하여 점차적으로 고립된 먼 지역으로 밀려난 결과로 설명해서는 안 된다는 점이다. 이 현상은 오히려 인류가 이른 시기에 모든 대륙에서 작은 규모의 집단을 이루고 서로 구분되는 다른 언어를 사용하며 살았던

---

언어를 포함하며, 알타이 어족은 알타이 산맥의 동서 양방향으로 분포하는 터키어 계통과 퉁구스어 및 몽골어 계통을 모두 포함하는 개념이다. 우랄-알타이어족 가설은 18세기에 처음 제안되었으나 1960년대 이후로는 개연성을 잃어서, 우랄 어족과 알타이 어족은 별개의 어족이라는 것이 다수 학자들의 의견이다. 또한 한국어와 일본어는 알타이 어족에 속하는 다른 언어와 공통점이 있기는 하지만, 큰 차이도 함께 보이고 있어 알타이 어족에 포함해야 하는지에 대해서도 의견이 분분하다.

일반적인 조건이 여전히 남아 있게 된 것으로 보아야 한다. 즉 오래된 계통의 집단들이 점진적으로 멸종하거나 사라지고, 어떤 집단과 계통은 다른 집단에 의해 흡수되면서, 그리고 많이 흡수한 집단은 그 영역을 넓히면서 결국 현재의 상태로 귀결된 것이다.

어쨌든 간에, 원래 각각의 언어와 문화가 한 가지 유형에 대응하여 존재했다는 가설, 혹은 각각의 유형과 문화가 한 언어와 대응하여 존재했을 것이라는 가설은 모두 그 개연성이 매우 떨어지며, 과거에 실제로 그랬을 확률은 거의 없다. 결국 세 가지 현상 모두 역사적으로 어느 시점에서든 긴밀하게 상관관계를 가졌을 것이라는 가설 자체가 개연성이 없다.

유형, 언어, 그리고 문화가 그 기원에서부터 긴밀하게 연관되어 나타나고 분포되었다면, 그 결과로 이 세 가지 특질들이 대략적으로 같은 시기에 함께 발달했어야 한다. 이 역시도 가능성이 별로 없는 서술이다. 흑인과 몽골 인종으로 대표되는 가장 오래된 근본적인 유형들은, 세계적인 큰 어족들에 속한다고 판단되는 개별 언어들의 형태가 형성되기 이전에 분기되었을 것으로 추정되기 때문이다. 대분류인 인종 아래에 위치하는 중요한 하위분류들이 분화된 것도 실은 우리가 현재 구분하는 어족이 형성되기 전에 일어났다고 나는 확신한다. 어쨌든 이렇게 이른 시기에도 생물학적 분화와 언어의 형성이 현재와 동일한 요인들에 의해 영향을 받았을 것이며, 우리가 가진 경험을 모두 종합하여 생각해 보았을 때 이 요인들은 인간의 신체보다는 언어의 변화를 훨씬 빠르게 가져왔을 것이다. 유형과 언어 사이에 상관성이 없다는 이론을 뒷받침하는 가장 중요한 고려 사항은 바로 이 지점이며, 인종 유형들과 어족들이 형성되고 있었던 시기에도 이는 똑같이 적용된다.5)

---

5) [원주] 그렇다고 하여 모든 원시적 언어가 항상 급속도로 바뀌는 상태에 있다는 것은 아니며, 이 문단을 그렇게 이해하는 것은 곤란하다. 언어들이 장기간 안정적으로 유지된다는 증거는 많다. 그러나 특정한 외부적, 내부적 요인들 때문에 어떤 변화가 생기기 시작하면, 발화의 형태에도 근본적이고 철저한 변화가 일어나는 경향이 발견된다.

만약 언어가 인종과는 독립적이라고 한다면, 문화는 더욱 더 독립적이다. 특정한 인종 유형의 한 집단이 상당히 먼 지역을 지나 이주했다고 생각해 보자. 이들이 그 당시에 아직 특정한 하나의 어족에 속하는 언어로 구별할 수 없는 미지의 언어를 형성하는 과정에 있었고, 문화도 우리가 그 후손으로부터 알아볼 수 있는 형태의 문화를 형성하기 전 미지의 문화를 형성하는 과정에 있었다면, 유형과 언어와 문화가 밀접한 관계가 그 당시에 있었다 하더라도 그것을 우리가 추적하는 것 자체가 불가능하다.

공통된 유형의 인구집단이 넓은 지역에 퍼지면서 그들의 언어가 각지에서 철저하게 변화되어 현대적 형태의 관계, 혹은 같은 언어로부터 이어지는 그들의 공통적인 계보가 탐색될 수 없을 정도로 흐려지는 경우는 충분히 있을 수 있다. 비슷한 맥락에서, 그들의 문화는 원래의 고대 문화와는 독립적으로, 그리고 매우 다른 방식으로, 혹은 적어도 원시적 형태와의 계보 관계가 존재했다 하더라도 그것을 확실하게 증명할 수 없게 될 정도로 발달했을 수도 있다.

이 결론들을 받아들이면서 유형, 언어, 문화가 그 기원에서부터 긴밀하게 연관되어 있었다는 가설을 피하거나 기각하게 되면, 이 세 가지 중에서 하나 이상의 요소를 동시에 기준으로 삼아서 인류를 분류하고자 하는 시도는 모순에 이를 수밖에 없다.

한 가지 주지할 점은, 우리가 여기에서 느슨하게 사용하는 "문화"라는 용어가 하나의 단일한 단위가 아니라는 것이다. 즉 문화가 모든 측면을 포함하고 있어서 한 몸뚱이처럼 같은 역사적 운명을 마주하거나 함께했다는 의미가 아니라는 말이다. 우리가 언어에 적용했던 시각들을 문화의 여러 측면에 적용할 수도 있을 것이다. 기술적 발명, 사회 조직, 예술과 종교가 똑같은 방식으로 혹은 떼어낼 수 없는 불가분의 유기적인 방식으로 다른 부분과 연결되어 있었을 것이라고 믿거나 전제할 이유는 전혀 없다. 이러한 문화의 측면들이 가지는 독립성은 다음의 예에서 잘 드러난다. 시베리아에 사는 해안 축치족과 아메리카의 이누이트족은 매우 유사한, 심지어는 거의 동일한 물질문화를 가지고 있지만, 종교생활의 측면에서는 확연히 다르다. 대평원 서부 지역에 사는 원주민 부족들 사이에서도 비슷한 양상이 발견된다. 반투 부족들 사이에서도 상당한 유사성이 경제생활에서 발견되지만, 사회조직의 양상은 부족마다 매우 다르다. 문화의 측면들이 결합되어 있지 않다는 증거는 문화 특질들의 분포를 지도에 나타내려고 시도에서 명백하게 드러났다. 아프리카의 지도는 앙커만(Ankermann 1905), 프로베니우스(Frobenius 1921), 비쇼프(Wieschoff 1933)가, 그리고 남아메리카의 지도는 노르덴쉘드(Nordenskiöld 1918)가 정리한 바 있다. 문화의 특질들이 지역을 연결하며 분포하는 가운데, 분포가 끊어지는 부분들이 있는데, 그것이 이 지도들에서 크게 눈에 띄는 특색이다. 어떤 문화 특질 분포의 한계선은 유형이나 언어와 일치하지 않으며, 사회조직, 종교 관념, 예술 스타일 등 한 문화 특질이 다른 문화 특질의 분포와 일치하지도 않는다. 이들 각각은 나름의 분포 영역을 독립적으로 지니고 있다.

심지어는 언어도 하나의 단위로 취급할 수 없어서, 언어를 구성하는 음성학 특성, 문법, 그리고 낱말 자료들이 분리해낼 수 없게 서로 연결된 것이 아니다. 동화 과정을 통해 서로 다른 언어들이 특정한 측면에서 더 비슷해지는 경우들이 있다. 음성학적 특성과 낱말 발달의 역사가 반드시 문법의 역사와 묶여 있는 것도 아니다.

소위 "문화권" 혹은 "문화영역"이라는 개념은 일반화된 문화의 특성들을 파악할 때 편의를 위한 개념으로, 일반적으로는 지리적·경제적 조건의 동일성 및 물질문화의 유사성을 근거로 문화영역들을 구분한다. 만일 문화영역이 언어, 종교, 혹은 사회조직에 근거하여 구분된다면, 현재 널리 받아들여지고 있는 구분과는 명백하게 다른 구분이 필요할 것이다.

이러한 일련의 고찰들을 아리안(인도유럽) 어족의 언어를 사용하는 인구집단들의 역사에 적용해 본다면, 오늘날 아리안 어족의 언어를 사용하는 인간 유형들 중에서 특정한 한 유형으로부터 그 언어가 반드시 기원했어야 한다는 법은 없다는 결론이 나온다. 더군다나 그중에서 어느 유형도 고대 아리안 언어를 사용했던 초기 집단에 기원을 둔, 혼합되지 않은 순혈의 직계 후손이라고 볼 수도 없다. 더 나아가, 기원에 가까운 고대에 살았던 그 유형의 사람들은 아리안 어족에 속하지 않는 다른 언어들도 발달시켰을 가능성이 높다.

여러 인종들이 문화적으로 성취한 것을 역사적 진보의 단계에 따라 나열할 수는 있지 않느냐는 질문을 던지며, 어떤 인종들은 지금까지 열등한 가치의 문화를 생산하고, 또다른 인종들은 더 귀한 가치를 창조했다고 생각하는 사람들이 있다. 문화의 진척을 재거나 측정하여 기준을 정할 수 있다면, 그리고 동시에 더 단순한 형태들이 언제나 어떤 특정한 인종에서, 그리고 더 고등한 형태들이 언제나 다른 인종에서 나타난다면, 인종별로 그 능력에 차이가 있다고 결론 내릴 수 있을 것이다. 하지만 대부분의 인종들에서 다양한 종류의 문화적 형태들이 나타난다는 점은 매우 쉽게 알 수 있다. 아메리카의 고산지대에 자리를 잡았던 페루나 멕시코의 고등 문명들은 아르헨티나 남단의 티에라 델 푸에고에 사는 부족들이나 캐나다 북쪽에 사는 원주민들과 비견될 수 있다. 아시아에서는 중국인이나 일본인을 원시적인 유카기르족과 대비할 수 있으며, 아프리카에서는 수단의 흑인과 원시림에 사는 사냥꾼들이 나란히 살기도 한다. 유일하게 오스트레일리아에서만 이른바 고등한 형태의 문화가 나타나지 않았으며, 현재 우리가 가진 문명도 최근까지 다른 인종에서는 찾아볼 수 없는 수준의 것이었다. 물론 최근에는 일본과 중국이 우리가 가장 중요하게 여기는 활동들에 비슷하게 참여하고 있고, 이는 우리가 옛날에 그들의 성취로부터 많은 것을 받아들였던 것과 비슷한 과정이다.

여러 인종들의 성취를 근거로 하여 내려졌던 온갖 종류의 결론들 밑에 깔려 있는 오류들은 내가 이 책의 가장 앞부분에서 잠시 언급한 적이 있다. 다시 한 번 강조하건대, 어떤 원시 부족의 문화 수준이 낮은 것과 그 부족이 가진 정신적 특성 사이의 인과성은커녕, 연관성이 증명된 적도 없다. 즉, 전반적으로 좋은 조건을 갖추고 있으면서도 더 나아간 문화적 생활양식에 도달하지 못한 것인지, 혹은 낮은 수준의 문화 때문에 정신적 특성이 그렇게 보일 뿐 문화의 진척에 따라 달라질 수 있는지는 확실하게 말할 수 없다. 더군다나 이 질문에 대한 답을 구하기 위해 자료나 증거를 찾아내는 것은 거의 불가능하다. 동아시아의 인구집단은 예외적인데, 오늘날 백인들과 사회적·정치적으로 대등한 위치에서 경제적·사회적·지적 발달의 기회를 똑같이 향유하는 백인 이외의 인종에 속하는 큰 인구집단은 동아시아를 제외하고는 존재하지 않기 때문이다. 우리 사회와 그들 사회 사이에 존재하는 깊은 골은 겉보기의 차이가 크면 클수록 더 깊게 느껴진다. 바로 이 때문에 특정한 인구집단들에 대해서는 우리가 동일한 종류 혹은 동등한 수준의 정신적 발달을 아예 기대하지 않는 것일 수도 있다.

우리가 이 논의를 시작할 때에 감안했던 고찰들이 결국 현대 시기의 원시 부족들이 내면적 능력을 발달시킬 기회가 없을 뿐이라는 결론으로 귀결되었다. 그리고 똑같은 고찰들을 통해, 인종별로 유전적으로 가지는 능력에 대해서 우리가 어떤 종류의 의견도 형성할 수 없다는 점도 분명하게 밝혀졌다고 생각한다.

어떤 형태로든 위의 질문들에 대한 답을 얻으려면, 문화의 역사적 발달에 대한 구체적인 이해가 필요하다. 그리고 이 주제는 이어지는 장에서 본격적으로 다루기 시작할 것이다.

# 9장

# 인류 초기의 문화적 특질들

동물의 습성과 인간의 문화
모든 문화에 공통된 특질 – 고립과 역사적 유사성
단순한 문화와 복잡한 문화

문화는 사회집단을 이루는 개인들이 집단적으로 혹은 개인적으로 그들의 자연환경, 다른 집단들, 그 집단의 다른 구성원들, 그리고 각 개인이 자신과 맺는 관계 안에서 하는 행동을 특징짓는 정신적·육체적 반응과 활동의 총체로 정의될 수 있다. 문화는 또 이런 활동의 생산물, 그리고 그것들이 집단의 생활 안에서 수행하는 역할들도 포함한다. 단순하게 생활의 여러 측면을 열거한다고 하여 그것이 문화를 구성하지는 않는다. 문화의 각 요소는 독립적으로 떨어져 있지 않고 그 요소들이 하나의 구조를 이루기 때문이다.

　여기에서 열거한 활동들은 인간만이 소유하는 것들이 절대로 아니다. 동물의 생활도 그들이 자연과 맺는 관계, 다른 동물과 맺는 관계, 그리고 같은 종 혹은 사회집단을 이루는 다른 개체들과의 상호관계에 의해 조절되기 때문이다.

　지금까지는 문화를 물질문화, 사회관계, 예술, 그리고 종교의 순서로 묘사하는 것이 관습처럼 되어 있었다. 윤리적 태도와 합리적 활동에는 일반적으로 크게 비중을 두지 않았고, 언어가 문화의 묘사에 포함되는 일은 매우 드물었다. 가장 첫 번째 항목 아래에는 모임, 식량의 보존과 조리, 주거와 의복, 공예의 과정과 공예물, 이동 방법 등이 포함되었다. 합리적 지식도 일반적으로 이 주제의 한 부분으로 포함되었다. 사회관계라는 항목 아래에는 일반적인 경제적 조건, 소유의 권리, 외부 부족들과의 전시 및 평시 관계, 부족 안에서 개인의 위치, 부족의 조직, 소통의 형태, 성적인 것을 포함하는 개인들 사이의 관계가 논의되었다. 장식, 그림, 조소 예술이나 노래, 이야기, 춤과 같은 것은 예술 항목에, 그리고 성스럽다고 여겨지는 것들에 대한 태도와 활동, 혹은 보통 인간의 영역 바깥에 있다고 생각되는 것은 종교 항목으로 분류되었다. 여기에는 일반적으로 관습적 행동, 즉 선과 악, 적절함과 부적절함을 구분하는 기준을 비롯하여 근본적인 윤리 개념들도 포함되었다.

　물질문화와 사회관계에서 보는 많은 현상들이 사실은 인간과 동물에게 공통적으로 나타난다(Alverdes 1925). 동물의 모든 종은 제각각 식량을 구하는 고유의 방법이 있다. 늑대가 사냥을 하는 방식은 사자가 사냥하는 방식과 다르다. 다람쥐의 식량과 식량을 구하는 방식은 우드척의 그것과 다르다. 어떤 동물들은 명주잠자리나 거미처럼 덫을 만들어 먹이를 잡는다. 또 다른 동물들은 다른 동물을 잡아먹거나 그들이 모은 식량을 빼앗아 먹기도 한다. 도둑갈매기는 다른 갈매기 혹은 물새들이 잡은 물고기를 빼앗는다. 독수리는 맹수들이 남긴 내장을 먹고 산다. 많은 설치류 동물들이 겨울에 대비하여 식량을 모아 저장하는 습성을 지니고 있으며, 꿀벌과 같은 곤충들은 심지어 다음 세대를 위한 식량을 준비하기도 한다.

기후에 대한 반응은 동물 집단에 따라 매우 다른 방식으로 나타난다. 곰은 겨울에 동면에 들어가며, 어떤 새들은 따뜻한 기후를 찾아 이동하기도 하고, 어떤 새들은 추운 날씨의 혹독함을 그냥 견뎌내기도 한다.

많은 종류의 동물들이 자기들과 새끼들을 보호하기 위해서 집을 만들어서 산다. 영양은 굴을 만들고 유인원들은 나무 위에 임시 보금자리를 마련한다. 인간만이 이룬 근본적인 성취라고 할 수 있는, 특정한 목적을 위해 인위적으로 물건을 만들어내는 행위조차도 동물의 세계에서 찾아보지 못할 정도로 드물지 않다. 어떤 새들의 둥지는 원시 인구집단의 집보다 더 많은 기교가 들여서 만들어지기도 한다. 훌륭한 솜씨로 구조를 짜고 회반죽을 칠하기도 한다. 곤충이나 거미류는 정교한 구조들을 만들어서 그 안에서 살아간다. 어떤 종류의 개미는 그들이 사는 집의 알맞은 토양을 골라 준비하여 균류를 키우기도 하며, 잠자리가 되는 장소를 침대 정리하듯이 깨끗하게 유지하기도 한다. 쾰러(Köhler 1917)의 실험에 의하면 유인원들도 도구를 사용한다. 그들은 손에 닿지 않은 먼 곳에 있는 물건을 잡거나 떨어뜨리기 위해 적절한 길이의 막대기를 꺾어서 사용한다. 쾰러는 심지어 침팬지가 속이 빈 막대기 두 개를 연결하여 길이를 조절하는 것을 관찰했다고 전한다. 동물이 도구를 본능적으로 만들어내는 것이 아니라, 특정한 하나의 목적을 위해 만들어 사용하는 사례로는 유인원의 경우가 아마도 유일할 것이다.

동물의 세계에서 인간의 사회적 습성과 유사한 측면도 찾아볼 수 있다. 떼를 이루거나 무리지어 사는 습성을 가진 동물들은 결속이 매우 단단하여 다른 종에 속하는 동물이나, 심지어는 같은 종의 외부자에게도 적대성을 보인다. 들개의 한 무리가 있다고 가정한다면 낯선 개 한 마리가 그들 사이에서 어울려 다니는 것을 용납하지 않을 것이다. 만일 무리에 받아들여진다면 오랜 시간에 걸친 갈등 이후에나 그렇게 될 것이다. 같은 번식지를 사용하는 펭귄들은 자신들이 모르는 외부자가 그 번식지에 들어오는 것 자체를 허용하지 않는다. 같은 개미집의 개미들은 공생 관계에 있는 다른 종의 생물들과 합심하여 자신들의 영역을 침범하는 외부자들을 철저하게 공격한다.

유인원이나 가금류의 사회에서는 위계를 구분하는 질서가 있어서, 가장 강한 "인성" 혹은 성질을 가진 개체가 더 높다고 약한 개체들의 인정을 받는다. 곤충들 사이에서는 사회적 의무가 신체적 형태와 연결되어 있어서 각각의 범주가 그 나름의 해부학적 개성을 가진다. 잎꾼개미 혹은 가위개미로 알려진 곤충은 일개미들이 여러 부류로 나뉘는데, 이들 각 부류는 해부학적으로 구분된다. 고등동물들 사이에서는 군집의 수장, 암컷이나 수컷, 그리고 정찰자와 감찰자 등에게 사회적 의무가 주어진다. 몇몇 새 종류와 같이 어떤 동물들은 다소간 영구적인 단혼제를 채택하여 살기도 하고, 어떤 동물들은 아주 짧게 유지되는 임시적인 동거나 결혼을 하기도 한다. 어떤 경우에는 수컷과 암컷 모두가 새끼들을 돌보기도 하고, 다른 경우에는 암컷이나 수컷 한쪽이 전적으로 새끼들을 돌보기도 한다.

어떤 영역을 소유한다는 감정은 새끼를 낳는 재생산의 시기에 각별하게 표현된다. 큰가시고기는 알을 낳을 장소를 정하고 나서 그 근처에서 다른 물고기와 달팽이를 모두 쫓아낸다. 새 중에서도 많은 종류가, 자신들이 사는 영역에 같은 종에 속하는 다른 개체가 들어오는 것을 허용하지 않는다. 오리들도 침입자로부터 자신들의 특정한 연못을 지키려고 한다. 다른 동물 중에는 연중 자신만의 영역을 지속적으로 "소유"하는 경우가 있다. 원숭이들이 좋은 예인데, 그들은 명확한 경계를 가진 거주 지역이 있어서 다른 개체들은 들어오지 못하게 한다. 독수리나 매 종류도 그렇다. 식량을 모아서 비축해 놓는 습성이 있는 동물들이나 딱따구리, 다람쥐, 마르모트 등은 자신들이 만들어놓은 저장고를 방어하기도 한다.

사회적 집단을 이루고 사는 동물들 사이에는 친구와 적이 있기도 하고, 강한 지도자나 약자의 구분이 있으며, 인간 사회에서 찾아볼 수 있는 일반적으로 같은 종류의 사회적 관계가 존재한다.

동물들 사이에서 위와 같은 습성의 분포를 넓은 시각에서 살펴보면, 이 습성들은 비교적 근래에 생겨났을 것이라는 추론이 가능하다. 많은 경우에 서로 가깝게 연관된 종들이 매우 중요한 측면에서 생활양식이 다른 방식으로 분화되었다는 것이 잘 알려져 있기 때문이다. 말벌의 경우, 단독으로 생활하는 종이 있는가 하면 정교하게 조직된 집단을 이루고 사는 종이 있다. 개미의 경우에도 가깝게 연관된 종들이 습성의 측면에서는 완전히 다를 수 있다. 어떤 새들은 군집성이 있어서 떼로 모여 부화를 하지만, 가까운 종에 속하면서도 단독으로 생활하는 새들도 있다. 철새들이 정해진 경로를 따라 이동하는 현상은 해부학적 구조만으로는 설명이 되지 않기 때문에, 긴 역사적인 과정을 통해 발달한 것이라고 이해할 수밖에 없다.

습성에 변화가 생기는 과정은 우리가 어림할 수 없을 정도로 많은 세대가 가졌던 생활양식에 달려 있었을 것이다. 여기에서 그런 습성들이 어떻게 유전적인 특질로 고정되었는지 구체적으로 논의할 필요는 없지만, 습성이 구조를 바꿀 수 있음을 시사해주는 사실들이 꽤 있다. 이를테면 꿀벌이 특정한 방식으로 알이나 유충을 돌봐서 여왕벌을 발달시키는 경우나, 개미들 중에서 서로 구분되는 사회적 기능을 수행하는 개체들이 다른 신체 형태를 가지게 되는 경우가 그런 점을 시사한다. 이런 현상들이 가깝게 연관된 종의 형태들 사이에서 분포하는 양상은 결국 그만큼 습성의 불안정성, 즉 변화 가능성이 신체 형태의 변화보다 훨씬 크다는 것을 의미한다. 한편으로는 이것이 구조에서 약간의 변화가 생활양식에 변화를 가져올 수 있음을 나타내기도 한다. 그러나 특정한 구조의 유형들이 절대적으로 어떤 습성을 결정한다는 증거는 없다. 그만큼 습성이 분포하는 양상은 예측하기 어렵기 때문이다.

우리는 동물들의 활동이 목적성이 있다고 하여, 혹은 유기체적으로 결정되거나 학습되었다고 하여 그것을 문화라고 부르지는 않는다. "생활양식" 혹은 "삶의 방식"이나 동물의 "습성"이라고 칭할 뿐이다. 전통이 있기 때문에 학습되는 활동을 문화라고 부르는 것이 정당화될 수는 있겠지만, 그럼에도 불구하고 새가 노래하는 것이나 다른 학습된 활동을 가지고 문화라고 칭한다면 그것은 문화의 개념을 너무 확장하여 사용하는 일이 된다. 만일 쾰러(Köhler 1921)가 서술한 것처럼 침팬지가 자신을 치장하는 것을 좋아하고 어쩌면 정말 의도적으로 리듬감이 있는 움직임으로 "춤"처럼 보이는 행동을 한다고 했을 때에는 문화 개념을 적용할 수도 있겠다. 이처럼 "생활양식"과 "문화" 사이에 정확하게 경계선을 긋는 것은 쉽지 않은 일이다.

오직 행동만을 관찰하여 문화인지 아닌지를 규정하고 판단하려 한다면, 인간의 행동에서 그렇게 규정할 만한 근본적인 요소를 쉽게 찾을 수도 없다. 그런 요소를 찾게 되더라도 그런 인간의 모든 행동은 동물의 세계에서도 유사하게 찾아볼 수 있기 때문이다.

인간에게 독특한 점이 있다면, 인간이 자연에 대하여 그리고 동료 인간에 대하여 보이는 행동의 변이성과 다양성이다. 동물들 사이에서는 특정한 종 전체의 행동이 매우 전형적이며 본능적이어서 학습을 통해 습득된 것이 아니기 때문에 가변성이나 지역적 변이를 거의 찾아볼 수 없다. 반면 인간의 행동은 그런 방식으로 전형적이지 않고 본능적이라고 말할 수도 없다. 각 지역에는 그 나름의 전통이 있으며, 그 전통들은 학습된다. 더군다나 동물들의 행동은 우리가 파악하고 있는 한에서는 그 행동에 대한 사후적인 사고나 되새기는 성찰이 이루어지지 않는다. 물론 그 행동들이 정해진 요구나 필요에 맞게 적응되어 있어서 목적에 알맞고, 많은 동물이 경험이 쌓이면서 더 효과적으로 행동할 수도 있다. 그러나 인과 관계에 대한 인식이나 어떤 일들이 왜 일어나는지에 의문을 품는 것은 동물들에게서는 전혀 찾아볼 수 없는 측면이자 모든 인류에게는 공통적으로 나타나는 특성이다. 즉 인간의 문화는 동물의 생활과 사고의 힘, 그리고 그와 연결된 언어의 사용에 의해 명확하게 구분된다. 인간에게 또 한 가지 독특한 점은 행위들을 윤리적 관점과 미적 관점에서 평가한다는 점이다.

가장 오래된 인간의 화석을 살펴보면, 동물 행동과 유사한 평행 진화의 경향이 있음을 객관적으로 확인할 수 있다. 제3기 말로 시기가 추정되는 구석기는 모양을 의도적으로 만들었는지 명확하지 않고, 자르거나 벨 수 있는 날카로운 날은 사실 사용하다가 그냥 생겼을 수도 있다. 그런 의문의 여지들이 있기 때문에 제3기 구석기는 제외한다 치더라도, 제4기의 구석기는 사용하기 이전에 손으로 모양을 만든 것이 분명해 보인다. 모양이 거칠기는 하지만, 깨지기 쉬운 돌을 더 무겁고 단단한 돌로 내리쳐서 모양을 만들었기 때문이다. 이 구석기들이 발견된 지층은 수천 년 전에 형성된 층이며, 이 시기에서 가장 이른 것으로 추정되는 도구와 가장 늦은 시기의 도구는 형태의 변화를 보이지 않는다. 세대를 거쳐도 똑같은 활동을 반복했다는 의미이다. 우리가 발견할 수 있는 흔적이 남아 있지 않은 활동들이 당시에 어떻게 변화했는지 알 길은 없다. 이 시기의 인간이 체계적 언어를 사용했는지, 혹은 인과 관계의 관념이 있었는지도 알 수 없다. 지금까지 구체적으로 확보한 자료만을 가지고는 이 시기 전체를 통해 인간의 활동이 동물의 습성과 유사한 방식으로 변하지 않고 영구적이었을 가능성이 있는 것처럼 보인다. 신체의 형태도 인간 이전의 형상으로, 현재의 어떤 인류 인종과도 모습이 달랐을 것이다. 이렇게 관찰된 사실들에 알맞게 우리가 말할 수 있는 것은, 이 시기의 인간이 손이나 치아 이외에 스스로 만든 형태의 도구를 보조적으로 사용하는 유기체적인 경향성을 발달시켰으며, 그 도구의 형태는 모방을 통해 학습했다는 정도의 서술이다.

오스왈드 멩긴(Oswald Menghin)은 인류의 석기 제조 양상이 아주 이른 시기에는 모든 지역에서 동일한 방식으로 발달하지는 않았다는 점을 보여주었다(1931). 그러나 그렇다고 하여 그런 지역적인 차이들이 다양한 인종의 분포와 연관이 있는지 판단할 근거는 없다.

이보다 더 늦은 시기로 가면 문화적 생활의 유일한 증거가 되는 파편적으로 발견되는 고고학적 유물 이외에도, 여러 인구 집단의 언어, 관습, 그리고 관념들에 대하여 알 수 있다.

이 시기부터는 모든 곳에서 인간이 가진 정서, 지적 능력, 의지력의 흔적을 발견할 수 있을 뿐만 아니라 매우 다양하고 서로 다른 인구집단들 사이에서도 사고와 행동의 유사성을 볼 수 있다. 이러한 유사점들은 매우 상세하면서도 광범위하고, 인종이나 언어와는 독립적으로 관찰된다. 바로 이 점을 두고 바스티안(Bastian)은 세계 모든 곳의 인류 전체가 가진 근본적인 관념들이 놀라울 정도로 단조롭다고 표현한 것이다.

마찰열을 이용해서 불을 때는 법, 음식의 조리, 칼이나 긁개 혹은 송곳과 같은 도구에 대한 지식 등을 보면 어떤 발명들은 보편성을 가진다는 점을 시사한다.

문법 구조의 기초적인 특징들은 모든 언어에서 동일하게 나타난다. 말하는 사람과 듣는 사람, 대화의 소재가 되는 사람의 구분, 그리고 공간, 시간, 형태에 대한 관념은 보편적으로 나타난다.

초자연적인 차원에 대한 믿음도 보편적이다. 동물들처럼 자연에서 능동적인 형태를 가진 모든 것들은 의인화된 형태, 인간을 넘어서는 미지의 힘을 가진 것으로 이해된다. 또 어떤 물건들은 도움을 주려 하고, 어떤 것들은 사악하다는 관념도 있다. 모든 곳에 주술적인 힘이 작용한다. 여러 세계들이 함께 복수로 존재한다는 믿음, 하나 혹은 몇 개의 세계가 우리 위에 존재하고 우리의 아래에도 세계가 있으며, 인간이 사는 세계는 중앙에 있다는 믿음이 일반적으로 발견된다. 인간의 영혼이 다양한 형태를 가진다는 관념도 보편적인데, 세상을 떠난 영혼들이 사는 집이 있으며, 그곳은 서쪽에 있는 것이 보통이고 아주 위험한 경로를 지나야만 도달할 수 있다는 생각도 공통적으로 많이 나타난다.

타일러(Tylor 1874), 스펜서(Spencer 1893), 프레이져(Frazer 1911), 바스티안(Bastian; Achelis 1896 참조), 안드레(Andree 1878), 포스트(Post 1894) 등과 같은 학자들이 바로 이러한 유사점을 보여주는, 더 많은 주제에 대한 무수한 사례들을 수집하여 소개했기 때문에 더 구체적으로 나열할 필요는 없을 것 같다.

서로 멀리 떨어진 지역들 사이에서도 유난히 흥미로운 유사점이 발견되기도 한다. 동물의 어깨뼈에 생기는 금을 보고 미래를 예언하는 사례(Andree 1906; Speck 1935), 그리스와 북서 아메리카에서 공통적으로 전해지는 파에톤 전설(Boas 1895b), 작은 활과 화살을 사용하여 출혈로 동물을 잡는 법(Heger 1893), 창을 던지기 위해 끈을 사용하는 고대 로마의 필룸(pilum)과 남태평양의 애드미럴티 제도, 구대륙과 신대륙에서 모두 공통적으로 발달한 정교한 점성술, 인도와 유카탄 반도에서 공통적으로 나타나는 숫자 영(0) 개념의 발명, 아메리카와 말레이시아의 분무기 발명, 아프리카와 아메리카에서 바구니 만드는 기술과 디자인(Dixon 1902), 스페인 정복 이전의 페루과 구대륙에서 발명된 천칭저울(Nordenskiöld 1921; Joyce 1912), 그리고 오스트레일리아와 남아메리카에서 성스러운 의식을 시작하기 전 일상적인 것을 쫓기 위해 바람개비 소리를 내는 악기(bull roarer)를 사용하는 것이 그런 예들이다.

언어적 형태에서도 그런 유사점 혹은 평행진화 양상이라고 할 수 있는 현상들이 관찰된다. 숨을 들이마시면서 나는 소리를 사용하는 서아프리카와 캘리포니아의 언어(Dixon 1911; Uldall 미출간 원고), 음의 높낮이를 사용하여 낱말의 의미를 구분하고 분화하는 아프리카, 동아시아, 그리고 아메리카 곳곳의 다수 언어, 남성·여성·중성의 문법적 젠더 구분이 있는 인도유럽어족의 언어들과 북아메리카 컬럼비아강 유역의 언어, 반복과 같은 관념을 표현하기 위한 이중표현이 사용되는 아메리카와 폴리네시아 일부 언어, 그리고 말하는 사람을 향해 가까이 가거나 멀어지는 이동의 명확한 구분 같은 것이 좋은 사례이다.

인간의 행동에서 이와 같은 유사성이 나타나는 공통적인 원인은 크게 두 가지 이론으로 설명할 수 있다. 유사한 현상이 나타나는 배경에는 역사적으로 연관이 있기 때문일 수도 있고, 인간의 정신 구조가 동일하기 때문에 유사한 현상이 독립적으로 생겨나는 것일 수도 있다. 동물이나 식물에서도 독립적으로 유사한 형태들이 발달하는 것을 보면, 극적인 다양성을 보이는 인간 집단들이 서로 독립적인 기원을 가지고도 비슷한 관념을 가지는 것은 특별히 놀라운 일은 아니며 충분한 개연성을 가진다고 하겠다.

역사적 관계나 연관들은 두 가지로 구분할 수 있다. 즉 인류가 넓은 세계의 곳곳으로 확산되기 전에 이미 있었던 초기 문화적 성취의 일부였던 발명과 관념일 가능성과, 그 이후에 일어난 발달일 가능성이 있다.

문화적 성취 사례들이 보편적으로 분포하는 것을 보면, 그러한 발명들이 아주 먼 옛날부터 발달했을 가능성이 있다. 이 가설은 전 세계에서 공통적으로 발견되는 특징에만 적용할 수 있는데, 고고학적으로 혹은 다른 간접적인 증거를 통해 그 연대가 증명될 때에만 유효하다. 다음과 같은 몇 가지 민족학적인 특질들이 이 조건을 만족시킨다. 불의 사용, 돌로 된 재료에 남아 있는 뚫기, 자르기, 톱질과 같은 흔적과 같은 것들이 이 이른 시기에 속하며, 이 유산이 각 인구집단이 독특하게 개별적 유형의 문화를 발달시킨 바탕이 되었다(Weule 1910; Ratzel 1891). 전 세계적으로 가축화된 동물로서 개가 모든 곳에서 발견되는 것도 바로 이 고대의 시기에 속한다고 할 수 있다. 인간과 개과 함께 살기 시작한 것은 북아시아와 아메리카의 인종들이 동남아시아 인종들로부터 분리되기 이전인 인류의 가장 초기에 발달했다고 보는 것이 타당하다. 오스트레일리아에 개가 도입되어 토착종인 딩고(dingo)가 생긴 계기는 인간과 함께 먼 대륙으로 항해하여 이동했다고 보는 것이 가장 손쉬운 설명일 것이다.

언어의 사용 역시도 모든 인류에 공통적인 특질로, 가장 이른 시기에 그 연원이 있을 것이다.

고등 유인원들의 활동을 감안하면, 몇몇 특정한 기술은 인류가 확산되기 이전부터 가지고 있었을 것이라고 추정된다. 유인원들이 둥지 혹은 보금자리를 만드는 습성과 막대기와 돌맹이와 같은 도구를 사용하는 습성이 이를 반증하고 있다.

이상의 모든 사실을 종합하면 특정한 문화적 성취들이 인류의 기원 시기까지 거슬러 올라갈 가능성이 충분하다는 결론에 다다르게 된다.

우리는 또한 부족에서 부족으로, 인구집단에서 인구집단으로, 그리고 대륙에서 다른 대륙으로 문화적 요소들이 전달되고 확산되었다는 확실한 증거를 가지고 있다. 그리고 이 요소들이 아주 이른 시기부터 존재했었다는 것도 증명할 수 있다. 문화적 성취가 얼마나 빠른 속도로 전달되고 확산될 수 있는지는 현대사에서 경작되는 작물들의 사례로 알 수 있다. 담배와 카사바는 아메리카 대륙의 존재가 알려진 이후에 아프리카에 도입되었는데, 아주 짧은 시간 안에 아프리카 대륙 전체에 보급되어 현재 흑인의 전체 문화에 뿌리 깊이 자리 잡아 외부에서 도입되었다고 생각하지 못할 정도이다.[1] 비슷한 양상으로 구대륙에서 확산된 바나나는 현재 남아메리카 모든 지역에서 소비되고 있다(Steinen 1886, 1894). 흔히 인도 옥수수라고 불리는 아메리카 옥수수의 역사도 유용한 문화 요소가 얼마나 빠른 속도로 전 세계로 확산되는지 보여주는 좋은 예이다. 유럽에서는 1539년에 처음으로 알려졌다는 기록이 있고, 라우퍼(Laufer 1907)에

---

1) [원주] E. Hahn 1896: 464–465; de Candolle 1886 참조.

의하면 티벳을 거쳐 중국에 1540년과 1570년 사이에 다다르게 되었다.[2]

비슷한 조건과 현상들이 매우 이른 시기에도 있었을 것이라는 점은 쉽게 알 수 있다. 빅토어 헤엔(Victor Hehn)의 연구와 고고학적 증거를 종합하면, 아시아로부터 수입이 이루어진 결과로 가축화된 동물들과 경작되는 작물들의 숫자는 점진적으로 꾸준히 증가하였다(Hehn 1874). 같은 현상과 과정이 선사 시대에도 일어났다. 처음에는 짐 끄는 동물로 사용되다가 나중에 승마로 이용된 아시아의 말이 확산된 현상이나, 소 목축이 아프리카와 유럽에 확산된 것, 그리고 아시아에서 전달된 야생 형태들이 유럽의 곡식 종류로 발달한 것이 대표적인 예이다. 인간 문화의 일부로 이렇게 추가된 요소들이 확산되면서 이동한 거리와 지역은 실로 광활하다. 서쪽으로는 대서양 연안에 다다를 때까지 확산되었고, 동쪽으로는 태평양 연안에서도 이 요소들을 찾아볼 수 있으며, 아프리카 대륙도 통과하였다. 가축화된 동물의 젖을 사용하는 것도 비슷한 방식으로 확산되었을 것이다. 우리가 가지고 있는 세계의 많은 인구집단에 대한 역사적 지식이 닿는 한, 유럽, 아프리카, 그리고 서아시아에서 이미 동물의 젖을 사용하며 소비하고 있었다.

문화 요소 전달의 가장 좋은 증거는 전 세계의 구비전승에 들어 있다고 볼 수 있다. 기발하고 재미있는 설화나 이야기처럼 빨리 전해지는 것은 없을 것 같다. 두 번 생각해 내기 어려울 정도로 복잡한 설화들이 모로코의 베르베르족, 이탈리아인, 러시아인, 인도의 열대우림, 티벳 고원, 시베리아의 툰드라 지역, 북아메리카의 평원과 그린랜드에서 똑같은 형태로 나타나는데, 이 이야기들이 발견되지 않는 곳은 남아프리카, 오스트레일리아, 폴리네시아, 그리고 남아메리카에 불과할 정도이다. 이렇듯 문화 요소의 전달과 확산의 사례는 그 수가 무척이나 많아서, 인류의 인종

---

2) [원주] 동아시아에 담배가 전달된 과정과 관련하여, 라인(J. Rein)은 담배가 16세기 후반에 이미 일본의 최남단 지역에 알려졌고, 1607년에는 나가사키에 알려졌다고 서술하였다(Rein 1878).

들이 매우 이른 시기에 거의 전 세계적으로 서로 긴밀한 연결되어 있었다는 점을 납득할 수 있는 실마리가 된다.

이 관찰에 근거하여 생각해 보면, 어떤 한 부족의 문화를 충분하고 완전하게 이해하고 설명하기 위해서는, 그 문화가 얼마나 원시적인지와 관계없이 그 내적인 성장과 함께 가깝고 먼 이웃 문화들과의 관계가 가졌던 영향과 효과까지 반드시 고려해야만 할 것이다. 장거리 확산이 일어났던 두 가지 광범위한 지역들을 우리는 구분할 수 있을 것이다. 앞에서 간략하게 살펴본 경작되는 식물과 가축화된 동물의 사례를 보면, 대서양과 태평양에 이르는 유럽, 아시아, 북아프리카 사이에 상호관계가 존재한다. 다른 문화적 특질들도 이 결론을 뒷받침해 준다. 청동기가 중앙아시아에서 서쪽과 동쪽으로 점차 확산되어 유럽 전체와 중국까지 전달되었고, 바퀴를 사용한 영역도 일치하며 쟁기와 가축화된 동물이 농사에 이용되었던 영역도 같은 유형의 분포를 보인다(E. Hahn 1909). 이 지역에서 우리가 알아볼 수 있는 특징적인 공통점들이 또 있다. 맹세하는 관습이나 시련을 견뎌야 하는 관습은 유럽, 아프리카, 그리고 북동 시베리아를 제외한 아시아에서 상당한 정도로 발달되어 있지만, 아메리카에서는 거의 나타나지 않는다(Laasch 1908). 구대륙의 문화 유형에서 나타나는 다른 공통적인 특징들도 아메리카와는 달라서 매우 뚜렷한 대조를 보인다. 구대륙에서 사법처리의 과정이나 형식, 그리고 정교한 행정의 조직이 중요한 반면, 북아메리카와 남아메리카의 부족들에서는 상대적으로 그런 것들이 발달하지 않아서 아프리카 부족과 유사한 점을 보인다. 구비전승의 측면에서는 구대륙의 대부분 지역에서 수수께끼, 속담, 그리고 교훈적인 우화가 나타나는 반면, 북동 시베리아에는 그런 형태가 없고 아메리카에서는 극히 드물게 나타난다. 이 모든 특징들에 대해서는, 유럽과 아프리카 대부분 지역, 그리고 북동부와 말레이 반도를 제외한 아시아 지역이 한 단위를 이룬다.

비슷한 방식으로 아메리카 원주민을 거의 모두 포괄하는 일반적인 특질들을 서술할 수 있다. 이중에서 가장 명확한 것은 아메리카 농경의 근간을 이루는 옥수수 재배이다. 옥수수는 멕시코의 고원 지역에서 기원하지만, 매우 이른 시기에 대륙의 남쪽으로는 아르헨티나까지, 그리고 북동쪽으로는 기후 때문에 경작될 수 없는 한계선 가까이까지 전달되었다. 토기의 분포도 이와 유사한 양상을 보이는데, 남북아메리카에서 북서쪽 끝과 남부 끝 지역만 제외하고는 모든 곳에서 발견된다.3) 토기와 함께 특징적인 아메리카 장식 예술도 남아메리카, 중앙아메리카, 멕시코, 그리고 미국의 남서부 지역에 분포한다. 각 지역의 개별적 성격과 특성이 있기는 하지만, 무늬나 모양에서 일정한 정도로 유사한 스타일이 강하게 나타나 있어서, 아르헨티나와 뉴멕시코의 고대 문화가 서로 직접 연관되어 있을 수도 있다고 생각하는 학자들도 있다. 더 발달된 문화들이 존재했던 멕시코, 중앙아메리카, 페루와 같은 지역들이 어쩌면 중앙아시아와 같은 역할을 했던 것처럼 보이기도 한다. 즉, 고대의 공통된 아메리카 문화의 바탕 위에 새로운 특질들이 발달하여 전체 아메리카 대륙으로 퍼져나갔을 가능성이 있다.

서로 멀리 떨어진 지역들에서 드문드문 발견되는 문화 현상을 어떻게 해석해야 하는지는 상당한 어려움이 따르는 문제이다. 일부 학자들은 그런 경우들이 고대나 이른 초기 시기에서 살아남은 잔존(survivals)이라고 파악하기도 한다.4) 즉, 이른 시기에 그런 특질들을 공유하고 있었던 인구집단이 살던 장소이기 때문에 현재 축소된 범위에 남은 흔적이라는 말이다. 어떤 경우에는 또 일련의 역사적 사건 때문에 끊어진 사이 지역에서 기존의 관습이 사라진 것이라고 설명하기도 한다. 그러나 더 분명하고 명확한 맥락이나 증거에 대한 파악이 없이 이런 이론들을 적용하는

---

3) [원주] 북극권 알래스카와 인근 지역에는 토기가 전달되었다는 증거들이 있다.
4) [역주] 타일러가 제안한 잔존 개념은 문화 현상 중에서 원래의 의미를 상실하고 관습으로만 남아 있는 현상을 이르는 말이다. 현대 사회에서 흔히 미신(superstition)이라고 일컬어지는 현상을 말할 때에 이러한 관념이 이미 적용되어 있다고 타일러는 설명하였다 (Tylor 1874: 70−72).

것은 매우 위험한 일로 지극히 조심스럽게 접근해야 한다. 만약 이곳에서 한 특징이 없어졌고 저곳에서 다른 특징이 사라졌으며, 어떤 곳에서는 몇 가지 특징의 복합이 완전히 자취를 감췄다는 식으로 주장을 하면, 결국 도달하게 되는 결론이 사실이 아니라 상상에 근거한 말도 안 되는 것으로 여겨질 수 있기 때문이다. 산발적으로 나타나는 현상을 고대 혹은 매우 이른 시기의 것으로 확인하기 위해서는 우선 그 현상들이 여러 문화에서 매우 긴 시간 동안 변화하지 않으면서 살아남았던 적이 있음을 확인하고 증명해야만 한다. 그 사이에 변화했었다면 단순히 오래되었다는 설명만으로는 그 동일성을 확신할 수 없다. 이런 반박 논리는 남아메리카, 오스트레일리아, 그리고 남아프리카와 같이 멀리 떨어진 곳에서 산발적으로 나타나는 관습과 발명 사이에 초기 역사적 연결이 있다고 하는 대부분의 주장에 적용할 수 있다.

산발적으로 나타나는 관습들이 평행발달 혹은 독립적 발달이 아니라 정말 공통의 기원을 가졌기 때문이라고 증명할 수 있는, 반박의 여지가 없는 주장을 내놓는 것은 대다수의 경우에 불가능하다. 몇몇 예외적인 경우에만 선사고고학의 연구 결과로 이러한 질문의 답을 구할 수 있다.

현대의 문화들이 더 복잡하고, 겉보기에 덜 풍부하고 수준이 낮은 문화가 더 단순해 보이기 때문에, 문화의 역사를 연대순으로 정리하여 재구성하는 모든 시도들은 문화가 단순함에서 복잡함으로 발달했다고 정리하였다. 제조 기술의 역사는 분명히 복잡성이 늘어나는 방식으로 진행되었던 것 같다. 반면, 사고에 의존하지 않는 인간의 활동들이 반드시 그런 유형의 진화를 보이는 것은 아니다.

이를 가장 분명하고 쉽게 보여주는 예는 아마도 언어일 것이다. 언어는 인류 발달의 역사를 보여주는, 여러 가지 측면에서 가장 중요한 증거 중 하나이다. 많은 원시 언어가 매우 복잡하다. 시각의 미세한 차이들이 구분되는 문법적 형태를 이용해서 표현되며, 현대 영어의 문법은 물론이거니와 라틴어의 문법 범주가 단순해 보일 정도로 원시 언어가 구분하고 반영하는 심리적·논리적 형태들은 매우 복잡하다. 우리가 사용하는 언어들에서 이들 범주나 형태들은 반영되어 있지 않고 무시된다. 언어들이 발달하는 경향을 전체적으로 보았을 때, 복잡한 형태들에서 세세한 구분들이 제거되면서 나중에는 더 단순한 형태들이 남게 된다. 물론, 그 반대의 경향이 존재하지 않는 것은 아니다(Boas 1911b 참조).

원시인의 예술에 대해서도 비슷한 관찰이 가능하다. 음악과 장식 예술의 분야에서는 오늘날의 대중 예술에서 찾아볼 수 없는, 독특한 운율이나 리듬감을 가진 복잡한 구조를 찾아볼 수 있다. 특히 음악에서는 이 복잡함의 정도가 매우 커서 뛰어난 천재 연주자의 기술과 재능도 그 소리를 따라 연주할 때 힘들다는 점을 인정할 수밖에 없을 정도이다(Stumpf 1911). 반면에 음정의 범위, 그리고 멜로디와 화음 구조는 전반적으로 복잡함이 증가하는 추세로 발달한다.

사회적 의무의 체계는 혈족과 인척 관계 집단 안에서 개인이 어떤 지위에 있는지에 따라 매우 복잡하게 결정된다. 형제나 자매, 삼촌과 조카, 시부모나 며느리 혹은 빙부모와 사위 사이에서 일어나는 행동은 현대 사회에서 존재하지 않는 세부적인 규칙에 따라 제한을 받는다. 특히나 지위에 의해서 의무가 조절되면, 개인이 사회에 대하여 가지는 의무의 복잡한 다양성은 사실 전반적으로 줄어든다.

종교의 발달 역시도 단순한 형태에서 복잡한 형태로 이루어지는 것이 절대로 아니다. 원시인의 종교 행위에 명시적인 체계는 없지만, 서로 단절되고 일관성 없는, 심지어는 자의적으로까지 보이는 수많은 규칙과 규율의 제한을 받는다. 교의(도그마)와 종교 활동은 겉보기에 일관성이 없어 보이고 다방면에 걸쳐 있는 것처럼 보인다. 한 가지 분명하고 지배적인 관념이 종교 생활을 지배하게 되면서 체계적 종교로서의 성격이 더 명확해지고 단순해지며, 교의나 의례가 없는 종교로까지 발달하게 된다. 물론, 체계적인 종교가 매우 복잡한 의례 형태를 발달시키는 반대 경향도 매우 흔하게 나타난다.

현대의 문화에서 더 큰 논리적 혹은 심리적 일관성이 관찰된다는 이유로, 바로 이러한 논리적·심리적 일관성의 정도가 발생순서 혹은 연대순의 가치를 반영하기 때문에 역사적 순서의 재구성에 사용될 수 있다는 결론을 내리는 경우가 많다. 그리고 그런 목적을 가지고 원시 부족의 관념을 논리학적·심리학적으로 분석하려는 시도들도 있었다. 자연에 대한 의인화된 시각과 신화의 발달을 재구성하려 했던 스펜서와 타일러의 시도도 바로 이러한 배경과 전제들을 가지고 있었다(Spencer 1893; Tylor 1874). 그러나 현실에서 역사가 실제로 전개된 과정은 완전히 달랐을 수도 있다. 초자연성, 영혼, 죄와 같은 용어로 표현되는 그 아래에 깔려 얽혀 있는 관념들은 사실 명확하게 개념으로 정의되고 발달하기 이전부터 존재했었다. 그 용어들이 담고 있는 복잡한 내용을 분석한다고 하여 그 의미들이 어떻게 발달했는지 그 역사가 밝혀지지는 않는다. 초자연성이라는 것이 어떤 물건들이 가진 놀라운 성질들을 포함하는지, 혹은 의인화되었지만 초인간적인 능력과 구분되는지를 결정하거나 판단할 수 있다고 해서 이 중 한 측면이 다른 측면보다 반드시 오래되었다고 증명되는 것은 아니다. 더군다나 이러한 막연한 개념들이 발달하게 되는 연유와 근거들은 매우 다양하기 때문에, 어떤 경험들의 단일한 집합으로부터 논리적으로 추적하여 결론짓는 방식으로 설명할 수 없다. 정령신앙(애니미즘)과 의인화가 한 번 발달하기 시작하면, 사회적 경험들을 의인화된 세계로 이전하는 일은 일어날 수밖에 없고, 그 결과는 사람에게 가장 익숙한 사회의 모습과 형태를 띨 수밖에 없다. 질환이나 굶주림과 같은 상태가 존재했다가 없어지기도 하는 물건으로서 독립적인 존재라고 인식되고, 다른 상태들은 깃들여진 속성이라고 상상하는 상황을 생각해 보자. 결국 혼란스러운 사고방식들이 발달하여, 한 묶음의 사고방식은 물건을 바라보는 독특한 시각에 의해 영향을 받을 것이고 다른 묶음의 사고방식은 속성을 바라보는 시각에 의해 영향을 받을 것이다. 그러나 여기에서 연대의 순서는 개입하지 않고, 그런 순서를 찾으려 하는 것은 무의미하다.

# 10장

# 문화에 대한 여러 해석

진화 이론과 문화 – 농경과 가축화
관습의 다양한 발달 경로 – 동일 기원 혹은 수렴 진화
바스티안의 시초사고 개념과 인종–문화 연관

인간의 문화에 대한 연구가 하나의 숙제로 널리 인정되기 시작하던 시기부터 문화를 하나의 단위 현상으로 해석하는 시도들이 이루어졌다. 이러한 일련의 시도들은 문화가 하나의 단위 현상이라는 점을 뒷받침할 수 있는 충분한 자료를 수집하기도 전에 그런 결론을 내렸던 것이다. 이러한 해석들은 사회를 유기체로 보았고, 사회의 여러 기능들에 대하여 신체의 여러 기관이 가진 기능과 동일한 방식으로 설명했다. 다윈주의(Darwinism)의 영향 아래에서 사회의 변화하는 형태들은 유기체의 진화라는 시각에서 다루어졌으며, 사회 발달과 진화의 원동력은 합리적 사고라고 주장하였다. 또한, 이 시각은 원시인들의 정신적 활동을 어린이의 정신 세계와 비견하여, 마치 어린이의 사고와 정신이 발달하는 과정이 인류 전체의 사고와 정신이 발달하는 과정을 되풀이하고 있는 것으로 보았다. 이들 시각에서는 어린이의 사고와 정신이 원시적 사고를 설명해 줄 수 있다고 믿는다. 더 최근에는 원시적 사고를 정신질환이 있는 사람들의 사고와 정신에 비견하려는 시도들이 이루어졌다. 우리문화에서 존재하는 정신질환을 가진 사람들을 가지고 타문화의 건강한 보통 사람들의 정신적 사고 활동을 설명하자는 접근이다.

지금까지 수집된 정보를 가지고 광범위하게 적용하여 원시인의 문화에 대한 타당한 보편 이론으로 일반화할 수는 없다는 것이 최신 연구의 시각이다. 모든 문화에 적용되는 일반 이론을 만들기 위해서는 심층적인 자료 수집과 분석이 필요하다는 점을 인정하기 시작한 셈이다.

위에서 언급한 시각들 중에서 우리의 논의를 위해서 필요한 것들은 몇 가지뿐이다. 사회를 유기체로 비유하는 것은 소위 원시인의 행동을 설명하는 데에는 도움을 주지 못한다. 유럽의 어린이 생활의 문화와 원시 사회 어른의 생활이 큰 차이를 보이기 때문에, 원시인의 사고를 어린이의 정신생활에 비유하는 것은 불가능하다. 굳이 그들을 비교해야 한다면, 최소한 어른 원시인을 그 자신의 문화에 속하는 어린이와 비교해야 할 것이다. 모든 인종의 어린이들은 당연히 신체 발달의 과정에 걸맞은 정신적 성장을 하며, 자신들이 속한 문화에 점진적으로 들어가면서 요구되는 방식에 맞추어 정신적 차이를 가지게 된다. 여기에서 가능한 단 하나의 유효한 질문은 어떤 문화가 발달시키는 정신적 특질을 다른 문화가 간과 또는 무시하지는 않는가 하는 것이다.

정신증(psychosis)의 여러 형태들을 원시인의 생활과 비교하는 시도들이 있다는 것은 더더욱 안타까운 일이다. 정신질환이 나타나는 양상은 반드시 그 사람들이 생활하는 문화와 관련이 있기에, 서로 다른 문화들에서 특정한 정신질환이 나타나는 방식을 추적하는 일은 정신의학자에게 중요한 학문적 의미를 지닐 것이다. 그러나 정신적으로 건강한 원시인의 생활을 우리 문명의 정신질환과 나란히 놓고 비교하려는 시도는 그 어떤 종류의 비유로도 근거를 마련할 수 없다. 아메리카 북서해안의 원주민들이 과대망상적으로 허풍을 떨고 행동한다고 하여 이를 과대망상증 환자의 행동으로 볼 수는 없으며, 그들의 문화가 그런 종류의 이상행동을 특정한 형태로 허용하는 것으로 생각해야 한다. 특히, 프로이트(Freud)가 수행한 유럽인의 행동에 대한 정신분석학적 해석과 원시인의 문화 간의 비교는 과학적 근거가 없다.[1] 그의 해석은 원시인의 생활이나 문명적 생활의 그 어떤 측면도 적절한 경험적 증거로 제대로 뒷받침하지 못한 공상에 불과한 것으로 보인다. 모든 정신적 상태나 수행 과정에는 특정한 원인이 있고 이를 발견할 수 있다는 믿음에서 나오는 시도들은 결국 인과성과 예측가능성의 개념을 혼동하여 적용하게 된다. 물론 모든 사건에는 원인이 있지만, 한 가지 원인이 한 가닥 실처럼 한 가지 결과로 연결된 것이 아니라 여러 원인들이 서로 얽혀 있는 경우가 많다. 예측할 수 없는 수많은 우연적인 원인들도 작용할 수 있고, 과거에 어떠한 변화가 왜 일어났는지 재구성할 수 없는 부분도 많다.

문화적 생활이 원시적인 형태로부터 현대 문명으로 발달했다고 보고자 시도하는 시각에 대해서 우리는 더 세부적인 관심을 가져야 한다. 발달

---

1) [원주] Freud 1918.

과정을 하나의 단일한 연속선으로 보는 단선진화론이든, 몇 개의 다른 연속선이 있었다고 가정하는 다선진화론이든 마찬가지이다. 인종이나 시간과 공간을 고려하지 않고 인류 전체의 역사에 우리가 일률적으로 문화의 발달 단계를 구분할 수 있는지, 그리고 이에 따라 어떤 문화는 더 이른 시기로, 다른 문화는 더 최근의 것으로 볼 수 있는지 스스로에게 묻고 검토해야 한다.

타일러, 바호펜(Bachofen), 모건(Morgan), 그리고 스펜서의 연구 덕분에 인류학은 축적한 자료에 대하여 문명의 점진적인 발달과 성장의 시각으로 분석하게 되었다. 이 방면의 인류학 연구는 다윈과 그의 후계자들의 자극과 영향을 크게 받았으며, 생물학적 진화 이론을 정신적 현상에 응용할 수 있다는 생각이 근본적으로 깔려 있다. 종족이나 민족의 생활이 시간적 단계, 역사적 단계의 표현이라는 사고가 이 방면의 인류학에는 전제되어 있다. 즉, 단순한 시작점으로부터 단선적인 연속선을 따라 현대 문명의 복잡한 유형으로, 일련의 시간적 단계로 진보했다는 시각이 근본적인 아이디어이다.

이 이론을 뒷받침하는 주장들은 서로 다른 인종에서 발견되는 문화 유형의 유사성을 근거로 한다. 또한, 우리 문명에서 찾아볼 수 있는 특수한 관습들, 즉 초기의 복잡한 의미를 잃어버린 오래된 관습이 잔존(survivals)으로만 남아 있다고 보고, 원시 집단에서는 여전히 초기의 의미를 온전히 가지고 있으며 실천되고 있음을 근거로 삼기도 한다.[2]

문명 진화 이론을 단적으로 보여주는 훌륭한 사례가 바로 농경의 발달과 동물의 가축화를 다룬 오티스 메이슨(Otis T. Mason), 맥기(W. J. McGee), 에두아르트 한(Hahn)의 이론이다.[3] 이들은 최초의 사회적 생활이 시작되면서 동물과 식물, 그리고 인간이 어떤 방식으로 공통된 환경 안에서 함께 살아나갔는지, 그리고 일반 다른 식물들과는 달리 특정한

---

2) [원주] Tylor 1874 (vol. 1): 16.
3) [원주] Mason 1895; McGee 1897; E. Hahn 1896, 1909.

몇몇 식물들만이 인간의 이동 주거지 인근에서 많이 서식하고, 특정한 동물들만이 인간의 이동 경로를 따라다녔다는 점을 지적하며 강조하고 있다. 서로 견디면서 서로 이익을 도모한 이런 조건을 통해, 식물과 동물, 그리고 인간의 밀접한 연관이 생겨났고, 이를 토대로 인간은 더욱 발달하여 동물을 실제로 가축화하고 농경의 시작에 이르게 되었다.

예술의 발달 역시도 비슷한 방법으로 재구성되었다. 최초의 예술이라고 할 만한 흔적들에서 동물을 먼저 재현하다가 다른 물건이나 기하학적 형태들이 뒤따라 나타나는 것을 가지고, 모든 기하학적 모티브가 현실의 재현으로부터 발달했다는 추리가 가능했다.

유사한 방식으로, 종교는 자연 현상에 대한 추측의 결과로 나타났다고 유추하고 있다.

이러한 일련의 접근을 보면, 관찰된 현상을 외적인 원칙에 의해 순서대로 나열하고, 이를 통시적인 순서로 해석하는 방법론이 공통적으로 적용되었다.

우리는 단선적인 문화 발달 이론이 함축하고 있는 바를 더 명확하게 이해해야 한다. 단선적 발달 이론은 인류의 서로 다른 집단들이 문화가 존재하지 않았던 매우 이른 시기부터 출발했다고 전제한다. 또한, 모든 인간 심성이 외적·내적 자극에 대하여 유사하게 반응하는 통일성을 가지고 있기에 인간은 모든 곳에서 같은 경로를 따라 비슷하게 발달하면서 유사한 발명을 이루고 유사한 관습과 믿음을 발달시켰다는 것이다. 게다가, 단선적 발달 이론은 생산의 발달과 사회적 발달 사이에 상관성이 있음을 전제하고, 발명들이 이루어지는 과정이나 사회 조직의 형태, 그리고 믿음에서도 특정한 순서가 있다는 점을 강조하며 전제한다.

전 세계적으로 원시인의 가장 이른 시기에 대한 역사적 자료는 없으므로, 위와 같은 전제들을 확인할 수 있는 역사적 근거는 세 가지밖에 없다. 구대륙 문명 집단들의 초기 역사에 대한 자료, 현대 문명에 남아 있는 잔존 관습들, 그리고 고고학이 발굴하는 자료가 그것이다. 이 중에서 역사적 기록을 가지지 않은 집단에 대하여 우리가 접근할 수 있는 방법은 마지막에 나열한 고고학적 발굴밖에 없다.

현재까지 고고학이 제시한 증거로 이론적 일반화를 도출하기는 불가능하다. 물론, 원시적 집단들이 가진 유형의 문화들과 현재 문명을 이룬 집단들의 조상이 역사 시대의 초기에 가지고 있던 문화들이 유사점을 보이기는 한다. 이러한 유사점들은 잔존 관습의 증거로 더 설득력을 가지게 되는 것처럼 보이기도 한다. 일부 유사점을 인정한다 하더라도 이를 전 세계적으로 일반화할 만한 고고학적 증거는 아직 없다. 평행 발달 이론이 조금이라도 타당성을 가지기 위해서는 인류의 모든 가지에서 발명의 단계들이 최소한 대략적이라도 같은 순서로 나타나야 하며, 현격한 틈새가 있어서도 안 된다. 그러나 최소한 지금까지 고고학적으로 밝혀진 사실들은 이와 정반대이다.

일반화된 이론에 대하여 가능한 비판은 농경과 목축의 발달을 예로 들어 설명할 수 있다. 원시적 생활이 영위되는 단순한 조건에서는 가족의 식량을 구하는 것이 남성과 여성 모두의 일이다. 여성들은 움직이지 않는 식물이나 움직임이 느린 곤충이나 애벌레 같은 동물들을 채집한다. 이는 출산과 영유아의 양육 때문에 이들의 움직임이 제한되어 있기 때문이다. 남성들은 빠른 사냥감이나 새 등을 사냥하고 물고기를 잡아 온다. 원시적 집단의 생활 양식을 체계적으로 이해하기 위해서 우리는 수렵과 채집을 통해 식량을 구하는 집단들을 가장 이른 시기로 분류한다. 그 다음에는 생계를 이어나가는 과정에서 더 많은 기술을 사용하거나, 자신의 거주지 근처에 자라는 식물에 대해 소유권을 발달시켜 식물과 더 밀접한 연관을 가지게 된 집단들을 위치시켜 분류한다. 이 경우에 발달하는 관계는 여성의 생활이 식물을 담당하여 중심적인 위치를 차지하며, 이렇게 우리는 현저한 공백 없이 가장 이른 형태의 농업이 발생하는 조건에 도달한다. 이러한 일련의 순서를 연대순으로 인식하고 받아들이는 심리적 요인은 기술적인 진보가 연속성을 가진다는 믿음과 더불어, 인구 집단 안에서도 여성들이 담당하는 일에 따라 연속성을 발견할 수 있다는 점이다. 수렵채집과 농경을 연대순으로 해석하는 것은, 일반적으로 농경의 시작 시기에 야생 식물 채집 활동이 아직은 부족한 농경을 보조한다는 관찰의 결과이다. 즉, 농업이 시작되기 전에 식물의 채집은 이루어지나, 그 반대 조건은 실제로 찾아볼 수 없기 때문이다.

남성들의 활동은 다른 무엇보다도 동물들과 연관되어 있다. 수렵에서 목축으로 이행하는 과정은 식물 채집에서 농업으로 이행하는 것만큼 쉽게 증명할 수 없다. 그럼에도 불구하고, 동물의 가축화는 대부분의 가축이 군집생활을 하는 동물들이라는 점에서, 사냥꾼이 야생 동물 군집과 형성하는 관계에 근거하여 이루어졌을 것이라는 개연성이 있다. 사냥꾼이 같은 군집, 또는 동물의 떼로부터 식량을 구하면서, 그 동물 무리를 유지하기 위해 공격하는 포식자들을 제거하여 안정적인 조건을 만들면서 가축화의 첫 걸음을 뗀 것이다. 사냥꾼이 만들어낸 이러한 조건은 시베리아의 축치(Chukchee) 부족이나 코략(Koryak) 부족에서 볼 수 있는 조건들과 상당히 유사하다. 동물의 경우에도 인구 집단의 동일한 부분, 즉 남성들이 인간과 동물의 관계를 담당했기 때문에 지속적인 발달이 가능했던 것이다.

위에서 서술한 내용들은 모두 고고학적인 증거로 뒷받침되고 있다. 우리의 시각이 옳다면, 경작되는 식물은 인간이 잘 알고 있는 야생 식물로부터 기원했을 것이다. 이러한 변화와 이행이 유럽 식물에서는 증명되었다. 우리가 위에서 서술한 이론에 의하면, 야생종과 가축화된 종 사이의 교배도 자주 이루어졌어야 한다. 이 역시도 유럽의 초기 종에서는 개연성이 있는 것으로 밝혀졌다. 가축화된 동물들의 경우에는 현재까지도 시베리아의 순록이나 이누이트들이 키우는 개의 사례에서 이런 양상을 관찰할 수 있다.

위의 검토를 거친 후, 우리는 단선 진화 이론에 대한 근본적이면서 가장 중요한 질문을 던질 수 있다. 농경과 목축 사이에는 어떤 연대적 선후

관계가 있는가? 이 질문을 순수하게 심리학 혹은 인지 진화의 시각으로 접근하게 되면, 한 집단이 수행한 같은 종류의 생업의 변화를 다루는 것이 아니라 담당하는 집단과 적용되는 기술이 다른 두 가지 생업을 분석해야 하는 어려움에 봉착하게 된다. 동물의 가축화로 연결되는 활동들과 식물의 경작으로 이어지는 활동들은 서로 공통점이 없기 때문이다. 이 두 가지 생업이 연대적으로 발달한 양상을 연결해 줄만한 그 어떤 개연성 있는 연관도 없는 것이다. 생업의 성격 자체가 매우 다르고, 생업을 담당한 사람들이 동일하지 않기 때문이다. 결국 심리의 진화라는 시각으로 보았을 때, 농업과 목축의 연대와 순서를 결정할 만한 근거는 존재하지 않는다.

전 세계적으로 일반화하여 체계적으로 적용 가능한 문화 진화 이론에 대해 우리가 회의적일 수밖에 없는 이유를 위의 사례가 단적으로 보여주고 있다. 발달의 단계를 구분하기 위해서는 같은 집단의 사람들이 수행하고 같은 종류의 활동이 지속되는 문화의 한 측면에 초점을 맞추어야 한다. 수행하는 활동들의 차이가 크고 서로 다른 하위집단의 개인들이 그 활동에 참여하는 경우, 느슨하게 연결되거나 완전히 분리된 문화의 서로 다른 측면 사이에 어떤 특정한 지속적인 관계가 유지될 수는 없다. 이 모든 경우에 연대를 알아내고 결정하는 자료는 다른 곳에서 찾아보아야 할 것이다.

확실성을 가지고 신뢰할 수 있는 결론을 내리는 일은 오직 고고학적 증거가 뒷받침되어야만 가능하다. 그리고 원시 부족들이 살아가는 특정한 몇몇 조건들이 이를 보조할 수는 있다. 특정한 생산의 방식이 더 단순한 생산 형태와, 그리고 특정한 그 단순한 생산 형태의 선행과 연관하에서만 나타난다면, 그 단순한 생산 형태가 시기가 이르다고 상당한 개연성을 가지고 추정할 수 있다. 이러한 증거가 절대적인 규칙성이 아니라도 충분한 빈도수를 가지고 나타난다면, 인정할 수 있을 정도의 발달 경향이 있다고 말할 수 있다.

지리적 분포의 양상도 도움이 될 수 있다. 어떤 생산의 형태가 연속적인 분포를 보일 경우, 가장 광범위하게 확산된 생산 형태가 반드시 가장 오래된 것은 아니라 할지라도 가장 오래되었을 가능성이 높다. 그러나 같은 주장을 기술의 영역이 아닌 다른 영역에서 적용할 수 있는지는 의문이다.

서로 다른 다양한 현상이 다르면 다를수록 상관성은 당연히 떨어진다. 문화가 단일한 시기 또는 단계 안에서 역사적 발달을 보이는 경향이 있음에도 불구하고, 문화 전체에 대한 보편적인 발달의 조화로운 도식은 발견된 적이 없다.[4]

따라서, 문명의 진보된 단계에 있는 모든 집단들이 똑같이 발달의 모든 단계를 거쳤을 것이라는 시각은 확실성이 없으며, 전 세계에 존재하는 모든 종류의 문화를 종합적으로 검토할 때 이를 확인할 수 있다.

가족의 발달에 대한 이론이 가지는 타당성을 검토했을 때에도 유사한 비판이 가능하다. 가족의 조직이 여성과 남성 사이의 불규칙하고 가변적인 관계 때문에 생겨났고, 이후에 어머니와 아이들 사이에 가족 단위가 형성되어 어머니의 부모와 형제자매와 밀착된 형태로 변했다가, 더 훗날에서야 아버지가 가부장이 되어 아버지의 부모와 형제자매에 연결되는 형태가 등장했다는 주장이 제기되었다. 문화의 진화가 단선적으로 일어났다면, 가장 단순한 형태의 가족은 가장 단순한 유형의 문화에서 나타나야 한다. 그런데 실제로는 그렇지 않다. 가족 형태를 비교한 연구들은 가족 형태가 매우 불규칙적으로 분포하고 있음을 보여주었다. 이누이트나 북아메리카 북서 고원의 원주민과 같은 매우 원시적인 몇몇 부족들은 아버지와 어머니 양쪽으로 계보를 따지는 양계혈통을 특징으로 하며, 상당히 발달된 문화를 가진 다른 부족들의 경우 모계만을 인정하기도 하고, 또 경제적 생산 활동이 더 단순한 부족들이라 할지라도 부계 혈통을 따르는 경우도 있다.[5] 이처럼 실제 자료가 서로 상충하기 때문에, 경제 생

---

4) [원주] Thomas 1909.

활과 가족 조직의 내적인 원리가 서로 밀접하게 연결되어 나타난다는 결론을 내릴 수는 없다.

여러 종류의 관습들이 어떤 경우에도 반드시 한 가지 방식으로만 발달하지는 않는다는 점을 이론적인 검토를 통해 알 수 있다. 근친상간과 토테미즘의 관계를 예로 들어 살펴보자. 근친상간 범위 집단은 친족 관계의 체계와 이를 동반하는 사고방식에 따라 매우 다른 형태로 나타난다. 흔히 근친상간 범위 집단의 구성원들은 자신의 집단이 어떤 동물, 식물, 또는 다른 물체일 수 있는 토템과 매우 친밀한 관계를 가진다고 믿는다. 하지만 그런 관계가 성립하지 않는 사례들도 있다. 인류학 이론에서 토테미즘은 사회의 초기 단계에서 나타나며, 이후에 다른 형태들이 발달해 나왔다고 보고 있다. 근친상간이라는 개념 자체가 매우 보편적으로 관찰되기 때문에, 인류가 분산되기 전 시기 또는 분산되고 나서 매우 이른 시기에 각각 독립적으로 발달되었을 것이라고 추정하고 있다. 근친상간 범위 집단이 존재하는 곳에는 어디에서나 발달이 두 가지 방향으로 가능하다. 집단의 인구 증가로 크기가 커지면서 계속 하나의 집단으로 유지되는 것이 하나의 방향이고, 몇 개의 다른 집단으로 분리되는 방향이 있다. 이 과정에서 관념적으로는 집단의 통일성이 유지되어야 한다. 그렇지 않으면 분리되어 나온 하위집단들은 다른 하위집단들과 분리될 때 이전에 하나였다는 관계를 기억하거나 보존하지 못할 것이기 때문이다. 이러한 기억과 관념을 존속시키기 위해서는 전체 집단에 이름을 부여하고, 공통된 관습이나 모임, 또는 구성원과 비구성원을 구별할 수 있는 관계 용어를 만들어낸다. 그리고 관계 용어는 상당히 먼 관계의 구성원까지 알아볼 수 있는 중간적인 사람들과의 관계도 표현해야 하기 때문에, 결과적으로 매우 많은 수의 사람들이 포함될 것이다. 이렇게 생각해 보았을 때, 집단의 통일성이 존재하지 않는다면 전체 집단의 토테미즘이 발달할 수 없다. 토테미즘이 발달할 수 있는 유일한 형태는 한 집단이 같은 이름을

---

5) [원주] Swanton 1905.

가지거나 공통된 관습을 특징적으로 가지는 경우이다.

이 사례에서 볼 수 있듯이, 서로 다른 관습들이 하나의 동일한 기원에서 발달했다면, 우리는 높은 수준의 발달 단계에 도달한 모든 집단이 원시 문화를 가진 부족들에서 관찰되는 단계들을 모두 거쳐서 발달했을 것이라고 가정할 여지가 없어진다.

또 하나의 관찰을 가지고 제기될 수 있는 더 심각한 비판을 살펴보자. 인류의 진화에서 일반적·보편적 동일성이 타당성을 가진다는 시각은 다음과 같은 전제에 바탕을 두고 있다. 즉, 같은 문화적 특질들이 언제나 같은 하나의 원인으로부터 발달했음에 틀림이 없고, 논리적이거나 심리적인 단계적 순서가 그대로 시대의 연대적인 순서와 대응한다는 전제이다.6) 특정한 영역에서는 같은 사회 집단이 지속적으로 일정한 활동을 담당했다면, 단선적인 발달 이론을 지지할 만한 이유가 있을 수 있다는 점을 앞에서 검토하였다. 이 조건이 충족되지 못한다면 그 이론을 지탱할 수 있는 여지가 없다. 따라서 모계적인 제도가 부계 혈통에 앞서 나타났다는 추론은, 몇몇 사례들로부터 부계 가족 형태가 모계 가족으로부터 발달된 것으로 보이기 때문에 모든 부계 가족 형태가 같은 방식으로 발달했을 것이라고 추측하는 과다한 일반화이다. 가족 조직과 형태의 역사에서 단 한 가지의 특정한 조건들이 가족 형태를 결정한다는 증거는 없으며, 남성 또는 여성의 가족이나 다른 어떤 집단이 결정적이거나 지배적인 영향을 행사했다는 근거도 없다. 한 유형이 다른 유형에 앞서 존재했을 것이라는 내적이거나 본질적인 이유도 존재하지 않는다. 따라서, 우리는 부계 가족이 어떤 경우에는 모계 제도에서 발달했으나, 다른 경우에는 그 반대 방향의 발달이 일어났다고 결론지을 수 있다.

6) [원주] 9장 끝과 10장 앞 부분 내용 참조.

# 11장

## 원시인의 사고와
## 문화의 진보

우리는 여기까지의 논의를 통해, 문화의 역사를 재구성함에 있어 단순한 형태가 복잡한 형태보다 앞서 나타난다는 원칙이 현실에서는 발견되지 않았음을 알 수 있었다. 게다가, 개별적인 문화 현상의 수준에서 문화적인 자료에 대한 논리적 분석이나 심리학적 분석은 상당한 몰이해를 가져올 수 있다는 점도 살펴보았다. 그럼에도 불구하고, 시간의 흐름에 따라서 지성적인 측면에서 보았을 때 사고의 수준, 새로운 발명, 생존에 있어서 음식을 구하거나 살아갈 집을 확보하기 위해 새롭게 기여하는 여러 가지 장치나 도구들의 가짓수가 늘어나고 그 수준이 높아지고 있어서, 삶을 더욱 다양하고 풍족하게 만들어주고 있다. 이러한 의미에서는 문화가 "발달"한다는 말을 받아들일 수 있을 것이며, 이는 또한 일상적으로 우리가 흔히 사용하는 표현이기도 하다.

문화의 발달을 위와 같이 정의할 수 있다면, 우리는 자동적으로 원시성을 그 반대 방향으로 정의할 수 있을 것이다. 원시적인 사람들은 활동이 분화되지 않고 비슷비슷한 양상으로 모든 이들이 매일 똑같은 방식으로 살아가고, 겉에서 보기에나 속에 든 내용으로 보나 그 문화가 풍부하지 못하고 지적으로 일정한 수준에 도달하지 못한 것으로 나타난다. 이런 원시인들은 발명이나 사회적 질서라는 측면, 지적인 생활이나 감성적인 생활이라는 측면 모두에서 그다지 발달했다는 느낌을 주지 않는다. 만약 이와 같은 부족 사회의 여러 측면들이 모두 상관성을 가지고 서로 깊이 연관되어 있다면 위와 같은 결론을 내려도 되겠지만, 실제로 보면 그와 같은 상관성은 일반화할 수 있을 정도로 나타나지 않는다. 어떤 경우에는 오스트레일리아 원주민처럼 물질문화가 보잘 것 없으나 사회조직이 매우 복잡하게 나타난다. 다른 경우에는 캘리포니아 원주민처럼 뛰어난 기술과 예술적 기교를 가지고 있지만 그 이외의 측면에서는 그러한 복잡성이 전혀 나타나지 않을 수도 있다.

게다가, 큰 사회집단의 경우 계층이나 계급과 같은 사회적 층위가 나누어지는데, 이런 경우에 단순함과 복잡함의 기준은 완전히 다른 의미를 가지게 된다. 유럽이나 아메리카에서 흔히 찾을 수 있는 가난한 농촌 인구나 가장 낮은 층위의 도시 프롤레타리아의 문화적 지위는 현대 문화의 가장 훌륭한 업적을 남긴 사람들의 지위에 비한다면 도저히 비교할 수 없을 정도로 차이가 날 것이다. 현대 사회에서 가장 어렵게 살아가는 계층 사람들의 삶에서는 문화적 가치라는 것이 차지하는 위치는 거의 전무하다고 해도 과언이 아닐 것이다. 그러나 이러한 어려운 계층도 부족사회처럼 다양한 발명의 영향을 받지 않는 고립된, 독립적인 단위가 아니라, 다른 계층의 문화적 성취와 결과물을 이용하고 전유할 수 있다는 점에서 차이가 난다. 이렇듯이, 원시 부족 사회에서 보이는 문화적 독립성과 특정한 사회 계층이 보이는 전체 문화체계에 대한 의존성은 대비되는 것처럼 보이지만, 사실은 사회적 단위들이 서로 의존적인 방식들을 단적으로 보여주고 있다.

문화적 가치의 분산과 보급에 대해 다루었던 이 책의 앞부분에서, 타문화의 영향을 전혀 받지 않은 사회집단은 존재하지 않으며, 모든 집단은 예외 없이 이웃 집단으로부터 새로운 사고나 발명을 전해 받거나 동화, 모방, 또는 전유했음을 이미 살펴보았다. 이웃 집단이 이루어 놓은 것을 동화라는 과정을 거치지 않고 변형 없이 그대로 받아들인 경우도 상당수 찾아볼 수 있다. 이러한 사례들에서는 해당 부족들에서 경제적 또는 사회적 의존성이 발생하게 된다. 이를 단적으로 보여주는 사례가 특히 인도에서 많이 발견된다. 실론섬에 사는 베다(Veddah)족은 확실히 부족사회라고 할 수 있다. 그럼에도 불구하고 그들의 경제 생활은 이웃 집단이 뛰어난 기술로 생산한 철기 도구에 전적으로 의존하고 있으며, 그들의 언어 사용과 종교 생활은 신체적인 수준에서 차용되어 자신들의 것으로 흡수된 것이다. 토다(Toda)족의 경우, 경제적인 측면에서의 의존성은 더욱 명확하게 나타난다. 그들은 전적으로 물소 떼를 먹이고 돌보는 것에 집중하면서, 나머지 생활필수품들은 유제품과 교환하여 이웃 집단으로부터 받아서 살고 있다. 이러한 의존성은, 임시적인 양상이라고는 하지만 약탈을 주된 방식으로 삼는 전시 집단 또는 국가, 또는 이웃집단의 구성원들을 착취하여 그들 노동의 생산물을 전유하는 것에서도 찾아볼 수 있다. 실질적으로, 다양한 국가 또는 집단들 사이에서 활발한 교환과 교역이 이루어지고 있다면, 이러한 관계에서는 반드시 경제적, 그리고 문화적 상호의존성이 나타나게 된다.

어떤 인구 집단의 문화가, 문화적 성취 또는 성공이 적거나 거의 없다는 의미에서 빈곤하기 때문에 "원시적"이라고 분류하기 위해서는 다음 세 가지에 대한 검토가 이루어져야 한다: 첫 번째로, 문화의 여러 가지 측면에서 이러한 빈곤이 어떤 방식으로 나타나고 있는가; 두 번째로, 문화 유산 또는 자산의 측면에서 봤을 때 그 집단을 하나의 단일한 단위로 취급할 수 있는가; 그리고 셋째로, 해당 문화의 다양한 측면들이 어떤 방식으로 연관되어 있는가, 그리고 모든 측면들이 골고루 발달하지 못한 상태인지 또는 한 분야가 특히 발달하였는지 등의 여부이다.

위의 세 가지 질문은 기술적인 측면에 대하여 가장 쉽게 답할 수 있다. 새로운 기술의 발명은 많은 경우에 이전 기술에 뭔가를 보태어 성취되는 것이기 때문이다. 새로운 발명이 도입되어 받아들여지고 지속적으로 발달한다고 하여 이전의 훌륭한 기술을 버리는 사례 – 이를테면 철기 기술이 석기 기술을 대체했듯이 – 는 사실상 드물다. 기술의 변화가 일어나는 가장 일반적인 경우는 원하는 바를 좀 더 적확하게 달성할 수 있는 기술 그보다 못한 기술 대신에 채택하는 경우이다. 그렇기 때문에, 발명의 순서가 규칙적으로 정해지기만 한다면, 발명의 풍성함에 따라 문화들을 분류하는 것은 어렵지 않을 것이라고 생각하기 쉽다.

하지만, 실제로는 그렇지 않다는 것을 우리는 위에서 살펴보았다. 유목민의 경우에 발명의 숫자로 따졌을 때에 농경을 하는 부족보다 더 많다고 단정할 수 있을까? 오호츠크해 연안에 사는 가난한 부족들이 토기를 만드는 북서 아메리카의 부족들보다 덜 원시적이라고 할 수 있을까? 고대 멕시코 문명이 철기를 가공하는 기술을 가졌다고 하여 가난한 흑인 부족들보다 더 원시적이라고 말할 수 있을까? 일련의 발명이 이루어지고 특정한 기술을 가졌다고 하여 그 기준만으로 어떤 문화에 대한 절대적인 평가를 할 수는 없다. 우리는 위에서 이미 이러한 발명이 역사적인 시간 속에서 특정한 순서로 이루어지지 않았음을 살펴보았다.

따라서, 우리는 발명의 숫자나 순서에 대한 평가만을 가지고 원시적이라거나 더 발달했다는 식으로 판단할 수는 없다. 우리는 흔히 생활에 필수적인 것들을 얻는 데에 드는 노력의 정도가 줄어들수록, 그리고 예술처럼 일상적으로 필수적이지 않은 분야에서 사용되는 기술적인 성취가 높을수록 특정한 문화를 높게 평가하는 경향이 있다. 예를 들어, 이누이트의 문화는 높은 기술 수준과 창의성에도 불구하고 높은 평가를 받지 못한다. 이는 그들의 기술과 노력이 모두 일상생활에서 이루어지는 사냥의 분야와 추운 기후에 적응하기 필요한 것들이기 때문이다. 이누이트들에게는 이러한 기술들이 다른 방면에 적용되거나 응용될 가능성이 별로 없다. 산(San)족이나 오스트레일리아 원주민, 베다족도 이러한 조건에서 생활하며 기술을 이용한다.

이들 문화와는 달리 캘리포니아 원주민들의 문화가 좀 더 높은 평가를 받는 이유는 그들이 상대적으로 여가 시간이 있고, 이러한 여유 시간에 비생산적이거나 예술적인 물건들을 만들기 위해 기술을 연마했기 때문이다. 생활필수품이 아니라 생활의 즐거움이나 편의를 위해 기술을 많이, 그리고 다양하게 응용할수록 우리는 그 문화를 높게 평가한다. 실을 자아서 옷감을 만들거나, 바구니를 만들거나, 나무 또는 뼈에 장식을 새긴다거나, 석상, 토기, 철 세공, 건축 등의 활동이 이루어졌다고 하면 우리는 흔히 그 문화가 가장 단순한 수준의 원시적 조건을 뛰어넘었다고 판단한다. 반면, 어떤 문화가 일상적으로 섭취하는 음식이 육류이든, 생선이든, 또는 채소이든, 선택하는 음식의 종류가 문화에 대한 평가에 영향을 주지는 않는다.

음식처럼 자연이 제공하는 선물의 경우에는, 그 양이 무제한으로 풍족하지도 않을 뿐만 아니라 기술이 발달한다고 하여 반드시 확보하기 쉬운 것은 아니기 때문에, 확보 기술을 가지고 놀거나 응용 또는 실험할 수 있는 범위는 크지 않다. 사냥꾼이 기술을 완벽하게 보완한다고 해서 일상적으로 필요한 식량을 확보하는 것에 쏟아야 하는 노력이나 노동이 덜 드는 것도 아니다. 또한, 기후의 혹독함이나 사냥감의 희소성 때문에 이런 저런 방식을 실험할 수 있는 여유도 없고 오로지 기존의 기술을 완벽하게 사용하는 것에 집중해야 한다. 식량이 풍족하여 큰 노력 없이 식량을 얻을 수 있는 지역에서만 폭넓은 기술의 응용과 다양한 방식의 발달 양상을 발견할 수 있다. 그리고 이러한 축복받은 지역은 채소가 풍부하고 빠르게 자라는, 그리고 강물이나 바다에서 많은 물고기가 서식하는 열대지방에 국한된다. 이 지역들에서는 식량을 보존하는 기술만 있다면 사람들이 여유를 가지고 여가를 즐기거나 다양한 방식으로 기술을 다른 방면에 응용할 수 있게 된다. 다른 지역의 경우에는 인간이 특정한 기술, 즉 목축이나 농경을 통해 식량 확보를 인공적으로 증가시켜야만 안정된 식량 수급이 가능하다. 식량 공급을 위한 발명과 기술이 흔히 문화 제반의 발달과 연결되어 있다고 하는 이유가 바로 여기에 있다.

한 가지 더 감안해야 할 것은, 인간의 초기 기술의 발전이 계획된 것이 아니라, 일련의 우연한 발견들이 기술의 발전으로 이어졌을 것이라는 점이다. 즉, 어떤 사소한 발견이 즉시 기술의 보완으로 연결된 것이 아니라, 기술의 목록에 일단 더해졌다가 일정한 시간이 흐른 뒤에야 유용한 방식으로 인정되어 널리 퍼졌을 것이다. 계획된 발명이라는 것이 먼 옛날에는 개개인들에 의해 이루어져서 사회적으로 중요한 부분을 차지하지는 못했을 것이다. 시간이 흐름에 따라 더 많은 사람들이 같은 직종에 종사하게 되면서, 이전의 기술이나 기술 장치들에 새로운 발명들이 더 빠른 속도로 덧붙여질 수 있었을 것이다. 인구 규모가 충분히 커서 같은 직종에 종사하는 사람들이 많을수록 문화 변동이 급속도로 일어나는 양상은 여러 가지 요인 중에서도 바로 위와 같은 요인 때문이다.

식량 공급이라는 측면에서 보이는 자연의 인색함 때문에 수렵 생활을 하는 부족의 인구 증가에는 분명한 한계가 있다. 식량이 지속적으로 풍족하게 공급되어야만 인구의 빠른 증가가 가능하다. 물고기가 풍부하게 공급되는 조건, 또는 목축을 통해 식량을 지속적으로 풍부하게 확보하는 것도 인구 증가를 가능하게 한다. 하지만, 큰 인구집단이 연속된 지역에서 같은 종류의 생계활동을 통해 식량을 안정적으로 공급받을 수 있는 유일한 길은 바로 농경이다. 이러한 연유로 농경은 모든 발달된 기술 문화의 근간이 된다(Carr—Saunders 1922 참조).

위와 같은 사항들을 고려했을 때, 다음과 같은 두 가지 결과를 유추할 수 있게 된다.

지적인 일이나 노력을 위한 전제조건은 기술 발명이나 발달에 필요한 조건과 상당히 유사하다는 것이 명확해진다. 매일 매 순간을 일상생활의 필요에만 전적으로 할애한다면 지적인 과제나 노력을 위한 시간이나 기회는 있을 수 없다. 이 점에 있어서도 사람들이 더 많은 여유 시간을 얻어 더 많은 노력을 쏟아서 지적인 활동을 많이 하면 할수록 그 문화는 더 높게 평가될 것이다. 지적인 활동은 기술의 발전에서 일부 드러나기도 하지만, 더 많은 부분들은 인간 경험의 외적 부분과 내적 부분에 대한 고찰, 즉 소급적인 유희와 성찰을 통해 이루어진다. 이러한 추상적인 측면, 즉 인간의 경험이 보물처럼 쌓이면서 이에 대한 계속적인 정교화와 세부화가 지식의 증가로 이어진다는 측면에 대해서도 우리는 문화 발달의 객관적인 잣대를 만들어낼 수 있다. 이 부분에서도 더 많은 시간이 할애된다면 더 빠른 발달과 진보가 이루어질 것이다. 지적인 노력 덕분에 실수나 오류는 바로잡아질 것이고, 이와 더불어 모든 종류의 경험은 체계화될 것이다. 전자와 후자 모두, 즉 진리에 접근하는 새로운 방식, 그리고 지식의 체계적 발전 모두 뭔가 이전보다는 나아가게 된다는 뜻이다. 이러한 과정을 통해 도출된 지식의 확장된 범위와 성격은 문화적 진보 또는 발달의 지표로 볼 수 있다.

문화 발달의 또 다른 요소는 유희적인 기술의 진전과 깊은 연관이 있다. 예술의 발달에 있어서 기술적인 기교의 완성은 매우 근본적인 조건이다. 장식적인 예술이라는 것은 사람들이 어떤 기교를 완벽하게 익혀서 유희적으로 적용할 시간이 없다면 존재할 수 없다. 이를 감안한다면, 기교의 발달에 필요한 전제조건이 똑같이 예술의 발달에 적용될 수 있으며, 기교적인 손재주의 종류와 범위가 늘어난다면 예술의 형태도 따라서 그 종류가 늘어날 것이라는 점을 알 수 있다.

　　정신적인 활동의 다른 분야들을 검토하기 전에 지금까지 논의했던 것들을 요약한다면, 기술과 기교, 지적인 노력, 그리고 장식적인 예술의 분야에서는 여러 문화들을 비교하고 평가할 수 있는 객관적인 잣대와 기준이 있을 수 있다. 그리고 이 분야들에서 이루어지는 발달은 모두 기술적 기교와 통찰력의 전반적인 진전에 의존하기 때문에 이들 분야들은 서로 긴밀한 연관을 가진다.

　　앞에서 제기했던 세 가지 질문 중에서 두 번째 질문은 특정한 집단의 문화적인 성취가 그 집단 구성원들 사이에서 어느 정도로 공유되었는가 하는 문제였다. 모든 개개인의 노력이 전적으로 생활에 필수적인 것들을 획득하는 것에 집중되어야만 하는 가장 빈곤한 문화들은, 특히 식량을 구할 수 있는 활동이 한두 가지로 제한되어 있다면, 일상생활의 모습이 상당히 획일적일 것이다. 이는 특히 일상생활을 지속하는 데에 필요한 식량이나 피신할 곳을 찾는 것이 모든 활동의 전부이고, 모든 사고와 감정이 그 활동에 매여 있고, 노동의 분업이 전혀 이루어지지 않는 곳에서는 더욱 그러하다.

　　이누이트의 경우, 겨울에는 바다에 서식하는 포유류를, 여름에는 육상 동물을 사냥하기 때문에, 모든 사람의 생각은 사냥에 집중되어 있다. 이러한 획일성이 이누이트의 지리적인 환경 때문에 나타나는 필연적인 것은 아니다. 이러한 조건에서도 노동의 분업은 충분히 가능하기 때문이다. 비슷한 기후 조건에서 살아가는 시베리아 북동부의 축치(Chukchee)족은 서로 의존적인 두 개의 경제 집단으로 나뉘어, 한 집단은 순록을 키우고 한 집단은 해양 포유류를 사냥하면서 산다. 수렵을 하는 집단 안에서도 한 사람이 한 종류의 동물을 전문으로 사냥한다면, 다른 사람은 다른 동물을 전문으로 사냥하는 분업이 이루어지기도 한다. 수렵 집단의 생활양식 때문에 개별화된 집단들이 만들어지거나 분업이 이루어지지는 않지만, 다른 곳과 마찬가지로 여기에서도 남성과 여성의 분업은 이루어진다. 남성 구성원은 수렵을 하거나 어로를 하며, 여성 구성원들은 식물이나 빠르지 않은 동물을 채집하는 활동에 종사하고, 집안일을 하며 어린 아이들을 돌본다.

이와 같은 일상적인 일들을 일생 동안 내내 한다면 사실상 유희적인 기술이나 기교를 연마할 시간은 없게 된다. 만약 그럴 시간과 기회가 주어진다면, 취향과 능력에 따라 직업의 분화가 일어나게 될 것이다. 나무에 조각하는 사람, 바구니 만드는 사람, 옷감 만드는 사람, 토기 만드는 사람들이 생겨나게 될 것이다. 이들이 이러한 일들을 전업으로 하지는 않는다 하더라도, 어느 정도로는 한 방향으로 전문화가 이루어질 것이다. 만일 전문화가 이렇게 점차적으로 이루어진다면, 생각이나 말을 가지고 유희를 하는 사상가와 시인이 분명히 나올 것이다. 이러한 사고와 언어의 유희성은 심지어 기술적인 기교보다도 이른 시기에 나타난다. 왜냐하면, 사냥과 집안일 때문에 기교적인 기술을 위한 시간은 나지 않을 수 있지만, 사냥감을 찾아서 기다리거나 여기저기 다니는 동안, 또는 식량을 채집하고 아이들을 돌보는 동안 상상의 나래를 펴거나 사고에 집중할 수 있는 기회와 시간은 틈틈이 날 수 있기 때문이다.

어떤 집단의 일부 구성원들이 위와 같은 과정을 통해 특정한 기교를 발달시켰을 때, 우리는 그들을 창의적인 예술가로 인정한다. 어떤 경우에는 한 사람이 도저히 따를 수 없을 정도의 예술적 기교를 익혀서 유일한 창의적 예술가가 되기도 한다. 이러한 구분이 성별을 따라 나뉘는 경우도 있다. 아메리카 북서 해안 지역에서는 그림과 나무 조각의 분야가 남성들의 예술인 반면, 캘리포니아 지역 원주민인 푸에블로 부족 원주민들의 바구니 만들기는 여성들의 예술이다. 북서 해안 원주민들의 경우, 특정한 예술적인 기교가 한 분야에서 너무 특화되어 여성들에게서는 똑같은 상상력과 생기를 찾아볼 수 없을 정도이다. 이들이 만든 옷감과 자수에서도 남성들이 조각에서 보이는 활기는 찾아보기 어렵다. 반대로, 캘리포니아 원주민들과 푸에블로 원주민들 사이에서는 남성들의 예술적인 감각을 전혀 찾아볼 수 없다. 남성들과 여성들이 각각 자신들의 특화된 분야에서 공히 높은 수준과 완성도의 기교를 보이는 경우에는 두 가지의 완전히 다른 예술 형태가 발달하기도 한다. 알래스카의 틀링깃(Tlingit) 부족에서는 여성들이 기술적으로 완벽하고 복잡한 직선 문양으로 장식된 바구니를 만들며, 남성들은 매우 세련된 양식의 동물 조각상을 만든다. 이와 같은 양상은 다른 함의도 가지고 있지만, 여기에서는 이러한 활동들의 발달과 분화가 문화적 활동의 풍부함을 나타낸다는 점을 지적하고 넘어가겠다.

다른 한편으로, 예술적인 활동의 분화 때문에 특정한 직종에 종사하는 집단들이 한 가지 일만을 하게 되어, 분화가 이루어지지 않은 사회와 비교했을 때, 분화가 이루어진 사회가 전반적으로 더 빈곤해질 가능성도 물론 있다. 이러한 경우는 특히 경제적인 발전 과정에서 인구의 대부분이 생계를 위해 모든 노력을 집중해야 하는 시기에, 또는 현대 사회에서 관찰할 수 있듯이 많은 사람들이 생산적인 일에 종사할 수 없게 되는 상황에서 나타난다. 이러한 사례에서 전체 사회의 문화적 생산성은 매우 높은 수준으로 나타날 수도 있지만, 심리적인 수준에서의 전체적인 평가는 대중들의 문화적 빈곤을 감안해야 할 것이다.

지금까지 우리가 고려했던 측면들을 기준으로 본다면, 더 많이 성취하고 발달한 문화와 덜 발달한 문화를 객관적인 평가의 기준으로 판단하는 것은 매우 자명한 일처럼 보인다. 그러나 문화는 다른 많은 측면들을 가지고 있으며, 그렇기 때문에 문화의 빈곤함이 무엇인가 하는 문제에 대해서는 쉽게 답을 얻기가 어렵다. 위에서 지적한 것처럼, 지식이라는 것한 가지가 문화의 풍성함을 의미하지는 않지만, 지식의 조정과 조직을가지고 평가 또는 판단을 내릴 수는 있다. 그러나 지적인 조정과 체계화, 윤리적 관념, 예술적 형태, 종교적 감성에 대한 평가는 다분히 주관성이들어가기 때문에 문화적 가치의 성장이나 증가를 규정하기는 힘들다.

문화에 대한 그 어떠한 평가도 특정한 지점을 설정할 수밖에 없으며, 그 지점은 어디를 향해 변화하는가 하는 것을 감안할 수밖에 없고, 그 지점은 현대 사회와 문명의 기준이다. 경험과 체계화된 지식이 증가함에따라 우리가 진보라고 생각하는 변화들이 일어나고 있지만, 인간의 근본적인 사고가 변화한 것은 아니다. 모든 사람이 속하게 되는 소규모 사회의 윤리 덕목은 어디에서나 똑같이 적용되어, 살인, 도둑질, 거짓말, 강간과 같은 행위는 비난을 받고 처벌받는다. 차이가 있다면, 특정한 사회 집단이 어떤 일에 대하여 의무감을 느끼며 인간의 괴로움과 고통에 대해얼마나 알아차리느냐 하는 정도의 차이이고, 이에 대한 지식이 증가하는정도의 차이이다.

사회조직의 측면에서 진보나 발달을 정의하는 것은 더욱 어려운 일이다. 극단적인 개인주의자들은 무정부주의를 자신의 이상으로 삼기도 하고, 어떤 사람들은 자발적인 획일화를 이상으로 삼기도 한다. 사회가 개인을 통제하고 지도자에게 충성을 다하는 것을 이상적으로 생각하기도하고, 개인적 자유를 기반으로 하여 사회 전체가 권력을 가지는 것을 이상적으로 여기기도 한다. 진보 또는 발달이라는 것은 이처럼 특정한 이상을 마음에 품고 있어야만 정의내릴 수 있다.

절대적인 의미에서의 진보라는 것은 없다. 현대 문명이 발전하는 과정에서 개인이 태생적으로, 또는 선택이나 강제를 통해 신분을 가지게 되는 신분제의 경직성은 이제 더 이상 통하지 않는다. 물론, 현대 사회에서이러한 경향이 돌아오는 것으로 보인다. 현재의 독일에서 유태인의 지위가 사람됨이 아니라 태생적으로 결정되는 양상이나, 러시아, 이탈리아,

독일과 같은 나라에서 사람의 지위가 당적에 의해 결정되는 사례가 그러하다. 다른 나라의 경우, 이러한 경향이 시민권이나 혼인 상태와 같은 지위에 남아 있는 것을 볼 수 있다. 이러한 의미에서 진보라는 개념은 문화에 대한 객관적인 연구에서는 매우 조심스럽게 적용되어야 할 것이다 (Boas 1932b 참조).

원시인의 사고의 형태를 재구성하기 위해서 우리는 사고의 역사를 거슬러 올라갈 수 있는 데까지 올라가 보아야 한다. 가장 이른 시기의 사고 형태를 현대 사고의 형태와 비교를 해야만 원시적인 사고의 특성을 제대로 파악할 수 있기 때문이다. 얼마나 긴 시간 동안 우리가 가지고 있는 정신적 삶과 유사한 형태의 삶이 존재했었는지를 생각해 보아야 한다. 여기에는 두 가지 방식의 접근이 가능할 것이다: 선사시대에 대한 연구와 언어에 대한 연구이다. 이집트와 서아시아에는 7천 년 전에 이미 고도로 발달된 문화들이 존재했다. 선사시대의 자료를 보면, 이들 문화가 융성하기 이전에 이미 상당한 기간의 발달이 이루어졌어야만 했다.

이와 같은 결론은 세계 다른 지역들에서 이루어진 발견들에 의해서도 뒷받침된다. 유럽에서 농경의 역사는 상당히 먼 고대로 거슬러 올라가며, 농경의 시작과 더불어 나타나는 문화적 조건들도 현대의 부족사회들이 보여주는 복잡한 문화적 유형들과 유사하게 나타난다. 유럽에서 농경이 시작되기도 전이었던 빙하기 직후의 막달렌 문화는 현대의 부족사회에서 관찰 가능한 수준의 복잡한 경제활동과 예술을 보여준다.[1] 기술적인 측면에서 유사한 수준을 보여주는 부족들의 문화적 수준 역시도 비슷했을 것이라고 추정이 가능하다. 따라서, 2만 년 전에서 1만 5천 년 전 정도의 시기에 인간들의 문화적인 활동이 현재 우리가 부족사회에서 찾아볼 수 있는 활동들과 크게 다르지 않았을 것이라고 정당하게 짐작할 수 있다.

---

1) [역주] 막달렌 문화(1만 7천─1만 2천 년 전)는 후기 구석기 시기에 속하는 석기 문화로서 프랑스의 도르도뉴 지방에서 발견된 석기 문화이며, 정교해진 석기와 더불어 뼈 또는 상아를 이용한 도구와 장신구가 많이 출토되었다.

언어적 형태가 매우 다양한 방식으로 나타난다는 점과 언어 구조에서 일어나는 급격한 변화들이 점진적으로 천천히 발달 과정을 거친다는 사실도, 언어의 측면에서 나타나는 인간의 정신적인 삶이 매우 이른 시기까지 거슬러 올라간다는 추론을 뒷받침하고 있다. 언어의 가장 기초적인 형태들이 변하지 않고 오랜 시간동안 지속되었기 때문에, 이러한 언어의 특성들을 연구하려면 매우 이른 시기의 인류 역사를 살펴볼 수밖에 없다. 이러한 이유 때문에 인간이 사용하는 언어의 가장 본질적인 특성에 대한 짧은 설명이 도움이 될 것이다.

인간이 사용하는 모든 언어는 많은, 그러나 제한된 수의 발음의 결합으로 다양한 언어적 표현을 만들어낸다. 발음의 숫자가 제한되고 그 결합의 가능한 수가 제한되는 이유는 그래야만 빠른 속도의 언어 구사가 가능하기 때문이다. 각각의 발음은 특정한 소리와 대응하는데, 소리의 숫자도 제한되어 있어야 청각을 통해 쉽게 이해가 가능하다. 만약 한 언어 안에서 발음의 숫자가 무제한이라면, 정확한 발음과 빠른 구사를 위한 움직임의 정확성이나 복합적인 소리의 청각적인 이해가 불가능할 것이다. 발음을 위한 움직임이 제한되어 있고 같은 발음이 반복되어야만 정확한 발음 조절이 자동적으로 가능하게 되고 발음과 그에 해당하는 소리가 연결될 수 있다.

분절된 언어의 근본적이고 공통적인 특성은 입 밖으로 나오는 소리의 결합이 생각을 표현하고, 각각의 소리 결합이 고정된 의미를 가진다는 점이다. 서로 다른 언어들은 음성학적인 요소와 소리 결합들의 특성뿐만 아니라 고정된 음성학적 결합이 의미, 즉 사고의 범주와 결합하는 방식에서도 차이를 보인다. 음성학적인 요소의 가능한 결합의 전체 숫자는 사실상 무한하지만, 실제로 사용되는 결합의 수는 정해져 있다. 따라서, 이러한 음성학적 소리 결합의 구분을 통해 담아낼 수 있는 사고나 의미의 수도 무한하지는 않다. 이러한 음성학적 소리 결합을 이하에서는 "어간(word-stem)"이라고 부를 것이다. 언어로 표현할 수 있는 인간 경험의 전체 범위는 무한히 넓고 다양한데, 이를 표현할 수 있는 어간의 수는 제한되어 있기 때문에, 모든 분절된 언어 사용, 즉 발화의 근간에는 경험을 분류하는 확대된 체계가 전제되어 있다.

이와 같은 언어의 특성은 인간 사고의 근본적인 특성과도 일치한다. 우리의 실제 경험에서 모든 인지 또는 감정 상태는 다르게 경험된다. 하지만, 이러한 다양한 경험을 우리는 유사성에 따라 넓게 또는 좁게 분류할 수밖에 없고, 그 경계는 다양한 방식으로 나누어진다. 경험들은 개별적으로 차이를 가지지만, 우리는 경험 안에서 공통된 요소를 식별하여 여러 경험을 얼마나 많은 공통된 특징이 있는지에 따라 비슷한 것으로, 연관된 것으로, 또는 동일한 것으로 분류한다. 즉, 서로 다른 사고 또는 의미를 담아내는 음성학적 소리 결합의 수가 제한되어 있다는 것은 서로 다른 개별 경험들이 같은 사고의 범주에 들어가게 되는 심리적 과정을 반영하는 것이다.

인간의 사고와 언어가 보여주는 이러한 특성은 몸의 모든 가능한 움직임으로부터 습관적인 움직임이 선별되는 양상에도 비유할 수 있다. 만약 모든 가능한 관념의 총체가 균질하지 않고 아무 관련성이 없는 소리의 결합이나 어간의 결합으로 발화되어 표현된다면, 가까이 연관된 사고나 의미들이 그에 해당하는 소리―상징의 유사성으로 전달되지 않을 것이고, 무한히 큰 수의 어간들이 별개로 그 의미를 표현해야 하는 상황이 될 것이다. 이러한 상황에서는 의미와 그 의미를 나타내는 어간이 안정적으로 사용되지 못할 것이고, 복잡한 사고의 과정을 거치지 않고는 자연스럽게 즉시 나오는 어휘로 사용되기 어려울 것이다. 분절어의 자동적이고 빠른 사용을 위해 변동성이 적고 너무 길지 않은 제한된 수의 소리 결합이 수없이 다양하게 가능한 범위의 소리 결합으로부터 선별되어 사용되는 것과 마찬가지로, 무한히 많은 수의 관념이나 의미가 분류라는 과정을 통해 적은 수의 관념으로 환원되어 견고한 의미 연관을 바탕으로 실제 발화에 자동적으로 사용되는 것이다.

원시인이나 교육 수준이 낮은 사람들의 행동에 대한 관찰을 통해, 위와 같은 언어적 범주와 분류는 의식의 수준에서 인식되지 않으며, 이러한 범주들의 기원을 찾기 위해서는 합리적인 의식 수준에서가 아니라 자동적으로 이루어지는 정신적 과정을 밝혀내야 한다.

다양한 문화들에서 언어적 범주들은 제각각 다른 원칙을 가지고 아주 기초적인 수준에서 구분이 된다. 그렇기 때문에, 서로 다른 문화에서 다양한 경험이 어떤 범주로 구분되는지를 아는 것은 아주 이른 시기의 기초적인 심리 과정이 어떻게 이루어졌는지를 보여줄 수 있다.

범주를 나누는 분류의 원칙은 우선 감각의 영역에서 찾아볼 수 있다. 예를 들어, 언어에 따라 색깔을 그 유사성에 따라, 색조나 음영을 구분하는 능력의 차이와 관계없이, 완전히 다른 묶음으로 분류하는 경우가 있다. 우리가 초록색과 파란 색으로 구분하는 색깔들이 "담즙색"으로 뭉뚱그려지는 경우도 있고, 노란색과 초록색이 하나로 묶여 "어린잎색"으로 분류되기도 한다. 시간이 지남에 따라 예전에는 별도의 색깔 이름이 없다가 새로이 색깔 이름이 생긴 경우도 있고, 예전에는 구분되지 않다가도 현재에는 일상적으로 구분되는 색깔도 있다. 이처럼 초록색과 노란색, 또는 초록색과 파란색이 하나의 범주로 여겨지는 현상은 언어와 사고의 측면에서 한 낱말이 다른 이미지를 떠오르게 한다는 측면에서 매우 중요한 사실이다.

다른 형태의 감각에서도 다른 종류의 분류가 일어날 수 있다. 짠맛과 단맛, 짠맛과 쓴맛이 구분되지 않고 같은 범주로 분류되기도 하고, 쩐 기름의 맛과 설탕의 맛이 함께 분류되기도 한다.

분류의 원칙이 다르게 나타나는 또 다른 예는 혈연관계와 인척관계에 있는 사람을 지칭하는 용어들이다. 이 용어들이 담고 있는 의미는 너무도 차이가 커서 한 언어 체계에서 사용되는 용어가 가진 의미를 다른 언어의 체계로 번역하는 것도 어려울 정도이다. 어떤 언어에서는 어머니와 어머니의 자매들을 모두 같은 용어로 지칭하기도 하고, 심지어는 같은 여성 조상으로부터 내려오는 계보가 동일한 어머니와 어머니와 같은 항렬에 위치한 모든 방계 여성들을 같은 용어로 지칭할 수도 있다. 영어에서는 같은 낱말로 표현되는 남자형제의 경우, 다른 언어에서는 손위와 손아래를 구분해서 지칭하기도 한다. 이러한 경우에는 서로 다른 범주가 의도적으로 만들어졌다기보다는, 개인을 묶거나 차별화하는 관습 때문에, 혹은 혈연 집단이나 인척 집단의 구성원들의 사회적 관계를 명확하게 구분하기 위해서 발생한 것으로 보인다.

특정한 어간을 가지고 표현되는 의미의 범주는 여러 언어에서 매우 큰 차이를 보이며, 영어에서 우리가 흔히 알고 있는 방식과는 완전히 다른 방식으로 적용된다. 물이라는 낱말을 예로 든다면, 이누이트에게 "물"은 마실 수 있는 담수만을 의미하며, 바닷물은 완전히 다른 관념으로 취급하고 전혀 다른 낱말로 표현한다.

비슷한 맥락에서 또 하나의 예를 든다면, 이누이트 부족민들이 사용하는 "눈"에 해당하는 낱말들을 들 수 있다. 이누이트 언어에서 눈에 해당하는 낱말은 첫 번째로 "땅에 떨어진 눈", 다른 낱말은 "떨어지고 있는 눈", 또 다른 세 번째 낱말은 "날리고 있는 눈", 네 번째 낱말은 "날려서 쌓인 눈"이다. 이누이트 언어에서 물범 또한 여러 개의 낱말로 물범이 처한 상황에 따라 다르게 사용된다. 일반적으로 통칭인 "물범"이 있고, 두 번째 낱말은 "햇볕을 쬐고 있는 물범", 세 번째 낱말은 "빙하 조각을 타고 있는 물범"이 있으며, 물범의 나이와 암수 구분에 따라 다양한 낱말이 추가적으로 사용된다.

서로 독립된 낱말이 같은 어간과 하나의 의미를 중심으로 분류되어 하나의 범주로 취급되는 경우에 대한 예는 북아메리카 원주민인 다코타 (Dakota)족의 언어에서 찾을 수 있다. 이 언어로는 "발로 차다, 묶음으로 묶다, 입으로 물다, 무엇에 가까이 있다, 반복적으로 내리치다"라는 낱말들이 모두 "[손으로] 쥐다"라는 의미의 공통적인 요소로부터 파생되어 하나의 범주로 묶일 수 있다. 물론, 영어의 경우에는 위와 같은 다양한 의미를 나타내기 위해 완전히 다른, 서로 연관이 없는 낱말들을 사용한다.

명확한 것은 이러한 단순한 용어의 선별이나 선택이 언어 사용자들에게 뭔가 이득이 될 것이라는 점이다. 또한, 특정한 현상을 여러 가지 측면으로 구분할 필요가 있고, 이러한 각각의 측면들이 사람들의 생활 안에서 서로 완전히 독립된 역할을 할 때에는 수많은 독립된 낱말이 발달할 것이며, 어떤 경우에는 동일한 낱말의 변형으로 충분히 소통이 가능할 것이다.

몇 가지 명사와 동사의 예를 가지고 위에서 살펴본 분류하고 범주화하는 원칙의 차이는 언어 현상이 아닌 다른 맥락에서도 관찰할 수 있다. 우리가 물건의 특성이라고 생각하는 것이 때로는 독립적인 물건으로 인식되는 경우도 있다. 이런 것에 해당하는 가장 잘 알려진 사례는 질병이다. 우리에게 질병은 신체에 이상이 생긴 상태이다. 대부분의 원시인들에게, 그리고 경우에 따라서는 일부 현대인들에게도, 질병은 몸속으로 들어온 물건이며 제거되어야 하는 이물질이다. 이러한 사고방식은 신체에 조작을 가하여 제거하거나 빨아내는 종류의 처치나, 질병을 적대적인 사람에게 보내거나 나무에 갇히게 하여 돌아오지 못하게 하는 의례에서 잘 드러난다. 다른 종류의 신체 상태도 경우에 따라서는 비슷한 방식으로 해결된다. 생명, 지침, 배고픔과 같은 신체 상태는 신체 안에 들어온 어떤 것에 의해 발생되거나, 몸 밖에 있는 그 무엇으로 인해 발생하거나 야기된다. 같은 맥락에서, 햇빛도 몸에 걸치거나 받아들이고 벗어낼 수 있는 것으로 인식되기도 한다.

이와 같은 특성을 파악하고 원칙을 개념적으로 정리할 때, 단순히 언어적인 표현만으로 이 특성을 이해하기는 어렵다. 왜냐하면, 목숨이 신체를 떠난다거나 어떤 사람이 두통을 가졌다는 표현도 가능하기 때문이다. 영어로 이런 말을 할 때 우리는 이 표현들이 글자 그대로의 의미가 아니라는 것을 알지만, 원시인의 경우에는 언어적 표현이 그대로 인식되며 이러한 인식이 그들의 믿음이나 행위에 다양하게 표현된다.

원시인들이 흔히 자연을 의인화하여 자연현상을 해석하는 것도 경험에 대한 분류와 범주화의 일종이라고 할 수 있다. 사람이나 동물, 또는 살아 있지 않은 물건들이 움직일 수 있는 능력, 그리고 이러한 능력이 인간의 활동과 갈등을 일으키거나 방해가 될 때, 이를 동물이나 살아있지 않은 것들의 의지로 인한 것이라고 생각하는 경향 때문에 이들 현상이 같은 범주로 분류되는 경우가 상당히 있다. 만약 종교적인 관념의 기원을 이러한 사례에 둔다면, 합리적인 사고만큼이나 언어적인 범주도 아주 미약한 기반밖에는 되지 못한다고 생각한다. 언어의 사용이 자동적이어서 언어학의 등장 이전에 언어 현상에 대한 관념이 의식되지 않았던 것에 반해, 종교의 영역에서는 무의식적인 시작과 발달은 항상 이런 현상과 연관된 것으로 취급되어 왔기 때문이다.

모든 언어에서 이루어지는 분류나 범주화의 원칙들은 개별 언어에 따라 모두 다르며, 한 언어가 가진 분류 방식은 다른 언어의 시각으로 보았을 때 매우 자의적이다. 한 언어에서 가장 단순한 단일한 의미가 다른 언어에서는 일련의 구분된 어간을 사용해야만 표현될 수도 있다.

어떤 언어이든 간에, 표현의 분류는 어쨌든 있어야만 한다는 점을 위에서 지적하였다. 관념이나 의미를 묶음으로 분류하고 그 묶음을 독립된 어간으로 표현하게 되기 때문에, 하나의 어간을 통해 효과적으로 표현되지 못하는 관념들은 기본적인 어간의 형태들을 결합하거나 변형시켜서, 근본적인 의미들로의 환원을 통해 특수한 의미의 표현에 도달하게 된다.

이렇듯 특정한 경험을 다른 비슷한 종류의 경험들을 사용하여 그 중간적인 의미를 표현해야 할 필요성과 언어적인 분류 작업 때문에, 어간들이 결합되는 경우에는 어간들 사이의 관계를 나타내는 다른 형태적인 요소가 필요하다. 만약 모든 개별적인 관념이 하나의 단일한 어간으로 표현될 수 있다면, 형태가 없는 언어도 가능할 것이다. 그러나 실제로는 개별적인 의미나 특정한 관념이 더 넓은 범위의 관념으로 환원되어 표현되어야만 하기 때문에 관계의 성격을 나타내는 장치들이 분절된 언어에는 필요하다. 따라서, 모든 언어에는 형태적인 요소가 반드시 필요하고, 기본적인 관념을 표현하는 어간의 수가 적을수록 형태적 요소의 수는 더 많아야 한다. 기본적인 의미를 표현하는 어간과 어휘가 풍부한 언어의 경우에는 형태적인 요소의 수가 그다지 많지 않을 수도 있다.

이들 형태적인 요소들은 낱말의 논리적인 또는 심리적인 연관만을 표현하지는 않을 수도 있다. 거의 모든 언어에는 명시해야만 하는 범주가 포함되어 있다. 유럽에서 사용되는 언어들에서는 시간 차원이 명시되지 않고는 표현 자체가 불가능하다. 어떤 사람이 아프거나, 아팠거나, 아플 것이다고 표현된다. 이런 종류의 표현은 영어에서 시제가 정해지지 않은 상태로는 불가능하다. 시간과 관계 없이 현재를 과거와 미래로 확대하는 "철은 강하다"와 같은 일반적인 언설에서만 모든 시제가 하나로 통일되어 표현된다. 이와는 대조적으로, 과거와 현재의 차이를 굳이 구분하거나 명시하지 않아도 되는 언어들도 상당수 존재한다. 어떤 언어들은 위치를 표현하는 말로 시제를 표시하기도 하여, 반드시 어떤 일이 어디에서, 화자에게 가까이, 청자에게 가까이, 또는 다른 사람에게 가까이 일어나고 있음을 명시해야 한다.

이런 언어의 문법적인 구조는 장소를 명시하지 않으면 제대로 된 문장이 만들어질 수 없다. 또 다른 언어들은 전달되는 내용이 어디에서 왔는지, 화자 자신이 경험한 것인지, 다른 사람의 경험인지, 아니면 막연히 들은 얘기인지 그 출처가 밝혀져야만 한다. 단수와 복수의 구분, (관사의 경우에) 불특정한 것과 특정한 것의 구분이 있을 수도 있고 없을 수도 있다. 영어의 경우에는 "그 사람이 사슴 한 마리를 죽였다"라는 문장이 "그"라는 특정한 단수의 "사람"이 불특정한 "사슴"을 과거에 "죽였다"고 표현된다. 똑같은 내용을 콰키우틀(Kwakiutl)족 언어로 표현한다면, "그"라는 특정한 화자 옆에 있는(위치) "사람"이, 단수 또는 복수의 현재 보이지 않고 여기에 없는(위치) "사슴을", 불특정 시간에 특정하거나 불특정한 대상을 현재 보이지 않고 여기에 없이(위치) "죽였다"고 해야 한다. 또한, 화자는 이 이야기를 누구에게서 들었는지, 자신이 직접 목격한 것인지 들은 것인지, 그리고 이전의 대화나 생각이 연결되는 맥락이 그 사람인지, 사슴인지, 또는 죽인 행위인지도 같이 표현해야 한다.

이렇듯이 무엇을 표현할 때에 반드시 들어가야만 하는 문법적인 의무 범주의 차이로 다양한 언어들을 확연하게 구분할 수 있다. 유럽 언어를 사용하는 우리에게 익숙하지 않은 몇 가지 범주들을 소개하려고 한다.

인도-유럽 어족에 속하는 대부분의 언어들은 명사를 성별에 따라 분류하고 똑같은 원칙을 살아 있지 않은 물건들에도 적용한다. 또한, 이와 같은 문법적인 장치가 없어도 표현의 수준에서 형태에 따른 분류가 이루어지기도 한다. 예를 들어, 집은 서 있고, 물은 달리며, 곤충은 앉아 있고, 나라는 거짓말을 하기도 한다. 하지만, 어떤 언어에서는 물체의 범주화가 그 모양에 따라 이루어져서, 긴 범주, 납작한 범주, 둥근 범주, 직립한 범주, 움직이는 범주가 구분되며 이 구분이 문법적인 장치로 구분된다. 살아있는 것과 살아있지 않은 것이 구분되기도 하고, 여성과 비여성, 부족의 구성원과 외부인 등의 범주 구분도 있다. 범주 구분이 전혀 없는 경우도 있다.

동사의 경우에도 비슷한 양상이 관찰된다. 많은 언어에서 움직임과 움직임의 방향을 나타내는 위로, 아래로, 속으로, 밖으로와 같은 부사적인 요소가 함께 나타난다. 그러나 어떤 언어에서는 이런 부사적인 요소가 전혀 없어서 "안으로 들어가다" 또는 "밖으로 나가다"와 같은 표현들이 완전히 다른 어간들로 표현되어야 한다. 앞에서 행위의 도구를 문법적으로 표현해야 하는 사례들을 이미 살펴보았다. 움직임의 방식이나 동선의 모양, 즉 직선으로, 동그랗게, 또는 갈지자로 등의 의미는 어간이 아닌 종속적인 요소를 통해 표현되거나, 영어에서는 접속동사로 동사를 변형하여 표현되는 의미가 형태적인 요소를 통해 표현되기도 한다.

현대 언어에서도 이와 같은 전통적이고 오래된 분류와 범주화가 여전히 존재하고 있으며, 우리는 언어를 사용하면서 그 분류 안에서 사고해야 한다. 그러므로, 언어가 가지는 형태가 우리의 명확한 사고에 방해가 되지는 않는지 의문을 가질 필요가 있다. 지금까지 많은 이들이 한 인구 집단의 사고가 명확하고 간결하게 이루어질 수 있는 바탕은 그 집단의 언어에 달려 있다고 주장했다. 현대의 유럽 언어에서 폭넓고 추상적인 관념을 한 낱말로 표현할 수 있는 용이함과, 단순한 문장으로 광범위한 일반화가 쉽게 가능하다는 점은 우리가 가지고 있는 사고의 논리성, 그리고 관계 없는 세부사항을 제거하는 정확성의 근본적인 토대가 된다고 믿어 왔다.

얼핏 보기에 이러한 시각은 상당한 설득력을 가진다. 현대 영어를 몇몇 북아메리카 원주민 언어와 비교해 보면, 영어는 정말로 간결하고 원주민 언어들은 조어와 표현에 있어서 매우 구체적이어서 그 차이가 매우 크다. 우리가 "눈은 시각을 담당하는 기관이다"라고 할 때에, 원주민 언어는 "[일반적인] 눈"을 일반적인 의미로 표현하지 못하고 그 눈이 어떤 사람의 또는 어떤 동물의 눈인지를 명시해야 한다. 원주민 언어에서는 비슷한 물건으로 구성된 전체 범주를 대표하는 추상적인 관념으로서의 눈을 표현하지 못하고 "여기에 있는 이 눈"처럼 특정하여 표현할 것이다. 마찬가지로, "기관"이라는 관념도 한 낱말로 구분하여 표현하지 못하고 "보는 도구"와 같은 형태로 표현하여 전체 문장이 "불특정한 사람의 눈은 그가 보는 수단"이라는 식으로 말해야 할 것이다. 물론, 이렇게 특정하여 표현하더라도 문장이 담고 있는 생각이나 의미가 크게 달라지지는 않으며 그 내용은 충분히 전달된다.

이런 맥락에서 볼 때, 문법적인 형태의 제약 때문에 일반화된 사고의 형성이 실제로 제한되는지는 의문이다. 일반화된 사고의 전달을 위한 문법적인 형태가 부재하는 것은 오히려 필요성이 없기 때문일 확률이 높다. 원시인들은 동료들과 대화를 할 때 추상적인 관념을 논할 일이 별로 없다. 그들의 관심은 일상 생활과 그 안에서 일어나는 활동이며, 철학적인 문제가 발생할 때에는 그것이 특정한 사람들과의 관계로, 또는 의인화된 형태의 종교적 믿음으로 다가온다. 원시인들의 대화에서 대상으로부터 분리된 특성이나 상태, 행위자나 주체가 없는 행위나 활동이나 상태는 논의될 일이 없다.

이런 맥락에서, 원주민들은 어떤 특정한 사람이 착하다는 이야기는 할 수 있어도, 선함 그 자체에 대하여 말할 필요는 없을 것이다. 원주민은 행복한 사람의 상태에 대해 얘기할 수는 있어도, 행복이라는 것에 대하여 논하지는 않는다. 꿰뚫어보는 시각에 대한 말은 하지 않고, 만일 한다면 언제나 그런 능력을 가진 사람에 대한 구체적인 이야기가 될 것이다. 특히, 소유의 의미가 명사에 종속적인 요소로 표현되는 언어들의 경우에, 모든 추상적인 용어들은 언제나 소유를 나타내는 요소들과 함께 사용된다.

그러나 어떤 원주민이 철학적 사고를 연구하여 자신의 언어에서 소유를 나타내는 요소를 제거하고 우리가 사용하는 언어처럼 순수하게 추상적인 형태들을 확립하는 것도 충분히 상상이 가능하다. 나는 밴쿠버 섬에서 사용되는 원주민 언어를 대상으로 이와 같은 실험을 시도해 보았다. 그곳의 원주민 언어는 추상적인 용어는 반드시 소유를 나타내는 문법적 요소와 결합되어 사용되었는데, 원주민들과의 대화를 통해 그 추상적인 의미를 분리해내는 것은 상당히 간단한 일이었다. 그들은 소유격 대명사를 사용하지 않는 것이 일상 언어에서는 일어나지 않는 일이지만, 그럼에도 불구하고 그 의미는 전달된다고 확인해 주었다. 예를 들자면, 보통의 경우 "그에 대한 그의 사랑"의 형태로 나타나는 "사랑"이라는 용어와, "너에 대한 나의 동정"으로 사용되는 불쌍히 여김이라는 의미의 "동정"을 분리해낼 수 있었다. 이런 나의 시각이 옳다는 것은, 소유를 나타내는 문법적 요소가 독립적인 형태로 나타나는 언어에서들도 똑같이 관찰할 수 있다.

많은 북아메리카 원주민 언어에서 공통적으로 나타나는 다른 특성화된 요소들 역시도 어떤 용어를 이런 저런 이유로 일반화해야 할 필요가 생기는 경우에는 더 이상 사용되지 않는다는 증거도 있다. 밴쿠버 섬의 콰

키우틀족 언어를 예로 들면, "앉아 있다"라는 의미는 언제나 사람이 앉아 있는 장소를 표현하는 분리할 수 없는 접미사와 결합된 형태로 표현된다. 즉, "집 안의 바닥에, 맨바닥에, 해변가에, 다른 물건들 위에 앉아 있다" 또는 "둥근 물건 위에 앉아 있다" 등의 형태로 사용된다. 그러나 앉아 있는 상태 그 자체가 강조되어야 하는 경우에는 단순히 "앉아 있는 자세로 [회의를 하고] 있음"이라는 형태가 가능하다. 이 경우에도 일반화된 표현이 가능하도록 하는 장치가 있어서 이를 사용해야 하지만, 일반화를 해야 할 필요가 있거나 그럴 수 있는 기회는 드물거나 없다.

이 사례를 통해 우리가 알게 된 것이 사실은 모든 개별 언어의 구조에 적용될 수 있을 것이라고 생각한다. 즉, 일반화된 형태의 표현이 사용되지 않는다고 하여 그런 형태를 만들 능력이 없는 것으로 결론지으면 안 된다. 이는 그 언어를 사용하는 집단의 사람들이 삶을 살아가는 방식이 그런 일반화된 표현을 필요로 하지 않을 뿐인 것이며, 만약 그런 필요성이 생기면 즉시 만들어질 수 있다고 본다.

원주민 언어가 능력 때문이 아니라 필요 때문에 그런 구조를 가졌다는 시각은 원주민 언어들의 숫자 체계에 대한 연구를 통해서도 증명되고 있다. 잘 알려진 것처럼, 숫자를 표현하는 낱말이 셋이나 넷 이상으로 넘어가지 않는 언어들이 존재한다. 이러한 사실로부터, 이런 언어를 사용하는 사람들의 경우에 큰 숫자 개념을 사고하지 못할 것이라고 추론하는 경우가 있다. 나는 이러한 해석이 실제와 전혀 맞지 않는 틀린 것이라고 생각한다.

남아메리카 원주민들(위와 같은 언어가 발견되는)이나 이누이트(전통적인 숫자 체계는 열을 넘지 않았을 것으로 보인다)들은 세어야 하는 물건의 숫자가 제한되어 있어서, 큰 숫자를 사용하거나 생각할 필요성이 없었을 것이다. 반면에, 이렇게 살았던 원주민들이 문명과 접촉 이후에 돈을 세어야 하는 상황이 생기면, 아주 쉽고 완벽하게 다른 언어로부터 큰 숫자를 의미하는 말을 받아들여 익히고 자신의 언어에도 큰 숫자 체계를 만들기도 한다. 그렇다고 하여 평생 큰 숫자를 사용해 보지 않은 나이 많은 원주민들도 갑자기 복잡한 체계를 학습할 수 있다는 뜻은 아니다. 하지만, 부족 전체의 차원에서 본다면 숫자를 세는 것이 그들에게 불가능한 일은 아니며, 필요성이 생기면 그들은 그런 요구에도 부응할 수 있고 충분히 적응할 수 있다. 여기에서 감안해야 하는 것은 숫자를 세는 것 자체가, 물건들의 개별적인 구체성이 지워지고 일반적인 형태로 파악되는 추상적 사고로 나아가지 않는 한, 필요하지 않다는 점이다.

이러한 연유로 목축을 하는 사람이 한 떼의 동물이 있으면 한 마리 한 마리를 이름으로 구분하고 특성을 알면서도 전체 숫자에는 관심이 없는 상황도 있을 수 있다. 전쟁터에 나갈 때에도 그 구성원들이 이름으로 알려져 있어도 그 숫자는 정확하게 세어지지 않을 가능성도 있다. 요약하자면, 숫자를 활발하게 사용하지 않는다고 하여 큰 숫자 개념을 사고할 능력이 없다는 주장을 뒷받침할 증거는 전혀 없다.

언어가 사고에 미치는 영향에 대한 올바른 판단을 내리기 위해서는, 일단 현재 우리가 사용하는 유럽의 언어들이 많은 부분 철학자들의 추상적인 사고에 의해 만들어졌다는 점을 잊어서는 안 된다. "본질, 물질, 존재, 관념, 현실"과 같은 용어들은 우리의 삶에서 지금은 일상적으로 사용되지만, 원래는 추상적인 사고의 과정이나 결과를 나타내기 위해 인위적인 장치로서 만들어진 말들이었다. 이러한 차원에서 보자면, 유럽 언어의 용어들은 원주민 언어에서 새로이 만들어지는 인위적이면서 비관용적인 추상적인 표현들과 크게 다르지 않다.

지금까지 살펴본 것처럼, 언어의 형태가 일반화된 사고를 저해하지는 않으며, 원주민들이 사용하는 언어 때문에 그 집단이 더 일반화된 형태의 사고로 진일보하지 못하는 것도 아니다. 오히려, 그들의 문화가 그런 사고의 표현을 필요로 하고 요구한다면 그것은 충분히 가능하며, 이런 상황에서는 한 언어는 문화적 상태에 의해 그 형태가 정해질 것이다. 그렇기 때문에, 어떤 부족의 문화와 그들의 언어는 직접적인 상관관계는 없는 것으로 보인다. 다만, 언어의 형태는 문화의 상태에 의해 그 형태가 정해질 것이다. 그렇다고 하여, 어떤 특정한 문화의 상태가 언어의 형태적인 특성에 의해 조절될 정도까지는 아니다.

우리의 경험이 분류되는 범주를 스스로 의식하기 시작한 것이 인간 사고의 기본적인 토대라고 한다면, 원시인들이 가진 사고와 우리가 가진 사고의 가장 큰 차이점은 이러한 범주에 대한 체계적인 지식이라고 할 수 있다. 그들이 저절로 발달된 범주들을 의식하지 않고 사용한다면, 우리는 한 걸음을 더 나아가 이에 대한 지식을 발달시킨 것이다. 원주민들은 마지막 한 걸음을 떼지 않은 것뿐이다.

원시인들의 믿음과 사고를 연구하면서 처음 받게 되는 인상은, 이들이 감각적인 지각은 뛰어나지만 논리적 해석에 있어서는 뒤떨어진다는 것이다. 나는 이러한 사실이 원시인들의 사고에 근본적인 차이가 있어서 나타난다고 생각하지 않는다. 오히려, 이는 새로운 지각이 해석되는 전통적인 관념의 성격 자체 때문이라고 보는 것이 타당하다. 다르게 표현하자면, 새로운 지각이 전통적인 관념과 연관되어 도달하게 되는 결론은 전통적인 관념의 성격에 의해 크게 좌우되며, 이것이 원시인의 사고에 더 크게 작용한다는 것이다.

우리 공동체 안에서 보자면, 거대한 양의 관찰과 생각이 자라나는 어린이들에게 전승된다. 이러한 생각들은 현재와 과거의 세대를 통해 축적된 주의 깊은 관찰들이며 생각의 단초들이다. 그런데 이러한 정보와 지식은 민속처럼 대부분의 개인들에게는 전통으로 받아들여진다. 이러한 거대한 양의 전통적인 재료를 가지고 어린이는 자신의 지각과 인지를 결합시키고, 전통적인 재료를 가지고 자신의 관찰을 해석하게 된다. 문명사회에서조차 모든 개인이 수행하게 되는 이러한 해석 작업이 완벽한 논리적 과정이라고 생각할 수는 없다. 어떤 현상을 우리는 이미 알려진 사실이나 널리 알려진 해석들과 연결시키며, 새로운 사실이라 하더라도 이전에 알려진 사실로 환원시켜 이해하면서 만족감을 느낀다.

예를 들어, 어떤 사람이 지금까지 발견된 적이 없는 화학물질이 폭발했다는 소식을 듣게 된다면, 그는 특정한 조건에서 폭발하는 성질을 가지는 물질들이 있다는 생각을 하면서, 현재는 알 수 없는 그 물질이 같은 성질을 가진 것이겠거니 하고 생각하면서 그 사고의 과정에 만족할 것이다. 그는 그 폭발이 왜 일어났는지에 대하여 완벽한 설명을 얻어내기 위해 더 생각하거나 노력하지는 않을 것이다. 과거에는 전염병이 유행할 때에 나쁜 공기나 독으로 인한 것이라고 생각했던 것과 같은 방식으로, 지금은 전문가가 아닌 대중들도 그 전염병의 원인이 되는 미생물에 대해 궁금해한다.

과학에서도 지배적인 관념이나 사고가 이론의 발달을 결정하고 있다. 현재 우리 사회에서 모든 존재하는 것, 그것이 살아 있는 것이든 살아 있지 않은 것이든, 적자생존의 이론으로 설명하려고 하고 있다.

원시인과 문명인의 사고방식의 차이는 새로운 지각이나 인지가 결합하는 전통적인 재료가 가지는 성격의 차이에 불과하다. 원시인 부족에서 어린이에게 주어지는 지식은 몇 세기에 걸친 실험의 결과가 아니라 몇 세대에 걸친 투박한 경험으로 이루어져 있다. 새로운 경험이 원시인의 사고에 인지되는 것은 문명인과 같다. 하지만, 똑같이 시작된 과정이 완전히 다른 방식으로 연관을 만들어내고, 따라서 다른 종류의 설명이 도출된다. 갑작스러운 폭발이라는 현상이 있다면, 원시인의 사고 안에서는 세계의 신화적인 역사에 대한 이야기가 떠올라서 두려움에 떨게 될 수도 있다. 우리의 눈에는 이것이 미신으로 보일 것이다. 새로운, 원인을 알 수 없는 전염병의 경우에는 인류를 괴롭히는 악령과 연관될 수도 있고, 지금 존재하는 이 세계는 일련의 변형으로 생성되었거나 창조자의 생각이 만들어낸 것이라고 생각할 수도 있다.

문명 세계에서나 원시 세계에서나, 보통 사람은 어떤 현상을 지각했을 때 그 현상의 원인을 끝까지 추적하고 완전한 설명을 얻어내려고 하지는 않는다. 이를 인정한다면, 사고의 전체 과정에서 결론에 가장 큰 영향을 주는 것은 전통적인 재료의 성격이다. 바로 여기에 민속이 사고방식을 결정하는 중요성이 드러난다. 그리고 바로 여기에 현대 철학의 시각이 대중에게 행사하는 거대한 영향이 있고, 지배적인 과학 이론이 과학적 연구에 미치는 영향이 있는 것이다.

현대 과학의 발달을 이해하기 위해서는 현대 철학에 대한 깊은 이해가 있어야만 한다. 그런 이해가 없이는 현대 과학을 제대로 파악할 수 없다. 중세의 과학을 중세 신학에 대한 이해가 없이 이해하는 것도 불가능하다. 마찬가지로, 원시 과학을 연구함에 있어서 원시 신화학에 대한 선이해가 없이는 원시 과학을 이해할 수 없다. 이 대목에서 "신화학," "신학," 그리고 "철학"은 용어만 다를 뿐, 인간의 사고에 미치는 같은 종류의 영향이며, 인간이 자연 현상을 이해하기 위한 시도의 성격을 좌우하는 요소이다. 하늘에서 움직이는 해나 달을 살아 있는 것으로 배우고, 동물들이 인간보다 뛰어난 능력이 있고, 산이나 나무, 돌이 생명을 가지거나 특별한 미덕이 있다고 배운 원시인에게는 자연 현상이 우리와는 완전히 다르게 인식될 수밖에 없다. 우리의 경우에는 물질과 힘의 존재가 관찰된 사실들을 설명하고, 우리는 그것에 기초하여 결론을 도출한다. 그럼에도 불구하고, 현대의 상대성 이론이나 물질에 대한 이론, 인과성에 대한 이론을 대중들이 이해하는 방식을 보면, 우리가 얼마나 과학적 이론을 잘못 받아들이고 있는지를 절감하게 된다.

과학적 탐구를 하는 과정에서 우리는 우리가 시도하는 설명들이 언제나 다수의 불완전한 가설과 이론을 포함하고 있다는 것, 그리고 어떤 현상을 분석한다 할지라도 그것이 완벽할 수는 없다는 점을 염두에 두어야 한다. 만약 완벽한 분석이 가능하다고 하더라도, 하나의 현상을 그렇게 분석하려면 너무나 많은 시간이 필요하기 때문에, 다른 진보나 발전은 있을 수 없다. 그러나 우리는 너무도 쉽게 우리 사고의 근간이 되는 전통적인, 이론적인 바탕을 잊고 우리가 수행한 사고의 결과가 진리라고 믿어버린다. 이렇게 할 경우, 원주민 부족의 원주민들을 포함하여 교육을 받지 않은 사람들이 범해 왔고 지금도 범하는 똑같은 오류를 우리도 범하게 되는 것이다.

원주민들은 현재의 우리보다 쉽게 어떤 사고의 결론에 만족한다. 그러나 그들은 자신들의 설명에 포함되는 전통적인 요소도 진리라고 생각하고, 이에 기반을 둔 결론도 절대적 진리라고 받아들인다. 우리 사고의 과정에 전통적인 요소가 적게 들어가면 들어갈수록, 그리고 우리의 사고 과정에서 가설이 차지하는 부분을 가능한 한 명확하게 한다면, 우리의 결론은 더욱 논리적이 될 것이다.

문명이 발달하는 과정에서 바로 이러한 전통적인 요소를 제거하려는 경향, 그리고 우리의 사고 과정에서 가설적인 부분들을 더욱 명확히 하려는 노력이 분명히 있었다. 따라서, 문명의 역사에서 사고가 점차적으로 논리적으로 발달된 것은 놀라운 일이 아니다. 이는 각 개인이 자신의 사고를 더욱 논리적으로 전개하기 때문이 아니라, 각 개인에게 전달된 전통적인 재료와 요소들을 개인들이 다시 꼼꼼하게 검토하고 세부적으로 보완했기 때문이다. 원시 문명에서는 전통적인 재료와 요소들을 의심하고 검토한 사람들이 일부 소수의 개인들이었다면, 문명이 발달하면서 전통의 굴레를 벗어나려고 노력하는 사상가들의 숫자는 점점 늘어났다.

이와 같은 과정이 얼마나 천천히 이루어지는 점진적인 것인지를 보여주는 현상을 원시 유목민들 사이에서 찾아볼 수 있다. 서로 다른 유목민 부족에 속하는 개인들의 관계가 어떻게 변화하는지를 살펴보겠다. 자신의 부족에 속한 사람이 아닌 이방인은 적으로 보는 원시 유목민 집단들이 상당히 많고, 이러한 상황에서는 최선을 다해 적에게 해를 입히거나 죽이는 것이 옳은 일로 인식된다. 이러한 행동 양식은 유목민 집단의 연대감에 토대를 두고 있고, 여기에서 핵심은 모든 잠재적인 적을 제거하거나 죽이는 것이 모든 구성원들의 의무이다. 따라서, 이 집단의 구성원이 아닌 사람은 부족과는 완전히 다른 범주의 사람이며, 그러한 대접을 받는다.

그런데 문명의 발달과 더불어 이러한 연대감과 소속감이 점차적으로 확대되는 과정을 발견할 수 있다. 유목 집단의 연대감은 부족의 일체감으로 확대되며, 유목 지역의 인접으로 인해 우호적인 관계가 성립되고, 더 나아가서는 부족연합체(또는 민족)의 연대감이 나타나게 된다. 이것이 우리가 현재까지 형성한 연대감이라는 윤리적인 개념의 한계인 것으로 보인다. 현재 우리가 살고 있는 세계에서, 지역적이고 작은 단위 집단들의 이해관계를 넘어서 큰 영향력을 가지게 된 민족 감정을 분석하면, 민족 감정이라는 것은 우리가 우연히 속하게 된 공동체의 탁월함이나 우월함에 기초해 있다.

우리가 속한다고 생각하는 공동체의 신체 조건, 언어, 관습과 전통과 같은 것에서 우리는 우월함을 찾고, 이러한 요소들을 침해한다고 여겨지는 외부의 영향에 대해서는 적대적인 감정을 가진다. 그리고 이러한 적대감은 단순히 공동체의 특성을 살리기 위한 것이 아니라, 그런 특성들을 외부 세계에 억지로 강요하려는 욕구 때문에 표출된다. 여기에서 묘사한 민족 감정과 원시 유목 집단의 연대감은 점진적인 확대의 과정만 다를 뿐 그 성격이 근본적으로 다르지는 않다. 즉, 윤리적인 시각에서 현재의 민족 감정을 다른 민족의 희생을 통해서라도 민족의 행복과 번영을 위해 정당화하고, 우리의 문명 수준이 나머지 문명들보다 더 높다고 평가하는 것은 모든 외부인을 죽여 없애야 할 적으로 취급하는 원시인과 다르지 않다.

우리가 속하는 문명을 우리 자신이 높게 평가하는 이유는 단순히 그것이 우리가 속한 문명이기 때문이라는 사실, 그리고 이 문명이 우리의 출생부터 우리의 모든 사고와 행위를 통제했다는 사실을 우리는 쉽게 간과한다. 그러나 다른 전통을 가지고 다른 감성과 합리성을 가지며, 그 가치가 우리 문명보다 떨어지지 않는 그런 다른 문명들이 존재한다는 것은 우리가 쉽게 알 수 있다. 물론, 그 문명에서 자라나지 않았기 때문에, 그 문명들의 가치를 속속들이 제대로 알기는 어려울 수도 있다. 인류학의 연구를 통해 우리는 인간 활동의 가치를 제대로 파악하는 이론을 발달시킬 수 있고, 이를 통해 우리가 현재 가지고 있는 것보다 더 큰 포용력을 가지게 될 것이다.2)

---

2) [역주] 1911년 초판은 1938년 책과 장 구성이 다르다. 초판에서는 9장이 책의 내용을 요약하여 제시하고 있고, 마지막 장인 10장이 미국의 인종 문제를 다루고 있다. 1938년 개정판에는 없는 초판 10장의 마지막 문단이 1938년 11장 마지막 문단과 비슷한 메시지를 담고 있어 여기에 간략하게 제시한다.

"지금까지 이 책에서 논의했던 내용들을 통해, 인류학적인 연구와 자료가 우리 문명과 상당히 달라 보이는 타문화나 타문명을 이해함에 있어 도움이 된다는 점을 보여주려고 노력했다. 또한, 이를 통해 보다 넓은 공감대를 가지고 다른 인종들을 바라보거나 대해야 한다는 점과, 지금까지 모든 인종이 인류 전체 문화의 발전에 다양한 방식으로 기여했으며, 앞으로 기회만 주어진다면 다른 인종들이 인류의 이익에 기여할 수 있을 것이라고 많은 사람이 확신하게 되기를 바란다(Boas 1911: 278)."

# 12장

# 원시인들의 감정 연관

원시인 삶의 다양한 측면들이 가지는 연관관계
무의식, 감정, 그리고 근친상간 금기
비합리적인 관습에 대한 설명 방식
유사한 감정을 통한 사고의 연관, 그리고 신화와 예술
널리 분포된 특질들의 다양한 연관 방식과 감정 연관 가설

앞의 장에서 원시인과 현대인의 사고에 공통적으로 수많은 전통적인 요소들이 개입한다는 점을 살펴보았다. 이제 우리는 원시인과 현대인이 사고하는 과정과 방식에 어떤 특별한 차이점이 있는지 제대로 고찰할 수 있는 준비가 된 셈이다.

학자들이 일찍이 관심을 가졌던 원시인 생활의 특성 중 하나는 현대인이 완전히 다른 혹은 동떨어진 분야라고 생각하는 정신 활동들이 훨씬 더 긴밀하게 연결되어 있다는 점이었다. 원시인의 생활에서 종교와 과학, 음악과 시와 춤, 신화와 역사, 패션과 윤리는 서로 떼어놓을 수 없는, 처음부터 혼합되어 짠 직물처럼 보인다. 이러한 관찰을 일반화하여 다음과 같이 다른 말로 표현할 수도 있을 것이다. 원시인은 현대인인 우리가 해야 하듯이 모든 행위를 그 행위의 대상을 향하여 적용하거나 모든 사고를 그 목적과 연관시킬 뿐만 아니라, 그에 덧붙여 흔히 그런 행위와 사고를 종교적이거나 적어도 상징적인 성질을 가진 다른 생각들과 연관시킨다고 말이다.

그렇게 보면 우리 시각에서는 원시인이 행위나 사고에 실제로 필요한 것 이상으로 더 많은 의미나 중요성을 부여한다고 보일 수도 있다. 모든 종류의 금기(taboo)는 이를 보여주는 사례들로서, 얼핏 보기에 사소한 행위들이 성스러운 개념이나 생각과 연관되어 있으며 그 성스러움은 어떤 행위가 관습적으로 이루어지는 실행에서 벗어나게 되면 매우 강한 혐오의 감정을 일으킬 정도로 강한 개념이다. 장식물에 마법의 힘이 있다고 생각하거나 장식 예술의 형태에 상징적 힘과 의미가 있다고 믿는 경우도 현대인의 사고방식에서는 낯선 행동의 측면들이 연관되어 있는 사례들이다.

위와 같은 현상들을 질서 정연하게 이해할 수 있는 시각을 제대로 찾기 위해서는, 현대의 우리 문명에서 유사한 사고 형태들이 정말로 자취를 감춘 것인지 검토할 필요가 있다.

현대의 각박한 생활에서 우리는 모든 활동에 사고하는 능력 전체를 집중하고 감정적 생활을 억누르도록 요구받는다. 그래서 우리가 수행하는 행위, 그 행위를 가능하게 하는 동기, 그리고 행위에 따른 결과를 냉정하게 있는 그대로의 현실로 보는 것에 익숙해졌다. 그럼에도 불구하고 다른 종류의 기분이나 성향에 열려 있는 마음을 가진 사람들이 주변에 흔히 있어서, 굳이 멀리까지 가지 않아도 쉽게 찾아볼 수 있다. 빠른 속도와 박자로 진행되는 생활의 흐름 안에서 움직이면서 합리적 동기와 목표 너머를 전혀 보지 않는 사람들이 있는가 하면, 그것을 조용하게 성찰하고 바라보면서 그것이 자신의 의식 안에서 구상된 이상적인 세계의 반사된 영상이라고 인식하는 사람들도 있다. 예술가의 경우 바깥 세계는 그가 느끼는 아름다움의 상징이며, 열렬히 종교적인 사람에게 바깥 세계는 자신의 사고에 형식을 부여하는 초월적인 진리의 상징이다. 악기로 연주되는 음악을 순수한 예술 작품으로 감상하는 이들이 있는가 하면, 다른 어떤 이들의 마음에서는 그 음악이 명확한 개념들의 묶음으로서 비슷한 정서 상태를 일으키는 몇몇 주제와 변주로 연결된 것이라고 인식되기도 한다. 사실 서로 다른 개인들이 동일한 자극에 반응하는 방식, 그들의 마음속에서 우러나오는 연관들의 다양성은 너무도 자명하기 때문에 누구나 알고 있고 특별한 언급이 불필요할 것이다.

우리가 원시인과 현대인을 비교하는 과정에서, 꼭 짚고 넘어가야 하는 중요한 관찰은 이것이다. 즉 같은 사회에서 살아가는 우리 모두가 특정한 자극에 동일한 방식으로 반응하지만 그러한 행위의 이유를 설명하거나 표현하지는 못한다는 점이다. 이를 보여주는 단적인 사례를 들자면 사회적인 기본예절을 지키지 않는 경우이다. 관습적으로 정해져 있는 기본예절에 걸맞지 않을 뿐만 아니라 그것을 완전히 거스르는 행동 양식은 전반적으로 불쾌한 감정을 불러일으킨다. 그리고 그러한 행동이 도덕적인 기준과 충돌하지 않는다는 점을 명확하게 밝히기 위해서 모두가 결연히 노력해야 하는 상황이 만들어진다.

엄밀하고 결단력 있는 사고에 익숙하지 않거나 숙련되지 않은 사람들은 흔히 좋은 매너라고 불리는 전통적 기본예절과 도덕에 알맞은 행동을 혼동하여 제대로 구분하지 못하는 경우가 많다. 어떤 특정한 범위의 행동에 대해서는 전통적 기본예절과 윤리적 감수성이 유난히 긴밀하게 연관되어 있어서, 꼼꼼하고 논리적으로 사고하는 사람이라 하더라도 이 연관으로부터 해방되지 못하고 자유롭지 않은 경우도 있다. 아주 최근까지도 이러한 경향을 보여주었던 사례가 있는데, 바로 적절하게 몸을 가리는 미덕을 지키지 못한 행동에 대한 평가를 들 수 있다. 옷차림의 역사를 간단하게만 살펴보아도 한 시대에 적절한 정도의 차림으로 판단되었던 옷이 다른 시대에는 예의범절에 어긋나는 것으로 생각되었다는 점을 발견할 수 있다. 일상적으로 신체의 일부를 가리는 관습 때문에, 모든 시대를 통틀어 그러한 신체 부위를 노출하는 것이 적절치 못하다는 강한 감수성, 그리고 정서로 이어졌다.

이러한 예절의 적절함과 관련된 감수성은 수시로 변할 수도 있어서, 어떤 상황이나 장소에서 적절한 옷차림이 다른 상황에서는 바로 불쾌함을 주는 차림이 될 수도 있다. 예를 들자면 깊게 파인 파티 드레스를 입고 대낮에 전차를 타는 상황이나, 공식적인 회의에 수영복을 입고 나타난 경우를 상상해 볼 수 있다. 어느 정도의 노출이 적절하지 못하느냐를 판단하는 기준은 언제나 그 시기의 유행에 따라 달라진다. 한 가지 분명한 점은 옷차림의 유행이 노출의 적절함을 기준으로 변화하지 않으며, 옷차림의 역사적 발달은 여러 가지 다양한 원인에 의해서 결정된다는 사실이다.

그럼에도 불구하고 유행은 흔히 전형적으로 그 적절함이라는 느낌과 연관되며, 이른바 보통 이상으로 노출을 하게 되는 경우 부적절함에 따르는 불편함이나 불쾌함을 야기하게 된다. 사람들이 어떤 옷은 적절하고 다른 옷은 부적절한지 의식적으로 생각하지는 않지만, 관습적인 것과의 대조를 통해 그 감수성을 직접적으로 느끼게 된다. 만일 항상 부적절하다고 생각해 왔던 행동을 하도록 강요받는 상황이 온다면, 그렇게 행동하는 과정에서 대다수가 본능적으로 느낄 강한 내적인 저항감을 쉽게 상상할 수 있을 것이다. 비슷하게, 우리 사회가 가진 적절함의 기준과 매우 다른 사회에 갑자기 들어가게 되었을 때에도 마찬가지로 우리 마음속에서 그런 느낌과 감정이 일 것이다.

적절함을 차치하고라도, 어떤 스타일의 옷차림이 적절하지 못해 보이는 여러 가지 이유를 들 수 있다. 200년 전의 조상들이 입었던 옷을 그대로 입고 나다닌다면 많은 사람들의 비웃음을 살 것이다. 남자가 실내에서 다른 사람과 함께 있을 때에 여전히 모자를 쓰고 있다면 그것은 눈에 거슬릴 뿐만 아니라 버릇없어 보인다. 교회 안이나 장례식에서 모자를 쓰는 행위는 그 상황에서 오가는 느낌들과 분위기 때문에 더더욱 강한 반감을 일으킬 것이다. 모자를 쓰는 사람의 입장에서는 모자를 비스듬하게 쓰는 것이 매우 편안할지는 모르겠지만, 가정교육을 제대로 받지 않은 버릇없는 사람으로 남들이 규정해 버릴 수도 있다. 통용되고 있는 유행에 거스르는 새로운 유행의 옷차림이 나타나면 그것은 우리의 미적인 감각에 위배되는 느낌을 주는 경우가 많고, 이는 그 상황에서 그 유행이 얼마나 저급한지와는 전혀 관련이 없다.

한 가지 예를 더 들면 내가 설명하려는 것이 더 분명해질 것 같다. 우리가 알고 있는 대부분의 식탁예절은 순전히 전통적이어서 어느 누구도 그 이유를 적절히 설명하지 못한다는 점은 많은 사람들이 쉽게 인정할 수 있을 것이다. 음식을 먹을 때 입술과 혀로 소리 내어 입맛을 다시는 것은 보기에만 나쁜 것이 아니라 심한 경우에는 더럽다는 느낌을 불러일으킬 수도 있다. 그러나 일부 북아메리카 원주민 부족들에서는 초대받은 식사 자리에서 큰 소리로 입술을 다시지 않는 것이 예의 없는 행동이다. 손님으로 온 사람이 차린 음식을 즐기지 않고 있다는 뜻으로 해석되기 때문이다. 바람직한 식탁예절을 구성하는 이와 같은 일련의 행위들을 꾸준히 수행하도록 원주민들에게나 우리에게나 똑같이 요구되기 때문에, 이를 벗어나는 행동을 하는 것은 사실 불가능하다.

다른 방식으로 행동하는 것은 단순히 습관적으로 익숙한 근육의 움직임을 다르게 바꾸기가 어려워서 그런 것이 아니라, 감수성의 측면에서 강한 저항을 넘어서야 하기 때문에 더욱 그러하다. 우리가 다른 사람들이 관습에 어긋나게 행동하는 것을 볼 때에도 이러한 정서적인 불쾌함을 느낀다. 우리가 익숙한 식탁예절과 완전히 다른 식탁예절에 익숙한 사람들과 함께 식사를 하는 경우에도 그런 불쾌감이 강하게 들어서 메스꺼움에 가까운 반응이 나올 수도 있다. 이에 대해서도 흔히 듣게 되는 설명은 현재 통용되는 식탁예절에 대한 설명에 그칠 뿐, 그것 자체로는 식탁예절이 역사적으로 어떻게 형성되고 발달했는지 밝혀지지 않는다. 칼로 음식을 집어 먹으면 입을 다칠 수 있기 때문에 적절하지 못하다는 설명도 우리가 흔히 듣는 것이지만, 이 설명이 관습의 발달에 대해서 말해주는 것은 없다. 포크를 사용하기 시작한 것은 사실 얼마 되지 않았고, 초기의 날카로운 강철 포크도 칼만큼 날카로워 입을 다치기 쉬웠기 때문이다.

낯선 행동에 대한 우리의 반감이 가지는 특성을 제대로 성찰하기 위해서 추가적인 사례들을 살펴보는 것이 좋을 것 같다. 이 사례들을 통해서 우리가 가지는 보수성의 이유와 거기에 다다르게 되는 정신 작용과 과정을 명확하게 하고자 한다.

어떤 행동의 연유가 설명되는 방식이 발달하는 양상을 아주 잘 보여주는 사례 중 하나가 바로 금기 혹은 터부(taboo)이다. 우리 현대인의 경우 사실 특정한 금기를 찾아보기 어렵지만, 외부인의 시각으로 보았을 때 우리가 특정한 동물을 식용으로 삼지 않는다는 사실은 금기에 속한다고 보일 수 있다. 이를테면 개를 식용으로 하는 것이 아무렇지도 않게 익숙한 사람이 우리에게 개를 먹지 않는 이유를 묻는다면, 개를 먹는 것은 우리의 관습이 아니라고 답할 수밖에 없을 것이다. 우리가 원시인들 사이에서 금기에 대하여 정당하게 얘기하는 것과 똑같이, 그의 시각에서는 정당하게 우리 사회에서는 개가 금기라고 말할 수 있다. 굳이 우리가 개를 먹지 않는 이유를 찾아내야 한다면, 우리와 친구처럼 함께 사는 동물을 먹는 것이 적절하지 않기 때문에 개나 말을 먹는 것에 대한 혐오를 가지는 것이라고 생각할 수 있을 것이다. 다른 한편으로, 우리는 또한 애벌레를 먹는 것이 익숙하지 않고 메스꺼운 느낌이 들어서 먹기를 거부하는 것이 정상이라고 생각한다. 이와는 별도로, 인육을 먹는 식인풍습은 너무도 끔찍한 것이라고 생각하여, 앞의 다른 음식 금기들과 함께 묶일 수 있는 가능성이 있다는 점조차 스스로 인정하기 어려울 것이다. 사람의 생명이 성스럽다는 근본적인 생각, 그리고 많은 동물의 경우에도 같은 종에 속하는 다른 동물을 먹으려고 하지 않는다는 사실 때문에 식인풍습은 단순히 먹는 관습의 문제가 아니라 인간의 본성을 벗어나는 가장 끔찍한 이상 행동이라고 흔히 판단된다.

이상의 세 가지 종류의 혐오 중에서 메스꺼움은 우리 마음속에서 가장 먼저 생기고 존재하는 감수성으로서, 그런 음식을 함께 먹자고 했을 때 거부하는 반응으로 연결된다고 할 수 있다. 우리가 느끼는 메스꺼움을 다양한 이유로 설명하는데, 그 이유들은 우리가 마음속에서 특정한 행동과 연관된 여러 종류의 생각들에 따라서 분류가 가능하다. 어떤 경우에는 특별한 연관이 없어서 단순히 메스꺼움 자체로 충분한 설명이 된다고 생각한다. 애벌레의 경우가 그렇다. 개와 말 같은 이른바 반려동물의 경우에는 가장 중요한 이유가 정서적인 것임에도 불구하고, 구체적으로 질문을 받게 되면 나름 정당화해야 할 필요를 느끼기 때문에 해당 동물의 습관이나 특성까지 동원하여 우리의 혐오감을 설명한다. 그리고 세 번째의 경우에는 식인풍습의 비도덕성이 명백하여 그 한 가지만 언급해도 충분한 이유가 된다고 생각한다.

이외에도 다른 사례로서 원래는 종교적 혹은 종교적인 것에 가까운 이유들로 시작되었던 수많은 관습들이 있는데, 이들이 지속되는 이유에 대해서도 많게 혹은 적게 실용주의적인 이론에 바탕을 둔 설명이 이루어진다. 혼인과 관련된 풍습 중에서 근친혼 금기가 바로 이러한 관습에 속한다. 근친혼 금기가 적용되는 범위는 매우 큰 변화를 겪어왔지만, 그 범위와 관계없이 한 집단 안에서 혼인하는 것에 대한 혐오는 예나 지금이나 동일하다. 그러나 옛날에는 그 느낌과 감정의 연유를 종교적인 규율 탓으로 돌렸던 것과는 달리 지금은 실용적인 개념이 적용되어, 즉 근친 사이의 통혼 때문에 건강하지 못한 자식을 낳을 수 있다는 두려움이 그 이유라고 설명한다. 보는 사람이 기분 나쁘거나 혐오스러운 질병에 걸린 사람들을 하느님으로부터 벌을 받은 사람들이라고 하면서 피했던 과거와는 대조적으로, 오늘날에도 그런 사람들을 피하면서 그 이유는 전염에 대한 두려움을 들고 있다. 영어에서 욕이나 상스러운 말의 사용이 줄어든 현상도 처음에는 종교적 이유 때문이었으나, 지금은 단순히 버릇 있음과 없음의 차이에 불과하다고 사람들은 생각한다.

이렇듯 특정한 행위에 대하여 생기는 정서적인 반응은 그 시대의 지배적인 의견을 거스르는 시각들이 있는 경우에도 비슷하게 강하게 나타난다. 그 시기의 사고를 우리 자신과 떼어낼 수 없기에 정서적인 가치들이 매우 크게 느껴지거나, 새로운 생각들이 우리가 어릴 때부터 익히고 익숙해진 근본적인 태도와 배치되거나, 우리의 생애와 삶을 바칠 정도로 중요하게 생각하는 목표와 배치될 경우에는 더욱 그러하다. 이단적인 경향이나 새로운 사회경제적 원칙에 대한 격렬한 반대가 나타나는 현상은 이 관찰 하나로도 이해할 수 있다. 이런 상황에서 반대하는 이유들은 대부분 정서적인 저항이나 반감을 합리화하는 것에 불과한 경우가 대부분이다.

한 가지 강조해야 하는 점은, 위에서 언급한 모든 사례들에서 변화에 저항하거나 반대하는 이유를 합리화하는 방식이 정서적인 반응과 밀접하게 연관된 일련의 생각이나 개념들에 근거해 있다는 것이다. 옷차림의 경우, 왜 새로운 스타일이 적절하지 못한지에 대한 논증이 이루어지며, 이단의 경우에는 새로운 교리 혹은 원리가 영원한 진리에 대한 공격이라는 증거가 제시되는 등 다른 사례에서도 비슷한 양상이 관찰된다.

스스로 내면을 성찰하는 방식으로 분석해 보아도 이러한 이유들은 모두 우리가 싫은 감정과 정서를 해석하려는 시도이다. 즉 우리가 가지는 반감은 의식적인 사고에 의해 결정되는 것이 아니라 일차적으로 익숙한 기존의 관습과 조화될 수 없는 새로운 아이디어가 만들어내는 정서적 효과이다.

모든 사례에서 관습은 꾸준히 그리고 정기적으로 지켜져 왔기 때문에 자동적으로 습관처럼 되어 버린 상태이다. 이는 곧 습관처럼, 어느 의식 수준에서도 우리가 알지 못하는 사이에 수행하는 행동으로 이미 자리를 잡은 것이라는 뜻이다. 그 결과로 이러한 행위에 부여되는 정서적 가치는 상당히 가벼운 것이다. 그러나 한 가지 주의할 점은 어떤 행동이 자동적으로 수행되는 경우, 정반대의 행위를 하는 것은 지극히 어렵다는 것이다. 그러기 위해서는 상당한 노력이 필요하며 보통은 정반대의 행위를 한다 하더라도 편하지 않은 느낌이 강하게 동반된다. 또 예사롭지 않은 행동을 누군가 남이 하는 것을 바라보는 입장에서는 그 행동이 유난히 눈에 띄어 주목하게 되며 불편함이나 불쾌감을 느낀다는 점도 관찰할 수 있다. 따라서, 어떤 관습적인 것에 대한 위반이 일어나면 그 행위와 관련된 모든 사고와 개념들이 의식의 수준으로 끌어올려지게 된다. 개고기 요리를 보면 동반자 혹은 반려의 개념이 떠오르게 되고, 인육을 먹는 축제를 보면 우리에게 제2의 천성처럼 되어버린 모든 사회적 원리와 원칙을 떠올리는 것처럼 말이다.

어떤 일련의 활동이나 특정한 형태의 사고가 습관적·자동적이 될수록, 그런 오랜 행동이나 생각의 습관으로부터 벗어나도록 더욱 의식적인 노력이 필요하기 마련이다. 새로운 혁신 때문에 나타나는 돌발적인 변화에 대한 불편함도 그만큼 크기 때문이다. 그런 혁신적 변화에 대한 반감과 불편함은 의식적인 사고나 추론을 거치지 않은 정서적 표현이며 반사적인 행동이다. 이러한 감정적 반응을 스스로 의식하는 순간에 우리는 합리적 사고의 과정을 거쳐 그 의미를 해석하려고 한다. 이 합리적 사고는 기존의 관습이 깨지는 순간 우리의 의식에서 일어나는 생각들 그 자체에 기초를 둘 수밖에 없다. 즉, 우리가 합리적이라고 생각하지만 사실은 합리화하는 설명 방식은 연관된 생각들의 성격에 따라 다르게 형성되기 때문이다.

이러한 경향은 광적 극단주의와 능숙하게 잘 만든 선전(propaganda)이 성공할 수 있는 바탕이 되기도 한다. 대중의 감정과 정서를 자극하고 말도 안 되는 이유들로 자신의 가르침을 뒷받침하는 극단주의자나, 양심의 가책을 전혀 느끼지 않으면서 계산된 이유를 만들어내어 속기 쉬운 대중에게 분노를 폭발시킬만한 핑계를 제공하면서 잠재된 혐오를 일으키는 선동가는 모두, 근본적으로 비합리적인 감정에 바탕을 두는 행위에 합리적 핑계를 찾으려는 인간의 욕망을 이용하는 셈이다.

실제로 십자군 원정의 동기는 정치적이며 경제적인 것이었지만, 교황 우르바노 2세는 성지가 이교도들의 손에 들어갔다는 핑계로 종교적 헌신을 당부하며 십자군 모집에 성공했다. 은자 베드로 역시도 같은 사안을 광적 극단주의 선동으로 확산시키면서 전 유럽에 퍼뜨렸다.1) 1차 세계대전 때에도 대중의 분노를 일으키기 위해 잔인한 살상 사건을 언급하는 선전들이 난무했다. 지금도 히틀러와 그 일당들은 인종적 선입견과 편견을 자신들만의 목표에 도달하기 위해 갖가지로 동원하고 있다. 히틀러와 마찬가지로 휴스턴 스튜어트 챔벌린(Houston S. Chamberlain)조차도 자신들의 목적을 달성하기 위해서는 진실을 왜곡해도 상관없다는 입장을 냉소적으로 인정한 바 있다.2)

이 모든 사례들은 심지어 우리의 현대 문명에서조차 대중적 사고가 일차적으로는 이성이 아니라 감정에 의해 지배된다는 점을 보여준다. 그리고 감정적 혹은 정서적으로 결정되는 행동에 합리화가 들어가는 방식은 여러 다양한 조건에 의해 결정되며 따라서 시간의 흐름에 따라 변화할

---

1) [역주] 11세기의 1차 십자군 원정 출발 당시, 프랑스와 독일에서 모집된 십자군이 독일 라인강 지역의 보름스, 슈파이어, 마인츠 등의 대도시에서 유태인을 학살한 사건(1096)에 대한 암시이다.
2) [역주] 챔벌린은 영국 출신의 독일 철학자로 인종주의에 기반한 글과 책으로 독일 나치당의 가장 근본적 이론틀을 제공한 사람이다 (Chamberlain 1901 참조).

수 있다.

이제부터 우리는 원시인의 생활에서 유사하고 비견할 수 있는 현상들을 살펴보기 시작할 것이다. 부족사회에서도 해당 부족의 관습에서 벗어나는 것을 싫어하지만, 비교하자면 우리 문명에서 찾아볼 수 있는 반감보다 그 정도가 더 강하게 나타난다. 이를테면 집 안에서 잠을 잘 때 불을 때는 방향으로 발을 향하고 누우면 안 되는 관습이 있다고 한다면, 그 관습을 거스르는 것은 두려운 일이 된다. 어떤 사회에서 같은 씨족의 구성원들이 혼인을 하지 않는 관습이 있으면 그 관습을 어기고 혼인할 경우 깊은 속에서 우러나오는 반감이 표출될 것이다.

더 많은 예를 들 필요도 없이, 어떤 집단이 원시적일수록 더욱 다양한 방식으로 일상 생활의 몸가짐이나 행동이 세세하게 관습에 묶여 있다는 사실은 잘 알려져 있다. 그렇다고 하여 모든 개인들이 똑같은 정도로 엄격하게 모든 관습을 지킨다는 뜻은 아니지만, 삶을 통제하는 습관적 관습이 여러 가지로, 그리고 여러 층위로 존재한다는 점이 특징적이라는 말이다. 우리는 스스로의 경험을 토대로, 우리들 사이에서나 원시 부족사회에서나, 확고하게 자리 잡은 관습들로부터 이탈하는 것에 대한 저항이 의식적 사고가 아니라 정서적 반응 때문이라고 정당하게 결론지을 수 있다.

그럼에도 불구하고, 시간이 지나면서 관습이 되었던 그 처음의 특별한 행위가 의식적인 정신적 과정을 거쳐 자리를 잡았을 가능성을 배제할 수는 없다. 물론 대부분의 많은 관습들이 의식하고 생각하는 과정을 거쳐 생겨나지는 않은 것으로 보인다. 관습들이 발달한 과정은 무의식적인 과정, 즉 언어들의 형태론에 반영된 범주들과 비슷한 양상으로 이루어졌을 것이라 확신한다. 그 언어를 사용하는 사람들은 그러한 사실을 의식하지도 않고 알지도 못하기 때문이다. 예를 들어 오스트레일리아의 원주민 사회 체계의 기원에 대한 쿠노오의 가설(Cunow 1894)은 상당한 개연성을 가지지만, 유일한 가설은 아니다.[3] 오스트레일리아의 어떤 부족들은

---

3) [역주] 쿠노오(Heinrich Cunow)는 독일 사민당 정치가이면서 민족학자로서,

통혼이 가능한 네 개의 족외혼 집단으로 구성되어 있었다. 족외혼의 규칙을 따르자면 첫 집단의 구성원은 두 번째 집단의 구성원과 혼인을 해야 하며, 세 번째 집단의 구성원은 네 번째 집단의 구성원과 혼인을 해야 한다.

쿠노오는 애시당초 두 개의 족외혼 집단이 존재했을 경우에도, 만약 같은 세대 안에서만 혼인이 가능했다고 전제한다면 오스트레일리아 원주민이 현재 가지고 있는 체계가 자연히 발달했을 것이라고 설명한다. 각각의 집단이 이름을 가지고 있고, 짝수 세대의 이름과 홀수 세대의 이름이 구분만 된다면 말이다. 두 개의 족외혼 집단을 각각 A와 B라고 정하고, 홀수와 짝수 세대를 표시하는 말을 각각의 글자에 덧붙이면 네 가지 구분이 나오는데 A홀수, A짝수, B홀수, B짝수가 된다. 그리고 혼인에서 자식들이 속하게 될 집단을 결정하는 성별(남성)을 앞에 놓는다고 하면, 다음과 같은 결과가 나온다.

[A홀수]는 [B홀수]와 혼인해야 하며, 그의 아이들은 [A짝수]이다.
[B홀수]는 [A홀수]와 혼인해야 하며, 그의 아이들은 [B짝수]이다.
[A짝수]는 [B짝수]와 혼인해야 하며, 그의 아이들은 [A홀수]이다.
[B짝수]는 [A짝수]와 혼인해야 하며, 그의 아이들은 [B홀수]이다.

원래는 각각의 세대가 분리되어 유지되었을 수 있었고, 따라서 연속된 두 세대의 구성원들 사이에서는 혼인이 가능하지 않았을 것이라고 짐작할 수 있다. 왜냐하면 혼인 연령에 있는 동일한 세대 안에서만 남성과 여성이 만날 수 있었을 것이기 때문이다. 하지만 시간의 흐름에 따라 후속 세대들에서 연령대가 명확한 차이를 유지하지 못하면서 사회적 구분이나 분리가 더 이상 이루어지지 못했을 것이고, 족외혼 관습이 자리를 잡으

---

마르크스의 이론을 인류학에 적용하려 시도하였다. 나치당 집권 후에 나치 정권은 쿠노오의 연금을 빼앗고 그가 저술한 책은 모두 불살라 폐기하였다.

면서 네 집단의 구분이 조건의 변화에도 불구하고 크게 변화하지 않았을 것이라는 설명이 가능하다.

어떤 집단의 오랜 관습이 새로운 조건이나 환경에 처하게 되면서 금기를 형성한 것으로 추정되는 몇몇 사례들이 존재한다. 예를 들어, 같은 날에 캐러부와 물범을 모두 사용하는 것을 피하는 이누이트의 금기는, 내륙과 해안 생활을 계절적으로 반복하는 이 집단의 특성 때문에 나타났을 것이라고 상당한 개연성을 가지고 추정할 수 있다. 내륙에서 사냥을 하는 철에는 내륙에 물범이 없기 때문에 캐러부만 먹을 수 있고, 해안에서 사냥을 하는 철에는 캐러부가 없기 때문에 물범만 먹을 수 있다. 한 계절에는 캐러부만 먹을 수 있고 다른 계절에는 물범만 먹을 수 있었다는 단순한 사실 때문에 이 관습을 바꾸는 것에 대한 저항이나 반감이 충분히 생겼을 수 있다. 결국 긴 시간 동안 두 가지 종류의 고기를 같은 시기에 먹을 수 없었다는 것 때문에 두 종류의 고기를 동시에 먹으면 안 된다는 법칙이 발달했을 것이다.

북아메리카 남서부에 사는 몇몇 부족들이 가지고 있는 물고기 금기 역시도 비슷한 연원을 가지고 있을 것이라고 나는 추정한다. 즉, 이 부족들은 물고기가 없는 지역에서 오랫동안 살았기 때문에, 물고기를 잡을 수 있는 가능성이 없다는 상황으로부터 물고기를 먹지 않는 관습이 발달했을 것이다. 이 가설들에서 볼 수 있듯이, 관습들의 연원에는 무의식적인 측면이 반드시 필요한 것은 아니지만 충분히 있을 수 있다는 점이 명확해졌을 것이다. 그러나 관습이 형성되는 과정에서 의식적인 사고가 개입되었다고 하더라도, 시간이 지나면서 곧 그 사실은 잊히고 관습을 어기는 경우 바로 정서적인 저항을 표현했을 것이다.

경우에 맞느냐 맞지 않느냐를 판단하게 되는 여타의 다른 행위들은 순전히 습관의 힘 때문에 지속되기도 하며, 명시적으로 그것을 정당화하는 어떤 이유도 필요로 하지 않는다. 그럼에도 불구하고 그것을 어겼을 때에는 역시나 강한 반응이 표출된다. 밴쿠버섬의 원주민들은 고귀한 집안의 젊은 여성이 입을 크게 벌리고 빠른 속도로 먹는 것이 흉하다고 생각하는데, 만약 그렇게 행동하는 사람이 있다면 경우에 맞지 않는 행동으로 인해서 사회적 지위 혹은 평판이 매우 나빠질 것이다. 유럽에서도 비슷한 종류의 정서적 반응을 관찰할 수 있는데, 귀족 출신의 남성이나 여성이 자신보다 신분이 낮은 사람과 혼인하는 경우가 그러하다. 더 사소하고 그다지 중요하지 않은 관습의 경계를 넘거나 어긴 경우에는 부적절한 행위를 했기 때문에 놀림을 받거나 비웃음을 사게 되는 정도로 끝난다. 이 모든 사례들이 바로 기존에 형성되어 있는 자동적인 습관을 거스르는 경우에 나타나는, 그리고 심리학적으로 동일한 범주로 분류할 수 있는 정서적 반감의 표현들에 속한다.

현재까지 살펴본 바로는, 관습을 어겼을 때 표현되는 강한 정서적 저항 혹은 반감을 의식적으로 사고할 수 있는 기회가 부족사회에서는 아예 없는 것처럼 보일 수 있다. 부족사회에서는 그만큼 전반적으로 사람들이 엄격하게 관습을 지키며 살기 때문이다. 그러나 사회 속의 삶이 가지는 다양한 특성들 중에서, 관습적인 행위에 대한 보수적 집착이 끊임없이 대두되기 때문에 사람들이 의식하게 되는 사회적 영역이 있다. 바로 어린이들을 교육시키는 영역이다. 자신이 처한 환경에서 아직 습관적인 행동을 제대로 익히지 못한 어린이들은 당연히 무의식중에 모방으로 많은 것들을 습득할 것이다. 하지만 많은 경우에 단순한 모방으로는 충분하지 않아서 관습적인 방식과 다르기 때문에 어른들이나 원로들로부터 교정을 많이 받는다. 부족사회의 삶을 조금이라도 아는 사람이라면 어린이들이 끊임없이 어른들의 모범을 따를 것을 명시적으로 요구받는다는 것, 그리고 어떤 형태로든 기록된 전승에는 부모가 아이들에게 주는 충고가 수없이 많이 포함되어 있어서 부족의 관습을 지키는 의무를 항상 일깨운다는 점을 알 것이다. 어떤 관습의 정서적인 가치가 크면 클수록, 그 관습을 어린이와 젊은이들에게 깊이 심어주려는 욕망도 강하기 마련이다. 따라서 관습을 어기는 경우에 대한 저항을 의식적인 수준에서 접하고 처리해야 하는 경우들이 많이 생기는 것이다.

바로 이러한 상황과 조건은 관습의 발달과 보존에 매우 강한 영향을 주는데, 관습을 위반하는 일이 생길 때마다 그것을 의식적으로 대면해야 하기 때문이다. 그런 상황이 생기면 어린이들의 질문 때문에, 혹은 스스로 생각해 보았을 때에도 어떤 사고나 개념들은 특별한 이유나 설명 없이 이미 존재하고 있었다는 사실을 절감할 수밖에 없다. 스스로의 감정과 행위를 이해하기 위한 욕망과 더불어 세계의 비밀을 명확하게 밝혀내려는 동기는 아주 오래 전부터 인간에게서 찾아볼 수 있기에, 문화의 모든 단계에서 인류가 자신의 행위의 동기를 추정하기 시작한 것은 놀라운 일이 아니다.

앞에서 언급했듯이, 많은 행동에 대해서는 의식적인 동기가 필요하지 않으며, 그렇기 때문에 우리의 관습적인 행동을 결정하는 동기를 찾아내려는 경향은 발달할 수밖에 없다. 이것은 또한 모든 단계의 문화에서 관습적 행위가 역사적 기원과는 아무 관계가 없는, 그러면서도 사람들이 일반적으로 가진 지식에 근거한 추론으로 만들어지는 이차적인 설명의 대상이 되는 이유이기도 하다.

이차적인 설명 또는 해석이 우리 사회나 부족사회에서 흔히 존재한다는 것 자체가 가장 중요한 인류학적 현상 중 하나이다. 우리가 욕망을 가지거나 행동을 하고 난 후에서야 우리의 욕망이나 행동을 정당화하려고 시도한다는 것은 널리 그리고 쉽게 관찰할 수 있다. 우리의 초기 양육에 기초해서 우리가 특정한 정치 정당을 지지 또는 합류하는 경우에도 대부분의 경우에는 그 정당이 내세우는 원칙의 정의로움에 대한 확신 때문이 아니라, 내가 지지하거나 속한 정당의 원칙을 존중하도록 배웠기 때문에 그렇게 한다. 그런 연후에야 우리는 그 원칙들이 옳은 것이라고 스스로를 설득하면서 자신의 입장을 정당화한다. 이러한 사고에 대한 이해가 없으면 사실 정당 지지율뿐만 아니라 여러 교파들의 안정성과 지리적 분포 현상 자체가 이해가 될 수 없다.

감상적인 가치를 가진 전통적인 의견으로부터 우리의 마음을 자유롭게 해방시키는 과정에서 일어나는 정신적 갈등도 이런 현상들을 반증한다. 솔직하게 우리의 마음을 성찰해 보면, 평균적인 인간은 대부분의 경우에 합리적 사고를 통해 자신의 행위들을 결정하지 않고, 먼저 행동한 후에 그런 다음에서야 우리 사이에서 통용되고 있는 이차적인 설명들을 동원하여 자신의 행동을 설명하거나 정당화한다.

이상에서는 관습적인 행동으로부터 벗어나는 경우에 의식적으로 마주해야 하는 정서적 가치와 그에 따른 변화에 대한 반감, 그리고 변화를 허용하지 않는 이유들을 제공하는 이차적인 설명으로 요약되는 종류의 행동 범위를 살펴보았다. 우리는 또한 이 맥락에서 인간이 다루는 전통적인 재료들이 특정한 종류의 설명이나 사고를 결정하며, 이들이 마음속의 정서적 상태와 연관되어 있다는 점도 함께 살펴보았다. 원시인은 일반적으로 자신의 관습에 대한 이러한 설명들을, 세계를 구성하는 방식에 대한 일반적 시각과 밀접하게 연관된 개념들을 바탕으로 만들어낸다. 어떤 관습이나 특정한 행위를 피하는 근간에는 특정한 신화적인 사고나 개념이 자리잡고 있다고 생각할 수도 있고, 관습이 상징적인 의미나 중요성을 가질 수도 있으며, 단순하게 나쁜 운을 두려워하는 것과 연관되어 있을 수도 있다. 마지막으로 나열한 범주의 설명은 우리가 흔히 주변에서 볼 수 있는 미신에도 동일하게 적용된다.

지금까지 진행한 탐구의 근본적인 결과는 다음과 같은 결론이다. 즉, 원시인의 관습이 어디에서 왔는가를 추적할 때에는 합리적 사고의 과정 속에서 기원을 찾으려고 해서는 안 된다는 사실이다. 관습과 금기의 역사를 밝히려고 했던 대부분의 연구자들은 지금까지 다음과 같은 의견을 내놓았다. 그 기원은 인간과 자연의 관계에 대한 추론에서 찾을 수 있고, 원시인에게는 세계가 초인간적인 힘을 가진 물건들과 조금만 성나게 하더라도 인간에게 해를 입히려는 기운으로 가득 차 있다는 것이다. 또 그런 물건들을 조심스럽게 다루고 그런 힘들과 부딪히거나 거스르는 것을 피하려는 시도가 수많은 미신적인 규칙들을 만들게 했다고 보았다.

이러한 시각은 전반적으로 원시인의 습관과 의견은 의식적인 사고를 통해 형성되었다는 인상을 준다. 그러나 연구자들이 추정하는 이 시각은, 만약 이 모든 과정들이 의식적인 사고가 아니라 하더라도 지각 경험의 분류 자체로부터 나온다 해도 크게 달라지지 않는다. 하지만 정서적 동기가 이 과정에서 차지하는 역할에 대해서는 합당하게 그 중요성을 제대로 감안하지 못하는 결과가 나온다.

연구자들이 내어놓은 이론은 바로 그 방향으로 확장되어야 한다. 그렇지 않으면 수많은 관습과 믿음들이 어떤 형태로든 마음이나 심성의 능동적인 참여가 없이 생겨난 것처럼 보이며, 일반적으로 삶의 조건이 그것들을 만들어내었고 그 조건들이 변화할 때에서야 의식할 수 있게 되었다는 말이 되기 때문이다. 물론 어떤 특정한 관습들은 많거나 적게 의식적인 사고를 통해 만들어졌을 것이라는 점을 내가 의심하는 것은 아니다. 그러나 나는 같은 정도로 어떤 관습들은 그런 의식적 사고 없이 생겨났다고 확신하고 있고, 이에 대한 설명도 이론이나 가설이 감안하여 포함해야 한다고 생각한다.

원시인의 생활을 연구한 자료를 보면 쉽게 설명되지 않는 무수히 많은, 서로 다른 종류의 연관들을 찾아볼 수 있다. 이 중에서 연관된 사고나 개념들의 특정한 유형(pattern)들은 모든 종류의 문화에서 관찰이 가능하다.

어두운 색상과 침울한 정서는 우리의 마음속에서 긴밀한 연관을 가지고 있지만, 다른 문화를 가진 사람들에게 반드시 그런 연관이 존재하는 것은 아니다. 슬픈 상황이나 장소에 시끄러움은 부적절한 것으로 생각되지만, 원시인들 사이에서는 애도하는 사람들이 큰 소리로 곡을 하거나 울부짖는 것이 비통함의 자연스러운 표현이다. 장식 예술은 눈을 즐겁게 하는 것이지만, 십자가와 같은 디자인은 상징적 의미와 중요성을 가지기도 한다.

전반적으로는 문명화된 생활에서 서로 관계가 없다고 인식되는 사고나 개념의 묶음들 사이에서는 위와 같은 연관들이 드물게 나타난다. 역사적 증거를 통해서 한때 그런 연관들이 존재했었다는 것을 알 수 있을 뿐이며, 잔존(survivals)과 같이 옛 사고나 믿음은 사라졌으면서 겉모양, 즉 형태만 남아 있는 경우도 있다. 원시 문화에서는 이 연관들이 매우 풍부하게 존재한다. 아래에서는 이들을 살펴 볼텐데, 이해의 편의를 위해서 우리 문명에서도 유사한 비유로 볼 수 있는 사례들을 먼저 찾아서 들어 보겠다.

연관들을 살펴볼 수 있는 관습 중에서 가장 넓은 영역을 차지하는 것은 바로 의례(ritual)의 영역이다. 중요한 행위를 할 때에 동반되는 수많은 의례 형태들이 있는데, 이들은 그 행위 자체와 직접적인 연관이 없지만 그럼에도 불구하고 형식적으로 많은 상황에서 적용되고 있다. 일단 여기에서는 그런 의례들이 가지는 구체적인 의미는 크게 중요하지 않다. 많은 의례들이 너무 오래된 것들이라서 그 기원은 고대 혹은 심지어는 선사 시대로 거슬러 올라가 찾아야 하는 경우가 많다.

오늘날에는 의례의 영역이 매우 좁아져서 제한되어 있지만, 원시 문화에서는 삶 전체에 스며들어 있다. 정교하거나 단순하거나 형태는 다양하지만, 어떤 중요한 행위를 할 때에는 반드시 정해진 의례를 행해야 한다. 연구가 이루어진 많은 사례에서 밝혀진 것은 의례에 대한 설명보다도 그 의례의 형태들이 더 지속적이라는 점이며, 그 상징적 의미 역시도 다른 집단과 다른 시기, 다른 생각을 반영하여 변화한다는 것이다. 의례는 무척이나 다양하면서도 의례가 행해진다는 점은 보편적이어서, 의례에서 가장 많은 연관의 다양성을 찾을 수 있다는 점도 중요하다.

원시적 생활의 가장 근본적인 특성들 대부분에 대해서도 의미는 변화하지만 형태는 유지된다는 시각을 적용할 수 있다. 원시 문화의 시작과 역사적 변화를 살펴볼 때에 균질적이지 않은 사고나 활동들 사이의 연관이라는 시각으로 보면 명확해지는 부분들이 있기 때문이다.

우리가 사는 현대 사회에서, 여전히 인기가 많은 점성술을 믿는 이들을 제외하면, 우주적 현상을 탐구할 때에는 인과론에 바탕을 두고 해당 현상에 대한 적절한 설명을 제공하려는 노력과 연관되어 있다. 동일한 현상들에 대하여 원시 사회에서는 우리의 연관과 다른 전형적인 연관들이 몇 가지 있는데, 이들이 전 세계의 가장 먼 오지에서 사는 부족들에게서도 놀라울 정도의 규칙성을 가지고 분포한다. 이를 보여주는 아주 훌륭한 사례가 우주적 현상을 순수한 인간사와 연결시키는 관찰들 사이의 규칙적인 연관인데, 이를 다른 말로 표현하자면 자연신화라고 할 수 있다. 자연신화들의 독특한 특징은 관찰된 우주 현상이나 사건들을, 사람들이 익숙한 사회적 삶과 생활의 형태를 띤 소설과 같은 줄거리와 연관시킨다는 점이다. 줄거리 자체는 인간의 모험에 대한 이야기로 발달된 것일 수도 있다. 우주를 구성하는 천체들과의 연관을 통해서 뇌우 또는 바람과 같은 현상이 자연신화의 소재가 된다.

　전설과 자연신화를 구분하는 기준이 바로 이것으로, 자연 신화의 경우 언제나 우주적 현상과 연관되어 있다. 이 연관이 현대 사회에서는 자연스럽게 발달하지 않는다. 만약 어딘가에서 가끔 관찰된다면 그것은 전통적인 자연신화의 형태가 살아남은 잔존일 것이다. 반면 원시 사회에서는 자연신화를 매우 흔하게 찾아볼 수 있다. 이 연관이 생겨나게 된 연유에 대한 질문은 매우 흥미로운 것이지만, 사실 그 답을 구할 때에는 일정 부분 추측이 들어갈 수밖에 없다.

　원시적 생활에서 지금 우리가 살펴보는 연관이 얼마나 흔하게 나타나는지는 다음의 몇 가지 사례가 잘 보여줄 것이다. 우선 원시적 장식 예술이 가지는 일정한 특징들이 좋은 사례가 된다. 우리에게는 장식 예술이 가지는 유일한 목적이 미적인 것으로, 물건을 장식하여 더 아름답게 만들고자 한다. 우리가 원하는 정서적 효과와 장식된 물건이 어떻게 사용될 것인지에 따라서 그에 맞는 장식의 방식 혹은 주제가 적절한지를 고려하고 판단한다. 원시적 생활에서는 조건들 자체가 매우 다르다. 모든 대륙의 장식 예술에 대한 연구를 종합하여 보았을 때, 대개는 장식의 디자인 자체가 이미 상징적 의미와 중요성을 가지고 있다는 점이 밝혀졌다. 많은 원시 부족들에서는 사용되는 디자인에 대한 설명이 어떤 방식으로든 이미 존재한다. 어떤 경우에는 상징적 중요성이 그다지 크지 않아서 이름만 있을 수도 있지만, 어떤 경우에는 상당히 복잡하게 발달되어 있다. 이를테면 북아메리카 대평원에 사는 원주민 부족들이 사용하는 삼각형과 사각형 디자인은 언제나 상징적 의미를 지니고 있다. 이 문양들은 전쟁을 기록하고 있는 경우도 있고 기도이거나 뭔가 초자연적인 사고와 관련된 내용을 담고 있는 경우도 있다.

많은 원시 부족에서 예술 그 자체를 위한 장식 예술이 존재하지 않는 것처럼 보인다. 오늘날의 장식 예술에서 유사한 것을 찾자면 깃발 또는 십자가, 비밀결사의 표지가 장식 용도로 사용되는 사례 정도가 있을 것 같다. 그러나 자주 사용된다는 점 자체가 큰 의미를 가지지 않는다고 했을 때, 부족 사회에서 보이는 일반적 상징성과는 상당한 차이를 보인다. 이 지점에서 우리에게는 없지만 원시 사회가 특징적으로 보이는 또 다른 종류의 연관이 나타난다. 원시적 인간 집단들에서는 미적 동기가 상징적인 측면과 결합되어 있지만, 현대적 생활에서 미적 동기는 독립적으로 존재하거나 실용적인 사고와 연관되어 있다는 차이이다. 그렇게 보자면 현대의 상징 예술은 사실 효과가 있지는 않다. 우리 문화에서는 모든 이들이 일반적으로 인정하는 상징적 스타일이 존재하지 않고, 개인적 상징은 창조하는 사람 이외에는 그 의미가 전달되지 않기 때문이다.

북아메리카의 태평양 연안 북쪽 지역에서 볼 수 있는 동물 디자인은 세계의 다른 곳에서도 나타나는데, 토템이라는 사고와 확고하게 연관되어 있고 이 때문에 다른 지역과 비교할 수 없을 정도로 광범위하게 동물 주제로 적용된다. 이러한 맥락 때문에 이곳 예술의 형태가 리얼리즘과 같은 특성을 가지게 되었다고 판단하기도 한다(Boas 1927b). 수우(Sioux) 부족의 경우 전쟁 시의 용맹함을 높이 평가하고 전쟁의 공을 부족 앞에서 자랑하고 전시하는 습관을 가지고 있어서 남성들이 옷에 달린 장식을 전쟁 중의 사건과 연관시킨다. 이렇게 생겨난 군사적 맥락의 상징성은 똑같은 디자인이라 하더라도 여성들의 경우에는 완전히 다르게 설명하고 다른 의미를 가진다(Wissler 1904). 이 마지막 사례의 경우, 우리는 장식의 형태와 군사적 개념이 연관되는 사고의 경로를 따르고 이해하는 데에 전혀 어려움을 느끼지 않는다. 물론, 원시인의 경우보다는 더 의식적인 노력이 필요할 수는 있다. 장식에 부가된 상징적 의미가 널리 나타나며 쉽게 찾아볼 수 있다는 사실은 그 자체로 이러한 연관이 자동적으로, 그리고 의식적인 사고의 과정 없이 성립되었을 것이라는 점을 보여준다.

지금까지 살펴본 내용에서 다음과 같은 반론들이 나올 수도 있다. 즉, 우리가 연관들이라고 부르는 것들이 사실은 옛 관습들의 형태적 잔존일 뿐이다; 혹은 모든 자연신화가 처음에는 자연 현상에 덧붙여진 이야기였을 수도 있다; 장식 예술은 특정한 사고를 표현하기 위한 것이었다; 원시인의 상상 안에서는 자연 현상을 인간의 행위와 운명의 형태로 보았을 수 있거나 고대의 재현 형태들이 시간이 지나면서 상징적이 되었을 수 있다는 등의 반론이 그것이다. 앞에서 제시했던 주장을 따라 여기에서는 모든 원시인들의 정신 활동과 작용이 모두 본질적으로는 동일하다고 결론 지었기 때문에, 이를 따르자면 위의 반론들에서 거론된 경향성은 여전히 실제 사례들에서 관찰할 수 있어야만 한다.

지금까지의 연구 경험에 의하면, 신화적 이야기 또는 장식 예술의 밑바탕에 깔려 있는 그런 종류의 원초적 통일성은 존재하지 않는다. 자연신화의 경우에, 자연 현상을 담은 설화의 내용은 자연 현상 자체와 확고하게 연결되어 있지 않다. 장식 예술의 경우도 마찬가지여서, 장식 형태와 그것이 상징적으로 의미하는 것이 일정한 원리를 따르지 않는다.

이 점을 명확하게 보여주는 것이 바로 설화나 예술 스타일의 이주, 전파, 또는 확산 현상에 대한 연구이다.[4] 장식 예술의 상징적 특성이 개별

디자인 또는 전체적인 하나의 스타일이 한 인구집단에서 다른 집단으로 확산되는 것을 막지는 못한다. 예를 들어 북아메리카 북서대평원의 원주민 부족들은 남쪽에 사는 이웃 부족들로부터 많은 예술 형태를 차용했지만, 그렇다고 하여 그 상징적 의미 또는 해석까지 받아들이지는 않았다. 오히려 그들은 자신들만의 새로운 해석을 발명해 내었다.

이들이 사용하는 이등변 삼각형 문양이 좋은 예인데, 이등변 삼각형의 밑변에서 여러 개의 선이 수직으로 내려오는 형상이다. 건조한 남서 지역에서는 이 문양이 구름에서 내리는 비를 나타낸다고 해석되는 반면, 대평원에서 이주하며 사는 부족들 사이에서는 말뚝으로 고정시킨 천막 덮개를 형상화한 것으로 해석된다. 어떤 부족에서는 같은 문양이 큰 산과 그 산기슭에 자리한 샘물을 나타낸다고 해석되고, 알래스카 연안 지역에서는 발톱이 긴 곰의 발을 나타낸다고 보기도 한다. 다른 지역에서도 비슷한 사례들이 발견된다. 시베리아 지역에 널리 퍼져 있는 나선 문양은 길약 부족에서는 새의 머리로(Laufer 1902), 야쿠트 부족들 사이에서는 말발굽으로 해석된다(Jochelson 1906). 이누이트 부족들 사이에서 장식물에 새기는 Y자 문양은 때로는 아래와 위 끝을 두텁게 하여 고래의 꼬리로 변형되기도 하고, 위쪽의 양끝에 작은 원을 덧붙여 꽃이 되기도 한다.

차용된 문양에 대한 설명은 그 문양이 마음에 들어서 모방된 이후에서야 등장했을 것이라고 나는 확신한다. 해당 문화의 이해와 관심에 따라서 해석이 요구되었을 것이고, 그 부족의 사고 방식에 적절하게 맞는 해석을 찾으려고 했을 것이다. 이 모든 사례들에서 문양은 그에 대한 해석보다 앞서기 때문에 당연히 시기가 더 일렀을 것이라고 추론할 수 있다.

원시적 신화도 비슷한 사례로 볼 수 있다. 우리는 매우 광범위한 지역에서 같은 종류의 설화들을 찾아볼 수 있는데, 개별 지역과 부족에 따라

---

4) [역주] 보아스는 이 맥락에서 "전파" 혹은 "확산"으로 번역되는 "diffusion" 대신 "이주(migration)"라는 용어를 사용하였다.

그 신화의 신화적 용도는 상당히 다를 수 있다. 어떤 동물이 세운 공에 대한 흔한 이야기가 때로는 그 동물의 특징을 설명하는 경우가 있는가 하면, 어떤 경우에는 특정한 관습의 기원을 설명하기도 하며 밤하늘의 별자리가 생기게 된 사연을 담아내기도 한다. 워터맨이 이런 종류의 자료를 다수 수집한 연구자이다(Waterman 1914). 그중에서 강아지 여러 마리의 엄마가 된 여성의 이야기는 전형적인 예이다.

이 이야기는 이누이트 사이에서는 유럽인들의 기원을 설명하는 것으로, 알래스카 남부에서는 은하수, 무지개, 그리고 뇌우의 기원을 설명하는 이야기로, 또 밴쿠버섬에서는 암초들이 생겨난 연유로, 그리고 또 다른 부족들에서는 그 부족의 기원을 설명하는 이야기로 통용된다. 브리티쉬 컬럼비아의 내륙 지역에서는 같은 이야기가 금기의 기원을 설명하고, 그보다 북쪽 지역으로 가면 오리온 자리와 몇몇 동물들의 특성을 설명하는 이야기로 이해된다. 또 블랙풋 부족에서는 개들의 사회가 생겨난 연유를 담고 있으며, 그리고 아라파호 부족에서는 개가 사람의 친구가 된 이유를 설명하는 이야기가 된다. 이러한 일련의 신화적인 의미와 중요성보다 당연히 이야기의 형태 자체가 더 오래되었다는 것에는 의심의 여지가 없다.

자연신화의 발달 과정은 두 가지 두드러지는 특징을 가지고 있다. 첫째는, 앞서 한 번 언급했듯이, 설화 자체가 우주적인 조건에 대한 설명과 연관되어 있다는 점이다. 둘째는 원시적 인간이 우주적인 현상을 수수께끼로 인식하면서, 기존에 알고 있는 모든 지식을 총동원하여 자신의 마음속에서 그 의문점을 만족스럽게 설명하는 답이 나올 때까지 생각했을 것이라는 점이다. 개념을 분류하고 범주화하는 방식, 연관의 종류가 발달한 양상, 그리고 자동적인 행동에 대한 변화를 경계하는 성향은 무의식적으로 발달했겠지만, 이차적인 설명들은 의식적인 사고의 결과물이다.

원시 사회에서 특징적으로 나타나는 연관의 형태를 잘 보여주는 다른 예를 들어보겠다. 현대 사회에서는 가족의 형성을 포함한 사회 조직 전반이 본질적으로 혈연 관계와 각각의 개인이 수행하는 사회적 기능에 근거를 둔다. 출생, 혼인, 장례처럼 교회가 관련되는 경우를 제외하면, 사회 조직과 종교적 믿음 사이에 직접적인 관련성은 더 이상 없다. 원시 사회에서는 상황이 매우 달라서 많은 사고, 개념, 관습들이 분리되지 않을 정도로 서로 얽혀서 사회와 종교에까지 연관되어 있다. 예술의 형태가 완전히 다른 영역의 사고나 개념과 연관될 수 있듯이, 사회적 집단이나 단위도 자연의 형상이나 양태, 특히 동물 세계의 구분과 연관된다.

아메리카, 오스트레일리아, 멜라네시아, 아프리카에서 다수의 부족들이 가진 토테미즘은 바로 이러한 근본적인 특성을 공유한다고 하겠다. 앞에서 잠시 토테미즘의 특성을 언급했는데, 특정한 범주의 물건—대부분의 경우 동물—과 특정한 사회 집단이 독특하고 특별한 관계를 가진다는 점이다. 이 관계는 그 집단에 한정하여 유효하며, 다른 집단의 경우에는 내용적으로 다르지만 형태적으로는 같은 토테미즘 관계가 성립한다.

같은 토템을 모시는 사회 집단은 보통 혈연—또는 혈연이라 생각되는—관계에 근거한 친족으로 구성된다. 그렇기 때문에 토테미즘과 관련된 관습이나 믿음에는 대부분의 경우 혼인에 대한 규정이 포함된다. 더 나아가서, 사람이 그 물건 또는 동물과 맺는 관계는 종교적 의미와 중요성을 가져서, 각 집단마다 연결된 토템을 닮아 일정한 초자연적 힘이나 약점을 가지고 있다고 믿어진다. 그런 연결을 느끼는 정서가 별나거나 희귀하지 않다는 점은 유럽의 귀족이 가지는 태도 혹은 민족 정서가 표현되는 형태를 심리학적으로 분석해 비교해 보면 쉽게 알 수 있다.

한 공동체가 가지는 자존감이 자랑스러운 열정으로, 그리고 강력한 감정과 열렬함으로 나아가는 양상을 이해하는 것은 어렵지 않다. 특히나 세계에 대한 합리적인 설명이 가능하지 않은 경우에, 그러한 정열은 그 공동체의 구성원들을 모든 선한 것과 강한 것과 연관시켜 하나로 묶어내게 된다. 그러므로 우리는 심리학적인 시각에서 토테미즘을 우리가 익숙한 우리 사회에서 나타나는 여러 양상들, 즉 특정한 사회 계급이 하느님의 은총으로 특권을 주장하는 현상이나 어떤 공동체의 수호성인이 그 공동체의 구성원을 특별히 보호한다는 믿음과 비견할 수 있다. 그럼에도 불구하고, 우리가 원시 사회에서 나타나는 무수히 많은 연관의 형태들을 쉽게 이해하지 못하는 이유는 이러한 종류의 사고가 우리 문명에서는 많은 경우 힘을 잃었기 때문이다.

정서나 의미의 연관들이 생겨나는 방식은 부분적으로 현대 예술의 발달 과정에서 드러난다. 현대의 표제 음악은 18세기의 음악과 극단적으로 대조를 이룬다.5) 18세기의 음악이 형식적인 미학을 추구하면서 음악 자체를 위해, 혹은 음악과 춤 자체를 위해 존재했다면, 현대 음악은 음악의 영역 바깥의, 음악과 관련이 없는 경험들로부터 많은 요소를 받아들여서 음악적 요소와 연관시킨다.

지금까지 나열한 모든 것들을 종합해 보면, 복잡하게 얽혀 있던 현상들이 영역별로 분리된 이유는 옛날의 구분이 무너졌기 때문은 아니다. 이를테면 예술과 상징성, 이야기(narrative)와 신화는 그 기원에서는 떼려야 뗄 수 없는 하나로 결합되어 있었을 것이다. 이 결합이 무너진 것이라기보다는, 다양한 관념과 활동들이 항상 서로 연결되어 있으면서 그들 사이의 연관들이 줄곧 가변적인 상태에 있었다고 보는 것이 옳을 것 같다.

연관들이 어떻게 생겨났는가 하는 문제와는 관계없이, 이러한 연관들이 존재하며 심리학적으로 이들이 일정한 특징을 지닌다는 점은 의심의 여지가 없다. 인간의 합리적 사고와 심성은 시간의 흐름에 따라서 곧 역사적인 연결선을 잃어버리면서, 이미 존재하는 관습들을 자신이 속한 문화의 일반적인 사고 경향에 맞춰 재해석해냈다. 따라서 어떤 관습들이 가지고 있는 현재의 연관들이 태초의 것이 아니라 이차적인 연관들일 가

---

5) [역주] 보아스가 언급하는 음악의 차이는 이른바 클래식 음악에서 절대음악(absolute music)과 표제음악(program music)의 구분이다. 즉, 전자는 음을 조합하여 순수한 음의 아름다움 자체를 추구함으로써 음악 이외의 다른 의미나 상징성 없이 독립적으로 존재하는 반면, 후자는 음악 외적인 요소인 의미, 상징, 언어, 이야기 등과 연결성을 가지는 음악이다.

능성이 높기 때문에, 이 관습들을 역사적 방법(historical method)으로도 살펴보아야 한다고 정당하게 결론지을 수 있다.

현재의 시점에서 여러 종류의 연관들이 언제 어디에서 기원했는지 논의하는 것은 다분히 위험한 일이지만, 원시 문화와 현대 문명을 비교했을 때 가장 일반적으로 찾을 수 있는 사실들을 나열하고 살펴보는 것은 가능하다. 우리의 시각에서 가장 눈에 띄는 원시 문화의 특징은 완전히 다를 것으로 우리가 예상하는 영역의 현상들을 연결하며 관통하는 많은 수의 연관들이 존재한다는 것이다. 즉 자연현상과 정서의 상태, 사회 집단의 구분과 종교적 관념, 장식예술과 상징적 해석 사이에서 관찰할 수 있는, 영역을 뛰어넘는 것처럼 보이는 연관들 말이다. 현재의 문명으로 향하는 과정에서 이들 연관들은 사라지기 시작했지만, 꼼꼼하게 분석해 보면 많은 연관들이 아직도 작동한다는 점을 알 수 있고, 자동적이고 습관적인 행위들은 모두 그 행위가 행해지는 정신의 상태에서 각각의 연관들을 만들어낸다는 사실도 깨달을 수 있다.

가장 크게 일어난 변화를 요약하여 제대로 표현하자면 다음과 같다. 원시 문화에서는 외부 세계의 인상이나 흔적이 개인의 주관적 인상—개인이 반복하여 불러내는 것이면서도 다른 한편으로는 주변에서 사회적으로 결정되는—과 밀접하게 연관되어 있다. 점진적으로 어떤 연결들은 인류 전체에서 공통적으로 찾을 수 있는 다른 연결들에 비해서 더 불확실하다는 점을 알게 되었을 것이다. 그리고 그 결과로 순전히 주관적인 연관들이 순차적으로, 점진적으로 제거되었던 과정이 있었을 것이며, 이 과정을 통해 오늘날의 과학적 방법이 되었다. 달리 표현해 본다면, 어떤 특정한 개념에 주목하는 경우 그 주변에 줄줄이 달려 있는 관련되는 작은 개념들이 있어서, 우리는 그 주된 개념을 인식할 때 그 연결된 개념들을 인과성의 범주로 묶어서 그 묶음을 곧바로 연관시킨다. 대조적으로, 같은 종류의 개념이 원시인의 마음에 들어오게 되면, 그는 그것을 정서적 상태로 묶어서 관련된 개념들과 함께 연관시킬 것이다.

이 추론이 맞다면, 우리의 시각에서는 원시적 심성 안에서의 연관들이 비균질적이고, 반면 우리의 마음 속 연관들은 균질적이고 일관성이 있다고 보인다. 이를 원시인의 마음과 심성 입장에서 본다면, 그가 가진 연관들만이 합리적일 것이라는 점도 명확해진다. 우리가 가진 연관들이 마찬가지로 원시인의 눈에는 비균질적으로 보일 것이다. 우리가 그의 연관들을 관찰하며 비균질적이라고 생각하는 것과 똑같이 말이다. 감정적·정서적 연관들이 지식의 축적을 통해 제거되고 난 후, 세계 안에서 일어나는 현상들 사이에서 우리에게 존재하는 관계들이 <u>그에게는</u> 존재하지 않기 때문이다. 반대로 우리는 그가 느끼고 그의 마음을 지배하는 주관적인 연관들을 더 이상 느끼지 못하게 되었다.

연관이 가진 위와 같은 독특함은 원시 문화가 보수성을 특징으로 가지는 반면 우리 문명의 다양한 차원들은 큰 가변성을 가지는 차이를 표현해 주는 또 하나의 방식이다. 앞에서 우리는 변화에 대한 저항이 대체적으로는 정서적 연원이 있다는 점을 강조했고, 원시 문화에서 정서적 연관들이 지배적인 유형이라는 점도 들어서 새로운 것에 대한 반감과 저항을 설명하였다. 반면 우리의 문명에서는 많은 행위들이 순전히 합리적 목적을 위한 수단에 불과하다. 그런 행위들은 우리의 마음속으로 혹은 의식 속으로 깊이 들어오지 않아서, 우리가 정서적 가치를 부여할 정도로 연결점을 만들어내지 않는다. 우리가 변화를 쉽게 받아들이는 이유는 이 때문이다. 그러나 우리 역시도 정서적 저항이 전혀 없이 근본적인 사고 방식이나 행위 양식을 변화시킬 수 없음을 잘 알고 있다. 초기 교육을 통해 무의식적으로 형성되고 우리가 하는 모든 활동의 기초가 되는 근본적인 사고 방식이나 행위 양식을 바꾸도록 요구받을 경우에는 정서적 저항이 있을 수밖에 없다. 문명화된 공동체가 가지는 종교, 정치, 예술, 그리고 과학의 근본 개념들에 대한 태도가 이를 보여주는 증거가 된다.

원시 부족에서 사는 평균적인 개인의 경우, 합리적 사고는 정서적 저항을 넘어서지 못하며, 그렇기 때문에 기존의 정서적 연관을 더 강력한 무엇인가로 없애버려야만 변화가 가능해진다. 이러한 계기가 마련되는 상황이 있다면 사람들의 마음속 깊은 곳을 움직이는 어떤 사건이 생기거나, 저항이 불가능한 경제적·정치적 변화들이 촉발되는 경우가 있다. 문명에서는 정서적 가치가 없는 활동은 언제든지 바꾸고 변화시킬 준비가 항상 되어 있다. 이는 단지 실용적인 목적을 가진 활동에 대해서만 그런 것이 아니라, 연관들을 잃어버린 활동이나 유행에 따라 크게 영향을 받는 활동에 대해서도 그러하다. 그러나 다른 한편으로는 아주 강력한 정서적 가치들 때문에 합리적 사고에 반하여 고집스럽게 지속되는 활동들도 여전히 남아 있다. 과학에서 진보가 이루어진 역사를 보면, 세계에 대한 지식이 증가하면서 그 밑바탕의 전제들이 파괴되고 나서도 여전히 변화에 저항하는 힘을 가졌던 낡은 사고와 개념들의 사례가 무수히 많다. 그 낡은 사고들을 완전히 없애는 데에는, 오래된 것을 가깝거나 귀중한 것으로 여기지 않는 새로운 세대가 나타날 때까지 아주 오랜 시간이 걸렸다.

역사적 맥락과는 별개로, 우리의 일상생활은 수천 가지의 활동과 사고의 방식으로 구성되어 있으며, 다른 사람들의 방식보다 어떻게든 합리적이라고 볼 수 없음에도 불구하고 우리는 우리의 방식을 고수한다. 사실 우리에게 낯설고 완전히 다른 종류의 삶을 접하기 전까지는, 혹은 우리의 관습대로 행동하는 것을 막는 상황이 생기지 않는 한은 우리가 가진 방식을 전혀 의식하지 못한다. 우리가 활동하고 생각하는 방식은 원시 문화와 비교했을 때 문명화된 사회에서도 그 가짓수가 작지 않다. 그럴 수밖에 없는 것이, 이 수많은 방식들은 일련의 잘 확립된 습관들이고 이에 따라서 보통의 일상생활에서 필요한 행위들이 행해지고, 우리가 이 방식들을 가르침이 아니라 모방을 통해 훨씬 더 많이 배우기 때문이다.

지금까지 나열한 결론들을 다른 방법으로 표현할 수도 있다. 논리적 과정들을 살펴보았을 때에는 문명의 발달 과정에서 전통적 요소들이 제거되는 경향이 분명히 보이는 것에 반해, 우리의 일상 활동에서는 전통적 요소의 힘이 그렇게 감소하는 경향을 관찰할 수 없다. 우리의 활동이 원시인들의 경우만큼이나 관습에 의해 통제되기 때문이다. 이 장에서 우리는 그 이유를 꼼꼼하게 살펴보았다. 판단의 발달에 이바지하는 정신적 과정들은 대체적으로 그 이전의 판단들이 가진 연관들에 기초한다. 연관의 과정은 원시인들 사이에서나 문명인들 사이에서 똑같이 진행되는데, 차이가 있다면 전통적인 재료를 어떻게 수정하고 바꾸어 그 재료에 우리의 새로운 지각을 혼합하는가에서 그 답을 찾을 수 있다. 판단이 아니라 활동의 경우에는 조건들이 조금 다르다. 활동에서 전통은 개인에 의해 행해지는 행위로 표현된다. 그 행위가 자주 반복되면 될수록 더 확고하게 자리를 잡을 것이고, 그 행동에 동반되는 의식적인 노력이 줄어들 것이다. 결국 관습적인 행동들이 매우 자주 반복되면 완전히 무의식 중에 행하는 행동이 될 수 있다는 뜻이다. 이처럼 어떤 행동을 의식하는 정도가 줄어들면, 그 활동을 하지 못하게 되었을 때에 느끼는 정서적 가치는 증가하면서 관습에 거슬리는 행위에 반대하는 정서적 가치도 따라서 더욱 커지게 된다. 굳게 자리 잡은 확고한 행위를 금지하는 것에는 훨씬 더 큰 의지력이 필요할 것이며, 그런 의지력을 동원해야만 한다면 그만큼 심히 불쾌한 감정도 함께 생겨날 것이다.

결국 원시 문화에서 문명으로 가는 과정에, 우리가 정서적·사회적 연관들이라고 부를 수 있는 연관들이 서서히 제거되면서 지적인 연관들로 점진적으로 대체되는 중요한 변화가 일어났다고 할 수 있다. 이 연관들은 지각으로 받아들이는 인상들에 대한 연관들이며, 활동에 부가되는 연관들이다. 그리고 이 중요한 과정에서 보수성이 감소하고 상실되는 양상이 함께 일어나기는 하지만, 이 보수성의 감소가 의식의 영역 밖에서 이루어지는 습관적인 활동들의 영역에까지 적용되지는 않는다. 다만, 가르침 혹은 교육을 받는 과정에서 모든 지식의 가장 일반적인 밑바탕이 되는 영역에는 아주 조금 미칠 뿐이다.

# 13장

# 현대 사회의 인종 문제

현대의 인종 이론과 인종 개념에 대한 비판
문화가 인종에 의해 결정된다고 보려는 우생학의 시도
미국의 인구 구성과 흑인 문제

우리가 살고 있는 새로운 세기의 시작이었던 1910년 정도까지도 인종이 문화를 결정한다는 의견은 아마추어 역사가 또는 사회학자들의 추정이었을 뿐, 공공 정책의 기반으로 받아들여지지는 않았다. 적어도 유럽에서는 그랬다. 그런데 1910년 이후에는 인종이 문화를 결정한다는 시각이 대중에게 널리 확산되었다. "피는 물보다 진하다"는 식의 슬로건이 보여주듯이 감정에 호소하면서 말이다. 예전에 사용되었던 용어인 민족성이 이제는 인종적인 일체성과 동일시되고 있고, 민족의 특성이 인종적인 혈통 때문에 나타난다는 전제까지 포함하면서 민족성이라는 말 자체가 새로운 의미를 가지게 되었다.

이를 보여주는 흥미로운 사례가 있다. 1880년대에 독일에서 있었던 반유태주의 운동의 경우, 유태인이 이질적인 인종이기 때문이 아니라 독일적인 삶과 일상에 동화되려 하지 않았기 때문에 유태인을 공격하였다. 독일에서 오늘날 실시되는 정책을 보면 완전히 다른 토대를 가지고 있다. 즉, 모든 개개인이 인종적인 혈통에 따라서 명확하게 구분되며 불변한 특징을 가지고 있고, 이에 따라 결정된 정치적·사회적 지위를 차지한다는 전제가 그 토대를 이룬다. 이는 흑인들에게 얼마 전까지도 부여되었던 노예의 지위를 정당화하던 논리와 유사하다. 그 당시에는 모든 흑인이 방탕하고 게으르며 독립적인 자발성이 없으며, 이러한 특성들이 인종적으로 결정되었기 때문에 벗어날 수 없다고 생각했다.

지금에 이르러 많은 진지한 과학자들이 연구 결과를 자유롭게 발표할 수 있는 상황이 되었는데, 그런 과학자들이 인종이 정신적 발달 상태를 결정한다는 의견으로부터 거리를 두는 현상은 매우 흥미롭다. 그러나 그렇지 않은, 예외인 과학자들도 있는데 그들은 사회적 요인에 대한 고려가 전혀 없는 일부 생물학자들이다. 이들은 형태학적 특성이 유전적으로 결정되는 것처럼 보이는 양상에 너무 정신을 빼앗긴다. 과학적인 지식이 없는 대중들 사이에서는 인종에 대한 선입견이 아무런 견제 없이 확산되고 있고, 불행히도 이들 사이에는 유럽의 영향력 있는 정치인들도 포함되어 있다.

그렇다고 하여 미국에서 이를 관찰하는 우리가 이러한 경향으로부터 자유롭다고 믿는 것은 지나친 만용일 것이다. 특정한 '인종'에 속한다고 판단되는 사람에게 부동산을 소유할 권리를 제한하거나 아파트를 세놓지 않는다든지, 모임의 성원권을 허락하지 않거나 호텔이나 휴양지를 이용할 권리를 주지 않는다든지, 학교나 대학 입학 자격을 주지 않는 등의 일들은 흑인, 유태인, 러시아인, 아르메니아인 등을 향한 오래된 선입견이 줄어들거나 사라지지 않고 있다는 점을 보여주고 있다. 특정한 사람들을 이처럼 배제하는 것이 경제적인 고려에 의해, 또는 학교나 대학이 다른 사회 집단 사람들을 더 많이 받기 위해서 정당화된다는 핑계는 오히려 인종적 편견이 널리 퍼져 있음을 인정하는 모양이 된다.

인종적인 혈통이 정신적 사고와 사회적 행동을 결정한다는 이론이 범하고 있는 오류에 대하여 여기에서 간략하게 다시 한번 강조해야겠다. 인종이라는 용어는 인간의 여러 유형에 적용되었을 때에 그 의미 자체가 정확하지 않고 매우 모호하다. 인종이라는 용어가 생물학적으로 의미 있는 개념이 되기 위해서는 한 가지 조건이 충족되어야 한다. 즉, 인종 집단이 되기 위해서는 아주 가까운 근친교배를 통해 모든 가계가 동일하고 균질한 집단을 이루어야 한다. 가축화된 동물이나 반려동물들 사이에서 적용되는 순종 혈통이라는 개념처럼 말이다. 인간의 경우에는 이런 조건이 현실에서 절대로 만족될 수 없고, 큰 규모의 인구 집단에서는 더더욱 그것이 불가능하다.

형태학적 특질에 대한 분석을 살펴보면, 이른바 어떤 '순수한' 혹은 '순혈의' 인구 집단의 양 극단에 위치하는 유전적 계보들은 극적으로 달라서, 다른 장소에서 발견되었다면 완전히 다른 인종으로 분류될 수 있을 정도이다. 또한, 수백 년 동안 근친교배를 통해 생성된 매우 작은 집단들을 제외하면, 양 극단 사이에 있는 중간적인 형태들은 인접한 지역에서도 흔히 볼 수 있는 인종들과 유사하다. 인종 이론을 주장하는 사람들이 만약 특정한 종류의 행동이 유전적이며 같은 논리로 그것이 인종 유형에 속한다고 증명하려면, 그 특정한 행동이 인종을 구성하는 모든 유전적 계보에서 특징적으로 나타나며, 서로 다른 유전적 계보들의 행동에서 상당한 정도의 변이가 나타나지 않는다는 것까지 보여줘야 한다. 이와 같은 증거가 제시된 적은 단 한 번도 없으며, 현재까지 알려진 모든 사실들은 인종을 구성하는 모든 유전적 계보의 개인들이 균질한 행동 특성을 가지는 것이 가능하지 않음을 확인해 주고 있다.

게다가 한 인종을 구성하는 여러 다양한 유형들이 절대적으로 영속적이 아니라는 점이 쉽게 간과된다. 사실은 신체의 생리적·심리적 반응은 항상 가변적인 상태에 있으며, 유기체가 위치하며 살고 있는 외부 조건뿐만 아니라 내부적 조건에 의해서도 끊임없이 영향을 받아서 변화할 수 있다.

더군다나 살아 있는 유기체의 다양한 반응은 문화를 만들어낸다기보다는 이미 존재하는 문화에 대해서 반응하는 것이라고 보아야 한다. 인성을 규정하기 어렵거나 인성을 구성하는 요소들을 외적 원인과 내적 원인으로 구분해내기가 매우 어렵기 때문에 한 인종 안에서 생물학적으로 결정되는 인성의 변이 범위를 측정하는 것은 불가능에 가깝다. 내적 원인이라 할 수 있는 요소들은 인체의 구조와 그 안에서 이루어지는 화학적 과정에 의해 결정될 수밖에 없고, 이들은 각 인종에서 상당히 광범위한 변이를 보인다. 따라서 한 인종을 어떤 방식으로든 한 인간 혹은 한 인간의 인성과 동일하게 볼 수 있다는 말은 근거가 없다.

어떤 한 개인의 특징을 그 개인이 속하는 집단의 전형적인 유형과 동일시하는 경우, 거기에는 매우 일반적인 수준에서 인간의 심성이 가진 원시적 태도가 개입되어 있다고 볼 수 있다. 서로 다른 집단에 속하는 구성원들의 혼인을 금지하는 경우, 혹은 사회적인 차이를 생물학적 차이라고 우기는 경우도 역시 같은 태도에서 나오는 표현 양식이다. 이를 가장 적나라하게 보여주는 사례는 서로 다른 종교를 가진 집단의 구성원들 사이의 혼인을 금지하는 여러 법들이다.

유럽에서 찾아볼 수 있는 다양한 지역 변이 혹은 유형들은 이 대륙에서 살았던 여러 초기 유형들이 서로 어울리고 뒤섞여서 생활한 결과물이다. 구체적으로 이렇게 뒤섞여 지낸 양상이 어떠했는지는 우리가 당시의 관습이나 법을 알 수 없기 때문에 초기의 순수한 혹은 순혈의 유형을 재구성하는 것조차 불가능하다. 순수한 유형이라는 것이 혹시라도 존재했더라도 말이다(4장 참조). 혼합된 유형들도 어떤 경우에는 상당히 균질적인 특성을 가지므로, 낮은 정도의 변이 혹은 다양성을 보인다는 이유로 그 유형이 순수한 유형이라고 가정할 수는 없다. 아메리카의 뮬래토와 아메리카 원주민 중 다코타 사례에서 이것이 확인되었고, 이탈리아의 도시 인구에 대해서도 그럴 개연성이 높다는 분석이 나왔다.[1] 이에 덧붙여, 내적 원인이 되는 요소들이 어느 정도로 지역유형을 결정하는지, 혹은 자연선택이 아니라 사회적 선택으로 인해 비균질적인 인구집단이 어떤 영향을 받았는지는 확신할 수 없다. 요컨대 순수한 유형을 찾아내어 그 유형이 순혈이라고 확인하거나 규정할 방법은 없다. 근친교배를 통해서 작은 지역집단의 가족 계보가 유사해질 수는 있다 하더라도 이 자체가 유형의 순수함을 보여주는 증거는 될 수 없다. 조상 형태들 자체가 이미 혼합의 결과일 수도 있기 때문이다.

이상의 이론적인 고려를 접어두고, 유럽 안에서 혹은 유럽 이외의 전 세계 다른 지역에서 순혈의 인종이 존재한다는 증거에는 어떤 것이 있는지 의문을 가질 수 있다. 유럽의 민족 유형들은 확실히 순수한, 순혈 계통의 유형들은 아니다. 그것은 유럽의 어느 나라—이를테면 이탈리아의

---

1) [원주] Herskovits 1930; Sullivan 1920; Boas 1894; Boas and Boas 1913. [역주] 뮬래토(mulatto)는 아프리카계와 유럽계 혼혈을 지칭하는 말로, 카리브해 지역과 중남미에서 인구의 상당 부분을 차지한다. 북미에서는 아프리카계와 북미 원주민 사이에서 태어난 혼혈을 포함하기도 하는데, 노예제가 존재했었던 17-19세기에는 엄마의 신분에 따라 자유인 혹은 노예의 신분이 결정되었다.

예─를 살펴보더라도 인종적 유형의 분포를 나타낸 지도를 보면, 지역적 분화가 일반적 특색으로 나타나고 균질적인 유형은 지극히 예외적이라는 점을 쉽게 알 수 있다. 리돌포 리비(Livi) 박사가 이탈리아 인구에 대한 신체 측정을 연구하여 보여준 것이 바로 이 사실이다. 그는 이탈리아의 가장 북쪽 지역과 가장 남쪽 지역에서 각각 나타나는 유형들이 완전히 다르며 완벽하게 구분된다는 결론을 내렸다(Livi 1896). 북쪽 지역에서는 키가 크고 머리가 짧으며 금발과 푸른 눈동자를 가진 개인들이 주를 이루고, 남쪽 지역에서는 키가 작고 머리가 길며 어두운 색의 모발과 눈동자가 지배적으로 나타난다. 이 두 유형 사이에는 지역적으로 점진적인 변화를 관찰할 수 있고, 고립된 섬들과 같이 곳곳에 매우 독특한 유형이 관찰되기도 한다. 투스카니의 루카(Lucca) 지역이나 나폴리 인근에서도 이런 독특한 유형이 나타나는데, 이는 오래된 계통이 살아남았거나, 외부에서 새로운 유형이 도래했거나, 환경의 독특한 영향을 받았을 가능성으로 설명될 수 있다.

현대적인 유형들이 보이는 분포를 연구한 결과는 우리가 가지고 있는 역사적 증거나 기록과도 상당히 일치한다. 이탈리아 반도에서 가장 이른 시기에는 균질적이지 않고 서로 다른 여러 집단의 사람들이 분포했는데, 이들 집단이 사용했던 언어들 사이의 관계도 지금까지 밝혀지지 못하였다. 아주 이른 선사시기에서부터 북쪽으로부터 이탈리아를 향해 지속적으로 몇 차례에 걸쳐 다양한 집단들이 밀려들어 왔다. 이탈리아의 남부 지역 대부분에는 초기 그리스인들이 정착했고, 반도의 서쪽 연안에는 페니키아인의 영향이 강하게 전해졌다. 이탈리아와 북아프리카 사이에도 매우 활발한 이동이 있었고, 베르베르 계통의 노예들이 수입되면서 그들도 흔적을 남겼다. 실상 노예무역이 선사시대뿐만 아니라 근래까지도 지속되었기 때문에, 리비는 베니스 지역에 중세 말에 도착했던 크림 반도 출신의 노예들 유형까지도 추적할 수 있을 정도라고 믿고 있다. 수 세기에 걸쳐 긴 시간 동안 켈트와 게르만 부족들의 이주, 노르만 족의 정복,

그리고 아프리카와의 접촉을 통해 이탈리아 반도의 인구는 혼합의 과정을 거쳐 만들어졌다.

유럽 다른 지역들의 운명도 크게 다르지 않아서 다양한 집단들이 섞이는 과정을 거쳤다. 지난 수백 년 동안 유럽에서 가장 고립된 상태로 유지되었던 지역 중 하나인 이베리아 반도에서도 여러 집단이 오가는 역사를 보여준다. 가장 이른 시기에 정착했던 사람들은 피레네 산맥 지역에 사는 바스크인과 가까운 집단이었을 것이라고 추정된다. 이들은 청동기 말기인 미케네 시기 이전부터 포에니 전쟁, 켈트족의 침입, 로마제국의 확장, 게르만족의 침입, 무어인의 정복을 차례로 겪었고, 그 이후 무어인과 유태인을 몰아내는 과정에서는 독특한 사회적 선택 현상을 경험하였다.

유럽에서 가장 고립되어 있다고 여겨지는 영국(잉글랜드)도 이러한 종류의 변천과 혼합을 피하지는 못했다. 지금 현재 웨일즈 지역과 일부 아일랜드 지역에서 주로 관찰할 수 있는 유형이 아주 초기에는 영국을 이루는 섬들의 대부분에 살았을 것이라고 추정된다. 이후에 켈트족, 로마제국, 앵글로색슨인, 그리고 스칸디나비아인의 이주를 차례로 겪으면서 수많은 집단이 모이게 되었다. 유럽의 모든 지역에서 비슷한 변화가 일어났던 것이다.

고트족이 이주했던 역사나 훈족의 침입 과정을 보면, 이른 시기에 일어났던 엄청난 변화들의 증거를 찾을 수 있다. 특히 훈족의 경우, 상대적으로 매우 짧은 시간인 100여 년 사이에 중국 변경지역에서 유럽의 중심부로 그들의 정착지를 옮긴 셈이다.

느린 속도로 진행되는 식민지 개척도 언어나 문화의 확산만큼이나 혈통 계보에도 근본적인 변화를 가져왔다. 아마도 이러한 변화를 가장 인상적으로 보여주는 예는 엘베 강 동쪽 지역에서 진행되었던 점차적인 게르만화 양상으로, 게르만족의 이동 이후에 슬라브어 계통의 언어를 사용하는 집단들이 정착한 지역에서 그 현상이 일어난 것을 들 수 있다. 이와 유사한 종류의 변화는 켈트족이나 바스크족 공동체가 흡수되었던 과정,

고대 시기에는 로마제국의 식민지 확대, 그리고 그 후에는 아랍인들의 북아프리카 정복과 같은 예에서도 찾아볼 수 있다.

아주 이른 시기에 계보나 혈통이 혼합될 때, 언어나 문화가 달라도 신체적 특징이 서로 비슷한 유형의 인구집단들 사이에서만 그런 현상이 나타난 것은 아니다. 오히려 반대로 유럽의 남쪽, 북쪽, 동쪽, 그리고 서쪽에 살았던 다양한 유형들이 오랫동안 이 혼합 과정에 참여했으며, 아시아와 아프리카로부터 유럽으로 이주한 많은 집단들도 참여하였다. 유태인들 자체도 신체 측정과 혈액형 검사를 통해 그 기원이 다양하다는 점이 밝혀졌다(Brutzkus 1937).

유럽에서 인간 유형의 정신적 특질이 유전적으로 전달된다는 믿음은 각 민족이 문화적으로 성취한 성과를 서로 평가하는 시각으로 흔히 표현된다. 오늘날의 독일에서 정권이 앞장서서 유태인에 대한 적대감과 혐오를 조장하는 양상은 이 믿음이 가장 조잡한 형태의 병세로 재발한 것으로 봐야 한다.

여러 인종들의 정신적 능력을 비교했을 때에 유기적·신체적 과정으로 결정되는 차이가 있다는 사실이 증명된 적은 없다. 특히 각각의 인종을 구성하는 유전적 계보에서 찾아볼 수 있는 차이들과 견주었을 때 그에 해당하는 정신적 능력의 차이에 대한 증거도 없다. 더군다나 서로 다른 인구집단의 문화가 보이는 특정한 차이들은 우리가 모든 인류 집단이 공통적으로 가지는 정신적 특성으로 보아야 한다는 점을 앞서 살펴보았다. 이 사실들을 토대로 우리는 백인종의 여러 계보들이 정신적 특성의 측면에서 유전적인 차이를 보인다는 주장은 근거가 없으며, 실상 논의할 가치가 없다고 결론짓는 것이 옳다.

이탈리아인, 독일인, 프랑스인, 아일랜드인, 유태인, 그리고 로마(이른바 집시)인들의 유전적 개성을 구분하려는 주장과 글들이 많이 발표되었지만, 내가 보기에는 역사적·사회적 조건 이외의 원인으로 한 인구집단의 행동을 설명하려는 그 어떤 시도도 성공적이지 않았을 뿐만 아니라,

조금도 새로운 지식을 보태지 못했다. 더 나아가 나는 그런 시도들이 성공할 가능성은 없다고 생각한다. 선입견 없이 사실만을 가지고 종합적으로 보면, 유전적인 인종 특성이 있다는 믿음과 인종의 순수성을 지키려는 질시 어린 태도는 현실에 존재하지 않는 조건들을 마치 현실에 있는 것처럼 받아들인다. 아주 먼 옛날부터 유럽에는 순수한 혹은 순혈의 인종은 존재하지 않았고, 지속적으로 이루어진 혼합으로 인해 어떤 경우에도 퇴화나 타락이 증명된 적도 없다. 만약 사실이나 증거에 근거하지 않고 위와 같은 주장을 한다면, 똑같이 쉽게 그리고 유효하지 않은 증거에 근거하여 다음과 같은 주장도 내세울 수 있지 않을까? 외부로부터 다른 혈통의 유입이 없고 혼합이 이루어지지 않은 인구집단은 문화적 발달을 위한 자극이 없어서 퇴폐적으로 침체되었다고 말이다. 유럽에서는 스페인의 역사, 유럽 밖에서는 켄터키나 테네시의 외딴 마을을 단적인 예로 들어서 그런 주장을 내세우면 그만 아닌가.

　일반적인 역사적 고찰을 통해서는 인종의 혼합이 가져오는 실제 결과들을 알 수 없다. 장두형을 특징으로 하는 인구집단들이 둥근머리형(두형)의 집단과 섞이면 신체적·정신적 우월성을 잃는다고 생각하는 눈먼 믿음—믿고 싶은 믿음 이상이 될 수는 없다—을 가진 사람들은 어떤 증거를 제공하더라도 그 소중한 믿음을 버리지 않을 것이다. 자신들의 믿음이 말이 되지 않고 개연성이 없으며, 현실적으로 불가능하다는 증거는 절대로 그들을 만족시키지 못한다. 한편으로는 그 정반대의 주장도 엄밀한 방법론으로 증명할 수 없기 때문이기도 하다.

　유럽에서 이루어진 인종의 혼합 과정을 정확하게 파악할 수 있는 날이 오지는 않을 것이다. 혼혈 계보와 이른바 '순혈' 계보의 상대적 숫자와 구성을 알아낼 수 있는 방법도 없고, 혼혈 가족 계보의 경우에도 그 역사를 모두 파악할 수는 없다. 역사 자료를 바탕으로 이 문제가 풀릴 수 없다는 것은 명백하기에, 인구집단의 이주 과정을 보여줄 수 있는, 엄격하게 통제된 자료의 추가적인 확보를 통해 연구되어야 한다. 현재까지 알려진 역사적 사실들만 가지고 보았을 때에, 인종적 순혈성을 보존한다고 하여 높은 정도의 문화적 성취를 이룬다고 생각할 만한 증거는 없다. 실제로 그랬다고 한다면, 가장 작고 고립된 마을 공동체에서 우리는 가장 높은 수준의 문화를 발견할 수 있어야 한다.

현대의 유럽에서는 이주를 포함하여 다른 민족에 속하거나 다른 국적을 가진 사람들이 대규모로 유입되어 혼합되는 경우가 거의 없다. 그런 현상이 드물게 나타나는 경우는, 산업의 빠른 발전으로 특정한 지역에 노동력이 몰리는 상황을 들 수 있다. 베스트팔렌의 공업 지역에 큰 폴란드인 공동체가 생겨난 기원이 이러한 사례에 해당한다. 현재 러시아, 이탈리아, 독일을 비롯한 여러 나라에서 정적을 상대로 일어나는 정치적 테러리즘과 독일에서 진행되는 유태인 박해 때문에 대규모 이주가 일어나기도 하지만, 유럽에서 아메리카, 남아프리카, 또는 오스트레일리아로 나가는 해외 이주에 비하면 그 규모가 크지 않다. 미국 국민의 구성이 이루어진 과정을 보면, 다양한 유럽 국적의 사람들이 융합되는 한편 흑인, 원주민, 일본인, 중국인이 참여하였다. 이 과정에서 전체적으로 인구집단의 다양한 구성 요소들이 섞이면서 비균질성이 지속적으로 증가하였고 다수의 질문과 풀어야 할 과제들이 생성되었다. 우리의 고찰은 이 과제들을 해결하기 위한 중요한 자료와 단서를 제공해 줄 것이다.

지금까지의 논의를 통해, 일반적으로 널리 퍼져 있는 전제들 중 다수가 가설의 성격을 가지고 있다는 것이 명확해졌으며, 그 전제들이 건드리고 있는 모든 질문에 대하여 현재로서는 과학적 정확성을 가지고 답을 제공할 수 없다는 점도 강조하였다. 물론, 우리가 이처럼 다른 방안 없이 비판적 태도만을 견지해야 한다는 것이 실망스러울 수도 있다. 위에서 언급한 모든 인구집단과 관련된 정치적 문제를 해결하는 것이 급선무이며 중대한 과제이기 때문이다. 그러나 이 정치적 문제를 해결하는 근거는 감정적인 요구나 호소가 아니라 과학적 지식이 되어야 한다. 현재 우리가 처한 상황과 조건을 보면, 가장 편견 없이 꼼꼼한 연구를 필요로 하는 문제들에 대한 명확한 답을 내어놓아야 하는 처지이다. 최후의 결론에 대한 요구가 급박하면 급박할수록 그만큼 현상을 이해하고 가능한 해결 방법을 제안하는 작업에 더 비판적이고 신중해야 한다.

미국에서 형성된 우리 국민의 기원과 관련된 사실들을 우선 기억해 보자. 영국에서 온 이주민들이 처음 북아메리카의 대서양 연안에 닿았을 때, 그들은 원주민들이 살고 있는 대륙에 도착한 것이었다. 적은 인구가 낮은 밀도로 살고 있었고, 많은 수의 유럽인들이 뒤따라 도착하면서 그 원주민 인구는 빠른 속도로 사라졌다. 허드슨 강변에 네덜란드인들이, 그리고 펜실베니아에 독일인들이 많이 정착했으며, 여러 다른 국적자들이 이곳저곳에 정착했다는 사실은 널리 알려져 있다. 아메리카에서 현대 국가의 기초는 스페인인들이 지배했던 남서 지역, 프랑스인들이 있었던 미시시피 분지와 오대호 지역에서 마련되었지만, 영국에서 유입된 이주민이 다른 국적자들보다 훨씬 많았다는 점도 잘 알고 있다. 우리의 인구집단이 구성되는 과정에서 원주민들은 아주 예외적인 몇몇 시기를 제외하고는 중요한 역할을 수행한 적이 없다. 오랫동안 미혼의 백인 남성들만이 전적으로 유입되면서 정착이 이루어진 지역들에서는 완만한 초기 발달 시기에 혼혈 가족계보가 어느 정도 중요성을 가지기는 했었다. 그러나 그렇다고 우리 인구집단의 중요한 요소로 간주되기에는 그 숫자가 충분히 늘어나지는 않았다. 물론, 북아메리카 원주민의 피를 많게 혹은 적게 가진 사람들은 많지만, 그 정도가 크지 않아서 쉽게 간과될 정도이다.

훨씬 더 중요한 사건은 흑인의 유입으로, 이들의 숫자는 크게 늘어나서 오늘날에는 전체 국민의 십분의 일을 차지하게 되었다.

최근에는 유럽의 각 나라와 서아시아, 그리고 북아프리카에서 이주해 오는 사람들이 크게 늘어나서 문제가 되었다. 19세기 말 무렵까지 도착했던 이주민은 거의 대부분 북서 유럽 출신 사람들로, 영국, 스칸디나비아, 독일, 스위스, 네덜란드, 벨기에, 프랑스의 원주민들이었는데, 그 시기 이후로는 이민자의 구성이 대폭 변화하였다. 이탈리아인, 오스트리아와 러시아, 그리고 발칸 반도에 사는 다양한 슬라브족들, 헝가리인, 루마니아인, 동유럽 유태인 등 일일이 모두 나열할 수 없을 정도로 다양한 국적과 민족 출신의 사람들이 대규모로 미국에 도착하였다. 한동안은 아시아 민족들의 이주가 미국의 발달에 매우 중요한 계기가 될 것이라는 관측도 있었다.[2] 동유럽과 남유럽 출신의 사람들이 북서 유럽의 신체적 유형과는 매우 다른 유형이라는 점에는 의심의 여지가 없다. 그리고 전문적인 지식이 없는 사람의 눈에도 그들이 현재 처한 사회적 생활수준이 예전부터 미국에서 살던 사람들의 수준과 차이가 난다.

미국 사회에서 일어나고 있는 혼합 현상이 독특하다는 주장은 흔히 들을 수 있다. 세계사를 통틀어 이전에는 찾아볼 수 없을 정도로 인종의 혼합이 이루어지고 있고, 그래서 우리 미국 국민은 다른 어떤 곳에서도 찾아볼 수 없는, 일부 저자들이 개에 비유하여 "잡종" 민족이 될 것이라고 하는 말까지 나온다.

이제 이민의 시기는 끝났다고 볼 수 있다. 현재의 경제적·정치적 조건이 그런 결말을 가져왔을 뿐만 아니라, 이민과 이민자들은 전체 인구가 처한 어려움에 비하여 덜 중요한 것처럼 보이게 만들었다.

앞서 간략하게 살펴본 유럽 지역의 이주 역사를 감안하면, 현대에 들어서 대서양을 건넌 이주 현상은 고대에 일어났던 사건들이 현대적으로 반복되는 것에 불과하다는 생각이 든다. 초기의 이주는 상대적으로 인구밀도가 낮은 시기에 일어났다. 현재 영국에서 살고 있는 유형을 형성했던 개인들의 숫자는, 미국의 현재 인구집단을 구성하는 수백만의 이주민과 비교한다면 매우 작았던 것이 사실이다. 그리고 수백만 단위로 환산해야 할 정도로 큰 공동체의 인구 융합 과정은 분명히 수천의 단위로 파악할 수 있는 작은 공동체의 인구 융합 과정에 비해 그 성격이 다를 것

---

2) [역주] 미국의 1924년 이민법은 아시아 출신 이민자를 받지 않는다는 원칙과 함께, 출신 국가별로 수용 가능한 이민자의 수를 정한 법으로, 이 법에 근거하여 처음으로 송환(추방) 조치가 가능해졌다.

이다. 예나 지금이나 혼합이 이루어질 때 서로 다른 인구집단을 분리하는 사회적인 장벽이나 장치들은 작용했고 지금도 작용하고 있다. 하지만 이 사회적 장벽의 작용을 잠시 감안하지 않고 생각해 보면, 인구의 규모가 큰 현대의 공동체들에서 혼합되는 개별적 요소들이 장기적으로 더 많이 보존되는 경우도 있을 것이다. 그만큼 개인들의 수가 많아서 영속적으로 보존될 수 있고, 그 결과로 구분되는 유형들이 분리되어 유지되는 기회가 더 많다는 의미이다.

초기의 소규모 공동체에서는 서로 다른 유형들이 융합되는 과정이 매우 빠른 속도로 진행되었을 것이다. 사회적 구분이 사라지기만 한다면, 특정한 유형의 순수 또는 순혈 계보 후손의 숫자는 급속하게 줄어들었을 것이다. 그리고 원래는 서로 달랐던 유형의 결합으로 태어난 자손의 경우, 4세대 정도만 지나더라도 거의 균질적인 모습을 가졌을 것이라고 추정된다.

이를 감안한다면, 북아메리카에서 잡종화(mongrelization)라는 과정 또는 현상이 진행되고 있다는 우려 혹은 주장은 근거가 없다는 점이 명확해진다. 유럽에서 이미 수천 년 동안 일어나고 있었던 과정과 현재 북아메리카에서 볼 수 있는 과정이 다르지 않기 때문이다. 현재 일어나고 있는 현상이 과거에 일어났던 같은 종류의 혼합보다 급속도로 진행된다는 시각도 마찬가지로 근거가 없다. 차이점이 있다면, 속도가 아니라 이 현상의 규모 즉 개인의 수가 인구의 증가와 더불어 크게 늘어났다는 사실이다.

유럽에서 온 유형에 국한하여 북아메리카에서 이루어지는 인종의 융합을 고찰해 보면, 앞서 논의한 대로, 많은 사람들이 미국 국민이 가진 인종의 순수성 혹은 순혈성이 지속될 수 있는지 염려하는 것은 현실과 사실에 근거하지 않는 상상된 우려이다.

이민 인구집단의 신체적 특징을 연구하는 분야에서 가장 중요한 두 가지 질문이 있다. 첫째는 이민자의 생물학적 선택 현상과 새로운 환경이 이민자에 미치는 영향에 대한 것이며, 둘째는 혼합의 결과로 나타나는 효과에 대한 질문이다.

인류학자들은 경험적 연구를 통해 이 두 질문에 대하여 부분적인 답을 이미 찾아내기 시작했다.

우선, 이민자들은 새로운 환경의 영향을 이미 신체적 형태와 정신적 행동의 양 측면에서 모두 받고 있다는 결과가 나왔다. 신체적 변화의 원인과 그 변화가 진행되는 방향 혹은 경향은 명확하게 밝힐 수 없으나, 이주민의 후손들은 연구가 이루어진 모든 특징 또는 항목에 대하여, 정신적·사회적 행동의 측면에서 미국적인 기준에 동화되었다는 점이 밝혀졌다.

인종의 혼합에 대한 이해를 위한 자료도 다수 확보가 된 상태이다. 인간의 유형을 변화시키는 가장 강력한 인자 중 하나는 갑작스러운 이주로 인한 소규모 공동체에서 계보의 연속성이 깨지는 현상이라는 점을 상기해 보자. 이 현상은 유럽과 아메리카에서 공통적으로 일어나는 것이지만, 유럽에 비하여 지금은 미국에서 현재 가장 빠른 속도로 일어나고 있다. 미국 인구집단들의 혈통이 가지는 비균질성이 유럽과 비교했을 때 훨씬 더 크기 때문이다.

이 혼합의 과정들이 궁극적으로 미국인들의 유형이나 다양성과 변이성에 어떤 효과를 미칠지에 대해서는 현재 예단할 수 없는 상황이다. 그러나 한 가지 확실한 것은 미국에서 생겨나는 새로운 유형들이 더 낮은 지위를 가질 것이라는 증거는 찾아볼 수 없다. 이 주제에 대해서는 훨씬 더 많은 연구가 앞으로 이루어져야 한다. 그리고 우리가 이 과정의 효과나 결과에 대하여 가장 기본적인 사실들에 대해서도 지식이 모자란다는 점을 감안하면, 이 분야에 관하여 가장 조심스럽고 합리적으로 사고해야 함을 다시 힘주어 강조하고 싶다. 특히, 이 주제는 이미 많은 사람들 사이에서 평온하게 논의되기 어려운 상태이기 때문에, 이를 악화시키는 어떤 종류의 선정적인 표현이나 규격화도 자제하는 것이 중요하다. 더군다나 이 질문들에 대한 답은 수백만 명의 사람들이 살고 있는 삶과 그들의 행복과 관련이 있기에 더욱 신중해야 한다.

인종의 혼합에 대한 질문이 안고 있는 문제는, 정확한 연구가 어려운 만큼이나 근거 없이 추측하기는 쉽다는 점이다. 동물이나 식물의 세계에서 잘 맞지 않는 비유를 찾아서 우리가 인종의 혼합을 통한 새로운 인종 유형의 발달이 가져올 결과를 추정하려는 시각이 이미 널리 퍼져 있다. 마치 현재 북아메리카에서 진행되는 현상이 유럽에서 과거에 수천 년 동안 일어났던 혼합과 사회학적 측면뿐만 아니라 모든 차원에서 다르다는 식으로 말이다. 게다가, 각자의 선호에 따라 그 결과가 퇴행으로, 혹은 옛날 인류의 조상들 유형의 회귀로, 또는 새로운 이상적인 유형으로의 진화로 입맛에 맞춰 원하는 대로 추측하기는 정말 쉽다.

우리는 북서 유럽인 유형의 몰락이 임박했다는 위기감을 과장하기도 하며, 모든 다른 유형을 지배할 것이라는 예언을 하면서 그런 영광스러운 장면을 묘사하기도 한다. 그러나 이렇게 추측을 가지고 상상의 나래를 펴서 대중에게 퍼뜨리고 선동하는 것보다는, 지금까지 거론한 이론 혹은 가설들을 하나하나 따져 보고 그 진실성이나 허위성을 먼저 검토하는 것이 더 안전한 길이 아닐까? 진실에 도달하는 과정에서 추측이나 창의적인 상상이 중요한 도움을 줄 수 있다는 점을 부정하는 것은 아니다. 하지만 선정적인 것을 믿기 좋아하는 대중이 추측을 진실로 오해하지 않도록, 이 추측들을 광범위하게 분석하여 개연성이 있음을 어느 정도 확인한 후에 발표하고 유통시키는 것이 옳다고 믿는다.

물론 나도 서로 다른 구분되는 유형들이 혼합되는 과정의 결과가 어떻게 될 것인지 예측할 수 있는 위치에 있지 않지만, 충분히 큰 규모의 연구가 필요한 만큼의 열정과 지원으로 이루어진다면 이 중요한 질문에 대한 답들을 찾아 해결될 수 있을 것이라고 믿는다. 서로 구분되는 유형들에 속하는 인구집단에 대한 인류학적 자료를 충분히 확보할 수만 있다면, 그 자료들은 이 중요한 질문들에 대한 답을 제공해 줄 실마리가 될 것이다. 그런 자료에는 이를테면 부모와 자녀의 유사성과 차이점, 어린이들의 신체적·정신적 발달의 최종 결과, 서로 다른 유형들이 혼인했을 경우의 출산율, 사회 계층 사이에서 나타나는 출산율의 차이와 같은 수많은 종류의 자료가 포함되어야 한다.

인종의 혼합이 가져오는 최종적 결과는 현재 기존의 인구집단과 새로운 이민자 집단의 출산율에 달려 있을 수밖에 없다. 대도시에서는 자연스럽게 국적 혹은 민족에 따라 모여서 사는 양상이 관찰되며, 이 때문에 상당 기간 결집하여 사는 것이 유지될 것이다. 그러나 몇 세대 후에는 이민자의 후손들끼리 혼인하는 것이 매우 빠르게 늘어날 것이라 예측된다. 우리의 연구에서 다루었던, 조부모 대에서 이민 온 후 뉴욕에서 태어난 3세 미국인들의 경우를 보면, 전체적으로 보아 그들의 계보에서 사회적인 구분의 흔적은 거의 사라진 상태여서 자신들의 조부모가 어느 나라 출신인지 알지 못하는 경우도 많았다. 이를 감안하면, 특히나 미국 서부 지역처럼 이주와 이동이 빈번하게 일어나는 경우에는 더욱 빠른 속도로 다양한 국적이나 민족 구성원들이 혼합이 될 것이라 예상할 수 있다. 이런 종류의 연구는 세부적인 자료까지 확보하는 것에 유용하면서, 전체적인 상황을 조망하고 이해하는 데에도 필수 불가결하다.

지난 십년 동안 인구 문제에 대한 연구가 무척이나 빠른 속도로 성장하였다. 여기에서는 여러 인구 문제에 대하여 세세하게 분석한 프랭크 로리머와 프레드릭 오스번만 언급하겠다(Lorimer and Osburn 1934). 현재 꾸준히 축적되고 있는 연구에 바탕을 두고 말할 수 있는 것은, 우리가 검토하고 있는 이 문제들을 대중적으로 이해하듯이 인종 문제라고 인식할 경우 별다른 진전이 없을 것이라는 점이다. 한 민족 집단의 생물학적 안녕함 혹은 건전함은 오히려 유전적 구성 유형들이 사회 계급에 넓게 분포되어 있는지의 여부에 달려 있다. 사회적 계급이 인종 유형과 연결되어 일치하는 것이 아니기 때문이다. 인종과 계급 사이에는 역사적·사회학적 조건들에 의하여 설명할 수 없을 정도로 근본적인 연결 관계가 발견된 적도, 증명된 적도 없다. 또한 현재까지 연구된 모든 인성 특질들에 대하여, 사회적 압박을 받는 경우에 단일한 인종 집단을 대표하는 경우 일관성 있게 높은 정도의 유연성을 보이고, 혼합된 집단의 경우 더 큰 일률성을 보인다는 결과를 보여주었다.

현재의 시점에서 유럽의 민족들과 다른 대륙에 사는 그 후손들은 퇴행의 위협에 대한 두려움에 사로잡혀 있는 것 같다. 물론, 유전적인 질병이 나타나는 경향이 있다면 그것을 방지하는 것은 중요하며, 이 과정에서 인구집단의 건강을 증진하기 위해 우생학적 방법을 사용하는 것도 가능하다. 그러나 그 이전에 현대 생활에 존재하는 복합적인 조건들을 반드시 적절하게 감안해야 한다. 통계를 살펴보면, 빈민구제소나 정신병자 수용소에서 살거나, 발달장애나 만성질환을 가진 이들, 감옥이나 교도소에 수용되어 있는 사회적 약자들이 늘어나고 있다.

우리는 인구집단이 복잡하고 다양한 방식으로 빠르게 분화되는 시대를 살고 있으며, 이는 변이성과 다양성도 빠르게 증가하고 있음을 의미한다. 그렇게 본다면 약자의 숫자가 늘고 있다는 뜻이기도 하지만 강자의 숫자도 함께 늘어날 것이기 때문에 평균이 낮아질 것이라고 예상할 수는 없다. 많은 면에서 이와 같은 추론은 실제의 상황에도 들어맞는다. 약자 즉 약한 사람들은 국가가 관리하기 때문에 그 숫자가 파악될 수 있는 반면, 강한 사람들의 숫자는 알 수 없다. 우리의 삶이 극도로 집약적으로 변화하는 것으로 강한 사람들의 존재가 표현되고 있는 것이다.

우생학의 목표인 체질상의 건강은 매우 훌륭한 것이지만, 그 목표가 어떻게 달성될 수 있는지에 대해서는 구체적 방법이 제시된 적이 없다. 많은 우생학자가 만병통치 처방처럼 제시하고 있는 불임시술은 절대로 그런 방법이 될 수 없다. 유전 질환이 발생하는 빈도를 줄이기 위해서 실제 유전 질환을 가진 사람들을 제거하는 방법으로는 몇 세대가 지나도 그 효과를 거두기 어렵다. 이보다 더 중요한 이유는 이것이다 – 같은 조건들이 유전적 돌연변이로 얼마나 자주 발생하는지 아직 모르는 데다가, 낮은 계급을 차지하는 다수 집단들이 지내고 사는 불리한 조건들이 과연 그런 돌연변이를 일으키는지도 전혀 알지 못한다. 열성인 유전질환이 일회성으로 발생했을 것이라는 이론은 전혀 타당성을 가지지 못한다. 왜냐하면 그 이론은 건강한 조상이 없는 상황에서 그 질환을 앓은 몇몇 인구집단으로부터 후손인 우리가 생겨났다는 함의를 가지기 때문이다. 결국, 우리의 연구 분야에서 가장 중요하면서도 가장 어려운 과제는 유전질환의 병리학적 조건들이 발생하는 상황과 조건을 알아내는 것이다.

미국에서 논의되고 있는 이른바 흑인 문제는 생물학적 시각에서 보았을 때 지금까지 살펴본 현상들과 근본적으로 다른 문제가 아니다. 흑인 유형이 열등하다는 증거는 그 어디에서도 찾을 수 없다. 다른 인종들과 비교하여 그만큼 천재적인 사람들을 많이 배출하지 않았다는 점은 어쩌면 확인될 수도 있지만, 그렇다고 하여 그 사실로부터 흑인 인구집단과 백인 인구집단의 대다수를 차지하는 사람들이 정신적 능력의 측면에서 근본적인 차이를 가지고 있다고 해석될 수는 없다. 의심의 여지없이 백인 경쟁자들을 따라잡고 추월할 능력이 충분히 있는 남성과 여성의 수는 매우 많을 것이고, 공립학교에서 건강한 아이들의 진도까지 늦추면서 분위기를 흐리는 학생들보다 열심히 잘 하는 학생은 더욱 많을 것이다.

가장 빈곤한 흑인 인구집단들 사이에서 관찰되는 특성은 어떤 의미에서든 인종적으로 결정된 것이 아니라는 시각은 인류학(민족학)적 관찰을 통해서도 확인된다. 아프리카의 부족들을 모두 조사한 바에 따르면, 그들의 문화적 수준과 성취는 평균보다 높은 수준의 것이다. 아프리카 원주민들의 예술과 공예를 잘 모르는 사람이라면, 유럽의 큰 박물관 곳곳을 돌아보면 시각이 많이 달라질 것이다. 현재 미국에 있는 박물관들은 그런 자료와 물건들을 제대로 전시하는 곳이 거의 없다. 아프리카의 대장장이, 목공, 옹기장이, 방직공과 같은 사람들은 모두 독창적인 형태의 공예품을 장인으로서의 애정을 담아 정성스럽게 만들어낸다. 그런 부지런함과 결과 혹은 성과에 대한 열정과 사실 현재 미국에서 살고 있는 흑인들에게서는 찾아보기 어려운 태도와 지향이다. 아프리카 원주민 마을의 절약하는 모습과 부지런함이나, 시장의 번성과 활발한 장거리 교역을 묘사하는 여행가들의 기행문이나 기록도 이를 뒷받침한다. 원주민 국가들의 정부를 조직하는 능력도 평균적인 수준을 훨씬 뛰어넘는 정도라서, 훌륭한 인격을 갖춘 지도자를 만났을 때에는 대규모의 제국으로 발달하기도 하였다. 현재 우리나라에서 매우 가치 있고 중요하다고 판단하는 시민으로서의 활동과 역할은 모두 아프리카 원주민 사회에도 존재한다. 철학자의 지혜도 그곳에서 찾아볼 수 있다. 아프리카 속담을 모아 간행된 책들을 조금만 살펴보면, 소박하지만 실용적인 흑인들의 철학이 반영되어 있고 그것은 또한 그 자체로 정서와 판단 능력이 뛰어나다는 증거가 충분히 된다.

이 주제를 더 상세하게 여기에서 다루지는 못할 것 같다. 이 책에서 논의하고 있는 본래의 맥락에서 벗어나기 때문이다. 인류학이 흑인의 적응이라는 현실적인 논의에 기여할 수 있는 본질적인 지점은 미국의 흑인 인구집단에서 의심의 여지없이 존재하며 관찰할 수 있는 부정적인 특성들이 어느 정도로 인종적인 특성인지, 그리고 어느 정도로 사회적 조건과 환경 때문인지를 알아내는 것이다. 사실 그들이 살고 있는 사회적 조건과 환경에 대해서는 우리 모두에게 책임이 있다. 인류학이 이 질문에 대해서 결연하게 답할 수 있는 것은 이것이다. 흑인들의 원주민 문화인 아프리카 문화의 특성을 현지에서 관찰해 보았을 때 그 문화는 매우 건강한 원시 부족 사람들의 문화로, 상당한 정도로 개인의 독립성과 독창성이 존재하며, 조직화 능력뿐만 아니라 상상력과 기술적 능력, 그리고 절약 정신도 가지고 있다. 기존의 나라들을 정복하여 새로운 제국을 만들었던 사례들이나 지도자의 지휘에 따라 전투에 나가는 전사들의 모습에서 볼 수 있듯이, 인종 자체에 용맹함이나 호전성이 결여된 것도 아니다.

여기에서 다시 한번 힘주어 강조해야 할 것이 있다. 한 인종 집단 전체를 두고, 즉 이 경우에는 흑인 인종 전체를 두고 그 구성원들의 정신적 구성에 차이가 없음이 증명된 것처럼 주장하면서, 그들이 종사하는 활동도 그에 맞게 똑같아야 한다고 여기는 것은 잘못된 것이다. 여러 유형들에서 인성의 변이가, 혹은 다양한 인성이 나타나는 빈도가 다르기 때문에 표면적으로 그렇게 보일 가능성은 있다. 흑인 인종 전체를 하나로 보고 신체적 구조 때문에 그들이 다른 인종 집단과는 조금은 다른 활동들을 하게 되는 가능성이 없지는 않으나, 정말 그런지 아닌지에 대한 확답을 할 수는 없다. 그러나 흑인들이 신체 구조상으로 더 약하다거나, 우리 사회 조직에 반하는 경향성이나 능력을 가진다는 증거는 정말로 하나도 없다. 현재까지 수집된 인류학 분야의 증거들을 편견 없이 검토하면, 흑인 인종에 속하는 개인이 현대 문명에서 설 자리 혹은 적절하게 참여할 역할이 없다고 하는, 인종적 열등함에 대한 일부 사람들의 믿음을 뒷받침할 수는 없다는 것이 명백해진다. 인간의 몸과 마음은 현대의 삶에서 요구받는 것들을 충분히 해 낼 수 있으며, 해부학적 증거와 민족학적 증거를 모두 모아도 인간의 능력을 넘어서는 요구는 찾아볼 수 없다.

미국의 흑인들이 가지는 특징은 충분히 그들의 역사와 사회적 지위를 가지고 설명할 수 있다. 아프리카 땅에서 뜯겨져 나와 원래 살았던 삶의 기준을 통째로 잃어버리고 그 대신에 노예로서 속박과 의존성을 받아들여야 했던 그들의 경험을 생각해 보라. 그리고 그 후에도 제대로 정리되거나 조직되지 못한 혼란의 기간과 불리한 조건에서 경제적으로 살아남아야 했던 경험은 현재 그 인종이 처해 있는 열악한 상태를 충분히 설명하고도 남는다. 굳이 유전적 열등함의 이론을 동원하지 않아도 말이다.

요컨대, 흑인들에게 적절한 조건과 기회를 주기만 한다면 다른 백인 이웃들과 똑같이 시민으로서의 의무를 다할 수 있고, 충분히 그럴 만한 능력이 있다.

인류학적 시각에서 흑인 문제를 논의할 때에 빠뜨릴 수 없이 필수적으로 언급해야 하는 것이 한 가지 더 있다. 즉 흑인 문제와 현실적으로 연관된, 백인들이 가지는 이른바 "인종 본능"에 대해서이다. 궁극적으로 이 현상은 역사 속에서 반복되어 온 오래된 본능적 반응과 두려움의 표현이다. 고대 로마에서 콘누비움(connubium)이라는 용어로 표현되었던 귀족과 평민 사이의 혼인에 대한 두려움이 유럽의 귀족 사이에서, 그리고 인도의 카스트 제도에서도 발견된다. 그리고 이 뒤에는 모든 측면에서 동일한 정서와 사고가 작동한다. 현재 우리의 경우에는 특히 인종의 혼합을 피하여 사회적 지위의 차이를 유지하려는 필요성이 부각되고 있다. 언급했던 다른 사례들과 공통적인 점은 이른바 본능이라고 생각하는 것이 생리적으로 작동하는 거부감이 아니라는 것이다. 이미 큰 규모의 혼혈 뮬래토 인구집단이 존재하고 있다는 사실로 그것은 증명되었고, 흑인들과 라틴계 사람들 사이에서 더 많은 융합이 이루어지고 있다는 점도 그 사실을 뒷받침한다. 본능이라고 말할 정도로 우리에게 깊이 박혀 있는 사회적 조건들이 강한 정서와도 연결되어 있고, 바로 그런 정서를 우리는 본능적이라고 표현하고 있는 것이다. 이 느낌이나 정서는 뮬래토 인구집단이 얼마나 활력이 있고 능력이 있는지와는 아무런 관계가 없다는 것은 명백하고 당연하다.

인종의 혼합에 대한 질문들, 그리고 미국의 현대 사회에서 흑인이 가지는 적응성과 적응 능력에 대한 질문들은 여전히 매우 중요한 과제들이라는 사실은 틀림이 없다.

이러한 질문들을 연구하는 과정에서 미국 정부나 유명한 과학 연구소에서 한 번도 지원을 받지 못했다는 점을 부끄럽더라도 고백해야 할 것 같다. 그리고 같은 맥락에서, 왜 우리 민족과 국민의 안정과 행복을 위한 중요한 문제들을 연구하는 것에 우리가 그렇게 무관심한지 쉽게 이해되지 않는다. 멜빌 허스코비츠가 미국의 흑인에 대하여 수행한 연구는 매우 귀하고 중요한 출발점이었지만(Herskovits 1928), 우리는 훨씬 더 많은 것을 알아내야 한다. 뮬래토들이 유전적으로 열등하다는 주장은 수없이 반복하여 들었지만, 우리가 실제로 그 주제에 대하여 구체적으로 아는 바는 없다. 뮬래토의 활력이 흑인보다 떨어진다면 그것은 유전적 원인만큼이나 사회적 원인도 작용할 것이다. 허스코비츠는 노예제도 시절의 조건들과는 반대로, 뮬래토들 사이에서는 피부색이 밝은 남자가 피부색이 어두운 여자와 혼인하는 경향이 있다는 점을 지적하였다. 그 결과로 뮬래토 인구집단의 피부색은 어두워지는 경향이 있는데, 만일 우리가 피부색의 측면에서 인종 유형의 명백한 대조나 구분이 줄어드는 것이 계급의식의 약화로 연결되어 바람직하다고 생각한다면, 그 경향 자체는 바람직하지 않은 것처럼 보일 것이다.

어떤 개인을 평가하고 판단할 때에, 그 사람이 해당된다고 생각하는 계급에 대한 우리가 만들어낸 상에 따라 판단하려 하는 것은 원시적 형태의 사고가 살아남은 것이다. 그는 사실 그 계급과 아무런 내적인 연결을 느끼지 못할 수도 있다는 점을 간과하기 때문이다. 특정한 범주나 계급에 속하는 구성원들이 가지는 특성은 매우 다양할 수 있음에도 불구하고, 우리가 가장 빈번하게 볼 수 있는 그 계급의 특성으로 만들어내는 유형은 추상적인 상에 불과하다. 그 추상적인 상이 한 개인에게서 실현되어 있는 것도 아니고, 그 상이 조심스러운 직접 관찰에 근거하지도 않았으며 실은 흔히 전해지는 이야기를 가지고 만들어져서 우리의 판단을 결정하는 경우가 많다.

어떤 사람의 진가를 인정하거나 평가할 때, 그 사람 자신의 능력과 개성에 근거하여 헤아리고 인정해야만 진정으로 판단의 자유가 실현된다. 그래야만 인류 전체의 가장 훌륭한 성취를 선정할 때에 모든 인종과 모든 민족, 국적이 포함되어 대표되는 결과가 될 것이다. 그리고 그때 비로소 우리는 인간의 사고와 활동이 얼마나 다양한 형태와 모습을 가지게 되었는지를 진정으로 이해하고 귀하게 여기면서, 유일한 하나의 사고방식을 전체 민족이나 국민에게, 혹은 전 세계에 억지로 적용하려는 모든 시도들을 단호하게 거부할 수 있을 것이다. 그런 시도들은 인류 전체를 깊은 침체로 이끈다는 것을 이제는 알기 때문이다.

Achelis, Thomas. 1896. Moderne Völkerkunde. Stuttgart.

Allen, Joel A. 1903. "Report on the Mammals Collected in Northeast Siberia by the Jesup North Pacific Expedition." *Bulletin, American Museum of Natural History* 19: 126.

Alverdes, Friedrich. 1925. *Tiersoziologie.* Leipzig. [English Edition: *Psychology of Animals*, New York, 1932.]

Ammon, Otto. 1893. *Die natürliche Auslese beim Menschen.* Jena

Ammon, Otto. 1899. *Zur Anthropologie der Badener*, p. 641, Jena.

Andree, Richard. 1878. *Ethnographische Parallelen und Vergleiche*, Stuttgart. Neue Folge, Leipzig, 1889.

Andree, Richard. 1906. "Scapulimantia," *Boas Anniversary Volume*, pp. 143 et seq. New York.

Ankermann, Bernhard. 1905. "Kulturkreise und Kulturschichten in Afrika," *Zeitschrift für Ethnologie* 37: 54 et seq.

Bachofen, Johann J. [1861] 1897. *Das Mutterrecht*, Basel.

Bächtold − Stäubli, Hanns, and Eduard Hoffmann − Krayer (eds.). 1927 − 42. *Handwörterbuch des deutschen Aberglaubens*. 10 vols. Berlin.

Bälz, Erwin. 1901. "Menschenrassen Ost − Asiens mit specieller Rücksicht auf Japan," *Verhandlungen der Berliner Anthropologischen Gesellschaft* 33: 166 − 189.

Barth, Henry. 1857 − 58. *Travels and Discoveries in North and Central Africa.* 2nd Edition, ii, pp. 253 et seq. ; iii, pp. 425 et seq., 528 et seq. ; iv, pp. 406 et seq., 579 et seq. London.

Barzun, Jacques. 1937. *Race: A Study in Modern Superstition.* New York: Harcourt, Brace and Company.

Bastian, Adolf. 1896. An exposition of Bastian's point of view may be found in Thomas Achelis, *Moderne Völkerkunde*, Stuttgart.

Baur, Erwin, Eugen Fischer, and Fritz Lenz. 1936. *Menschliche Erblehre*, p. 712. Munich. [English Edition, *Human Heredity*, New York, 1931.]

Beckmann, Ludwig. 1894 − 95. *Geschichte und Beschreibung der Rassen der Hunde*, Brunswick.

Beddoe, John. 1885. *The Races of Britain*, pp. 249, 251. London.

Bell, Alexander G. 1918. *The Duration of Life and Conditions Associated with Longevity*. Washington.

Bernstein, Felix. 1931. "Zukunftsaufgaben der Versicherungmathematik," *Zeitschrift für die gesamte Versicherungs – Wissenschaft* 31: 141.

Boas, Franz. 1888. "The Central Eskimo," *Sixth Annual Report of the Bureau of Ethnology*. Washington.

Boas, Franz. 1894. "The Half – Blood Indian," *Popular Science Monthly* 45: 761 et seq.

Boas, Franz. 1895a. "Zur Anthropologie der Nordamerikanischen Indianer," *Verhandlungen der Berliner Gesellschaft für Anthropologie, Ethnologie und Urgeschichte*, 27: 367 et seq.

Boas, Franz. 1895b. *Indianische Sagen von der Nord – Pacifischen Küste Amerikas,* pp. 338 – 339, Berlin.

Boas, Franz. 1896. "The Growth of Indian Mythologies," *Journal of American Folk – Lore* 9: 1 – 11.

Boas, Franz. 1899. "The Cephalic Index," *American Anthropologist*, New Series, 1: 453.

Boas, Franz. 1901. "A. J. Stone's Measurements of Natives of the Northwest Territories," *Bulletin, American Museum of Natural History* 14: 53 – 68.

Boas, Franz. 1911a. *Changes in Bodily Form of Descendants of Immigrants* (Final Report), 61st Congress, 2nd Session, Senate Document 208. Washington, DC: Government Printing Office. [Also issued by Columbia University Press, 1912.]

Boas, Franz. 1911b. *Handbook of American Indian Languages*. Bulletin 40, Bureau of American Ethnology, Washington.

Boas, Franz. 1920. "Anthropometry of Porto Rico," *American Journal of Physical Anthropology*, 3: 247.

Boas, Franz. 1927a. "Eruption of Deciduous Teeth among Hebrew Infants," *Journal of Dental Research* 7(3): 245 et seq.

Boas, Franz. 1927b. *Primitive Art*, Oslo and Cambridge.

Boas, Franz. 1932a. "Studies in Growth I," *Human Biology*, 4, No. 3.

Boas, Franz. 1932b. *Anthropology and Modern Life*, 2nd Edition, pp. 216 – 231. New York.

Boas, Franz. 1933a. "Studies in Growth II," *Human Biology* 5, No. 3.

Boas, Franz. 1933b. "The Cephalic Index in Holland and Its Heredity," *Human Biology* 5, No. 4: 594.

Boas, Franz. 1935. "The Tempo of Growth of Fraternities," *Proceedings of the National Academy of Sciences* 21, No. 7 (July 1935).

Boas, Franz. MS. Unpublished material.

Boas, Franz, and Helene M. Boas. 1913. "The Head—Forms of Italians as Influenced by Heredity and Environment," *American Anthropologist*, New Series, 15: 163−188.

Boas, Franz, and Clark Wissler. 1905. "Statistics of Growth," *Report of the United States Commissioner of Education for 1904,* pp. 25−132. Washington.

Bogoras, Waldemar. 1904−09. *The Chukchee.* Publications of the Jesup North Pacific Expedition 7, Leiden.

Bolk, Lodewijk (Louis). 1926. "Untersuchungen über die Menarche bei der niederländischen Bevölkerung," *Zeitschrift für Geburtshülfe und Gynäkologie,* 89(1925/1926): 364−380.

Boulainvilliers, Comte de. 1727. *Histoire de l'ancien Gouvernement de la France.* Paris.

Boule, Marcellin. 1923. *Fossil Men,* pp. 238 et seq. Edinburgh.

Bowditch, Henry P. 1877. "The Growth of Children," *Eighth Annual Report of the State Board of Health of Massachusetts.* Boston.

Bowles, Gordon T. 1932. *New Types of Old Americans at Harvard,* p. 18. Cambridge, MA.

Brigham, Carl C. 1930. "Intelligence Tests of Immigrant Groups," *Psychological Review* 37: 158−65.

Brutzkus, Julius. 1937. *Paper read before the Congrès de la Population,* Paris.

Buschan, Georg. 1922−26. *Illustrierte Völkerkunde,* Stuttgart.

Buzina, E., and Lebzelter, Viktor. 1923. "Über die Dimensionen der Hand bei verschiedenen Berufen," *Archiv für Hygiene* 92: 53 et seq.

Carr—Saunders, Alexander M. 1922. *The Population Problem.* Oxford.

Carus, Carl G. [1838] 1847. *System der Physiologie,* 2nd Edition. Leipzig.

Chamberlain, Houston S. 1911. *Die Grundlagen des neunzehnten Jahrhunderts,* 3rd Edition, p. 274. Munich. [English Edition, *Foundations of the Nineteenth Century,* p. 271. London, New York, 1911.]

Chamberlain, Houston S. 1934. *Briefwechsel zwischen Cosima Wagner und Houston Stewart Chamberlain,* pp. 565 et seq. Leipzig.

Clauss, Ludwig F. 1926. *Rasse und Seele.* Munich.

Cook, Oliver F. 1906. "Aspects of Kinetic Evolution," *Proceedings of the Washington Academy of Sciences* 8: 209−10.

Crampton, C. Ward. 1908. "Physiological Age," *American Physical*

*Education Review*, 13, Nos. 3 — 6.

Cunningham, Daniel J. 1886. *The Lumbar Curve in Man and Apes*, *Cunningham Memoirs*, Dublin.

Cunow, Heinrich. 1894. *Die Verwandtschafts — Organisationen der Australneger*. Stuttgart.

Dahlberg, Gunnar. 1926. *Twin Births and Twins from an Hereditary Point of View*, Stockholm.

Darwin, Charles. 1895. *Journal of Researches into the Natural History and Geology of the Countries Visited during the Voyage of H. M.S. Beagle round the World*, pp. 228 — 29. New York.

Davenport, Charles B., and Morris Steggerda. 1929. *Race Crossing in Jamaica*, Washington, D.C.: Carnegie Institution.

de Candolle, Alphonse. 1886. *Origin of Cultivated Plants*, pp. 59 et seq., 139 et seq. New York.

Deniker, Joseph. 1900. *The Races of Man*. London.

Dixon, Roland B. 1902. "Basketry Designs of the Indians of Northern California," *Bulletin, American Museum of Natural History* 17: 28.

Dixon, Roland B. 1911. "The Maidu," in Franz Boas, *Handbook of American Indian Languages*, Bulletin 40, Bureau of American Ethnology, Washington, D.C.

Dixon, Roland B. 1923. *The Racial History of Man*. New York.

Donaldson, Henry H. 1895. *The Growth of the Brain*. London.

Durkheim, Emile. 1912. *Les formes elementaires de la vie religieuse*. Paris. [English Edition, *The Elementary Forms of the Religious Life*, London, 1915.]

Efron, David, and Stuyvesant Van Veen. MS. Unpublished material.

Efron, David, and John P. Foley, Jr. 1937. "Gestural Behavior and Social Setting," *Zeitschrift für Sozialforschung* 6, Heft 1: 152 — 161.

Eickstedt, Egon von. 1936. *Grundlagen der Rassenpsychologie*, p. 35. Stuttgart.

Engel, Joseph. 1851. *Untersuchungen über Schädelformen*. Prag.

Ferraira, António da Costa. 1903. "La capacite du crane chez les Portugais," *Bulletins et Memoires de la Société d'Anthropologie de Paris*, Serie V, no. 4: 417 et seq.

Fischer, Eugen. 1913a. "Das Problem der Rassenkreuzung," *Die Naturwissenschaften* 1: 1007. Berlin.

Fischer, Eugen. 1913b. *Die Rehobother Bastards*. Jena.

Fischer, Eugen. 1914. "Die Rassenmerkmale des Menschen als Domestikationserscheinungen," *Zeitschrift für Morphologie und*

*Anthropologie* 18.

Fjeld, Harriet. MS. Unpublished material.

Foley, Jr., John P. 1937. "Factors Conditioning Motor Speed and Tempo," *Psychological Bulletin*, 34, No. 6. [See also Efron and Foley 1937.]

Frazer, James G. 1911. *The Golden Bough*. London and New York.

Frazer, James G. 1910. *Totemism and Exogamy*. London.

Freud, Sigmund. 1910. [A brief resume of Freud's theory will be found in *The American Journal of Psychology*, 27 (1910).]

Freud, Sigmund. 1918. *Totem and Taboo*. New York.

Friedenthal, Hans. 1908. *Beiträge zur Naturgeschichte des Menschen*. Jena.

Frischeisen—Köhler, Ida.1933. *Das persönliche Tempo. Eine erbbiologische Untersuchung*. Leipzig.

Fritsch, Gustav. 1872. *Die Eingeborenen Süd—Afrikas*, pp. 30 et seq. Breslau.

Frobenius, Leo. 1921. *Atlas Africanus*. Munich

Frobenius, Leo. 1926. *Die Atlantische Götterlehre*. Jena.

Galton, Francis. 1869. *Hereditary Genius*. London.

Galton, Francis. 1889a. "Head Growth in Students at Cambridge," *Journal of the Anthropological Institute of Great Britain and Ireland*, 18: 156.

Galton, Francis. 1889b. *Natural Inheritance*. London.

Gerland, Georg. 1868. *Das Aussterben der Naturvölker*. Leipzig.

Gobineau, Arthur de. 1853—55. *Essai sur l'inégalité des races humaines*. Paris. [English translation, *The Inequality of Human Races*, New York, 1915.]

Goddard, Pliny E. 1903—04. *Life and Culture of the Hupa*, University of California Publications in American Archaeology and Ethnology 1.

Goldenweiser, Alexander A. 1910. "Totemism, an Analytical Study," *Journal of American Folk—Lore* 23: 179 et seq.

Gould, Benjamin A. 1869. *Investigations in the Military and Anthropological Statistics of American Soldiers*, pp. 126—128. New York.

Grant, Madison. 1916. *The Passing of the Great Race*. New York.

Guthe, G. E. 1918. "Notes on the Cephalic Index of Russian Jews in Boston," *American Journal of Physical Anthropology* 1: 213 et seq.

Haberlandt, Gottlieb. 1917. *Physiologie und Ökologie, I. Botanischer Teil* (ed. Hermann von Guttenberg). Leipzig.

Hahn, Eduard. 1896. *Die Haustiere und ihre Beziehungen zur Wirtschaft des Menschen*. Leipzig.

Hahn, Eduard. 1909. *Die Entstehung der Pflugkultur.* Heidelberg.

Hahn, Eduard. 1915. [See *Zeitschrift für Ethnologie,* 47: 253, 254, note, where references to the original observations are given.]

Hahn, Ida. 1919. "Dauernahrung und Frauenarbeit," *Zeitschrift für Ethnologie* 51: 247.

Hauschild, Max W. 1909. "Untersuchungen über die Pigmentation im Auge verschiedener Menschenrassen," *Zeitschrift für Morphologie und Anthropologie* 12.

Heger, Franz. 1893. "Aderlassgeräthe bei den Indianern und Papuas," *Mittheilungen der Anthropologischen Gesellschaft in Wien* 23, Sitzungsberichte, pp. 83–87.

Hehn, Victor. 1874. *Kulturpflanzen und Haustiere,* 2nd Edition. Berlin.

Hellman, Milo. 1928. "Ossification of Cartilages of Hand," *American Journal of Physical Anthropology* 11: 223 et seq.

Hellman, Milo. 1932. "Nutrition, Growth and Dentition," *Dental Cosmos* 2(Jan. 1932).

Herder, Johann G. 1784–91. *Ideen zur Philosophie der Geschichte der Menschheit.* Riga.

Herskovits, Melville J. 1928. *The American Negro.* New York.

Herskovits, Melville J. 1930. *Anthropometry of the American Negro,* Columbia University Contributions to Anthropology 11. New York.

Hirsch, Nathaniel D. M. 1927. "Cephalic Index of American–born Children of Three Foreign Groups," *Journal of Physical Anthropology* 10: 79 et seq.

Hoops, Johannes. 1915. *Waldbäume und Kulturpflanzen.* Strassburg.

Huxley, Thomas H. 1870. "On the Geographical Distribution of the Chief Modifications of Mankind," *Journal of the Ethnological Society,* New Series 2: 404–412.

Jankowsky, Walther. 1934. *Die Blutsverwandschaft im Volk und in der Familie,* pp. 119 et seq. Stuttgart.

Jenks, Albert E. 1916. *Indian–White Amalgamation.* Studies in Social Science, University of Minnesota, No. 6.

Jochelson, Waldemar. 1906. "Kumiss Festivals of the Yakut and the Decoration of Kumiss Vessels," *Boas Anniversary Volume,* p. 257. New York.

Jochelson, Waldemar. 1910. *The Yukaghir and the Yukaghirized Tungus,* Publications of the Jesup North Pacific Expedition 9, p. 59. Leiden.

Johannsen, Wilhelm. 1909. *Elemente der exakten Erblichkeitslehre.* Jena.

Joyce, Thomas A. 1912. *South American Archaeology,* p. 15. New York.

Keller, Conrad. 1905. *Naturgeschichte der Haustiere*. Berlin.

Keller, Conrad. 1906. "Die Haustiere als menschlicher Kulturerwerb," in *Der Mensch und die Erde 1*, pp. 165 – 304. Berlin.

King, Helen D. 1919. "Studies in Inbreeding," *Journal of Experimental Zoology* 29, No. 1.

Klaatsch, Hermann. 1908a. "The Skull of the Australian Aboriginal," *Reports from the Pathological Laboratory of the Lunacy Department*, New South Wales Government, i, part iii, pp. 3 – 167. Sydney.

Klaatsch, Hermann. 1908b. "Der Primitive Mensch der Vergangenheit und Gegenwart," *Verhandlungen der Gesellschaft deutscher Naturforscher und Aerzte*, 80te Versammlung zu Cöln, part i, p. 95.

Klatt, Berthold. 1912. "Über die Veränderung der Schädelkapazität in der Domestikation," *Sitzungsberichte der Gesellschaft Naturforschender Freunde*, Berlin.

Klatt, Berthold. 1921a. "Mendelismus, Domestikation und Kraniologie," *Archiv für Anthropologie* 18: 225 et seq.

Klatt, Berthold. 1921b. "Studien zum Domestikationsproblem," *Bibliotheca Genetica*, II, pp. 160 et seq. Leipzig.

Klemm, Gustav. 1843. *Allgemeine Cultur – Geschichte der Menschheit*. Leipzig.

Klineberg, Otto. 1935. *Race Differences*. New York.

Klopfer, Bruno. MS. Unpublished material.

Köhler, Wolfgang. 1917. "Intelligenzprüfungen an Anthropoiden," *Abhandlungen der Königlich Preussischen Akademie der Wissenschaften (Physikalisch – Mathematische Klasse)*, pp. 78 et seq. Berlin.

Köhler, Wolfgang. 1921. "Zur Psychologie der Schimpansen," *Psychologische Forschungen* 1: 33.

Kollmann, Julius. 1881 – 83. "Beiträge zur einer Kraniologie der Europäischen Völker," *Archiv für Anthropologie* 13 (1881), pp. 79, 179; 14 (1883), p. 1.

Kollmann, Julius. 1903. "Die Rassenanatomie der Hand und die Persistenz der Rassenmerkmale," *Archiv für Anthropologie* 28 (1903), pp. 91 et seq.

Kretschmer, Ernst. 1921. *Körperbau und Charakter*, 10th edition. Berlin.

Kroeber, Alfred L. 1904 – 07. *Types of Indian Culture in California*, University of California Publications in American Archaeology and Ethnology 2: 81 – 103.

Kroeber, Alfred L. 1925. *Handbook of the Indians of California*, Bulletin

78, Bureau of American Ethnology, Washington, D.C.

Kroeber, Alfred L. 1927. *Arrow Release Distributions*, University of California Publications in American Archaeology and Ethnology 23: 283 et seq.

Lasch, Richard. 1908. *Der Eid, seine Entstehung und Beziehung zu Glaube und Brauch der Naturvölker.* Stuttgart.

Laufer, Berthold. 1902. *The Decorative Art of the Amur Tribes*, Publications of the Jesup North Pacific Expedition 4, Leiden.

Laufer, Berthold. 1907. "The Introduction of Maize to Eastern Asia," *Congrès International des Américanistes*, XVE Session, Québec, vol. 1, pp. 223 et seq., particularly pp. 250−52.

Lebzelter, Viktor. 1922. "Größe und Gewicht der Wiener Arbeiterjugend in den Jahren 1919 und 1921," *Mitteilungen des Volksgesundheits amtes im Bundesministerium für soziale Verwaltung* 12. Wien.

Lehmann, Rudolf. 1894. *Schopenhauer.* Berlin.

Lenz, Fritz. [See under Baur, Erwin.]

Levin, G. S. 1937. "Racial and 'Inferiority' Characters in the Human Brain," *American Journal of Physical Anthropology*, 22 (1937), p. 376.

Lévy−Bruhl, Lucien. 1923. *La mentalité primitive.* Paris. [English Edition, *Primitive Mentality.* New York, 1923.]

Lewis, Carolyn A. 1936. "Relation between Basal Metabolism and Adolescent Growth," *American Journal of Diseases of Children* 51 (May 1936): 1014−38.

Lissauer, Abraham. 1892. Stenographic record of a meeting (July 16, 1892), in *Zeitschrift für Ethnologie* 24: 429.

Livi, Ridolfo. 1896. *Antropometria Militare.* Rome.

Lorenz, Ottokar. 1898. *Lehrbuch der gesammten wissenschaftlichen Genealogie*, pp. 289 et seq., 308, 310, 311. Berlin.

Lorimer, Frank, and Frederick Osborn. 1934. *Dynamics of Population*, with full bibliography. New York.

Lotsy, Johannes P. 1916. *Evolution by Means of Hybridization*, pp. 22 et seq. The Hague.

Luschan, Felix von, 1890. "Die Tachtadschy und andere Überreste der alten Bevölkerung Lykiens," *Archiv für Anthropologie* 19: 31−53.

Luschan, Felix von, 1922. *Völker, Rassen, Sprachen*, p. 92. Berlin.

Macari, Leopold. MS. Unpublished material.

MacCurdy, George G. 1924. *Human Origins.* New York.

Malinowski, Bronislaw. 1926. *Crime and Custom in Savage Society.* London and New York.

Mall, Franklin P. 1909. "On Several Anatomical Characters of the Human Brain, Said to Vary According to Race and Sex, with Especial Reference to the Weight of the Frontal Lobe," *American Journal of Anatomy* 9: 1−32.

Manouvrier, Léonce. 1866−77. "Sur l'interprétation de la quantité dans l'encéphale," *Mémoirs de la Société d'Anthropologie de Paris*, 2nd series, 3: 284, 277, 281.

Manouvrier, Léonce. 1890. "Les aptitudes et les actes dans leur rapport avec la constitution anatomique et avec le milieu extérieur," *Bulletins de la Société d'Anthropologie de Paris*, 4th series, 1: 918 et seq.

Martin, Rudolf. 1905. *Die Inlandstämme der Malayischen Halbinsel*. Jena.

Mason, Otis T. 1895. *The Origins of Invention*, pp. 315 et seq. London.

Matthews, Washington. 1893. "Human Bones of the Hemenway Collection in the U. S. Army Medical Museum," *Memoirs of the National Academy of Sciences*, 6: 139 et seq.

Matthews, Washington. 1897. *Navaho Legends*, Memoir of the American Folk−Lore Society 5.

McGee, William J. 1897. "The Beginning of Zoöculture," *American Anthropologist*, 10: 215 et seq.

Menghin, Oswald. 1931. *Weltgeschichte der Steinzeit*. Vienna.

Mirenova, Anna N. 1934. "Psychomotor Education and the General Development of Preschool Children," *Proceedings of the Maxim Gorky Medico−biological Research Institute* 3: 102−03. Moscow. [Author name mistakenly printed in some English journals as "Mirenva."]

Mooney, James. 1896. "The Ghost−Dance Religion," *14th Annual Report of the Bureau of American Ethnology*, pp. 641 et seq. Washington, D.C.

Morgan, Lewis H. 1878. *Ancient Society*. New York.

Morice, Adrien G. 1906−09. "The Great Déné Race," *Anthropos*, 1, 2, 4 (1906, 1907, 1909). Vienna.

Morse, Edward S. 1885. "Ancient and Modern Methods of Arrow−Release," *Bulletin*, Essex Institute, pp. 145 et seq. Salem, Massachusetts.

Morton, Samuel G. 1839. *Crania Americana*. Philadelphia.

Müller, Friedrich. 1879. *Allgemeine Ethnographie*. Vienna.

Nachtigal, Gustav. 1879−81. *Sahara und Sudan*, 1) ii, pp. 391 et seq.; iii, pp. 270 et seq. 2) ii, pp. 424 et seq. Berlin.

Negelein, Julius von. 1931−35. *Weltgeschichte des Aberglaubens*, i (1931) and ii (1935). Berlin.

Neuville, Henri. 1933. "L'Espèce, la race et le métissage en

Anthropologie," *Archive de l'Institut de Paléontologie Humaine*, Paris.

Newman, Horatio H., Frank N. Freeman, and Karl J. Holzinger, 1937. *Twins, a Study of Heredity and Environment.* Chicago.

Nordenskiöld, Adolf E. 1918—24. *Vergleichende Ethnographische Forschungen*, 1, 3, Göteborg (1918, 1924).

Nordenskiöld, Adolf E. 1921. "Emploi de la balance romaine en Amérique du Sud," *Journal de la Société des Américanistes de Paris*, New Series 13: 169.

Nott, Josiah C., and George R. Gliddon. 1854. *Types of Mankind.* Philadelphia.

Nott, Josiah C., and George R. Gliddon (eds). 1857. *Indigenous Races of the Earth.* Philadelphia.

Nyström, Anton. 1902. "Über die Formenveränderungen des menschlichen Schädels und deren Ursachen," *Archiv für Anthropologie* 27: 211 et seq., 317 et seq.

Oviedo y Valdés. 1851—55. *Historia General y Natural de las Indias 1535—57*, Bk. xlii, Chapters 2, 3. Madrid. [Quoted from Spencer, *Descriptive Sociology*, No. ii, pp. 42—43.]

Ovington, Mary White. 1911. *Half a Man, the Status of the Negro in New York.* New York.

Pearl, Raymond. 1922. "A Note on the Inheritance of Duration of Life in Man," *American Journal of Hygiene* 2: 229; see also Scientific Monthly, 1921, p. 46.

Pearl, Raymond. 1905. "Variation and Correlation in Brain—Weight," *Biometrika* 4 (June): 13 et seq.

Pearl, Raymond. 1908. "On the Relation of Race Crossing to Sex Ratio." With Maud De Witt Pearl, *Biological Bulletin*, 15: 194 et seq.

Pearson, Karl. 1906. "On the Relationship of Intelligence to Size and Shape of Head, and to Other Physical and Mental Characters," *Biometrika* 5: 136 et seq.

Penck, Albrecht. 1908. "Das Alter des Menschengeschlechts," *Zeitschrift für Ethnologie*, 40: 390 et seq.

Penck, Albrecht and Brückner, Eduard. 1909. *Die Alpen im Eiszeitalter.* Leipzig.

Petrullo, Vincenzo. 1934. *The Diabolic Root.* Philadelphia.

Ploetz, Alfred. 1923. "Sozialanthropologie," in *Anthropologie*, edited by G. Schwalbe and E. Fischer, Part 3, Section 5, Kultur der Gegenwart, pp. 591 et seq. Leipzig and Berlin.

Ploss, Hermann H. 1927. *Das Weib in der Natur— und Völkerkunde*, edited by Ferdinand von Reitzenstein, 11th Edition, i, p. 672. Berlin.

Porteus, Stanley D. 1937. *Primitive Intelligence and Environment*. New York.

Post, Albert H. 1894. *Grundriss der Ethnologischen Jurisprudenz*. Oldenburg and Leipzig.

Przibram, Hans. 1927. "Entwicklungs—Mechanik der Tiere," in *Junk's Tabulae Biologicae*, 4: 284.

Ranke, Johannes. 1894. *Der Mensch*, ii, p. 177. Leipzig.

Ratzel, Friedrich. 1891a. *Anthropogeographie*, II, pp. 330 et seq. Stuttgart.

Ratzel, Friedrich. 1891b. *Anthropogeographie*, II, p. 693. Stuttgart.

Reichard, Gladys A. 1928. *Social Life of the Navajo Indians*, Columbia University Contributions to Anthropology 7. New York.

Rein, Johannes J. 1878. "Zur Geschichte der Verbreitung des Tabaks und Mais in Ost—Asien," *Petermanns Mittheilungen*, 24: 215 et seq.

Rieger, Conrad. 1882. *Über die Beziehungen der Schädellehre zur Physiologie, Psychiatrie und Ethnologie*. Würzburg.

Ripley, William Z. 1899. *The Races of Europe*. New York.

Risley, Herbert H., and Gait, Edward A. 1903. *Census of India, 1901*, i, pp. 489 et seq. Calcutta.

Ritter, Karl. 1817. *Die Erdkunde im Verhältniss zur Natur und zur Geschichte des Menschen*. Berlin.

Rouma, Georges. 1920. *El Desarrolo Fisico del Escolar Cubano Sus Curvas Normales del Crecimiento*. Havana.

Sarasin, Fritz. 1892—93. *Ergebnisse naturwissenschaftlicher Forschungen auf Ceylon*, III, pp. 569 et seq. Wiesbaden.

Schneider, Edward C. 1921. "Physiological Changes Due to Altitude," *Physiological Review* I: 656.

Schoetensack, Otto. 1901. "Die Bedeutung Australiens fur die Heranbildung des Menschen aus einer niederen Form," *Zeitschrift für Ethnologie*, 33: 127 et seq.

Schultz, Adolph H. 1923. "Fetal Growth in Man," *American Journal of Physical Anthropology* 6: 389—399.

Schultze, Leonhard. 1907. *Aus Namaland und Kalahari*. Jena.

Seligmann, Charles G. and Brenda Z. 1911. *The Veddas*, p. 380, Cambridge.

Shapiro, Harry L. 1937. "Quality in Human Populations," *Scientific Monthly* 45(2): 109 et seq.

Théophile Simar. 1922. *Étude critique sur la formation de la doctrine des races au XVIIIe siècle et son expansion au XIXe siècle*. Bruxelles:

Marcel Hayez.

Speck, Frank G. 1935. *Naskapi*, pp. 127 et seq. Norman, Oklahoma.

Spencer, Herbert 1893. *Principles of Sociology*. New York.

Spier, Leslie. 1918. "The Growth of Boys, Dentition and Stature," *American Anthropologist*, New Series 20: 37 et seq.

Sproat, Gilbert M. 1868. *Scenes and Studies of Savage Life*, p. 120, London.

Steinen, Karl von den. 1886. *Durch Centralbrasilien*, pp. 310 et seq., Leipzig.

Steinen, Karl von den. 1894. *Unter den Naturvölkern Zentral−Brasiliens*, pp. 210−12, Berlin.

Stoddard, Lothrop. 1920. *The Rising Tide of Color*. New York.

Stofflet, Elliott. MS. Unpublished material.

Stratz, Carl H. 1904. "Das Problem der Rasseneinteilung der Menschheit," *Archiv für Anthropologie*, Neue Serie, 1: 189 et seq.

Studer, Théophile S. 1901. *Die prähistorischen Hunde in ihrer Beziehung zu den gegenwärtig lebenden Rassen*. Zürich.

Stumpf, Carl. 1911. *Die Anfänge der Musik*. Leipzig.

Sullivan, L. R. 1920. "Anthropometry of the Siouan Tribes," *Anthropological Papers*, American Museum of Natural History 23: 81 et seq.

Sumner, William G. and Keller, Albert G. 1927. *The Science of Society*. New Haven.

Sumner, William G. 1906. *Folkways*, Boston.

Swanton, John R. 1905. "Social Organization of American Tribes," *American Anthropologist*, New Series 7: 670.

Tarde, Gabriel. 1900. *Les Lois de l'Imitation*. Paris. [English Edition, *The Laws of Imitation*, New York, 1903.]

Ten Kate, Herman F. C. 1902. "Anthropologisches und Verwandtes aus Japan," *Internationales Centralblatt für Anthropologie* 7: 659.

Thomas, William I. 1909. *Source Book for Social Origins*, p. 25, Chicago.

Topinard, Paul. 1885. *Éléments d'Anthropologie générale*. Paris.

Tozzer, Alfred M. 1925. *Social Origins and Social Continuities*, p. 239, New York.

Tylor, Edward B. 1874. *Primitive Culture, Researches into the Development of Mythology, Philosophy, Religion, Language, Art and Custom*. New York.

Uldall, Hans J. MS. Unpublished material.

Verschuer, Otmar von. 1931−31. "Ergebnisse der Zwillingsforschung," *Verhandlungen der Gesellschaft für physische Anthropologie*, 6: 52.

Virchow, Rudolf. 1872. "Die physischen Eigenschaften der Lappen," *Verhandlungen der Berliner Gesellschaft für Anthropologie, Ethnologie und Urgeschichte* 7: 34 et seq., also 22 (1890): 411.

Wagner, Günter. 1932. "Entwicklung und Verbreitung der Peyote—Kultur," *Baessler—Archiv* 15: 59 et seq.

Waitz, Theodor. 1863. *Introduction to Anthropology, Anthropology of Primitive Peoples*, p. 324, Publications of the Anthropological Society of London, London.

Walcher, Gustav A. 1904. "Über die Entstehung von Brachy— und Dolichokephalie," *Zentralblatt für Gynäkologie* 29 (7).

Waterman, Thomas T. 1914. "Explanatory Element in the Folk—Tales of the North American Indians," *Journal of American Folk—Lore* 27: 1—54.

Wegener, Alfred. 1926. *The Origin of Continents and Oceans*. New York.

Weill, Blanche C. 1928. *The Behavior of Young Children of the Same Family*. Cambridge.

Wernich, Albrecht. 1878. *Geographisch—medicinische Studien nach den Erlebnissen einer Reise um die Erde*, pp. 81 et seq. Berlin.

Westermarck, Edvard. 1906. *The Origin and Development of the Moral Ideas*. London.

Weule, Karl. 1910. *Die Kultur der Kulturlosen*. Stuttgart.

Wiedersheim, Robert. 1895. *The Structure of Man an Index to His Past History*. London and New York.

Wieschoff, Heinz. 1933. *Die afrikanischen Trommeln*. Stuttgart.

Willey, Arthur W. 1911. *Convergence in Evolution*, pp. 79 et seq. London.

Wissler, Clark. 1904. "Decorative Art of the Sioux Indians," *Bulletin*, American Museum of Natural History 18: 231—78.

Wundt, Wilhelm. 1900—20. *Völkerpsychologie*. Leipzig

Wundt, Wilhelm. 1912. *Elemente der Völkerpsychologie*. Leipzig. [English Edition, *Elements of Folk Psychology*. New York, 1916.]

Wuttke, Adolf. 1852—53. *Geschichte des Heidentums I*, p. 36. Breslau.

# 『원시인의 사고와 감정』을 통해 본 보아스의 생애와 미국 문화인류학의 전통[1]

## 1. 프란츠 보아스의 인류학: 자연과학에서 실증 인문학으로

프란츠 보아스(1858–1942)는 독일 출신의 미국 인류학자로서, 독일 자연과학과 인류학의 전통을 이어 여러 인류 집단이 보이는 신체적 특질의 변이와 가소성, 경험을 범주화하고 소통하는 수단으로서의 언어, 그리고 제각각 다른 환경에서 독특하게 형성되는 물질적, 정신적 총체로서의 생활양식인 문화에 대한 접근을 중심으로 인류의 다양성을 규명하려고 하였다. 진화, 언어, 문화 각각에 대한 꼼꼼한 분석과 종합을 통해, 그는 눈에 보이는 피부색의 차이로 인종이 명확하게 구분되는 혈통집단이라는 당시의 주장을 반박하였고, 더 우월한 인종 또는 민족이 있다는 이데올로기를 과학적으로 비판하였다. 이민자의 자손에 대한 연구(Boas 1911; 본서 99쪽)는 미국 현지에서 태어난 유럽 출신 이민자의 자녀들에서 나타나는 머리형(두개골 모양)의 변화를 실증적으로 증명하면서, 이민을 제한하려는 당시의 사회적 분위기에 큰 반향을 일으켰다. 현재까지도 이 연구는 환경적 영향에 의한 머리형의 가소성을 경험적으로 밝혔다는 점에

---

[1] 이 글은 원저자인 보아스의 인생과 그가 구상한 인류학의 성격에 대한 이해를 돕기 위하여 작성된 해제로서, 『한국문화인류학』 52집(2019) 2호에 발표한 "보아스의 문화 개념과 개별화된 실증주의"라는 제목의 학술논문을 해제의 구성에 맞게 재편집한 것이다.

서 역사적 중요성을 가진다. 90년이 지나서 자료에 대한 재분석이 이루어지면서 보아스의 결론이 반박되면서 동일한 자료에서 환경보다 유전요인이 우세한 것으로 나타났다는 주장이 나왔으나(Sparks and Jantz 2002, 2003), 자료의 선별과 재분석 방식에 대하여 재반박이 이루어졌다(Gravlee et al. 2003).[2]

이렇듯 미국 문화인류학 전통의 기틀을 마련한 보아스의 인류학은 역사적 특수주의라는 말로 인류학의 역사에서 규정되어 왔다(Harris 1986 참조). 독일의 역사주의 전통이 보아스의 학문적 궤적에 큰 영향을 주었다는 함의가 깔려 있는 것이다. 그러나 보아스의 초반기 연구와 관심사는 독일과 미국을 오가며 점진적으로 축적되는 과정을 거치며, 특히 청년기에는 다양한 관심사가 혼재되어 있기 때문에 어느 한 분야 또는 어느 한 전통이 보아스에게 일방적으로, 또는 결정적으로 영향을 주었다고 단언하기에는 무리가 있다. 그럼에도 불구하고, 보아스가 독일의 자연철학 전통을 이어받아 비교지리학에 기반을 둔 나름의 인류학 연구 전통을 창출했고, 자신의 목표와 방법을 기틀로 하여 소위 미국 인류학 전통, 특히 4분과 인류학(생물인류학, 고고학, 언어인류학, 문화인류학)의 외형을 마련한 학자라는 점에 대해서는 대부분의 학자들이 이견을 보이지는 않는다.

하지만 보아스의 인류학과 방법론, 그리고 그 맥락과 함의에 대한 새로운 고찰과 재해석이 끊임없이 나오고 있다. 보아스의 접근과 시각, 그리고 학문관에는 독일의 철학 전통이 분명하게 자리잡고 있으며, 이에 대한 명확한 이해를 위해서는 아직 더 많은 연구가 필요하다. 특히 어디까지가 독일 철학, 자연과학, 인문학에서 영향을 받은 것인지, 그리고 어

---

2) 스팍스와 얀츠(2002)는 t-검정, 환경노출 기간, 유전성 추정, 변이분석의 네 가지 방법을 사용했는데, 이 각각의 과정에서 데이터셋을 임의로 범주화하거나 보아스의 취지와 어긋나는 환경 요인을 과도하게 적용하는 등, 보아스의 분석을 오해하거나 통계를 잘못 적용했다는 것이 그래블리 등(2003)의 반박 논지이며, 이를 보정하면 스팍스와 얀츠의 연구 역시도 보아스의 결론이 옳다는 점을 재확인한다고 주장하였다.

디부터 보아스 자신의 독특함이 나타나는지에 대한 고찰은 여전히 이루어지고 있으며, 현재까지 이루어진 분석들 사이에는 상당한 논란이 존재한다. 인류학사 연구자들 사이에서는 독일 역사주의에 입각한 보아스의 낭만주의적, 인문학적 편향을 문화 상대주의 원칙과 역사적 접근 방법과 연결하여 강조하는 경향이 강하다(Stocking 1965, 1974; Bunzl 1996 참조).

인류학자들은 대체적으로 스토킹의 해석을 따르는데, 이 시각에서는 상대적으로 보아스의 자연과학적 성향이 간과된다는 문제가 있다. 탈식민주의 연구자들은 이와 반대로, 낭만주의적 해석을 정면으로 부정하면서 독일 인류학 전통이 비르호오(Virchow)의 죽음(1902) 이후에는 식민지 경영과 제국주의에 기여하는 방향으로 발달했다고 주장한다(Zantop 1997; Zimmerman 2001). 보아스는 사실 이 시기에는 이미 미국에서 활동하고 있었기 때문에 이러한 해석을 직접적으로 보아스의 인류학에 적용하기는 어렵다. 하지만 인류학 내부에서도 보아스가 지닌 낭만주의적 요소에 대한 비판은 있었다. 이들은 보아스의 구술 자료 수집 방식과 부족사회에 대한 이해가 몰역사적이었으며, 전형적인 근대론자의 시각이 반영되어 있었다고 강경하게 주장한다(Briggs and Bauman 1999).

이처럼 현재까지 보아스의 인류학이 인류학사에서 가지는 의미에 대한 논의는 다양하게 이루어졌지만, 대부분의 접근은 보아스를 독일 역사주의에 입각한 관념론자로 묘사하는 경향을 보인다. 특히 초기 보아스의 자연과학적 성향이 후기에는 역사주의적으로 기울었다는 이해가 지배적으로 나타나는데, 이는 독일 철학 전통의 영향을 지나치게 미미하고 좁게 해석한 결과로 판단된다.[3] 여기에서는 이른바 "독일 역사주의"라는 지칭 혹은 꼬리표가 지나치게 포괄적이어서 보아스에 대한 이해를 저해한다는 점을 지적하고, 보아스가 언급했던 "역사"는 구체적인 재구성의

---

3) 독일 역사주의라는 용어 자체가 모호하다는 점은 지성사 분야에서 꾸준히 지적된 바 있으며, 최근까지도 서로 상반된 시각들을 쉽게 찾아볼 수 있다(Iggers 1995; Beiser 2007 참조).

대상이 아니라 궁극적이며 실현 불가능한 목표일 뿐이었으며(Swartz 1958 참조), 그것이 가능하다고 여겼던 당시의 사회진화론과 전파론을 비판하는 과정에서 자연과학적 작업이 보아스의 말년까지 병행될 수밖에 없었다는 점을 보이려고 한다.

그리고 바로 이러한 "역사" 개념의 문제를 다시금 지적하면서, 마빈 해리스가 붙인 "역사적 특수주의"라는 규정을 반대하고 에릭 울프가 제안했던 "개별화된 실증주의"라는 지칭을 옹호하고자 한다. 에릭 울프의 표현을 직접 빌자면, 보아스는 "막 성장하기 시작한 인류학을 관습에 대한 자연사적인 접근으로 이끈" 장본인이었고, "연역적인 사고와 일반화보다는 조심스럽게 정제된, 얼마 안 되는 자료로부터 고생하여 귀납적으로 도출하는 것을 우선하는" 접근을 강조하였다(Wolf, 1974: 3-4). 그 결과로 보아스가 컬럼비아 대학에서 학계를 주도하던 시기에는 문화의 발달에 대한 일반적 법칙 확립보다는 개별 문화에 대한 자료 수집과 세부적 해석이 우선시되었고, 이 경향을 울프는 "개별화된 실증주의적 접근(particularizing positivistic approach)"이라고 표현하였다. 물론 보아스 이후에는 문화 안에서 발견되는 개별적 요소의 분포와 전파를 추적하는 보아스의 접근에 대한 비판이 미국 인류학 안에서 일었고, 이 시기에 문화를 체계로 보려 했던 래드클리프-브라운과 말리노프스키를 비롯한 영국 인류학의 영향이 커지는 계기가 되었다. 이러한 인류학사의 맥락에서 보아스의 위치와 이 책의 역사적 함의를 명확하게 하는 것이 이 글의 궁극적인 목표이다.

초기와 후기를 망라하여 보아스 인류학의 결정판이라고 할 수 있는 본서(『원시인의 사고와 감정(1911, 개정판 1938)』)는 그의 개별화된 실증주의 시각이 가장 종합적으로 드러나는 저작이다. 이 책에서 보아스는 20세기 초반의 인종 개념과 우생학적인 인류 유형 구분을 비판하고, 모든 인간이 생김새와는 관계없이 모두 같은 사고와 감정을 가지고 있음을 주장하였다. 특히, 다른 저작에서는 쉽게 찾아보기 어려운 체계적인 문화 개념이 규정되었다는 점, 그리고 인종, 언어, 문화에 대한 각각의 접근이 인류 진화의 역사적 재구성이라는 궁극적인 목표를 지향하면서도 동시에 그것이 현실적으로 쉽지 않음을 명시적으로 서술했다는 점에서 중요한 의미를 가진다. 보아스는 멘델의 유전학이 재발견되던 시기(1900년)에 소논문 형태로 이 책 원고의 집필을 시작하였고, 유전학의 최근 경향을 반영하여 그 시기까지 유행하던 인종 유형학이나 인류학에 대한 비판적 성찰을 담았으며, 자연과학을 공부했던 과학자로서 당시의 생물학이나 의학에 대해서도 기존의 고정관념을 벗어나야 한다는 점을 강한 어조로 지적하였다.

다른 한편으로 이 책은 소위 원시인이 가진 심성에 대한 레비-브륄(Lévy-Bruhl)과 바스티안(Bastian)의 고전을 비판적으로 인종과 유전의 문제로 연결시키면서, 훗날 레비-스트로스(Lévi-Strauss)의 『야생의 사고』로 다시 논의가 이어지게 하는 교량의 역할을 했다. 단선진화론의 구도에서 문화가 단순한 형태에서 복잡한 형태로 특정한 인종 유형과 연관되어 발전한다는 시각을 보아스는 경험적인 사례를 들어 철저하게 반박하면서, 창의성이 발현되는 수공예와 예술, 구술과 노래, 춤과 의례 등의 영역의 중요성을 강조한다. 보아스가 견지하는 문화상대주의의 이러한 구체적인 맥락을 감안했을 때, 보아스의 접근은 복원될 수 없는 자료를 수집함과 동시에 통시적 일반화를 우선했던 비교 접근들의 오류와 경험론적으로 논리적이지 못한 19세기적인 요소들을 끊어내는 역할을 했다. 즉, 문화에 대하여 해석할 수 있는 범위를 문화 내적으로 규정하면서, 상징성과 물질성의 결합 양상을 분석할 수 있는 좌표평면을 마련했다고 할 수 있겠다. 1942년 겨울, 레비-스트로스가 손님으로 참석한 만찬 모임에서 보아스가 바로 그의 옆자리에서 심장마비로 숨을 거두었다는 이야기는 바로 그런 상징적 의미도 담고 있어 미국 인류학계에서는 널리 전해져 내려오는 듯하다(Lévi-Strauss 1984).

이 해제에서는 번역의 원저작인 보아스의 『원시인의 사고와 감정』 개정판(1938b)을 중심으로, 보아스가 초기부터 후기까지 일관성 있게 독일 철학의 영향을 받으면서 자신의 과학적 인식론을 발전시켰다는 점을 강조하여 그의 학문적 여정을 소개하겠다. 이러한 맥락에 대한 이해가 없이는 보아스의 문화 개념과 인류학 방법론이 가지는 깊은 함의를 파악하기 쉽지 않다. 2절에서는 보아스의 개인적, 지성사적 배경에서 중요한 사항을 간단하게 짚어 보고, 3절에서는 보아스의 문화 개념이 개념사적으로 가지는 의미를 19세기 지성사의 맥락에서 살펴보려고 한다. 보아스는 단순히 단선진화론을 극복하고 진화의 시간을 역사적 시간으로 대체한 것이 아니라, 시간성을 고정된 객관적 잣대로 보았던 당시 인류학의 근본 전제를 재고하면서 현대 인류학의 인식론적 기초를 마련한 중요한 역할을 하였다. 그리고 이를 바탕으로, 인간에게 보편적이고 선험적이라고 믿어지는 시공간조차도 문화적으로 다르게 경험될 수 있으며 이러한 현상들이 민족지 연구를 통해 분석되어야 한다고 보아스는 믿었다. 이렇듯 개별 문화의 표면적 현상뿐만 아니라 그 기저에 깔린 인식론적 전제들에 대한 심층적인 분석이 필요하다는 인식은 레비-스트로스를 통해 현대 인류학으로 이어져서 최근의 존재론과 존재론적 코스모그래피 접근으로 이어졌다는 것이 필자의 시각이다.


## 2. 보아스의 지성사적 배경과 지적 여정

보아스(Franz Uri Boas, 1858-1942)는 독일 베스트팔렌주의 민덴(Minden) 출신으로, 유태인 가정에서 태어났으나 계몽주의와 1848년 혁명의 영향을 수용했던 부모 밑에서 자랐다. 어릴 때부터 자연사 분야에 관심을 가졌던 그는 하이델베르크(Heidelberg) 대학과 본(Bonn) 대학에서 물리학, 지리학, 수학을 공부하였고, 킬(Kiel) 대학에서 물리학으로 박사학위를 받았다. 주전공 분야인 물리학에서는 카르스텐(Gustav Karsten)의 지도를 받았으며, 부전공이었던 지리학과 철학 분야에서는 각각 테오

발트 피셔(Theobald Fischer)와 벤노 에르드만(Benno Erdmann)의 지도를 받았다(Müller-Wille 2014). 피셔는 북아프리카 및 동남유럽을 포함한 지중해 연안의 지역을 전문으로 다룬 지리학자로서, 근대 지리학의 선구자로 알려진 칼 리터(Carl Ritter)의 제자였다. 에르드만은 칸트 연구자이면서 논리학과 기하학, 그리고 심리학에 이르는 폭넓은 관심을 가진 신칸트주의 철학자였다.[4]

보아스의 박사논문은 "물의 색깔에 대한 인식에 관한 연구"로, 빛의 편광과 회절, 반사와 흡수에 따라 바닷물의 색이 다르게 보이는 현상에 대한 고찰이었다(Boas 1881). 뉴턴의 빛에 대한 관찰에 대한 논의로 시작하는 이 논문은 지중해의 바닷물 색깔과 민물 호수의 물 색깔에 대한 기존의 연구를 검토하면서 물을 통과한 빛을 측정하는 여러 실험 장치들을 소개했다. 빛의 흡수현상은 실험실에서 긴 아연통에 든 물에 빛을 통과시키는 방법으로, 그리고 물에 반사된 빛의 편광 현상은 자신이 고안한 측정기구를 가지고 킬 항구의 바닷물을 가지고 측정하였다. 증류수의 경우에도 빛을 통과시키면 짙은 청녹색을 보이게 되는데, 지중해의 바닷물이 하늘색을 보이는 것은 바닷물에 있는 성분(부유물질)과 강한 햇빛의 조합 때문이라고 보아스는 결론짓는다.

보아스의 박사논문만 두고 보았을 때에도 이미 이른 시기부터 지리학에 대한 관심이 깊게 깔려 있지만, 빛과 색깔을 광학 현상으로 분석하여 빛의 삼원색론을 정초한 헬름홀츠(Hermann von Helmholtz)의 영향이 크게 반영되어 있다.[5] 그리고 프랑스의 다게르와 독립적으로 영국에서 사

---

4) 신칸트주의(Neo-Kantianism)는 19세기 중엽 독일에서 헤겔 관념론이나 단순화된 유물론 등의 결정론에 반발하여 칸트 철학과 그의 이성 비판으로 돌아가자고 했던 폭넓은 학문 조류로서, 철학 이외의 분야에서는 경험과 지식 형성, 학문 성립의 가능성을 재검토하는 움직임으로 나타났다. 아래에서 언급하는 헬름홀츠, 쿠노 피셔, 마르부르크(Marburg) 학파의 헤르만 코헨(Cohen)과 카시러, 남서 혹은 하이델베르크(Heidelberg)-바덴(Baden) 학파로 알려진 빈델반드와 리케르트 등이 주요 인물이다.

5) 헬름홀츠는 인간의 지각이 두 가지 요인, 즉 경험과 인지 기관의 특성만으로 결

진술을 발명하고 햇빛의 회절을 관찰한 탤벗(William Henry Fox Talbot)의 작업을 언급한 것을 보면 광학 전반에 대한 폭넓은 관심이 있었음을 알 수 있다. 또한 당시 헬름홀츠와 마흐(Ernst Mach)가 집중했던 현상학적 심리물리학(psychophysics) 분야에 대한 이해도 작용했던 것으로 보인다. 더 나아가서는 독일 자연철학의 전통에서 괴테(Goethe)의 실험론과 색채론의 연장선상에서 물을 통과한 빛과 색깔의 관계를 규명했다고 볼 수도 있다. 직접적으로는 괴테가 색채론에서 햇빛이 강할 때에는 잠수사에게 해저면이 자줏빛으로 보이면서도, 그늘은 바닷물의 색상 자체 때문에 녹색 계열로 보이는 이유를 해수가 가진 탁성이 매개되었다고 설명한 것을 광학의 원리와 물리학적 실험으로 증명한 측면이 강하다(Goethe 1810: 57, 78, 164). 그리고 이 과정에는 괴테가 실험론(1981[1792])에서 강조했던 주체와 대상을 매개한다는 실험의 개념, 그리고 실험의 위상과 실험들의 관계에 대한 통찰이 흐르고 있다.

그러나 괴테의 『파우스트』를 즐겨 읽었던 보아스가 괴테의 문학 작품 이외에 그의 실험론이나 색채론도 읽었는지는 명확하게 알려지지 않는다 (Kroeber 1943; Lowie 1947; Kluckhohn and Prufer 1959). 다만, 1887년의 짧은 글에서 괴테가 개별 현상의 의미에 대해 쓴 글을 인용한 바가 있다 (Boas 1887: 139). 다른 한편으로, 독일의 철학 전통에는 지속적으로 관심을 가지며 읽었던 것으로 보인다. 박사학위를 위해 보아스가 방어했던 명제(These)들을 살펴보면 세 개가 물리학과 광학 분야, 두 개가 지리학 분야, 한 개가 철학 분야에 걸쳐 있다.[6] 그리고 학위를 마친 23세의 젊

---

정되기 때문에 공간 감각도 선험적인 것이 아니라 후험적이라고 주장한 물리학자이다. 보아스는 헬름홀츠의 실험실에서 박사과정을 밟기 위해 베를린으로 가려고 했으나, 부모의 설득으로 친척집이 있는 킬로 진학한 것으로 추정된다 (Kluckhohn and Prufer 1959; Cole 1999).

6) ① 두 개의 질량이 서로 주고받는 힘의 작용이 상대적인 속도, 그리고 가속도와 독립적이라는 것은 선험적으로 가정할 수 없다; ② 그린랜드 대륙은 북위 83도의 북쪽으로 많이 뻗어나가지는 않는다; ③ 탤벗의 정리로부터 도출된 심리물리학적 함의들은 여전히 수학적으로 설명되어야 한다; ④ 일광이 분산되는

은 보아스가 1883년 여름에 북극권 캐나다의 배핀섬으로 민족지 자료 수집을 위해 현지연구를 떠날 때에도 칸트의 책은 가져갔으며, 약혼자에게 보낸 편지에서 제목이 특정되지 않은 칸트의 책을 읽었다고 언급하였다.[7] 대학 생활의 첫 학기를 보냈던 하이델베르크에서 신칸트주의의 선구자이며 근대철학을 경험주의와 합리주의의 구분을 처음 사용했다고 알려지는 쿠노 피셔(Kuno Fischer)의 강의를 청강한 것도 이후 지속되는 칸트에 대한 관심으로 이어졌던 것 같다(Kluckhohn and Prufer 1959: 9).

박사학위를 마치고 미래를 고민하던 보아스는 당시의 심정을 다음과 같은 서술로 전하였다.

[나는] 박사논문을 준비하는 과정에서 빛의 세기를 비교하기 위해 광학적 측정 방법을 이용했는데, 이를 계기로 지각되는 자극의 양적인 가치에 대해 생각하게 되었다. 실험을 계속하는 과정에서 우리의 경험에서 양적인 개념을 이용하거나 측정을 통해 더하거나 빼거나 할 수 없는 영역이 있다는 점을 깨달았다.

철학자들이 남긴 글을 읽으면서 새로운 사고가 열리기 시작하여, 이전의 관심사보다도 객관적인 세계와 주관적인 세계의 관계를 이해하고 싶다는 욕망이 더욱 커졌다. 이러한 질문을 가지고 심리학적 연구를 하는 기회는 쉽게 주어지지 않았는데... [중략] 알려지지 않은 지역에 대한 지식을 보태고, 인간의 마음이 자연 환경

---

원인은 대기에 떠도는 입자들 때문에 일어나는 햇빛의 반사에서 찾아야 한다; ⑤ 지구과학의 연구는 역사의 연구에 반드시 필요한 근간이다; ⑥ 현대의 오페레타는 예술적인 시각과 도덕, 윤리적인 시각에서 모두 비판받을 만하다 (Boas 1881; Hyatt 1990 참조).

7) 보아스의 일기와 편지, 그리고 하인이자 조수인 빌헬름 바이케(Wilhelm Weike)의 일기와 편지가 출판되면서 알려진 것이다. 보아스는 약혼자에게 보낸 편지에서 "도끼로 자른 언 물범 날고기와 스프를 먹는" 상황을 묘사하면서 칸트를 읽는 것이 "허기짐과 열악한 식생활에 대한 해독제(해결책)"가 되고 있다고 서술했다(Müller-Wille and Gieseking 2011: 121).

에 어떻게 대응하는지 이해하고 싶었다. 이누이트 원주민들 사이에서 원주민으로서 보냈던 일 년이라는 시간은 나의 시각이 발전하는 과정에서 크고 깊은 영향을 주었다.[8]

물리학 분야에서 논문을 쓰면서도 지리학에 대한 관심을 버릴 수 없었다는 위와 같은 서술은, 보아스가 긴 망설임 없이 멀리 현지연구를 떠날 수 있었던 이유를 설명해 준다. 박사 학위 직후에 보아스는 군에 복무하면서 심리물리에 관한 논문을 몇 편 발표하지만, 곧 물리학을 떠나 지리학 분야에 전력을 다할 것이라는 결심을 테오발트 피셔에게 알리고 배핀섬으로 떠날 준비를 하였다. 그리고 현지연구를 마친 후에는 약혼자의 친척들이 사는 미국에 잠시 머물러 있다가, 다시 독일로 돌아와서 1886년에 베를린의 빌헬름 대학(현재의 훔볼트 대학)에서 교수 자격시험(Habilitation)을 성공적으로 통과하였다(Müller-Wille 2014: 37-39). 그러나 독일의 대학에서 자리가 나기를 기다릴 수만은 없어서 같은 해에 미국으로 떠나 1887년에는 『사이언스(Science)』지에 기자로 취직하였다. 독일의 학계에서 반유대주의 성향이 팽배했던 것도 보아스의 결정에 영향을 주었다고 알려져 있다(Kluckhohn and Prufer 1959; Müller-Wille 2014). 1889년에서 1892년까지는 매사추세츠주에 있는 클라크(Clark) 대학에서 인류학을 가르쳤으며, 1893년에서 1896년 사이에는 시카고 박람회와 뉴욕의 자연사 박물관에서 연구원으로 근무했다. 1896년에 이르러서야 보아스는 뉴욕에 있는 컬럼비아(Columbia) 대학에서 강사로 인류학을 본격적으로 가르치기 시작했으며, 1899년에 인류학 교수가 되어 1936년에 은퇴할 때까지 학과를 운영하였다.

---

8) Boas 1938a: 201-2(필자의 번역, 강조).

## 3. 보아스의 문화 개념, 역사주의, 그리고 과학성

위와 같이 압축된 보아스의 생애사를 살펴보았을 때, 그가 처음부터 문화라는 개념 혹은 인류학이라는 분야를 출발점으로 삼았던 것은 아니며, 당시 그가 공부했던 독일에서 인류학 분야 자체가 명확하게 규정되어 있었던 것도 아니라는 점이 명확하게 드러난다. 독일과 미국의 학계에서 분야가 구분되는 방식이 달랐다는 것은 분명하다. 그러나 보아스의 사고를 재구성하려는 작업을 할 때에는 그런 제도적인 차이를 강조하기보다는 그가 어떤 맥락에서 어떤 문제를 중심으로 혹은 어떤 개념을 사용하여 생각하고 고민했는지 살펴볼 필요가 있다. 특히 문화 개념의 경우, 19세기 유럽에서는 특정한 학문 분야가 독점하는 대상도 아니었고, 한 분야에서만 정의되는 개념도 아니었기 때문에 폭넓은 고찰이 필요하다.

보아스의 문화 개념은 다른 학자들의 문화 개념에 비해서 상대적으로 널리 알려져 있지 않기에 이 작업은 더더욱 중요하다. 한편으로 그것은 보아스 자신이 문화를 인류학의 유일한 대상으로 생각하지 않았고, 그런 맥락에서 문화의 정의를 적극적으로 내세우거나 강조하지도 않았기 때문이기도 하다. 보아스에게 문화는 신체적 유형, 그리고 언어와 더불어 인류의 진화와 다양성을 설명할 수 있는 가능성의 단초 중 하나였다. 스톡킹은 보아스의 문화 개념이 개인의 행동을 일차적으로 설명하는 기제로 변화되는 혁명적인 의미를 가진다고까지 표현하였다(Stocking 1966 참조). 그럼에도 불구하고 스톡킹이 보아스의 문화 개념을 이해하는 과정에서 지적 배경을 선별적으로 고려했다는 한계를 안고 있다.

여기에서는 앞 절의 인용 부분에서 보아스가 "객관적인 세계와 주관적인 세계의 관계를 이해하고 싶다는" 신칸트주의적인 발상이 신체적 유형, 언어, 문화에 모두 공통적으로 강하게 반영되었음을 강조하고자 한다. 그리고 이는 특히 그의 문화 개념의 정의에서 다음과 같이 더욱 명확하게 드러난다.

문화는 사회집단을 이루는 개인들이 집단적으로 혹은 개인적으로 그들의 자연환경, 다른 집단들, 그 집단의 다른 구성원들, 그리고 각 개인이 자신과 맺는 관계 안에서 하는 행동을 특징짓는 정신적·육체적 반응과 활동의 총체로 정의될 수 있다. 문화는 또 이런 활동의 생산물, 그리고 그것들이 집단의 생활 안에서 수행하는 역할들도 포함한다. 단순하게 생활의 여러 측면을 열거한다고 하여 그것이 문화를 구성하지는 않는다. 문화의 각 요소는 독립적으로 떨어져 있지 않고 그 요소들이 하나의 구조를 이루기 때문이다. (본서 172쪽; Boas 1938b: 159)

보아스가 문화를 이렇듯 명료하게 정의한 곳은 두 곳으로, 1930년에 출판된 사회과학 백과사전(Boas 1930b)과 『원시인의 사고와 감정』이라는 책의 수정판(Boas 1938b)이 그것이다.9) 후자의 최초 원고인 소논문에서도 문화의 발달이 심성의 발달과 동일시될 수 없다는 점만 강조될 뿐 문화의 정의가 제공되지는 않았고(Boas 1901: 11), 같은 책의 초판(Boas 1922)에도 문화의 정의가 등장하는 대목은 없다. 따라서 보아스는 비교적 늦은 시기인 1930년에 이르러서야 자신의 문화 개념을 정리하여 공식적으로 표명한 셈이다. 보아스의 문화 개념에는 분명히 독일 지성사 전통의 요소가 강하게 포함되어 있다. 헤르더로 거슬러 올라가는 문화상대주의적 인식과, 신칸트주의 인식론에서 중요한 역할을 했던 상징과 의미 생성에 대한 고찰이 그것이다. 동시에 보아스의 문화 개념은 독일에서 클렘, 그리고 영국에서 타일러가 강조했던 물질문화에 대한 고려도 들어 있다. 이를 이해하기 위해서는 19세기에 통용되었던 문화 개념의 분포

---

9) 사회과학 백과사전 1권에서 보아스는 "인류학(anthropology)" 항목에서 인류학의 목표와 방법을 소개하면서 문화를 논의하였다(Boas 1930b: 79). 같은 백과사전 4권의 "문화(culture)" 항목은 브로니스와프 말리노프스키(Malinowski)가 저술하였다.

및 특성을 살펴볼 필요가 있다.

　보아스의 문화 개념을 굳이 이 글에서 19세기의 다른 문화 개념들과 상세하게 비교하는 것은 개념 자체가 혁신적이라는 이유도 있지만, 보아스의 철학과 지성사적 배경이 압축되어 담겨 있다고 판단하기 때문이다. 우선, 보아스의 문화 개념은 19세기에 성행했던 비교(comparative) 접근의 근거가 되는 단선진화모델의 소위 객관적, 보편적 시간 차원을 개별 문화 안에서 구성원들에게 의미를 가지는 시간 차원으로 대체한다. 이는 더 나아가 역사적 시간의 차원을 지역적으로 개별화하여 쪼개는 함의를 가지며, 소위 독일 역사주의에 깔려 있는 보편사 혹은 연대기적 시간(chronological time)의 보편성에 정면으로 배치되는 시각을 제공한다. 둘째로, 보아스의 문화 개념은 사회의 구성원들이 보이는 "정신적, 육체적 반응과 활동" 자체와 그 생산물과 역할들을 물증으로 삼을 수 있음을 전제로 하기 때문에 이해(Verstehen)를 근거로 하는 해석학 기반의 딜타이(Dilthey) 역사주의와도 큰 거리가 있다.[10] 셋째로, 보아스의 문화 개념에서는 그 문화 안에서 형성되고 특정한 역할을 하는 "개인"의 시각, 반응, 활동이 강조되었다. 보아스의 문화 개념에 역사성이 있다면, 그가 강조했던 "이차적 설명(secondary explanations)"이 개인들 사이에서 담론화되고 전승되는 방식에 대한 관심에서 이를 찾을 수 있다. 이에 대해 아래 4절

---

10) 보아스는 일찍부터 "이해"를 "현상(phenomena)을 이해한다"는 방식으로 한정하고 설명과 동반되어야 함을 강조하였다(Boas 1887). 이를 근거로 보아스의 인류학을 역사주의로 규정하는 해리스와 스톡킹 모두 보아스가 딜타이의 지대한 영향을 받았을 것이라고 추정할 뿐, 어떤 종류의 영향인지 구체적인 근거가 제시된 적은 없다(Harris 1969: 268-9, Stocking 1965: 64 참조). 보아스가 딜타이를 교수자격시험(1886) 전후로 만난 적이 있으며(Cole 1999, 아래 4절 참조), 컬럼비아 대학의 특강에서 역사주의나 정신과학의 맥락이 아니라, 철학 체계 형태의 가능성에 대해서만 딜타이를 언급한 적이 있음은 확인할 수 있다(Boas 1908: 19). 스톡킹은 심지어 파슨스(Parsons)를 인용하여 보아스를 헤겔 철학과 랑케 역사주의의 맥락에서 이해해야 한다고까지 표현하였는데(Stocking 1974: 11), 이는 스톡킹이 초기에 독일 지성사를 직접 다루지 못했기 때문이었던 것으로 보인다.

에서 상세하고 구체적으로 살펴보겠지만, 지금의 맥락에서는 보아스의 문화 개념이 가진 첫 번째와 두 번째 특성이 역사주의와의 거리를 보여주며, 두 번째와 세 번째 특성이 보아스의 독특한 실증주의 성향을 보여준다고 할 수 있겠다.

## 1) 문화 개념의 계보와 보아스의 혁신

19세기에 발달했던 문명과 문화의 개념은 누구에게서 누구에게로 전승되는 단선적인 계보의 형태로 추적할 수 없다. 특히 문화 개념은 특정 학자가 다른 학자의 문화 개념과 변별성을 가지면서 규정하려고 했던 경향이 강하게 나타났다. 많은 학자들이 문화의 개념을 추상적인 수준에서 매우 광범위하게 정의했기 때문에, 지나치게 포괄적인 문화 개념에서 제외되는 것이 없었다는 것에 초점을 둔다면 19세기 문화 개념의 계보는 제대로 이해할 수 없다. 19세기를 통틀어서, 그리고 20세기 중반까지도 문화 개념의 재정의와 수정의 과정은 오히려 끊임없는 경합과 구별짓기의 결과로 보는 것이 타당할 것이다. 그리고 이러한 구별짓기는 문화 개념의 정의 자체에서 드러나는 것이 아니고, 독일과 영국, 미국 인류학의 범주를 나누어 파악할 수 있는 것도 아니며, 국경을 넘어 학문적 소통과 교류가 이루어졌던 지성사적 맥락을 고려해야만 제대로 이해할 수 있다.

물론 유럽에서 프랑스와 독일, 그리고 영미의 철학과 과학 전통이 가지는 차이가 없는 것은 아니며, 문명이나 문화 개념을 그 맥락에서 이해하는 것은 분명히 필요하다. 그러나 최소한 18세기 이후로 여러 나라에서 싹튼 계몽주의 사고는 개별 언어의 장벽을 넘어서면서 독일의 반계몽주의 전통을 비롯한 근대 철학 조류를 활발하게 자극했다고 할 수 있다. 특히 프랑스 혁명과 미국의 독립 이후에는 아메리카를 비롯한 다른 대륙의 식민지 상황과 변화들이 유럽 각국의 철학과 세계관에 영향을 주면서 타문화에 대한 사고와 연구로 이어졌다. 타자화와 문화적 포용의 가능성이 열려 있던 이 시기의 문명, 문화 개념은 규정 자체를 위한 개념이라기보다는 특정한 목적이나 접근 방식, 즉 방법론에 따라 다른 함의를 가질 수 있었다.

독일에서 미국으로 건너갔던 보아스가 자신의 문화 개념을 확립하는 과정도 여러 언어의 장벽을 넘어 이루어졌고, 헤르더의 낭만주의 철학 전통에 기반했다는 점에서 독일, 영국 학계의 영향과 미국 학계의 상황을 모두 고려하여 이해되어야 할 것이다. 또한, 문화라는 개념이 지니고 있던 그 이전의 어원적 의미도 함께 감안해야 한다. 윌리엄스(Williams 1985)의 고찰에 의하면, 문화라는 개념은 영국과 프랑스에서 18세기와 19세기에 걸쳐 '경작'되었다는 의미를 담고 있으면서 길러진 교양 또는 양식이라는 의미로 확대되었다. 그러한 연원 때문에 문명 개념과 거의 차이가 없이 사용되었고, 독일에서도 프랑스의 용법을 따르다가 18세기 말에 이르러 헤르더(Herder)가 프랑스의 계몽주의와 대별되는 반(反)계몽주의의 맥락에서 개별적 문화를 구분하기에 이르렀다. 즉, 문화는 단선적으로 발달하는 보편적인 하나의 문화가 아니라 개별 민족이나 같은 민족 집단 안에서도 계급이나 계층 집단에 따라 다르게 나타날 수 있는 복수의 문화로 보아야 한다고 헤르더는 주장했다(Herder 1791: 11권 38-39).[11] 다만, 헤르더는 이들 개별적인 문화들을 동등하게 보았던 것이 아니라 복잡성의 측면에서 단계적으로 올라가는 역사관으로 파악하였다.[12] 헤르더에게서 발견되는 문화상대주의의 단초가 있다면, 중국인이나 일본인들이 이교도라 하여 형이상학적 사고의 능력이 없다고 말할 수는 없다고 이어서 강조하는 대목이다.

19세기의 문화 개념은 헤르더로부터 시작하여 낭만주의의 영향을 받아 발달했다(<표 15>). 그러나 문화를 정의한 모든 학자들이 명시적으

---

11) 윌리엄스는 헤르더가 문화 개념의 복수형을 사용한 것처럼 암시하고 있으나 (Williams 1985: 89), 헤르더의 해당 저작(Herder 1791)에서 복수형을 사용한 대목은 발견되지 않으며, 의미상으로 각각의 민족이나 집단에 복수의 문화가 존재한다고 서술하였다.

12) 살린스(Sahlins 1995: 11)는 헤르더가 문화의 복수성을 강조했다는 점은 정확하게 지적하였으나, 보편적 발달 단계까지도 부정했다고 해석하였다.

로 헤르더를 인용하거나 언급한 것은 아니어서, 아놀드 혹은 모건을 헤르더의 계보에 포함시키기는 어렵다. 여기에서는 헤르더를 명시적으로 언급한 독일의 클렘, 영국의 타일러, 그리고 미국의 보아스만을 그 계보에 포함하였다. 아래에서 상세하게 설명하겠지만, 헤르더의 문화 개념은 복수성을 강조하면서도 보편사적인 틀 안에서 정의되었고 클렘은 이러한 보편사적 인식을 이어받았으며, 타일러 역시도 그 영향을 크게 받았다. 이 계보를 이었던 보아스가 크게 달랐던 점은 문화의 복수성을 보편적인 단선진화 도식으로부터 분리시키면서 문화상대주의를 확립했다는 것이다. 이러한 변화는 독일 문화 개념의 계보뿐만 아니라 영미 문화 개념에 대한 비판이기도 하였다. 특히, 보아스는 소위 인종과 물질문화가 대응하여 단순한 형태에서 복잡한 형태로 진화한다는 단선진화 도식을 반박하면서, 언어, 상징, 그리고 창의성의 영역에서도 위계 혹은 진화 단계가 존재하지 않는다는 점을 강조하였다. 따라서 보아스의 문화 개념을 전적으로 독일 역사주의 계보 안에 위치시키면서 역사적 재구성을 시도하려 했던 클렘과 연결시키려는 시도는 설득력을 가지기 어렵다(Bagby 1959 참조).

| 문화 개념의 강조점 | | 문화의 위계 존재 여부 | 보편적 법칙 단선진화 | 확산 (전파) | 다선 혹은 다원진화 | 언어, 예술, 상징에 대한 강조 |
|---|---|---|---|---|---|---|
| 아놀드 (1869) | | + | + (보편법칙) − (단선진화) | + (교양 교육) | + (문명 발생) | + |
| 헤르더 (1794) | 클렘 (1843) | + | + | + | − | − |
| | 타일러 (1871) | + | + | + | − | − |
| | 보아스 (1889) | − | | + | + | + |
| 모건 (1877) | | + | + | + | | |

**표 15.** 19세기 영국(아놀드, 타일러), 미국(모건, 보아스), 독일(클렘, 보아스) 문화 개념의 비교

그렇다고 보아스가 물질문화의 중요성을 간과한 것은 아니며, 오히려 물질문화에 대한 시각을 다원진화의 틀에서 복권한 측면도 있다. 헤르더의 저작에서 나타나는 민족 문화 또는 민속에 대한 강조는 낭만주의에 크게 영향을 주면서, 기존의 문명 개념은 물질적인 발달을 지칭하는 것으로 축소되고 문화 개념이 인간적 혹은 정신적인 측면을 지칭하는 경향이 나타난다.13) 이를테면 19세기 영국 빅토리아 시대의 비평가인 매튜 아놀드는 문화가 "세상에서 알려지고 생각된 가장 훌륭한" 것만을 포함한다고 규정하였다(Arnold 1869: 113). 즉, 문화는 "완벽함에 대한 연구이며 추구"이고 이 완벽함은 "아름다움과 지적임, 또는 달콤함과 가벼움"을 특징으로 하며, 그러한 점에서 문화는 시 장르와 같은 정신과 법칙을 따른다고 규정하였다(Arnold 1869: 72, 99). 아놀드에게 문화는 "무엇을 가진 상태가 아니라 무엇이 되는 과정"이고 "외적인 상황보다는 마음과 정신의 내적인 조건"에서 이루어지는 것으로 관념적인 차원에서 규정되었다(Arnold 1869: 48). 또한, 문화는 "스스로 완벽해지려는 [사심없는] 노력(Arnold 1869: 82)"이기 때문에 계급적인 구분에도 불구하고 문화의 단초는 모든 사람에게 존재한다고 주장하면서, 문화가 "혼란(anarchy)의 가장 확고한 적"이라고 단언하였다(Arnold 1869: 106, 204).

아놀드의 문화 개념은 표면적으로 보았을 때에는 누구나 문화에 도달할 수 있다는 함의를 가지며, 문화를 성취하기 위한 노력과 교육을 강조하는 것처럼 보인다. 또한, 아놀드가 헬레니즘에 대하여 가지고 있던 경외감과 독일 낭만주의의 영향을 바탕으로, 그의 문화 개념이 헤르더의 문화 개념과 독일 반계몽주의의 교육(Bildung)에 대한 강조와 일맥상통한다는 시각도 존재한다. 이와 함께 아놀드가 계급에 따른 문화의 차이를

---

13) 그렇다고 이를 19세기 독일의 모든 저작에 일반화할 수 있는 것도 아니어서, 19세기 말까지도 거꾸로 문명이 정신적 발달을, 그리고 문화 개념이 물질적 발달을 가리키는 용법으로 사용한 훔볼트와 같은 학자도 있었다(Williams 1985: 90).

거론하면서 그의 문화 개념이 복수성을 가진다는 점 때문에, 심지어 아놀드의 문화 개념이 타일러의 문화 개념보다 상대주의적이며 현대 인류학의 문화 개념에 더 충실하다는 시각까지 있다(Stocking 1963). 그러나 아놀드의 다른 저작들을 종합적으로 감안하여 판단했을 때, 그가 19세기 당시에 널리 퍼져 있었던 인종적 특성의 유전에 대한 지식을 공유하고 깊이 믿고 있었다는 사실이 최근의 연구를 통해 밝혀졌다. 즉, 아놀드는 내면적인 정신이나 재능을 강조하면서도 '피부색으로 표현되는 자연적인 적성(complexion of nature)'의 한계가 있다고 생각했다는 사실이 명확하게 드러났다(Pecora 1998: 365).[14]

아놀드와 같은 시기에 타일러는 문화와 문명을 구분하지 않은 문화 개념을 제시하면서, 사람들이 사회의 구성원으로서 이미 학습하여 가지고 있는 삶의 방식, 그리고 그 결과물까지 모두 문화 개념에 포함시켰다. 즉, 타일러는 "문화 혹은 문명은 가장 광범위한 민족지적 의미에서 사회의 구성원으로서 인간이 습득한 지식, 믿음, 예술, 도덕, 법, 관습, 그리고 그 이외의 능력이나 습관까지 포함하는 복합적인 총체"라고 규정했다(Tylor 1871: 1). 문화의 성취 가능성과 규범적 방향성을 강조한 아놀드와는 대조적으로, 타일러의 문화 개념은 이미 학습된 문화로서, 기술(記述)적인 성격을 가진다. 또한, 실제의 접근에서 타일러는 물질문화를 바탕으로 다양한 문화에 대한 기술(記述)과 비교를 통해 인류의 역사를 재구성하려는 실증적인 성격을 가지고 있다.

타일러가 진화론을 역사에 적용하려 했다는 점은 알려져 있으나, 그가 제시한 문화 개념의 기원을 독일의 박물학자 클렘(Gustav Friedrich Klemm; 1802 – 1867)에게서 찾을 수 있다는 것은 단편적으로 언급되었을 뿐 명확하게 규명되지 않았다(Williams 1985). 클렘은 헤르더의 시각을 역

---

14) 아놀드는 내면과 정신(Geist)을 "정신(spirit)" 이외에 "지능(intelligence)"으로 번역한 대목도 있어서, 헤르더보다 헤겔의 영향을 크게 받아 독특하게 사용했다고 보는 것이 옳을 것이다(Pecora 1998: 363).

사학, 특히 유물과 물질문화에 적용하여 인류의 발달을 한 개인의 발달로 보는 보편사적 시도를 자신의 과제로 설정하고 이를 문화사(Cultur–Geschichte)라고 명명하였다(Klemm 1843). 문화사는 기록된 보편사(Universalgeschichte)의 한 부분으로서, 문자로 기록되지 않은 물질문화까지 포함하는 개념이었다. 그는 기록된 보편사의 기원을 헤로도토스로 설정하고, 개인이나 민족(Volk)의 자의식과 역사의식이 담긴 구전설화나 전승된 지식, 유물이나 벽화와 같은 제한적 범위의 기록은 개별사(Specialgeschichte)로 구분하였다(Klemm 1843: 10).[15]

클렘은 특히 불의 사용 방식과 의식주를 비롯한 물질문화를 중심으로 문화가 단계적으로 발달한다고 보고 인류를 능동적(active) 또는 남성적 인종과 수동적(passive) 또는 여성적 인종으로 나누어 발달 단계의 차이를 설명하려 하였다. 이에 따르면, 아시아 민족들은 여자 아이들처럼 초기 성장은 빠르나 후기 성장이 둔화되며 자유로운 학문이나 사상 등 정신이 충분히 발달하지 못하여 낮은 단계에 머물러 있다는 것이다(Klemm 1843: 196). 클렘은 일찍부터 세계 여러 지역의 물질문화를 수집하고 분류, 전시하는 계획안을 만드는 등 큰 관심을 가졌는데, 그가 죽은 다음 해인 1868년에 대영박물관이 그의 소장품 대부분을 구입하였다. 클렘의 영향이 영국에 남아 있는 것은 이러한 연결 고리 때문인 것으로 보이며, 상대적으로 독일에서 간과되었던 이유는 클렘 자신과 그의 작업이 독일 역사학에서는 주변적인 지위를 가지고 있었기 때문이다. 클렘이 독일 역사학이나 역사주의의 맥락에서 제외된 다른 한 가지 이유는 훗날 나치 정권에서 게르만족의 계보를 인종적으로 재구성하는 과정에서 그의 저작이 이용되었기 때문이기도 하다(Miller 2013).

---

15) 클렘의 용어에 대해서는 원전의 19세기 독일어 표기법을 따랐다. 클렘이 물질문화의 발달 과정을 통해 역사적인 재구성을 시도한 것처럼, 보아스도 진화론과 전파론의 일반화를 경계하고 정확한 역사적 재구성을 추구했다는 시각이 있으나(Bagby 1959), 이는 보아스의 입장을 지나치게 단순화한 것으로 아래에서 더 자세하게 다룰 것이다.

문자로 기록되지 않은 소위 원시인들의 역사를 진화론의 틀에서 복원하려 했던 시도, 구비전승이나 지식과 함께 의식주와 연관된 물질문화를 포괄하는 문화 개념, 그리고 물질문화에 근거를 둔 발달 과정의 재구성과 같은 클렘의 연구가 가졌던 특성들이 타일러의 문화 개념과 연구 방법에 직접적인 영향을 주었다. 타일러의 저작에서는 클렘의 문화 개념이 소개되었으며, 클렘이 언급한 물질문화의 발달과 관련한 민족지 자료들이 곳곳에서 인용되었다. 이러한 점들을 고려했을 때, 타일러의 문화 개념은 클렘의 박물학에서 큰 영향을 받았으면서, 아놀드의 문화 개념과 차별성을 두고 형성된 것으로 보는 것이 타당할 것이다(<표 15> 참조).

결과적으로 19세기 후반에 영국에서 등장했던 문화의 개념들은 서로 다른 방향으로 발달하고 있었고, 이 중에서 타일러의 문화 개념은 독일의 낭만주의적 전통과 박물학의 발달과 깊은 연관을 가지고 있다. 그러나 보아스의 문화 개념이 직접적으로 클렘의 영향을 받았는지는 쉽게 단정할 수 없다. 관념적인 측면과 물질적인 측면을 포괄하고 있다는 점과 복수성을 인정한다는 점을 제외하면 문화의 개념이 지향하는 방향이 완전히 다르기 때문이다. 문화 상대주의의 맥락에서 문화를 물질과 상징의 영역 사이에 위치시키는 방식이 보아스만의 독특한 접근이라고 한다면, 이는 물질문화를 환경에 대한 적응으로 보고 역사적으로 발달 및 확산 과정을 인류의 역사로 재구성하려는 클렘과 타일러의 접근과는 거리가 있다.16)

보아스의 문화 개념은 헤르더의 계보에 위치시킬 수 있지만, 보아스는 문화가 보편적이며 단일한 것이 아니라 복수성을 가진다는 점을 더욱 철저하게 관철시켜 그 복수의 문화 개념을 문화상대주의로 제대로 실현하

---

16) 훗날 보아스는 메이슨(Mason)과의 방법론 및 박물관 전시 방식을 두고 논쟁을 벌인다(Boas 1887; Mason 1887; Buettner-Janusch 1957 참조). 메이슨은 클렘과 유사하게 용도 또는 필요에 의거하여 전시물을 자연사 박물관처럼 발생학적으로 분류할 것을, 그리고 보아스는 개별 집단의 구분에 따라 전시물을 분류할 것을 주장하였다.

였다. 또 19세기의 다른 학자들이 절대적인 보편적 시간 차원을 전제하여 문화를 문명과 동일시하거나 문화에 발달 위계가 있다는 생각에 반대하면서 결과적으로 보편사적 시간 차원을 부정하였다. 보아스에게는 보편성을 규정하는 것보다 보편성과 다양성 사이의 경계를 찾아내는 것이 더 중요하였던 것이다. 소위 원시인이나 부족사회의 능력에 선천적인 차이가 있다고 보지 않았기 때문에 물질과 상징("정신" 혹은 "심리"가 아니라)의 영역에 걸쳐 있는 것으로 문화를 파악하였고, 그 문화 안에서 개인의 역할과 창의성을 이해하는 방법을 탐구할 수 있었던 것이다. 보아스의 문화 개념이 이러한 특성들을 가지게 된 배경은 4절에서 더 상세하게 다룰 것이다. 그 전에 보아스가 인류학의 목표와 성격을 어떻게 규정했는지를 살펴보고, 그가 사용했던 "법칙을 설명"하는 것과 "현상을 이해"하는 것의 구분이 과학과 역사의 구분과 일치하는지를 검토할 것이다.

2) 인류학의 과학성 논쟁: 회른레, 크로우버, 그리고 보아스

보아스의 인류학이 지향하는 목적이 자연과학을 모델로 하여 설명을 추구하는 사회과학인지, 또는 과거의 재구성에 대한 해석을 추구하는 역사학인지에 대해서는 이미 보아스가 살아 있을 때에 한 차례의 논쟁이 있었다. 1932년 12월에 보아스는 과학진흥협회의 회장 자격으로 "인류학적 연구의 목표들"이라는 제목의 연설을 발표했다(Boas 1932). 여기에서 보아스는 인류의 다양성을 연구 대상으로 했던 주요한 세 분야를 나열한다. 헤로도토스, 시저, 타키투스로부터 시작하여 19세기의 클렘과 바이츠(Waitz)로 이어진 역사학, 린네로 시작하여 다윈, 헉슬리, 해켈로 이어진 생물학, 그리고 학자를 특정하지 않은 심리학이 그 세 분야이다. 생물학에서 인류의 형태적인 특성을 연구했다면 심리학에서 정신적 기능을 분석했는데, 보아스는 이 두 분야의 분석을 섣불리 인종의 구분으로 일반화하는 것을 경계하면서 문화 현상의 상호의존성을 감안하여 총체적 접근을 강조하고 있다. 특히, 정신적 기능, 문화 요소의 상호 연관, 문화와 환경, 그리고 개인과 사회의 상호관계는 현재의 시점에서 분석해야 하지

만, 역사적 자료를 간과해서는 안 된다는 점을 지적한다. 결론적으로 보아스는 인류학의 자료가 일반적인 법칙보다는 개별적 현상을 이해하는 것에 초점을 두고 고려하는 역사과학(historical science)의 맥락에서 다루어져야 한다고 주장한다. 그리고 인간의 본성이라고 생각했던 것들이 사실은 변화하는 문화의 표현이라는 것과, 이 출발점에서 인간의 보편성과 문화적 다양성을 규명하는 것이 인류학의 목표라는 것이다.

남아프리카에서 활동하던 래드클리프–브라운(Radcliffe–Brown)의 제자 회른레(Agnes Hoernlé)는 이듬해인 1933년에 남아프리카 과학진흥협회 회장 연설에서 보아스의 연설을 인용하면서, 보아스가 구조기능주의를 인정하면서 역사주의적 입장에서 한 발 물러났다고 평가하였다 (Hoernlé 1933). 회른레는 경험적 접근에 기반한 사회와 문화의 구조기능주의적인 연구가 사회인류학에 혁명을 가져왔다고 서술하면서, 식민주의 맥락에서 문화변동의 법칙("laws" of culture–change [원저자의 인용부호])을 규명하는 것이 가장 중요한 목표라고 주장했다. 특히, 보아스가 현재의 시점에서 존재하는 사회의 동역학을 규명해야 역사적인 과정도 이해할 수 있다고 밝힌 대목을 지적하면서, 기능주의의 정당성을 인정했음에도 불구하고 인류학이 역사과학이라고 결론지은 것이 모순이라고 규정한다. 즉, 역동적 또는 기능적 시각의 필요성과 정당성을 인정하면서도 그러한 접근이 도출하는 일반적 법칙이 과학적 가치를 가지지 않는다고 주장할 수는 없으며, 개별 문화가 모두 독특하고 복합적이기 때문에 기능주의의 방법이 그 목표를 실현할 수 없다고 단정할 수는 없다는 것이다. 보아스가 인정했듯이, 전파와 같은 역사적인 현상의 총체적인 이해를 위해서도 구조기능주의적인 접근이 필요하다고 회른레는 설파하였다.

흥미롭게도 보아스의 제자인 크로우버는 회른레의 비판을 반박하면서, 보아스의 역사적인 재구성에 대한 관심은 몇몇 사안에 대한 단편적인 것이었으며, 보아스가 오히려 구조적인 상호관계와 변화의 과정에 관심을 가진 진정한 기능주의자라고 주장하였다(Kroeber 1935). 크로우버가 강조한 것은 보아스가 엄밀한 실험실 과학 분야인 물리학에서 배운 명확한 문제의식, 엄밀한 방법론, 그리고 비판적 객관성을 인류학에 적용했다는 점이었다. 보아스가 모건의 도식적인 설명이 맥락을 벗어나는 것이라고 비판했던 점이나 원주민 예술에 관심을 가지면서도 그것을 예술사적인 의미에서의 스타일로 분석하지 않았던 것도 그런 이유 때문이었다고 크로우버는 관찰하였다. 자료를 대함에 있어서 연관된 모든 맥락을 감안하고, 현상의 독특함을 강조하며, 일반화에 대한 극단적인 조심스러움을 보이는 것은 역사학과 동일한 접근 방법이지만, 보아스가 지향하는 것과 그의 연구가 생산하는 결과물이 역사(history)에 대한 것은 아니라고 크로우버는 주장한다. 다만, 보아스 자신이 고집스럽게 역사학적인 시각과 접근법을 가지고 있다고 고수한다는 것이다. 크로우버는 사피어(Sapir)와 원주민 언어에 대한 역사적 재구성을 시도할 때마다 보아스가 회의적이며 부정적인 반응을 보였다는 일화도 소개하였다. 결론적으로 크로우버는 인류학이 한 발로는 과학에, 다른 한 발로는 역사학 분야에 서 있다고 결론지으면서, 전자가 역사학에서 다루지 않는 과정(process)의 분해에, 그리고 후자가 문화의 유형(pattern)을 독특한 현상으로서 서술적으로 통합(descriptive integration)하는 것에 기여했다고 서술하였다.[17) 구조기능주의적인 접근은 바로 이러한 패턴에 대한 접근이며, 과정을 분해하지 않고 원인을 특정하지 않는다는 측면에서 역사학적 접근과 가깝다는 것이다.

이듬해에 보아스는 크로우버의 해석에 대해서 전혀 동의하지 못하겠다는 입장을 밝혔다(Boas 1936). 특히, 크로우버가 제시한 유형, 과정, 사건

---

17) 크로우버는 아래로부터 위로 개별적인 사건(event)이나 개인(individual), 과정(process), 그리고 유형(pattern)을 다른 수준에 놓고 대별하는데, 높은 수준으로 갈수록 서술적(또는 기술적) 통합(descriptive integration)이 이루어진다고 파악하고, 보아스가 선언하는 것과는 달리 보아스의 실제 작업과 기여는 과정에 대한 서술 차원에 머물러 있어서 충분히 역사학적이지 않다고 주장하였다(Kroeber 1935: 545, 567).

(개별 현상)의 구분과 서술적 통합이라는 개념틀을 거부하면서, 역사적 해석을 위해서는 문화 자체, 그리고 문화와 개인의 관계에 대한 서술 이상의 다양한 분야에 걸친 다수의 맥락이 고려되어야 한다고 주장하였다. 보아스는 자신의 "중앙 지역 에스키모(The Central Eskimo; 1885)"를 가장 역사학적 연구라고 크로우버가 평가한 것에 대하여 의아하다는 반응을 표현하면서 그 책에서 역사적 맥락을 다룬 부분은 추정에 불과했다고 단언하였다. 신화와 전설을 수집하고 원주민 언어의 연관 관계에 대하여 관심을 가진 것도 역사적인 관심이었고, 다만 역사적 연관에 대하여 결론을 내리지 못한 이유는 추정을 결론으로 내릴 정도로 확실하지 않기 때문이었다고 밝혔다. 또한, 스타일과 예술에 대한 부분에서는 크로우버가 자신과 완전히 다른 개념을 가지고 있는 것 같다고 냉정하게 서술하였다. 보아스는 자신이 역사적 접근을 정당화하면서도 역사적 재구성이 무의미하다고 한 적은 없다고 강조하면서, 민족학자들이 시도했던 모든 부족들의 역사는 당연히 재구성일 수밖에 없다고 규정하였다.

크로우버와 보아스 사이의 논쟁은 지극히 개인적인, 불편한 관계가 반영되어 있고, 크로우버가 자신의 독특한 개념틀을 강하게 내세운 점과 보아스의 의도적인 소극적 답변 때문에 그 이후로 더 생산적인 논의로 이어지지는 않은 것으로 보인다. 그러나 보아스가 내세웠던 자신의 입장과 실제로 자신이 행한 연구 사이에 간극이 보인다는 크로우버의 지적이 어느 정도의 정당성은 있는 것으로 판단된다.[18] 그리고 크로우버가 제기한 역사적 재구성의 문제에서 어느 정도의 확실성을 가져야 결론내릴 수 있는지의 문제에 대해서는 보아스가 적절하게 답변하지 못했다. 그렇다고 크로우버의 논리에 문제가 없는 것은 아니다. 유형에 대한 서술적 통합이 역사학이면서 동시에 기능주의적 접근에 가깝다고 주장하는 것은, 적어도 에반스－프리차드(Evans－Pritchard) 이전의 기능주의 사회인류학

---

18) 스톡킹도 보아스가 말로는 총체성을 강조하면서도 실제 연구에서는 개별성에 초점을 두었다는 점에 동의한다(Stocking 1974: 5).

민족지에서 찾을 수 있는 시간 차원에 대한 무관심과 역사적 맥락의 결여를 크로우버가 감안하지 않았음을 의미한다. 다만, 과학과 역사학의 구별을 중심으로 인류학의 정체성이 대두된 이 논쟁의 결과로 보아스가 말한 역사와 역사적 접근이 무엇인지 오히려 더 모호해졌으며, 보아스가 역사, 또는 역사학이라는 용어를 사용한 곳과 맥락들을 모두 추적한다 해도 그 답을 찾기가 더욱 어려워졌다.

3) 보아스 인류학의 성격: 그의 "역사"와 "실증" 사이에서

크로우버와 보아스 사이의 논쟁은 특별한 수확이 없이 끝났으나, 현재까지도 보아스의 인류학을 규정하는 근거로 사용된다. 지금까지 보아스의 인류학이 가지는 성격에 대한 논의는 주로 '과학 대(對) 인문학' 혹은 '과학 대 역사학'의 구도를 따른다는 것이 그러한 증거이다. 그러나 19세기 당시의 과학이 귀납적인 의미의 과학(science)이었는지 혹은 자료의 체계적인 축적을 의미하는 학문(Wissenschaft)이었는지도 명확하게 논의되지 않는다면, 보아스를 둘러싼 논쟁들을 그대로 되풀이하는 것은 의미가 없다. 더군다나 '과학' 또는 '역사' 개념이 당시에 가졌던 의미를 제대로 이해하지 못하고 현재적인 의미를 적용하는 것은 심각한 오류이다. 더불어, 일반화 또는 이론화가 이루어지는 방식에 대하여 구체적인 맥락 없이 판단하거나 해석하는 것도 위험성을 가진다. 19세기 진화론이 보이는 지나친 일반화 경향 및 인종 환원주의를 어떤 과학적인 방법론으로 정당화할 수 있을 것인가?

19세기 및 20세기 초의 사회과학 전통에서 공통적으로 두드러지는 특징은 이른바 과학성에 대한 낙관론과 비관론이 공존하고 경쟁한다는 것이다. 이때의 과학성은 자연과학의 귀납적 성격과 일반 법칙 도출을 함께 말하는 것으로서, 사회를 대상으로 이러한 자연과학적 접근이 가능하다고 보고 시도한 것이 콩트(Comte)와 같은 사람이었고, 이를 바탕으로 귀납적으로 관찰, 분석할 수 있는 사회적 사실 개념을 다듬은 것이 뒤르켐(Durkheim)이다. 래드클리프-브라운(Radcliffe-Brown)을 과학적 혹은

실증적 입장으로 이해할 수 있는 것은 바로 프랑스 사회학의 귀납성과 사회적 변수의 도출을 통해 일반화를 추구하기 때문이다. 이와는 대조적으로 비관적 혹은 회의적인 입장은 자연과학의 귀납적 방법이나 일반화가 인간이나 사회를 대상으로는 가능하지 않거나 충분하지 않다는 태도를 가진다. 명시적으로는 독일 철학 전통에서 신칸트주의(Neo-Kantianism), 그리고 훗날에는 현상학(phenomenology)과 해석학(hermeneutics)이 이러한 성향을 보인다. 결이 다르기는 하지만 사회과학도 존재론적 다원주의를 전제로 해야 한다는 가브리엘 타르드(Tarde)의 입장도 자연과학의 방법론을 기계적으로 적용하는 것에 회의적이었다고 할 수 있다.

보아스에게서는 과학에 대한 낙관론과 비관론이 모두 발견되는데, 크로우버의 초유기체성처럼 형이상학적인 개념을 거부한다는 면에서는 낙관론이, 다른 한편으로는 역사적 변수를 빠짐없이 모두 알 수는 없다는 불가지론으로 빠진다는 면에서는 비관론이 나타난다. 보아스가 미국에서 명성을 얻을 수 있었던 것은 바로 과학성에 대한 강조와 섣부른 일반화에 대한 반증 때문이었다. 또한, 비관론적인 측면 때문에 일관성 있는 모델이나 이론적인 패러다임을 확립하지는 못하였다.[19] 크로우버가 보기에 보아스가 충분히 역사학적 또는 인문학적이지 못하다고 비판한 것과는 대조적으로, 해리스나 화이트(White)는 보아스가 실증을 강조하면서도 충분히 과학적이지 못하다고 비판하였다. 크로우버의 입장에서는 보아스가 물리학의 방법론을 인류학에서도 그대로 관철하려 했던 것으로 비췄고, 화이트의 입장에서는 보아스가 구조나 법칙, 그리고 역동학에 대하여 무관심한 것으로 보였던 것 같다. 그러나 보아스는 역사와 과학을 두 개의

---

19) 보아스의 학풍에 패러다임이라는 개념을 사용하는 유일한 사람은 다르넬 (Darnell 1998: 271-2; 2000; 2001 참조)인데, 진화 모델 위주의 미국 인류학을 문화 분석 중심으로 대체하고 인류학을 학위과정으로 확립했다는 점을 강조하였다.

분리된 방법이나 영역으로 생각하지 않았고, 바로 이러한 점 때문에 정 반대 성향을 보이는 크로우버와 화이트 양쪽으로부터 거센 비판을 받았 다. 역사와 과학이 공존 가능하며 단일한 인식론 안에서 통합 가능하다 고 보아스가 생각했다는 점 자체가 독일 신칸트주의의 전통 안에 보아스 가 위치하는 것이라 볼 수 있다(Bunzl 1996 참조).

　보아스 인류학이 가지는 역사적 의미를 파악할 때 가장 핵심적인 문제 는 두 가지이다. 즉, 보아스가 '사회'라는 개념을 명시적으로 사용하지 않 으면서 생물학, 심리학, 역사학을 개인과 연관시킨다는 점과, 다른 하나 는 보아스가 말하는 과학은 실증적일 수밖에 없고 일반화를 지향하지만 반드시 이를 완성할 수는 없고, 완성해야 하지도 않는다는 점이다. 전자 가 당시의 상황에서는 문화에 대한 기계적인 자연과학적 접근을 방지했 다면, 후자는 귀납적 민족지 연구의 기본적인 원칙을 확립하여 가능하지 않은 해석을 배제하는 역할을 하였다. 물론, 보아스에게 사회현상이 존재 하기는 하나, 이는 항상 시간의 흐름 안에 존재하는 역사적 제도나 관행 의 형태로 나타난다(Swartz 1958 참조). 또한, '사회'라는 개념을 강조하지 않은 것이 역설적으로 개인의 심리와 집단, 또는 개인과 전통에 대한 관 심으로 이어져 오히려 결과적으로 가브리엘 타르드와 통하게 한 것 같다.

　실증은 가장 기본적인 과학적 원칙으로서 강조되었다. 보아스는 19세기 진화론이 충분히 실증되지 않았기 때문에 반증하고 비판했지만, 그럼에 도 불구하고 충분한 자료가 확보되면 실증될 수 있다고 보았다. 문제는, 보아스가 일반 법칙을 추구했다고 하여 과학적 입장을 가졌다고 규정할 수 있는가 하는 것이다. 왜냐하면, 보아스는 일반화를 명시적인 목표로 매번 강조하기는 했지만, 실제 스스로가 했던 작업은 주로 일반화 시도 를 반박하는 반증이었기 때문이다. 일반화라는 것이 현실적으로 범접할 수 없는 '물자체(物自體, noumenon)'의 영역에 속하는 것처럼 말이다. 이 런 의미에서는 보아스가 일반 법칙의 도출이 과학이 지향해야 할 목표이 기는 하나 그 지점에 도달할 수는 있을망정 현재 이루어질 수는 없다는 형이상학적 과학관을 가진 것으로 해석해 볼 수 있다. 화이트가 제시한 모델들에 대해서도 회의적인 입장을 보인 것도 이 때문이었던 것 같다. 크로우버를 인문학적 입장으로 분류하고 보아스를 화이트와 같은 과학적인 입장을 가졌다고 볼 가능성은 있겠으나, 개인의 심리와 문화적 전통을 중시하는 보아스가 체계와 물질적 역동학을 중시하는 화이트와 함께 묶이는 것에는 무리가 있다.

보아스가 '사회'를 논하기보다는 '개인'을 선호하는 것에 대해서는 화이트와 크로우버가 공통적으로 반감을 보였다. 앞서 논의한 크로우버와의 논쟁에서, 보아스는 인간 활동의 영역에서 세대를 거듭할수록 변하는 영역을 '전통' 또는 '역사적'인 것으로 파악하고, 변하지 않으면서 어느 정도 보편적으로 나타나는 성향을 '심리적'인 '본성'으로 규정한다. 마가렛 미드(Mead)가 참여한 보아스의 '방법론(Methods)' 강의의 필기 노트에 따르면, 1925년 3월에 카시러(Cassirer)에 대한 강의에서 이미 보아스는 문화와 본성이라는 대비가 아니라 역사와 심리라는 대비를 적용하고 있었다.[20]

> 만약 우리에게 충분한 정보가 있다면, 나는 공간보다는 시간의 관계-세속적인 시간에 대비되는 신성한 시간이라는 관념이 다시, 그리고 또 다시 제기된다는-가 [개별 문화에서] 더 명확하게 드러난다고 믿는다... 그러나 이에 대한 증거를 제시하는 것이 쉽지는 않다. 전 세계의 자료를 모두 가지고 있어야 하기 때문이다. 과연 [카시러가 제시하듯이 공간, 시간, 그리고 숫자] 이 세 가지 관계가 [선험적으로] 전 세계에 공통적으로 나타나는 것인지 묻는 것은 정당한 의문이다. 만약 실제로 그러하다면 인간의 사고 밑바탕

---

20) 마가렛 미드(Mead)의 전언에 의하면, 보아스는 자신의 이름을 딴 '학파'나 자신만의 '과학적 방법'을 규정하기 거부하면서 인류학 이론 강의에도 '방법론'이라는 제목을 붙였다고 한다. 그리고 논문 지도 때에도 연구의 가설이 선험적으로 또는 연역적으로 주어질 수 없으며, 연구 대상에 따라 적합한 가설과 방법이 필요하다는 원칙을 여러 번 강조했다고 한다(Mead 1959: 30-31).

에 이들 [세 가지] 근본적인 특성이 있다는 카시러의 말에 동의할 수 있을 것이다. 우리는 매우 비판적으로, 그리고 회의적으로 접근해야 한다. 이러한 보편적인 관념들이 역사적으로 발달한 것인가, 혹은 심리적으로 결정된 것인가? 그리고 만약 이러한 관념들이 보편적으로 나타나지 않고 비역사적으로(unhistorically) 흩어져 나타난다면, 특정하게 주어진 조건에서는 심리적으로 결정되는 측면들이 있다고 할 수 있다. (Mead 1959: 36)

보아스가 말한 역사라는 용어는 문화 또는 문화의 요소들이 변화하는 차원을 말하는 것으로, 상수로 변하지 않는 심리적인 기제와 구별된다. 그리고 시간 차원 안에서 일어나는 변화들이 크게는 보수적 '전통'을 전승하는 과정에서 새로운 '발명' 또는 '영향'에 의해 야기되는 것으로 보았다. 루스 베네딕트(Benedict)가 1922년 3월에 작성한 '방법론' 강의의 필기 노트에는 문화의 전승에 대한 내용이 등장한다. 전승의 측면에서 문화가 안정성을 가지게 되거나 변화를 보이는 이유에 대한 설명으로 보아스는 가장 먼저 지속성의 바탕이 되는 보수적 요소들과 모방을 지목하면서 가브리엘 타르드(Tarde)와 독일 사회학자 알프레드 피어칸트(Vierkandt)를 언급했다. 구체적인 사례가 제시되지는 않았으나, 사회가 아니라 개인이 전세대의 습관을 무의식적으로 모방하는 현상, 몸에 밴 습관, 언어, 학습, 금기, 군중심리, 외부 영향 등이 검토되었다. 이 과정에서 문화의 전승이 의식적, 의도적이며 합리적인 측면이 있기는 하지만, 시적이며 신비주의적인 측면도 동등하게 중요한 역할을 했다는 점이 강조되었다(Mead 1959: 37−38). 사실 보아스는 숫자 또는 수학이 자연법칙을 나타내는 보편적인 원리가 될 수 있는지에 대해서도 일찍부터 회의적이었고, 이 때문에 박사 학위 취득 직후에 심리물리학을 포기한 사람이었다. 또한, 초기 민족지 연구를 통해 자연현상이나 시간과 공간도 문화에 따라 다르게 인식될 수 있음을 보여주기도 하였다.

변하지 않고 항구적으로 유지되는 심리적인 요소와 변화하는 문화적 요소를 대별하기는 하지만, 보아스는 자신의 연구와 저술에서 전자에 속하는 부분을 찾기 어렵다는 점을 끊임없이 강조하였다. 결과적으로 심리적인 요소는 보아스의 사고 안에서 관념적으로만 존재하는 것처럼 보이는데, 그럼에도 불구하고 보아스는 심리와 문화의 경계를 명확하게 찾아내려고 시도하였고 그것이 언젠가 먼 미래에는 가능할 것이라고 생각하였다. 그러나 당시에는 그것이 가능하지 않으며 그럴 만큼 충분한 자료와 분석이 존재하지 않는다고 믿었던 것이다. 당대의 학자들이 쉽게 본성이라고 치부했던 인간의 특성들이 모든 문화에서 상수로 나타나지는 않기 때문에 본성이라고 단정할 수 없음을 보아스는 애써 강조했다. 보아스의 인류학에서 '역사'라는 개념은 많은 논란을 일으키기는 했지만, 보아스 인류학의 전제였지 핵심적인 분석 개념은 아니었던 것이다. 물론 이러한 오해는 보아스 스스로가 야기하였고 계속 강조하여 스스로 악화시킨 것이기도 하다.


## 4. 보아스의 학문관과 신칸트주의: 심리물리학에서 코스모그래피로

앞서 잠시 살펴본 보아스의 학문적 궤적을 재구성하는 것만으로는 그가 어떤 과정을 통해 얼만큼 당시의 철학 조류와 학문관의 영향을 받았는지 구체적으로 알기는 어렵다. 보아스 자신도 이에 대해서는 직접적으로 언급하거나 기록한 내용이 없는 것으로 보이고, 정황적인 증거 혹은 발언에 대해서도 제자들의 기억에서 아주 간략하게 언급되는 단초만이 남아 있을 뿐이다. 위에서 말했듯이, 소위 보아스 전문가라고 알려져 있는 연구자들조차도 이 부분에 대해서는 사후적으로 해석하거나 추측하는 경우가 대부분이다.

지금까지 보아스의 인류학은 문화 개념의 측면과 방법론 측면에서 모두 개별화된 실증주의로 파악하는 것이 적절하다는 시각을 표명하였고,

이 시각을 뒷받침하는 근거들을 문화의 개념사 부분과 인류학의 과학성 논쟁으로 크게 나누어 살펴보았다. 이 부분에서는 더 심층적으로 보아스가 그런 시각에 도달한 과정을 조금이나마 추적해 보려고 한다. 보아스의 궤적에서 중요한 순간에 있었던 장면들과 보아스가 선택했던 분야 연구자로서의 삶에 대한 결정을 바탕으로, 보아스의 구분을 따르자면 심리가 아니라 반응과 실천을 바탕으로 재구성하는 것이 상당한 타당성을 가질 수 있다고 본다. 특히, 보아스가 그러한 순간들에 깊이 고민했던 질문들이 실은 신칸트주의 내부에서도 가장 중요한 논쟁거리가 된 것들이었다. 물론, 이 논쟁들의 맥락에서는 대립할 정도로 다양했던 학자들을 포괄적으로 신칸트주의라고 규정하는 것이 적절하지는 않다. 그러나 제각각 의견은 다르더라도 그 문제 혹은 질문의 중요성은 보아스를 포함하여 모두 인정했다는 점이 여기에서는 더 중요하다.

이 부분에서는 보아스의 문화 개념과 학문관에 직접적인 연관이 있다고 생각하는 신칸트주의 내부의 중요한 논쟁거리를 두 가지로 나누어 제시하려고 한다. 먼저 경험의 영역과 범위에 대한 질문인데, 지각을 통한 경험 및 학습이 가능한 근거에 대한 근본적인 질문이었기 때문에 당시 물리학과 생리학뿐만 아니라 심리학, 사회학, 철학에 걸쳐 폭넓은 함의를 가졌다고 할 수 있다. 이를 선험과 후험의 경계라고 표현한다면, 두 번째 질문과도 연결된다. 즉, 두 번째 질문은 선천적인 정신 혹은 본성과 학습되고 전승되는 문화의 구분으로, 문화 개념의 영역과 범위에 대한 질문이다. 헤겔 이후에 정신과 물질의 이분법 및 결정론이 성행했던 19세기에, 그런 결정론들을 극복하기 위한 노력이었다고 볼 수도 있는 생각이다. 이 두 가지 질문은 철학적, 과학적으로 매우 중요한 논쟁거리였을 뿐만 아니라, 문화가 극적으로 다른 부족 사회의 부족민을 바라보는 시각에 반드시 개입할 수밖에 없는 사항들이었다.

소위 원시인에게 일부 선험적 능력이 부재하거나 모자란다는 당시의 지배적인 시각과 인종주의 때문에 보아스가 위기감을 느낀 것도 무리는 아니었다. 배핀섬에 현지연구를 갔던 시기를 전후하여 보아스는 이 질문들에 대하여 더욱 치열하게 고민했던 것으로 보이며, 문화에 따라 시공간 감각이 서로 다르거나 인지하는 방식이 다르며, 이 방식이 언어를 통해 학습되어 전승된다는 것에 지속적으로 많은 관심을 보였다. 결국 보아스의 폭넓은 관심들은 모두 선험성과 경험성의 구분을 중심으로 전개되었으며, 이 문제의식은 그가 문화상대주의라고 소박하게 표현했던 것보다 훨씬 더 깊이 있는 것이었다. 최근의 이른바 존재론적 회전 또는 회귀(ontological turn)를 통해 대두된 코스모그래피(cosmography)의 계보에 대한 논의에 보아스가 반드시 포함되는 이유는 바로 여기에 있다.[21]

1) 선험 對 후험: 경험의 영역과 범위에 대한 보아스의 관심

1886년 5월에 있었던 보아스의 교수 자격시험(Habilitation)에 대한 에피소드는 여러 가지 의미에서 시사하는 바가 많다(Cole 1999: 93). 첫째로, 보아스가 베를린 대학에서 시험을 치르기로 하면서 그곳의 지리학자 키퍼트(Kiepert)와 있었던 마찰이 가지는 의미를 살펴봐야 한다. 키퍼트는 자신이 역사지리학자이기 때문에 보아스의 자연과학적인 배핀섬 민족지를 심사할 수 없다고 거부하여, 결국 베촐드(Bezold)라는 기상학자가 주심사위원을 맡게 되었다. 둘째로, 자격시험 당일에는 헬름홀츠(Helmholtz), 딜타이(Dilthey), 트라이츠케(Treitschke), 몸젠(Mommsen) 등 당시 물리학, 철학, 역사학의 대표적인 학자들이 참석하였다. 트라이츠케와 몸젠은 정치적으로도 중요한 인물들로, 모두 독일 민족주의를 옹호하면서도 유태인의 동화에 대하여 완전히 상반된 입장을 가진 사람들이었

---

21) 이 용어를 "우주론"으로 번역하는 것은 아무래도 어감상 오해의 소지가 있어 부득이하게 "코스모그래피"로 표기하였다. 코스모그래피는 17세기 이전까지 지구학 혹은 지리학의 의미로 사용되던 용어로, 알렉산더 폰 훔볼트(Humboldt)가 1845년에 주저서인 『코스모스(Kosmos)』에서 추구한 "조화롭게 정리된 전체로서의 세계"를 묘사하고 서술한 기록으로서, 천체들 사이에서 작용하는 힘과 원리를 명료하게 설명하는 백과사전식 서술과는 대별되는 개념이다(Humboldt 1845: 23, 39).

다. 트라이츠케는 사회진화론자로서 유태인이 동화될 수 없다는 입장이었고, 몸젠은 고전학자로서 유태인이 주류사회에 성공적으로 동화될 수 있다고 믿었다. 더욱 흥미로운 것은, 신칸트주의의 초기 대가인 딜타이와, 보아스가 학위 취득 직후에 몸담고자 했던 분야인 심리물리학(psychophysics)의 단초를 제공한 물리학의 대가 헬름홀츠가 참석했다는 사실이다.

역사학자들이 참석하기는 하였으나, 훔볼트 전통의 역사주의에서 발견되는 경험적 연구에 대한 강조 이외에 보아스의 연구나 저술에서 역사주의적 영향을 찾아보기는 매우 어렵다. 다른 한편으로 이 역사학자들이 활발하게 활동하는 정치인들이었다는 점을 감안하면, 이들은 보아스 집안의 자유주의 전통과 맞닿아 있었다는 점과(Girtler 2001 참조), 사회진화론에 대한 관심 때문에 참석했던 것으로 보인다. 딜타이의 경우에도 역사학과 해석학에서 설명보다는 이해를 바탕으로 하는 접근을 강조하는 측면이 보아스의 연구에 다소간 반영되어 있었다. 보아스와 키퍼트의 갈등은 이러한 맥락 안에서 더욱 명확해진다. 즉, 보아스의 접근은 고전적인 학문적 전통과 단절을 보이면서 새로운 학문성 또는 과학성을 지향하고 있었고, 이는 개별학문 분야를 넘어서는 성격을 가지고 있었던 것이다.

배핀섬에서 현지 연구를 마치고 돌아온 보아스는 물리학 학위와 현지 연구 보고서를 두고 어떤 길을 선택할지를 결정해야 하는 갈림길에 서 있었다. 미국에 머무를 생각을 하면서도 베를린에서 교수 자격시험을 치르겠다고 결심한 것은 독일에서 학위를 마쳤기 때문이었던 것도 있지만, 현지연구를 물리학과 연결시켜 심리물리학에 전념하겠다는 생각과도 연관이 있었다(Cole 1999; Bunzl 2003). 보아스가 교수 자격시험을 치르고 나서도 심리물리학 관련 논문을 출판한 것은 이러한 고민을 방증한다(Boas 1888). 또한, 보아스가 물리학을 전공하던 시기에는 현상의 관찰이나 경험에서 지각이 가지는 물리적인 성격을 규명하는 노력이 집중적으로 이루어졌고, 그 과정에서 심리물리학이라는 분야가 등장한 것도 큰 요인이었다. 사실 신칸트주의의 문제 의식이 발생하게 된 것에는 자연과학 중에서도 지각과 현상에 대한 물리학의 시각이 크게 작용하였다.

보아스가 원래 박사과정 지도를 받으려고 했던, 그리고 그의 교수 자격시험에 참석했던 독일의 물리학자 헬름홀츠(Helmholtz, 1821–94)는 현상(phenomenon)과 물자체(noumenon)의 칸트 철학적 구분을 실제 경험, 즉 감각(sensation)의 지형에서 증명하고자 하였다. 즉, 감각의 지각(perception)은 현실의 복사본 혹은 재현이 아니라, 지각하는 순간에 복잡한 신경 자극 과정에 의해 일어난다고 주장했다. 경험은 지각된 물건이 감각에 단순하게 투사(projection)되는 것이 아니고, 단순하게 자극받은 직감과 개념이 연결되는 것도 아니며, 신경에 주어진 자극이 무의식적인 상징적 유추를 통해 처리되는 과정이라고 보았다. 칸트의 철학을 배경으로 한 지각에 대한 이와 같은 물리학적 접근을 지각생리학(physiology of perception)이라고 부르기도 한다. 가장 논란이 되었던 헬름홀츠의 주장은 칸트의 선험성(apperception), 즉 시공간에 대한 선험적 직관에 의하면, 오직 경험할 수 있는 기하학적 실체만이 존재할 수 있다는 주장이었다. 그러나 19세기 말에 들어서 고전적인 뉴턴 역학을 바탕으로 한 헬름홀츠의 접근은 재고되어야 한다는 시각이 지배적이었다.

아리스토텔레스 전문가였던 트렌델렌부르크(Trendelenburg, 1802–72)는 헬름홀츠가 이해(혹은 오해)한 칸트의 선험성을 칸트의 근본적인 문제점 혹은 모순으로 인식하여, 시공간이 선험적이지 않고 경험적으로 실재하며 최소한 원칙적으로나마 물자체(noumenon)에도 적용 가능해야 함을 증명하려 하였다. 헤겔 전문가였던 쿠노 피셔(Fischer)는 이를 정면으로 반박하면서, 칸트의 서술이 앞뒤가 정확히 맞지는 않지만 선험성에 대해서 오류는 없다고 주장하였다. 즉, 시공간이 순수하게 선험적이어서 대상의 표상을 제한할 수밖에 없고, 범주가 적용되어 개념이 되기 이전에 시공간이라는 선험적 규준이 적용된다는 것이다(Patton 2005).

쿠노 피셔는 바로 하이델베르크 대학에서 보아스가 철학을 수강했던 사람으로, 칸트 자체로 돌아가야 한다는 주장으로 위의 신칸트주의 논쟁을 불러일으킨 장본인이다.[22] 헬름홀츠의 해석을 반박하고 칸트 자체에 다시 충실해야 한다는 것이 그의 입장이었고, 그렇기 때문에 철학사에서는 그를 신칸트주의의 시작점으로 보는 시각이 지배적이다. 이것이 1865년과 1870년 사이에 벌어진 피셔-트렌델렌부르크 논쟁이며, 칸트의 선험성에 대한 해석을 두고 보아스는 물리학 분야에서 헬름홀츠, 철학 분야에서는 피셔 사이에서 논쟁을 지켜봐야 했던 상황이었다. 직접적인 언급이나 서술은 없지만, 보아스가 심리물리학 분야를 포기한 것은 이 맥락에서 이해할 수 있다. 특히, 배핀섬에서 현지연구를 마치고 돌아온 보아스는 시공간에 대한 지각이 언어적인 범주와 발화에 반영되어 있다는 점에 크게 동요되었고, 지속적으로 이 문제를 언어 연구에서 검토하게 된다(214-224쪽; Boas 1938b: 208-215; Hymes 1983: 143-44 참조).

이처럼, 보아스가 칸트적인 선험성에 대하여 회의적인 입장을 가지게 되면서, 자신의 현지연구 경험을 바탕으로 다른 문화에서 시공간이 어떻게 경험되고 언어적으로 표현되는지에 몰두하게 된 것은 우연이 아니었다. 1890년대에 남독일 신칸트주의자들 사이에서 전개되었던 방법론 논쟁보다는 더 이른 1860년대에, 신칸트주의의 시작점이 되는 선험적 시공간에 대한 논쟁이 보아스에게는 더 큰 문제의식을 던져 주었던 것 같다. 지각과 범주, 그리고 범주와 언어에 대한 그의 지속적인 관심이 그것을 증명한다. 살린스가 보아스를 환경에 대한 적응, 혹은 실용적 측면보다는 상징성에 초점을 둔 구조주의의 시작점으로 보는 것도 이 때문이라고 할 수 있다(Sahlins, 2013[1976]: 55).

2) 정신 對 문화: 현존하는 "역사"로서의 문화 현상

이 맥락에서는 앞서 언급한 것처럼, 보아스의 형이상학적 과학관이 독

---

22) 흥미롭게도 빌헬름 딜타이는 하이델베르크에서 신학 공부를 하면서 쿠노 피셔에게 철학을 배웠고, 훗날 베를린에서는 트렌델렌부르크에게 철학을 배웠다.

일 역사주의가 아니라 학문 분야 전체를 조망하려는 신칸트주의 전통에서 이해되어야 한다. 보아스가 고민했던 '본성 대(對) 문화'의 이분법은 역사의 해석에 대한 역사주의 또는 해석학의 맥락과는 상당한 거리가 있다. 실상 보아스가 흔히 독일 역사주의의 계보에서 거론되는 역사학이나 신학적, 철학적 해석학을 공부했다는 근거는 없으며, 자신의 글에서 간접적으로도 그 분야를 인용한 적이 없다. 유일하게 보아스가 언급한 인물은 딜타이였는데, 그가 제안했던 자연과학과 정신과학의 구분이 보아스의 '본성 대(對) 문화' 구도에 들어맞는 것처럼 보인다. 그러나 그렇다고 하여 번즐의 접근처럼 보아스를 딜타이 또는 빈델반드에 맞추어 해석하는 것은 무리가 있다(Stocking 1965 및 Bunzl 1996 참조). 딜타이와 보아스 사이에는 근본적인 차이가 있다. 딜타이의 해석학적 이해 개념은 인간의 정신이 다른 동물과 근본적으로 다르다는 전제에 기반해 있으며 그가 말하는 정신에는 영혼 또는 도덕성이라는 함의가 포함되어 있다. 따라서, 딜타이에게 인간은 처음부터 자연과학의 대상이 될 수 없었다. 반면, 보아스는 인간에 대한 연구가 자연과학적 대상(본성)으로서, 그리고 정신과학적 대상(문화 혹은 역사)으로서 동시에, 그리고 함께 이루어져야 함을 강조하였다.

딜타이의 제안은 일찍이 남독일 신칸트주의에 속하는 빈델반드(Windelband)와, 다시 그 제자인 리케르트(Rickert)가 거부하면서 오래가지 못하였다. 딜타이의 구분을 대체한 것이 자연과학과 문화과학 또는 사회과학의 구분이었는데, 이는 대상이 아니라 방법론적 존재론에 기반한 구분이었다. 빈델반드는 특이하거나 유일한(idiographic) 현상에 대한 접근을 역사과학으로, 반복되어 나타나는 규칙성이 있는(nomothetic) 현상에 대한 접근을 자연과학으로 구분하고 후자로 전자를 재개념화할 수는 없다고 주장하였다. 리케르트는 이 대비를 방법론적 존재론이 아니라 학문적 개념 형성(Begriffsbildung) 과정을 기준으로 새롭게 구분하였다. 그는 심리학이 정신과학으로 분류되는 것에 반감을 가지고 문화과학이라는 용어를 사용하였는데, 심리학이 근본적으로는 자연과학이고, 인간의 심리와 인성은 자연과학 방법론으로 접근하여 이론화되어야 함을 강조하였다.

개념형성은 리케르트에게 현실에서 지각된 재료에 질서를 부여하고 구조화하여 이성적으로 종합하는 과정으로서, 학문적 연구의 핵심이다. 즉, 경험적 현실은 경계가 없는 연속성을 가지고, 그 어떤 현상이나 경험도 세부적으로 완벽하게 동일할 수 없는 이질성(Heterogeneität)을 가지기 때문에 경험적 현실은 "항속적 차이(stetige Andersartigkeit)"로 이루어져 있다는 것이다(Rickert 1926: 33). 리케르트는 학문에서 개념 형성이 가지는 중요성을 다음과 같이 표현한다: "개념적 사고가 없이 과학(학문)은 불가능하며, 개념은 삶의 즉각적 현실로부터 거리두기를 가능하게 한다. 바로 이것이 각각의 개념들이 가지는 의의이다... [중략] 현실과 개념의 이원성은 절대로 극복할 수 없는 것이어서, 이를 극복한다는 것은 과학(학문) 자체를 극복하는 것이다. 과학의 본질은 즉각적으로 경험되는 현실 속의 삶과, 삶 또는 현실에 대한 이론 사이의 긴장에 기반을 두고 있다."23)

리케르트는 가치가 역사적 현실이나 대상에 들어 있는 것이 아니라 그런 현실 존재들과 별도의 보편적 가치 영역이 있고, 그 가치 영역에 기반해서만 선별된 개별성에 의해 가치가 부여된다고 보았다. 즉, 가치가 역사에서 나오는 것이 아니라 초월적이고 절대적인 가치가 선행하기 때문에 역사가 가능하며, 가치의 영역은 가치가 깃든 대상들로 구성된 문화의 영역에서 찾아야 한다는 것이다(Bambach 2018: 102). 리케르트는 명시적으로 딜타이가 사용했던 자연/정신, 즉 헤겔적인 "정신(Geist)" 개념이 편협하다는 이유로 거부하면서, 대안적으로 자연/문화의 이분법을 채

---

23) 밤바흐는 딜타이와 리케르트 모두 지식에 대한 단일 이론을 추구했다는 공통점이 있지만, 전자는 해석학적으로, 후자는 칸트 초월론으로 이를 시도했다는 차이를 보인다고 주장한다. 인용 부분은 밤바흐에서 재인용하였다(Bambach 2018: 93, 95).

택한다.

이러한 신칸트주의적인 인식론의 바탕에서 보았을 때, 도덕이나 가치를 다루는 문화과학은 특정한 맥락 안에서만 가능하며, 이때에도 어떤 정치적 목적으로부터 가치중립적이어야 한다는 것이 리케르트의 입장이다 (Bakker 1995). 시기적인 차이도 있지만, 실상 보아스는 딜타이 시대의 문제의식을 공유할 뿐, 리케르트의 접근을 직접 인용하거나 적용하지는 않았다. 오히려 리케르트의 구도에 충실한 인류학자는 보아스가 아니라 크로우버, 사피어(Sapir), 그리고 로위(Lowie)였고 이들은 적극적으로 리케르트를 인용했다(Harris 1986: 270).

보아스가 독자적인 역사 개념을 제공하지 않으면서도 "역사"라는 말을 고집한 것은 신칸트주의에서 심리학과 역사학이 공통적으로 인간을 대상으로 하면서도 자연과학과 정신과학의 구분을 따라 서로 대조적인 접근 방법을 가졌기 때문이었다. 그리고 영속적이고 항구적인 인간의 심리적인 기제를 밝히는 과정에서 변하는 요소들을 모두 알아내고 분석하는 것이 필요하다고 생각하고, 현실적인 변수를 모두 반영해야 한다는 점을 "역사"라는 말로 표현했던 것이다. 즉, 보아스가 강조했던 "역사"는 "심리"와 대비되는 개별적인 "문화"와 "문화현상"을 의미하며, 보아스는 이를 다음과 같이 요약하였다.

인류학의 재료가 가진 성질 때문에 인류학은 역사과학일 수밖에 없다. 즉, 개별적 현상을 이해하려고 시도하는 것에 중점을 둔 과학이지, 일반적 법칙들을 도출하는 과학이 아니다. 후자를 목표로 삼기에는 재료가 너무 복합적이기 때문에 법칙을 찾는다 하더라도 어쩔 수 없이 모호한 수준에 그치거나 진정한 이해를 위해 도움이 되지 않을 정도로 자명한 것들에 그칠 것이다.(Boas 1932: 612)

보아스는 인류학의 목표가 개별 현상의 이해에 있기 때문에, 법칙을 도출하는 과학과는 다르다고 생각하여 역사과학에 가깝다고 판단한 것으로 보인다. 신체적 유형, 언어, 문화를 고찰하여 인류 진화의 역사를 재구성하는 것은 인류학의 궁극적인 목표일 뿐, 인류학에서 문화를 연구하는 이유가 전적으로 역사적 재구성을 위한 것만은 아니었다. 특정한 자연환경과 사회적 관계 안에서 살아가는 개인이 보이는 정신적, 육체적 반응과 활동, 즉 특정한 관습이나 문화가 즉각적으로 인류 전체의 진화 역사에 대한 단초를 제공하는 것은 당연히 아니기 때문이다. 따라서 보아스가 역사적 재구성을 인류학의 구체적 방법론으로 생각했다는 시각은 설득력을 가지기 힘들다. 『원시인의 사고와 감정』 수정판에서 보아스는 문화에 대한 접근과 분석에서 곧바로 역사적 재구성이 가능하지 않다는 차이를 다음과 같이 표현하였다.

> 인간의 합리적 사고와 심성은 시간의 흐름에 따라서 곧 역사적인 연결선을 잃어버리면서, 이미 존재하는 관습들을 자신이 속한 문화의 일반적인 사고 경향에 맞춰 재해석해냈다. 따라서 어떤 관습들이 가지고 있는 현재의 연관들이 태초의 것이 아니라 이차적인 연관들일 가능성이 높기 때문에, 이 관습들을 역사적 방법 (historical method)으로도 살펴보아야 한다고 정당하게 결론지을 수 있다.[24](본서 255 – 256쪽; Boas 1938b: 248)

---

24) 연구자의 번역 및 강조. 보아스가 즐겨 사용하는 "이차적 설명(secondary explanations)" 혹은 "이차적 연관(associations)"은 현재 혹은 현지연구가 이루어지는 시점에서 수집할 수 있는 어떤 관습에 대한 현지인들의 설명 방식을 의미한다. 즉, "[많은 행동에 대해 의식적 동기가 필요하지 않으면서도 관습적인 행동의 동기를 찾아내려는 경향은 발달하는데, 후자는] 모든 단계의 문화에서 관습적 행위가 역사적 기원과는 아무 관계가 없는, 그러면서도 사람들이 일반적으로 가진 지식에 근거한 추론으로 만들어지는 이차적인 설명의 대상이 되는 이유이기도 하다. 이차적인 설명 또는 해석이 우리 사회나 부족사회에서 흔히 존재한다는 것 자체가 가장 중요한 인류학적 현상 중 하나이다(본서 245쪽; Boas 1938b: 238)."

보아스는 여기에서 역사적 방법이 한 문화 안에서 개별적 관습에 대한 이차적 설명 혹은 연관을 파악하는 것에 보조적으로 도움이 될 수도 있다는 점을 강조하였다. 즉, 특정한 문화 요소 혹은 관습을 역사적으로 재구성하는 것이 현실적으로는 가능하지 않다는 점이 이미 전제되어 있고, 이차적인 연관이나 설명의 변화 양상을 고찰하면 최근의 환경적, 사회적 변화들이나 그런 변화들이 현지인들 사이에서 인식되는 방식에 변화를 주었던 방식이 규명될 수 있다는 의미이다. 이는 이른바 역사주의가 추구하는 역사적 재구성과는 크게 거리가 있으며, 현지연구를 통해서 인류학자가 무엇을 할 수 있는지에 대한 매우 냉철한 판단이기도 하다. 보아스가 이차적 설명을 강조한 것에는 더욱 중요한 함의가 있는데, 이는 신칸트주의 맥락에서 보았을 때 소위 원시인 혹은 부족 사회에서 인류학자가 접하는 현지인들의 사고방식도 단순한 심리적 반응으로서의 인지가 아니라 복잡한 사고를 담은 철학이라는 시각이다. 자신의 초기 저작에서는 본격적으로 드러나거나 표현되지 않았던 이 시각이 바로 본서의 수정판(1938)에서 비로소 체계적으로 정리되어 제시되었던 것이다.

## 5. 나가며: 보아스의 인류학과 코스모그래피

지금까지 보아스의 문화 개념이 인류학사 및 보아스의 인류학에서 차지하는 위치를 살펴보고, 문화에 접근하는 보아스의 방법론이 과연 독일 역사주의의 맥락 속에서 파악될 수 있는지를 검토하면서, 보아스의 인류학을 "역사적 특수주의"로 파악하는 것이 적절하지 않음을 지적하고 "개별화된 실증주의"로 보아야 한다고 필자는 주장하였다. 보아스의 초기 저작, 그리고 제자들과의 논쟁에서는 인류학이 역사과학에 속한다는 선언적인 서술이 많이 등장하는 것이 사실이다. 그럼에도 불구하고 보아스가 자신의 입장을 체계적으로 정리했던 후기 저술에서는 인류학 연구에서 역사적 재구성이 실질적으로 차지하는 역할이 점차적으로 줄어들었다고 할 수 있다. 그렇다 하여 보아스의 초기와 후기 저작이 완전히 다른 내용을 담고 있지는 않으며, 충분한 연속성이 있기 때문에 이 글에서는 의도적으로 둘로 나누어 파악하지 않았다. 보아스가 문화 개념을 정리하여 내놓은 것은 1930년대로서 상대적으로 늦은 시기이기는 하지만, 그가 가졌던 문제의식에는 충분한 연속성이 있었다.

본서가 집필되고 수정된 과정이 이러한 연속성을 잘 보여준다. 보아스는 이 책에서 문화의 발달이 사고나 감정, 즉 이른바 심성의 발달과 동일시될 수 없다는 것, 그리고 복잡성 측면에서 문화가 발달한 정도를 구분하여 그것을 인간의 심성이 가진 능력의 차이로 볼 수 없다는 것을 강조하였다(1911a). 1938년에 다시 대폭 증보된 수정판에서 보아스는 자신의 문화 개념을 정리하여 제시하면서 이전까지 궁극적인 목표였던 역사적 기원보다는 현재의 사회구조와 문화체계를 이해하는 것이 중요하다는 점, 그리고 문화 비교의 절대적 기준이 되었던 시간 차원도 문화의 한 요소이며 민족지적으로 설명되고 분석해야 할 대상이라는 점을 명확하게 하였다(본서 219쪽; 1938b: 214). 즉, 사람들이 가진 시공간 감각조차도 모두 똑같이 보편적이거나 선험적이라고 가정할 수 없기 때문에 인지의 조건이 되는 모든 것이 문화 분석의 대상이 될 수 있다는 함의를 담은 것이다. 따라서 보아스의 실증주의는 연구자가 아니라 해당 사회의 구성원들이 경험하는 것을 바탕으로 분석이 이루어진다는 점에서 일종의 특수한, 구체적 경험주의로서 콩트(Comte)의 과학적 실증주의가 아니라 뒤르켐(Durkheim)의 경험적 실증주의에 가깝다.

보아스가 단선진화 모델을 최종적으로 반증하고 종식시켰다고 그의 인류학적 기여를 국한시켰을 경우에는 오히려 보아스의 인류학을 신체적 유형, 언어, 문화의 재구성을 실질적 목표로 하는 "역사적 특수주의"로 파악하는 것이 크게 잘못된 것은 아닐 수도 있다. 그러나 위에서 논의하였듯이, 보아스의 더욱 중요한 기여는 바로 다원진화 모델을 가능하게 하는 문화상대주의의 원칙과 사회 속에서 전통과 개인의 관계에 입각하여, 개인들이 정신적, 사회적으로 반응하는 활동에 초점을 둔 문화 개념을 정립했다는 점이다. 문화의 차원에서는 개인이 그 문화 안에서 전통이나 관습의 지배를 받으면서도 새로운 영역을 만들어내는 창의력과 이차적 설명 방식에 변화가 일어나는 양상에 큰 중요성을 부여했던 것이다. 즉 문화들 사이의 복잡성이나 성취를 비교하는 것 자체가 성질이 다른 대상을 비교하는 것이며, 표면적인 차이로 개별 문화에 대한 가치판단을 내릴 수는 없다는 것이 보아스의 입장이다.

또한, 보아스는 개별 집단에서 관찰할 수 있는 현상들이 단순히 선험적 혹은 심리학적 법칙에 의해서만 표현되거나 설명될 수 없다고 생각했다. 이를테면 배핀섬에서 이누이트의 주거 분포와 이주 경향에 대한 분석을 시도하면서, 보아스는 원주민 분포의 북방한계선이 고정된 경계선으로 표현될 수 없다는 것과 북방한계선이 남쪽으로 이동했다고 일반화하는 것에 반대하면서, 이주 패턴과 변수에 대한 구체적 분석이 없이 당시에 확보된 증거만으로는 "정확한 설명"이 불가능하다는 점을 강조했다 (Boas 1883: 124). 그리고 변수가 많은 기후조건 때문에 사람이 남긴 흔적이 30년 넘도록 변하지 않는 경우와 이끼로 완전히 덮여버린 두 사례를 들어 이주의 연대를 측정하는 것이 상당한 조심스러움을 필요로 한다는 점도 지적하면서, 확증이 불가능한 사실을 근거 없이 추측하는 것에 대해서도 의문을 가졌다.

보아스는 바로 이러한 맥락에서 강한 실증주의적인 입장을 보인다. 현실에서 확보 가능한 경험적 증거를 가지고 증명할 수 있는 것이 많지 않다는 점, 그럼에도 불구하고 많은 학자들이 당시에 그러한 연구 및 분석을 하면서 물질문화와 언어를 인종으로 환원하여 진화 도식을 생산해 낸다는 점, 그리고 이러한 이른바 과학적 또는 학문적 분석이 소위 원시인과 특정한 인종들에 대한 사회적 편견을 생산하는 바탕이 된다는 것을 보아스는 용납하지 못했던 것으로 보인다. 그는 『원시인의 사고와 감정』 초판이 나오고 나서도 유럽과 미국을 중심으로 우생학과 같은 인종주의적 연구가 계속되고 정치적으로 인종주의가 큰 힘을 얻는 것을 지켜보아야 했다. 1933년에 직접적으로 독일 학계와 나치 정권의 이른바 '아리아인' 개념을 반박하는 팜플렛을 오슬로에서 발간(Boas 1934)하고, 1938년에 본서의 증보 수정판을 다시 낸 것은 보아스 자신의 유태인으로서의 정체성을 넘어서, 실증적 인류학자로서의 양심과 자부심이 밑바탕에 깔려 있었다. 1938년 수정판에 추가된 다음 단락은 이를 잘 보여준다.

> '신화학,' '신학,' 그리고 '철학'은 용어만 다를 뿐, 인간의 사고에 미치는 같은 종류의 영향이며, 인간이 자연 현상을 이해하기 위한 시도의 성격을 좌우하는 요소이다. 하늘에서 움직이는 해나 달을 살아 있는 것으로 배우고, 동물들이 인간보다 뛰어난 능력이 있고, 산이나 나무, 돌이 생명을 가지거나 특별한 미덕이 있다고 배운 원시인에게는 자연 현상이 우리와는 완전히 다르게 인식될 수밖에 없다. 우리의 경우에는 물질과 힘의 존재가 관찰된 사실들을 설명하고, 우리는 그것에 기초하여 결론을 도출한다. 그럼에도 불구하고, 현대의 상대성 이론이나 물질에 대한 이론, 인과성에 대한 이론을 대중들이 이해하는 방식을 보면, 우리가 얼마나 과학적 이론을 잘못 받아들이고 있는지를 절감하게 된다.
> (본서 227쪽; Boas 1938b: 221)

보아스가 가졌던 문제의식은 레비-스트로스의 『야생의 사고』로 연결될 뿐만 아니라, 보아스가 추구했던 코스모그래피에는 근래에 많은 관심을 받는 존재론적 접근의 단초를 이미 발견할 수 있다. 적어도 보아스의 인류학을 역사적 특수주의가 아니라 개별화된 실증주의라고 본다면 그러한 인식이 가능하다. 보아스가 사용했던 코스모그래피라는 용어는 분명히 훔볼트에게서 왔지만, 신칸트주의를 거쳐 정제되고 에스노그래피와 결합된 덕분에 훔볼트가 의도했던 것보다 높은 수준의 구체성과 비교 분

석적 내용을 담게 되었다. 보아스가 살았던 19세기말의 초기 문화 상대
주의에 입각한 단순한 언어로 표현되기는 했지만, 그 배경에는 지각과
범주화의 복수성이나 다양성에 대한 인식, 그리고 그것이 가능한 조건에
대한 고민이 있었다.

　결과적으로 보아스의 접근은 지각과 경험의 범주화에 초점을 둔 훔볼
트가 시도했던 코스모그래피(cosmography) 계보에 속하면서(Boas 1887:
210; Bunzl 2004), 이를 인간과 문화의 영역으로 더욱 깊게 발전시킨 개
별화된 실증주의 접근이었다. 이 계보 안에서 보아스의 인류학이 가지는
성격을 정확하게 파악하기 위해서는 '자연과학 대(對) 역사학'이 아니라
'선험성 대(對) 경험성'의 차원으로 거슬러 올라가야 하며, 이를 통해 보
아스가 언어 현상과 더불어 사회의 전통과 개인의 창의성이나 수행성에
집착했던 이유를 제대로 분석하고 이해하는 것이 우선되어야 할 것이다.
현대 인류학에서 보아스의 이러한 접근 방식을 가장 충실하게 이어나갔
던 것은 그의 접근을 자연과학 혹은 역사학으로 규정하여 비판했던 제자
들이 아니라 인간 이외의 존재들에 대한 시각과 사고, 다른 영적 세계의
존재를 중점적으로 분석한 할로웰이었다(Hallowell 1955 참조). 보아스로
부터 시작되었던 이 계보는 문화상대주의를 방법론적 원칙으로만 채택했
던 것도 아니며, "자연 대(對) 문화" 구도 안에서 불변의 자연을 상정하
고 다양한 문화의 가능성을 강조하는 단순한 문화상대주의를 표방한 것
도 아니었다. 보아스 인류학의 의미를 다시 고찰하면서, 인류학의 역사
안에서 코스모그래피의 계보와 현재의 새로운 시도들이 연결되는 방식과
그 함의에 대한 논의가 어떻게 전개될지 지켜볼 일이다.

참고
문헌

Arnold, Matthew, 1869, *Culture and Anarchy: An Essay in Political and Social Criticism,* London: Smith, Elder & Company.

Bakker, J. I., 1995, "The Life World, Grief and Individual Uniqueness: 'Social Definition' in Dilthey, Windelband, Rickert, Weber, Simmel and Schutz," *Sociologische Gids* (Guide to Sociology) 42(3): 187−212.

Bambach, Charles R., 2018, *Heidegger, Dilthey, and the Crisis of Historicism,* Cornell University Press.

Beiser, Frederick, 2007, "Historicism," *The Oxford Handbook of Continental Philosophy,* Oxford University Press.

Boas, Franz, 1881, *Beiträge zur Erkenntnis der Farbe des Wassers,* Inaugural−Dissertation, Kiel: Schmidt & Klaunig.

_____ 1887, "The Study of Geography," *Science* 9 (210): 137‒41.

_____ 1888, "A Critique of Psycho−Physic Methods," *Science* 11 (266): 119‒20.

_____ 1889, *Die Ziele der Ethnologie: Vortrag gehalten im Deutschen Gesellig−Wissenschaftlichen Verein von New York, am 8. März 1888,* Issue 16 of Deutscher Gesellig−Wissenschaftlicher Verein, New York: Bartsch.

_____ 1901, "The Mind of Primitive Man," *American Folklore Society* 14 (52): 1−11.

_____ 1908, *Anthropology,* A Lecture Delivered at Columbia University in the Series on Science, Philosophy and Art, December 18, 1907. New York: Columbia University Press.

_____ 1911. *Changes in the Bodily Form of Descendants of Immigrants (Final).* Reports of the Immigration Commission, 61st Congress, 2nd Session, No. 208, Washington DC: U.S. Government Printing Office.

_____ 1911a, *The Mind of Primitive Man,* The Macmillan company.

_____ 1911b, "Introduction," in Franz Boas (ed.), *Handbook of American Indian Languages,* Washington DC: U.S. Government Printing Office, pp.1−84.

_____ 1930, "Anthropology," in Seligman, Edwin R. A. and Alvin Johnson (eds.), *Encyclopaedia of the Social Sciences, Vol II,* New

York: The Macmillan Company, pp.73−110.

_____ 1932, "The Aims of Anthropological Research," *Science* 76 (1983): 605-13.

_____ 1934, *Arier und Nicht−Arier,* Oslo: Aasens Boktrykkeri.

_____ 1936, "History and Science in Anthropology: A Reply," *American Anthropologist* 38(1): 137-41.

_____ 1938a, "An Anthropologist's Credo," *The Nation* 147: 201−204.

_____ 1938b, *The Mind of Primitive Man. Revised Edition,* The Macmillan Company.

Briggs, Charles, and Richard Bauman, 1999, "'The Foundation of All Future Researches': Franz Boas, George Hunt, Native American Texts, and the Construction of Modernity," *American Quarterly* 51(3): 479-528.

Buettner−Janusch, John, 1957, "Boas and Mason: Particularism versus Generalization," *American Anthropologist* 59(2): 318-24.

Bunzl, Matti, 1996, "Franz Boas and the Humboldtian Tradition: From Volksgeist and Nationalcharakter to an Anthropological Concept of Culture," in George W. Stocking (ed.), *Volksgeist as Method and Ethic: Essays on Boasian Ethnography and the German Anthropological Tradition*, Univ of Wisconsin Press, pp.17-78.

_____ 2003, "Völkerpsychologie and German−Jewish Emancipation," in H. Glenn Penny and Matti Bunzl (eds.), *Worldly Provincialism: German Anthropology in the Age of Empire*, University of Michigan Press, pp.47-85.

_____ 2004, "Boas, Foucault, and the 'Native Anthropologist': Notes toward a Neo−Boasian Anthropology," *American Anthropologist* 106(3): 435-42.

Cole, Douglas, 1999, *Franz Boas: The Early Years, 1859−1906,* Douglas & McIntyre.

Darnell, Regna, 1998, *And Along Came Boas: Continuity and Revolution in Americanist Anthropology,* John Benjamins Publishing.

_____ 2000, "Reenvisioning Boas and Boasian Anthropology," *American Anthropologist* 102(4): 896-910.

_____ 2001, *Invisible Genealogies: A History of Americanist Anthropology,* U of Nebraska Press.

Girtler, Roland, 2001, "Franz Boas. Burschenschafter und Schwiegersohn eines Österreichischen Revolutionärs von 1848," *Anthropos* 96(2): 572-77.

Goethe, Johann Wolfgang von, 1810, *Zur Farbenlehre,* Tübingen: J.G.

Cotta'sche Buchhandlung.

_____ 1981[1792], "Der Versuch als Vermittler von Objekt und Subjekt," in *Goethes Werke: Naturwissenschaftliche Schriften I*, C. H. Beck, pp.10-20.

Goldschmidt, Walter Rochs (ed.), 1959, *The Anthropology of Franz Boas: Essays on the Centennial of His Birth,* Menasha, Wis.: American Anthropological Association.

Gravlee, Clarence C., H. Russell Bernard, and William R. Leonard. 2003. "Boas's 'Changes in Bodily Form': The Immigrant Study, Cranial Plasticity, and Boas's Physical Anthropology." *American Anthropologist* 105 (2): 326-32.

Hallowell, A. Irving, 1955, *Culture and Experience,* Philadelphia: University of Pennsylvania Press.

Harris, Marvin, 1968, *The Rise of Anthropological Theory: A History of Theories of Culture,* New York: Thomas Y. Crowell Company.

Herder, Johann Gottfried von, 1784, *Ideen zur Philosophie der Geschichte der Menschheit,* 1, Auflage, Riga & Leipzig: Hartknoch.

Hoernle, A. W., 1933, "New Aims and Methods in Social Anthropology," *South African Journal of Science* 30: 74-92.

Humboldt, Alexander von, 1845, *Kosmos: Entwurf einer physischen Weltbeschreibung, Band I,* 1, Auflage, Stuttgart & Tübingen: Cotta'scher Verlag.

Hyatt, Marshall, 1990, *Franz Boas, Social Activist: The Dynamics of Ethnicity,* Greenwood Press.

Hymes, Dell H., 1983, *Essays in the History of Linguistic Anthropology,* Philadelphia: John Benjamins Publishing.

Iggers, Georg G., 1995, "Historicism: The History and Meaning of the Term," *Journal of the History of Ideas* 56(1): 129-52.

Klemm, Gustav Friedrich, 1843, *Allgemeine Cultur−Geschichte der Menschheit von Gustav Klemm: Die Einleitung und die Urzustände der Menschheit,* Leipzig: Teubner.

Kluckhohn, Clyde, and Olaf Prufer, 1959, "Influences During the Formative Years," in Walter Rochs Goldschmidt (ed.), *The Anthropology of Franz Boas; Essays on the Centennial of His Birth*, Menasha, Wis.: American Anthropological Association, pp.4-24.

Kroeber, A. L., 1935, "History and Science in Anthropology," *American Anthropologist* 37(4): 539-69.

Lévi−Strauss, Claude, 1984, "Claude Lévi−Strauss' Testimony on Franz Boas," *Études/Inuit/Studies* 8(1): 7-10.

Mason, O. T., 1887, "The Occurrence of Similar Inventions in Areas Widely Apart," *Science* 9(226): 534-35.

Miller, Peter N., 2013, "The Missing Link: 'Antiquarianism,' 'Material Culture,' and 'Cultural Science' in the Work of G. F. Klemm," in Peter N. Miller (ed.), *Cultural Histories of the Material World*, Ann Arbor: University of Michigan Press, pp.263-81.

Müller－Wille, Ludger, 2014, *The Franz Boas Enigma: Inuit, Arctic, and Sciences,* Montréal: Baraka Books.

Müller－Wille, Ludger, and Bernd Gieseking (eds.), 2011, *Inuit and Whalers on Baffin Island Through German Eyes: Wilhelm Weike's Arctic Journal and Letters,* Translated by William Barr, First English Edition, Montréal: Baraka Books.

Oestreich, Karl, 1912, "Theobald Fischer. Eine Würdigung seines Wirkens als Forscher und Lehrer," *Geographische Zeitschrift* 18(5): 241-54.

Patton, Lydia, 2005, "The Critical Philosophy Renewed: The Bridge between Hermann Cohen's Early Work on Kant and Later Philosophy of Science," *Angelaki* 10(1): 109-18.

Pecora, Vincent P., 1998, "Arnoldian Ethnology," *Victorian Studies* 41(3): 355-79.

Rickert, Heinrich, 1926[1899], *Kulturwissenschaft und Naturwissenschaft,* Tübingen: Mohr & Siebeck.

Sahlins, Marshall, 1995, *How "Natives" Think: About Captain Cook, for Example,* University of Chicago Press.

_____ 2013[1976], *Culture and Practical Reason,* University of Chicago Press.

Sparks, Corey S., and Richard L. Jantz. 2002. "A Reassessment of Human Cranial Plasticity: Boas Revisited." *Proceedings of the National Academy of Sciences of the United States of America* 99 (23): 14636-39.

_____ 2003. "Changing Times, Changing Faces: Franz Boas's Immigrant Study in Modern Perspective." *American Anthropologist* 105 (2): 333-37.

Stocking, George W., 1963, "Matthew Arnold, E. B. Tylor, and the Uses of Invention," *American Anthropologist* 65(4): 783-99.

_____ 1965, "From Physics to Ethnology: Franz Boas' Arctic Expedition as a Problem in the Historiography of the Behavioral Sciences," *Journal of the History of the Behavioral Sciences* 1(1): 53-66.

_____ 1966, "Franz Boas and the Culture Concept in Historical Perspective," *American Anthropologist* 68(4): 867-82.

_____ 1974, "Introduction," in *A Franz Boas Reader: The Shaping of American Anthropology, 1883–1911,* University of Chicago Press.

_____ 1987, *Victorian Anthropology,* New York: The Free Press.

_____ (ed.), 1996, *Volksgeist as Method and Ethic: Essays on Boasian Ethnography and the German Anthropological Tradition,* Madison: University of Wisconsin Press.

Swartz, Marc J., 1958, "History and Science in Anthropology," *Philosophy of Science* 25(1): 59–70.

Tylor, Edward B., 1871, *Primitive Culture: Researches Into the Development of Mythology, Philosophy, Religion, Art, and Custom,* London: J. Murray.

Williams, Raymond, 1985, *Keywords: A Vocabulary of Culture and Society,* New York: Oxford University Press.

Wolf, Eric R., 1974, *Anthropology, Revised Edition,* New York: W. W. Norton & Co.

# 색인

## 인명 색인

# 사항 색인

옮긴이, 해제 지은이 **김동주**

김동주는 한국과학기술원(KAIST) 인문사회과학부의 사회계열 담임교수로서 인류학 분야를 담당하는 연구자이다. 같은 학교의 과학기술정책대학원, 문술미래전략대학원의 겸임교수로 활동하고 있으며, 인류세연구센터의 여러 프로젝트에 핵심연구원으로 참여하고 있다. 국내에서 인류학 학·석사를 마친 후, 폴란드 사탕무 농산업의 사유화와 탈사회주의 농촌 구조조정에 대한 연구로 미국 미시건(앤아버)대학에서 역사인류학 박사학위를 취득하였다. 최근에는 식량생산과 다종관계, 유럽연합의 기후변화 인식, 독일 난민의 정착 및 시민 지원 활동, 그리고 세기말의 사회 이론과 문서 유통의 기호학에 대한 연구를 진행하고 있다.

한국연구재단 학술명저번역총서 서양편 795
## 원시인의 사고와 감정

초판발행      2021년 11월 15일

지은이      Franz Boas
옮긴이      김동주
펴낸이      안종만·안상준

편 집      배근하
기획/마케팅      노 현
표지디자인      이수빈
제 작      고철민·조영환

펴낸곳      (주)**박영사**
          서울특별시 금천구 가산디지털2로 53, 210호(가산동, 한라시그마밸리)
          등록 1959. 3. 11. 제300-1959-1호(倫)

전 화      02)733-6771
f a x      02)736-4818
e-mail      pys@pybook.co.kr
homepage      www.pybook.co.kr
ISBN      979-11-303-1009-1  94300
          979-11-303-1007-7  94080 (세트)

정 가      20,000원

이 책은 2017년 대한민국 교육부와 한국연구재단의 지원을 받아 수행된 연구임
(NRF-2017S1A5A7019538)